U0662742

新工科·普通高等教育汽车类系列教材

汽车服务企业管理

第 2 版

主　编　阎　岩

副主编　王文山　童　岱　魏仁干　杨发展
　　　　赵　红

参　编　卢　燕　杨　娜　丁　波　郭　砚
　　　　程　灏　程　懿　姚丽萍

机械工业出版社

本书针对现代汽车服务企业的特点，运用现代管理的理论和方法，对企业各项管理活动进行了系统论述，主要内容包括汽车服务企业管理体系与机制、经营管理、技术管理、信息管理、人力资源管理、物资管理、质量管理、财务管理、成本管理、企业形象与公关礼仪、沟通技巧等。

本书可作为高等学校汽车服务、交通运输、车辆工程等相关专业的教材，也可作为从事汽车服务企业管理和研究的人员的参考书。

本书配有PPT课件，采用本书作为教材的教师可登录 www.cmpedu.com 注册下载。本书还配有拓展知识资料和部分复习思考题的参考答案，读者可扫二维码进行观看。

图书在版编目（CIP）数据

汽车服务企业管理/阎岩主编. —2 版. —北京：机械工业出版社，2022.11（2024.6 重印）

新工科·普通高等教育汽车类系列教材

ISBN 978-7-111-71486-6

Ⅰ.①汽… Ⅱ.①阎… Ⅲ.①汽车企业-工业企业管理-高等学校-教材 Ⅳ.①F407.471.6

中国版本图书馆 CIP 数据核字（2022）第 156457 号

机械工业出版社（北京市百万庄大街22号 邮政编码100037）
策划编辑：宋学敏　　　　　责任编辑：宋学敏　付建蓉
责任校对：樊钟英　刘雅娜　封面设计：张　静
责任印制：常天培
北京机工印刷厂有限公司印刷
2024 年 6 月第 2 版第 3 次印刷
184mm×260mm · 18.75 印张 · 437 千字
标准书号：ISBN 978-7-111-71486-6
定价：64.00 元

电话服务　　　　　　　　　网络服务
客服电话：010-88361066　　机 工 官 网：www.cmpbook.com
　　　　　010-88379833　　机 工 官 博：weibo.com/cmp1952
　　　　　010-68326294　　金 书 网：www.golden-book.com
封底无防伪标均为盗版　　机工教育服务网：www.cmpedu.com

本书第 1 版是根据 2004 年 2 月哈尔滨"应用型高等教育汽车类专业（方向）教材编写研讨会"会议精神而编写的，可按照 40 学时安排教学内容，是汽车服务工程专业本科生必修的专业课程之一。

本书在修订过程中，各位作者依据"教育强国"对于新形态教材建设的要求、国际工程教育专业认证关于"以学生为中心，以产出为导向"教育理念的要求，充分吸取现代企业管理学科最新的研究成果，系统讲述了现代汽车服务企业在人、财、物、信息等方面的管理理论与方法。修订后全书共十二章。

本书摒弃了第 1 版的部分陈旧内容，优化、补充了一些现代管理知识，尤其是每章在开始处均精炼地提示了学习目标，使用经典的案例进行每章学习导入；每章结尾对本章的知识点进行了总结，对于复习思考题提供了要点式回答的参考答案，以帮助学生学习；最后还配备了课程课件供读者学习和参考。

本书第一章为绪论；第二章为企业管理概论；第三章为汽车服务企业经营管理；第四章为汽车服务企业技术管理；第五章为汽车服务企业信息管理；第六章为汽车服务企业人力资源管理；第七章为汽车服务企业物资管理；第八章为汽车服务企业质量管理；第九章为汽车服务企业财务管理；第十章为汽车服务企业成本管理；第十一章为汽车服务企业的企业形象与公关礼仪；第十二章为汽车服务企业沟通技巧。其中将第 1 版第三章第八节的汽车服务企业信息系统管理专门作为本书第五章汽车服务企业信息管理进行了撰写，并加入了"区块链技术与汽车服务企业"的知识点，丰富了信息管理的内容；删除了第 1 版第三章第七节的相关内容。

本书由青岛理工大学阎岩教授任主编，负责全书的组织编写、统稿、修改和定稿工作，参与编写人员的分工如下：青岛理工大学阎岩、卢燕、杨发展、程灏编写了第一、八章；阎岩、卢燕编写了第二章；赵红、杨娜编写了第九、十章；鲁中矿山公司程懿编写了第五章；扬州大学王文山编写了第四、六章；西华大学童岱编写了第三章；湖北汽车工业学院魏仁干编写了第十一章；黑龙江工程学院丁波、郭砚编写了第七章；程灏、湖北汽车工业学院姚丽萍编写了第十二章。本书在编写过程中参阅了大量国内外参考书和文献资料，受益匪浅，未能一一列出，在此向有关作者致以衷心感谢！

由于本书涉及知识面较宽，加之编者水平有限，书中难免有不足之处，敬请读者批评指正。

编　者

第1版前言
Preface

本书是根据 2004 年 2 月哈尔滨"应用型高等教育汽车类专业（方向）教材编写研讨会"会议精神而编写的，可作为高等学校相关专业的教材，也可作为从事汽车服务企业管理和研究的人员的参考书。

本书根据汽车服务企业的特点，运用现代管理的理论和方法，对企业各项管理活动进行了系统的论述，其主要内容包括企业管理概论、汽车服务企业的经营管理、汽车服务企业的技术管理、汽车服务企业的人力资源管理、汽车服务企业的物资管理、汽车服务企业的质量管理、汽车服务企业的财务管理、汽车服务企业的成本管理、汽车服务企业的企业形象与公关礼仪、汽车服务企业的沟通技巧等。

本书编写的指导思想是，按照"顾客就是上帝"的服务理念，以高水平的管理和优质的服务赢得市场。在编排上，力求内容的系统性和完整性，反映管理理论的新成果和管理实践的新经验，使学生通过学习，不断提高自身的理论修养和综合素质。

本书由青岛理工大学交通学院卢燕教授、阎岩副教授任主编，编写人员及分工如下：青岛理工大学卢燕、于波（第一、二章），阎岩、赵红（第七、八、九章）；扬州大学王文山（第四、五章）；西华大学童岱（第三章）；湖北汽车工业学院魏仁干（第十章）、姚丽萍（第十一章）；黑龙江工程学院丁波（第六章）。

本书承蒙同济大学马钧、黄志强教授担任主审，他们在教材体系、内容及文字等方面提出了许多宝贵意见，对全书起到了画龙点睛的作用，在此表示衷心感谢！

本书在编写过程中参阅了大量参考书和文献资料，受益匪浅，在此向有关作者致以衷心感谢！

由于汽车服务企业管理在我国尚属有待于系统和深入研究的领域，加之编者水平所限，书中定有不完善和错误之处，敬请读者批评指正。

编　者

目　录
Contents

第 2 版前言

第 1 版前言

第一章　绪论 ·· 1

第一节　企业与企业管理 ·· 2

第二节　汽车服务企业 ·· 4

第三节　现代汽车服务企业管理 ································· 5

拓展知识 ·· 11

小结 ·· 11

复习思考题 ·· 11

第二章　企业管理概论 ·· 12

第一节　现代企业管理 ·· 14

第二节　现代企业管理体系与机制 ······························ 25

拓展知识 ·· 34

小结 ·· 34

复习思考题 ·· 34

第三章　汽车服务企业经营管理 ·································· 35

第一节　概述 ··· 37

第二节　汽车服务企业市场调查与分析 ·························· 45

第三节　汽车服务企业经营体系 ································· 52

第四节　汽车服务企业的经营决策 ······························ 61

第五节　汽车服务企业的经营评价 ······························ 72

拓展知识 ·· 79

小结 ·· 79

复习思考题 ·· 79

第四章　汽车服务企业技术管理 ·································· 81

第一节　概述 ··· 82

第二节　汽车服务企业生产组织管理 ···························· 83

第三节　汽车服务企业技术管理的基础工作 ······················ 88

第四节　机具设备管理 …………………………………………………… 95

拓展知识 ………………………………………………………………… 103

小结 ……………………………………………………………………… 103

复习思考题 ……………………………………………………………… 104

第五章　汽车服务企业信息管理 ………………………………………… 105

第一节　概述 …………………………………………………………… 107

第二节　汽车服务管理信息系统的开发过程 ………………………… 113

第三节　汽车服务企业管理信息系统设计实例 ……………………… 120

第四节　区块链技术与汽车服务企业 ………………………………… 125

拓展知识 ………………………………………………………………… 128

小结 ……………………………………………………………………… 128

复习思考题 ……………………………………………………………… 128

第六章　汽车服务企业人力资源管理 …………………………………… 129

第一节　概述 …………………………………………………………… 130

第二节　汽车服务企业人员规划 ……………………………………… 134

第三节　汽车服务企业人力资源的教育、培训 ……………………… 136

第四节　汽车服务企业人力资源的管理 ……………………………… 139

拓展知识 ………………………………………………………………… 143

小结 ……………………………………………………………………… 144

复习思考题 ……………………………………………………………… 144

第七章　汽车服务企业物资管理 ………………………………………… 145

第一节　概述 …………………………………………………………… 147

第二节　物资定额管理 ………………………………………………… 149

第三节　库存决策 ……………………………………………………… 159

第四节　仓库管理 ……………………………………………………… 163

拓展知识 ………………………………………………………………… 179

小结 ……………………………………………………………………… 179

复习思考题 ……………………………………………………………… 179

第八章　汽车服务企业质量管理 ………………………………………… 180

第一节　概述 …………………………………………………………… 181

第二节　汽车服务企业全面质量管理 ………………………………… 187

第三节　全面质量管理的常用方法 …………………………………… 191

拓展知识 ………………………………………………………………… 196

小结 ……………………………………………………………………… 197

复习思考题 ……………………………………………………………… 197

第九章　汽车服务企业财务管理 ·············· 198

第一节　概述 ······························ 199

第二节　资金筹集 ························· 202

第三节　资本成本的计算 ················· 208

第四节　筹资的风险分析 ················· 213

第五节　汽车服务企业资产的管理 ········ 217

第六节　汽车服务企业投资管理 ·········· 220

拓展知识 ·································· 232

小结 ······································ 232

复习思考题 ································ 232

第十章　汽车服务企业成本管理 ··············· 233

第一节　概述 ······························ 235

第二节　建立并实行成本否决制度 ········ 240

第三节　汽车服务企业目标成本管理 ······ 242

第四节　大数据赋能下的业财融合之成本管理 ·· 245

拓展知识 ·································· 247

小结 ······································ 247

复习思考题 ································ 247

第十一章　汽车服务企业的企业形象与公关礼仪 ·· 248

第一节　概述 ······························ 249

第二节　汽车服务企业的企业文化与形象战略 ·· 251

第三节　汽车服务企业的礼仪 ············ 265

拓展知识 ·································· 274

小结 ······································ 275

复习思考题 ································ 275

第十二章　汽车服务企业沟通技巧 ············· 276

第一节　概述 ······························ 277

第二节　沟通技巧在汽车服务企业中的应用 ·· 279

拓展知识 ·································· 289

小结 ······································ 289

复习思考题 ································ 289

参考文献 ······································ 290

第一章 / Chapter 1

绪 论

 【学习目标】

1. 了解汽车服务企业的类型及特点。
2. 了解汽车服务企业管理的内涵和外延。
3. 理解做好汽车服务企业管理的关键手段和方法。

 【导入案例】

　　1995 年 2 月，具有相当研究才能、一定的企业经营和电池生产实际经验的王传福意识到手提电话的发展对充电电池的需求会与日俱增，于是在深圳注册了比亚迪公司，由蓄电池开始了比亚迪商业帝国的构建。

　　具有敏锐商业嗅觉和政治嗅觉的王传福捕捉到世界各国对于未来汽车在环保、低耗、高效、智能等方面的需求，分别于 2002 年、2003 年、2009 年收购了北京吉普汽车有限公司模具厂、西安秦川汽车公司、湖南美的客车制造有限公司的全部股权，为全面分享汽车产业这块大蛋糕——进军汽车制造行业做好了充分的准备。经过 20 年的努力，比亚迪已成为世界优秀汽车企业的代表。

　　比亚迪成功的发展史展示了汽车企业成功的典型案例：王传福独具只眼，用鹰一样的眼睛发现商机，狼一样的精神领导团队，熊一样的胆量敢于担当，豹一样的速度不加迟疑，走一切创新之路，包括人、财、物、信息、技术等各领域管理的创新，带领比亚迪取得了举世瞩目的业绩。

　　自 1885 年诞生第一辆汽车开始，至今汽车产业已经发展了近 140 年，至 2020 年底，我国机动车保有量已达 3.72 亿辆，全年汽车产销分别完成 2522.5 万辆和 2531.1 万辆，连续 12 年雄踞全球第一，其中新能源汽车产销分别完成 136.6 万辆和 136.7 万辆。

　　面对如此巨大的汽车应用市场，汽车产业蕴含巨大的商机，尤其是现代汽车已随着科技发展加速进入智能网联时代，促使汽车产业向新的开发模式、生产模式、产品定义、基础设施、出行服务模式等发展，使其高度关联的产业更加广泛，而被各国视为支柱产业的汽车产业，在国民经济发展的过程中起着更加举足轻重的作用。

　　因此，如何采用与时俱进的现代管理理念，符合现代市场需求的现代运营管理、技术服务管理方式，在广袤的汽车市场去寻找既符合自身特长，又符合市场需求的营运范围而进行管理和经营，是维持汽车产业可持续发展和企业自身发展的重要保障。

第一节　企业与企业管理

一、企业及其特征

1. 企业

所谓企业一般是指以盈利为目的，运用各种与生产相关联的要素（土地、劳动力、

资本、技术和企业家才能等），向市场提供商品或服务，实行自主经营、自负盈亏、独立核算的法人或其他社会经济组织。

企业作为组织单元的多种模式之一，按照一定的组织规律，有机构成的经济实体，通过信息、资源（原材料、成品物质、土地、劳动力等）、资本、技术和知识产权等，向社会提供商品或技术、咨询等服务换取收入，以实现向投资人、客户、员工、社会大众的利益最大化的使命。

2. 企业特征

企业是社会市场经济活动的主要参与者，其存在类型主要有独资企业、合伙企业和公司三类基本组织形式，其中公司制企业是我国现代企业中最主要、最典型的组织形式。其特征表现为：

1）企业是一个经济性组织，具有营利性。

2）企业是一个社会性组织，企业不只是为拥有者创造利润和财富的工具，它还必须对整个社会的政治、经济发展负责，因此企业的存在必须具有社会性和经济性的双重性。

3）企业是一个独立的法人，从法律的角度讲，企业是自主经营、自负盈亏，依法独立享有民事权利，并承担民事责任的从事经营活动的法人组织。

4）企业是一个自主经营系统，通常政府应减少对企业的行政干涉。

二、管理

管理是社会组织中，为了实现预期的目标，以人为中心进行的协调活动。

组织活动一般都要涉及人、财、物、资源、信息各方面，在组织活动中，不论任何人，都必然是"管理者"或"被管理者"，因此为达到集体的预期目标，必须协调组织活动中个人与集体的关系，即做好管理工作。

衡量管理好坏的标准就是用相同的资源实现更大的效益，效率与效益相比，效益是第一位的，有效的管理既要讲求效益也要讲求效率。

管理的基本职能包括计划、组织、领导、控制。

计划表现为为实现企业规划目标而采取的各种活动进行规划和安排的工作过程。包括企业目标的选择和确立，实现企业目标方法的确定和抉择，计划原则的确立，计划的编制，以及计划的实施。

组织即一定的组织结构，是对实现企业管理目标和计划所必需的各种活动进行分类组合，将企业管理的每一类活动所必需的责、权、利赋予相关人员，规定其相关的协调关系。组织为企业管理工作提供了结构保证，是企业进行人员管理、领导、控制的前提。

领导是指责任者对组织结构内全体成员的行为进行引导和施加影响的活动过程，是为实现组织目标将相关联的人、财、物、信息等资源合理配置，运用职权和威信协调组织内部人与人的关系，激励员工努力工作，使成员能够自觉自愿而有信心地为实现组织既定目标而努力的过程。

控制是按组织既定目标和标准对其内部的活动进行监督、检查，发现偏差，采取纠正措施，使工作能按原定计划进行，或适当调整计划以达预期目的的过程。

三、企业管理

所谓企业管理就是由企业管理人员或机构对企业的经济活动过程进行计划、组织、指挥、协调和控制，以提高经济效益，实现以盈利为目的的活动的总称。

为实现企业目标，需要在企业的生产经营活动的各过程中进行市场调研、销售预测、经营决策、产品开发、资金筹措以及产品销售、售后服务、信息反馈等各种活动，为此必须进行系统内部的组织、指挥和控制，进行系统内、外的协调和统一，以提高企业的经济效益，实现企业目标。

第二节　汽车服务企业

汽车服务企业涵盖汽车产业所涉及的所有范围，服务方式包罗万象，是汽车全生命周期各类服务形式的集合。

一、汽车服务企业的内涵

所谓汽车服务企业，泛指在汽车全生命周期中，自设计、生产制造、销售、售后服务及运用起，到汽车报废终止生命过程的各环节涉及的各类技术、非技术、服务和支持性服务的企业，有广义和狭义之分。

广义的汽车服务企业即为上述所指自汽车"设计、生产制造、销售、售后服务及运用起，到汽车报废终止生命过程"的各环节涉及的为汽车进行各类服务的企业，包含以下两个方面：

1）汽车生产领域的各种相关服务企业，如汽车设计、原材料供应、工厂保洁、整车或零部件的制造及试验测试、产品质量认证及新产品研发前的市场调研等，这些企业又可称为"汽车服务前市场"。

2）从汽车出厂进入销售环节开始，到汽车售后进入应用直至报废终止生命为止的各类服务企业，涵盖营销类企业、售后技术服务类企业、汽车出行类企业及其他类企业。

本类企业即为狭义的汽车服务企业（即营销类企业、售后技术服务类企业、汽车出行类企业、其他类企业等）又可称为"汽车服务后市场"。本书主要以"汽车服务后市场"类企业为研究对象。

二、汽车服务企业的类型

如上所述，汽车服务企业有营销类企业、售后技术服务类企业、汽车出行类企业及其他类企业。

1. 营销类企业

汽车营销类企业包含汽车的整车销售，汽车零部件销售，燃、润料及汽车附件销售，交易服务等。

（1）整车销售型企业

1）单品牌汽车专营店。汽车生产商与汽车经销商签订特许专营合同，汽车经销商受合同的制约接受生产商的技术培训和业务指导，接受其监督以及考核，只可经销该品牌汽车，为汽车的消费者提供售后的技术服务、信息采集和传输。

单品牌专营店大多是前店后厂的形式，有统一的企业形象，常见的汽车 4S（Sale、Spare part、Service、Survey，即整车销售、零配件供应、售后服务、信息反馈）店即属于此类型。

2）多品牌汽车销售店。汽车销售店与汽车生产商签订特许营销合同后，在店（铺）内同时经销多个汽车品牌。

（2）汽车零、部件，燃、润料及汽车附件销售（店）企业 该类型企业中，燃料因安全和国家政策规定，一般由中石油、中石化、中海油等公司经营销售。

汽车零、部件及汽车附件销售（店）企业主要有连锁经营、批发商或代理商形式。

1）连锁经营。该类型的企业主要是销售汽车配件、总成件零件和汽车附件。

核心企业以自身建设、推广特许加盟等形式与若干企业共同通过规范化经营实现规模效益。

2）批发或代理商型经营。该类型以批发或代理形式从生产厂商、大型连锁店铺获取货源，从事汽车零、配件及汽车附件（主要是美容类）的销售。

（3）交易服务 主要是指二手车的营销服务。

2. 售后技术服务类企业

售后技术服务企业主要包含从事汽车改装、汽车维修（微修——汽车刮擦类等轻微型快修点）、汽车检测、汽车美容装饰、汽车驾驶培训等服务类型的企业。

3. 汽车出行类企业

汽车出行类企业主要包含从事客/货运输服务、汽车租赁、汽车故障救援、汽车停车服务等服务类型的企业。

4. 其他类企业

该类型企业主要包含从事汽车回收解体、汽车金融保险服务、汽车互联网行业、智能交通、汽车运动、汽车文化及汽车俱乐部经营等服务类型的企业。

第三节 现代汽车服务企业管理

汽车服务企业属于第三产业，其企业的服务特性决定其企业管理必须以客户需求为中心，所有经营活动必须围绕客户需求，以在汽车全生命周期为客户提供优质、全面、完整的服务为宗旨。

为此，汽车服务企业管理主要在企业人力资源管理、企业生产经营管理、企业技术管理、企业质量管理、企业信息管理、企业财务管理、企业物资（材料）管理、企业文化与形象管理等方面，制定相应服务质量标准和规范，建立企业服务质量的监控机制，实行企业的质量反馈和持续改进制度三个环节。

一、制定相应服务质量标准和规范

该要素面对企业所有员工，包括以下几个方面。

（1）**管理承诺** 即建立、实施公共服务质量管理体系，并对其有效性进行持续改进的行为做出承诺，一般应开展下列活动：

1）向企业传达满足顾客和汽车服务方面法律法规要求的重要性。

2）制定汽车服务质量方针、质量标准和规范。

3）确定汽车服务质量目标，并分解落实到各职能部门及其组织结构的有关层次。

4）开展管理评审活动。

5）确保服务质量管理体系所需各类人力和物力资源的获得。

（2）**以顾客为中心** 即以增强广大顾客满意度为目标，确保顾客需求得到确定并可以满足。

（3）**制定服务质量方针** 正式公布并大力宣传企业的汽车服务质量方针，采用各种方法确保其在企业内被广大员工理解和实施，适时通过管理评审和调整，确保其持续有效。

（4）**策划** 首先是要策划和确定汽车服务企业及相关职能部门和层次上的服务质量目标。其次是确保汽车服务质量管理体系过程满足目标，在体系变更时，不得破坏该体系的完整性。

（5）**职责、权限与沟通** 通过任命管理者代表，授予其建立实施与保持公共服务质量管理体系等职责与权限，明确组织机构内各部门、各级各类员工职责与权限，并确定内部沟通方式，如例会、工作联系单、电话等，以确保对汽车服务质量管理体系持续、有效地进行沟通。

（6）**管理评审** 定期回访客户，寻求其对企业服务质量和水平进行评价和建议。一般每年至少一次，由总经理主持，邀请客户代表和同行专家等评审企业的服务质量管理体系，以确保其持续的适宜性、充分性和有效性。

二、建立企业服务质量的监控机制

为保证企业制定的各项标准、规范在企业的服务、生产过程中得以贯彻落实，必须建立相应的监督、控制机制，包括人力资源管理、企业生产经营管理、企业技术管理、企业质量管理、企业信息管理、企业财务管理、企业物资（材料）管理、企业文化与形象管理等服务质量的监控机制。

汽车服务企业如上所述，有汽车营销类、售后技术服务类、汽车出行类和其他类型，本章将以售后技术服务类中占比较高的汽车维修企业为例，探讨其企业服务质量的监控机制的建立和运行，其余类型企业会在相关章节研究。

作为汽车维修企业，其生产经营的核心是满足客户对于恢复汽车各项性能需求为中心的技术服务工作，企业能否利用其技术手段、方法解决客户关注的汽车性能问题，是能否吸引、凝聚客户群体接受企业服务的关键、核心因素，具体表现为：企业的技术服务流程及管理、相关的质量监控机制和体系的运行及其相应的资源管理，这是其核心竞争力。

1. 企业的技术服务流程及管理

企业技术是直接的生产力，而且是第一生产力。汽车服务企业的技术服务流程及管理，就是合理、有效地组织、指挥、协调、监督和激励所有本企业与生产相关的各项技术服务工作，能够依据企业建立的各项标准、规范，利用好企业内部和外部的有关技术资源，解决客户关注的通过对汽车的维（微）修、检测等服务活动而恢复汽车性（功）能的问题。

企业对汽车的维（微）修、检测等有关技术改造和技术开发活动，最新的现代技术成果转化为生产力的效率，都可以加速企业生产经营目标的实现。

汽车维修服务企业必须依据 IATF 16949：2016 标准，建立企业规范、科学的服务流程及相关的质量监控体系和机制，实现汽车维（微）修服务的相关服务内容，即过程要素。

（1）维修服务实现的过程 维修流程图如图 1-1 所示。

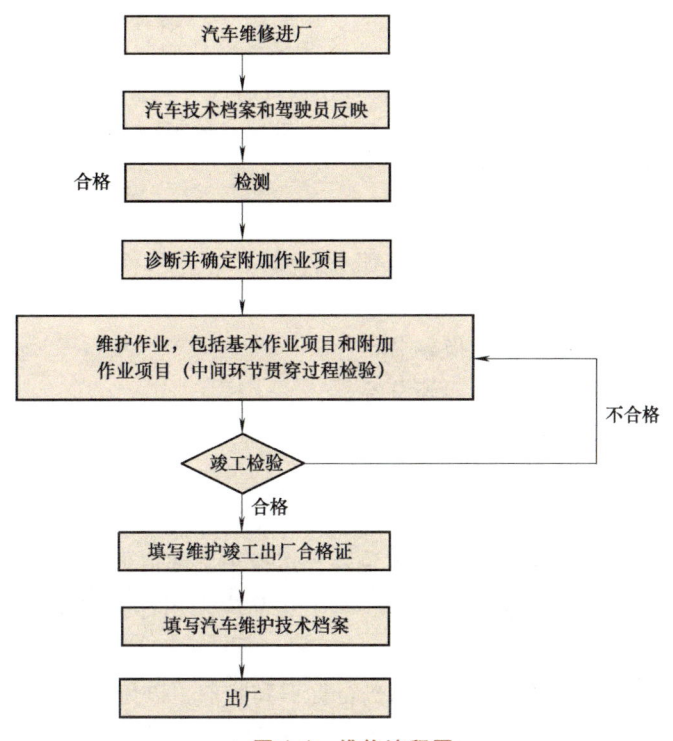

图 1-1 维修流程图

在策划上述过程中，应确定下列内容与要求：

1）维修服务质量目标和要求。

2）针对维修服务确定具体过程、文件和资源的需求。

3）确定维修服务所要的验证、确认、监视检查和考核活动以及维修服务合格评定标准。

4）实现维修服务过程，使其服务满足要求提供证据所需的记录。

5）对特定车辆维修，如高等级轿车、大吨位货车及一些特种运货车辆，依据 ISO 10005：2018《质量管理——质量计划指南》策划与编制维修服务质量计划。

（2）**与顾客有关的过程**

1）确定与维修服务有关的要求，包括广大顾客的要求、维修方面法律法规的要求和维修企业附加的要求。

2）通过公布服务承诺、维修时刻表、签订维修协议，确保与维修服务有关的要求得到评审，解决任何不一致之处，并确认维修企业有能力满足规定的要求。

（3）**与顾客沟通**　应策划和确定与顾客沟通的有效方式，如在报刊、电视上报道维修服务方面信息，设置意见本，主动征求顾客意见，处理顾客投诉，及时了解并反馈顾客需求信息。

（4）**设计和开发**　根据社会汽车使用情况，维修企业设备及人员能力，设计和开发维（微）修车型项目和工艺，在设计和开发新的维修项目和车型时要进行评审验证和确认。

（5）**零部件采购**

1）对汽车维修服务所需的车辆、配件、修理材料等有形产品的采购，应选择和确定合格供方，签订采购合同或填好申购单，然后在购货后进行验证，并建立供方业绩档案。

2）对维修服务所需的劳务分包，如车辆年（季）检，洗车等也应选择与确定分包单位/人员，策划与确定验证方式。

（6）**维修服务提供**

1）应策划如何在受控条件下提供维修服务，如：

① 获得表述维修服务质量特性的信息。

② 必要时，获得有关维修作业指导书。

③ 使用适宜和完好的维修和检测等设备。

④ 获得和使用监视和测量装置等。

然后对维修服务提供过程能力达到进行确认。

2）应策划和确定下列内容：

① 产品标识（包括服务标识）及其追溯性，以便识别和追溯。

② 对顾客财产，如修理车辆自带配件、车上物品应采用标签进行标识，以便识别和控制，防止丢失或损失。

③ 对顾客及有关维修服务所需的物品进行标识和防护，以免损坏，影响维修质量。

（7）**监视和测量装置的控制**　依据 ISO 10012：2016《测量管理体系标准》要求策划维修服务所需的各类监视和测量装置，包括计量器具和安全、消防等监控装置，实行周期检定/校准、调整、验证、确认，以免失准。

（8）**测量、分析和改进**　该要素策划时应包括下列内容：

1）监视和测量。

① 对维修服务质量管理体系业绩的监视和测量，主要策划顾客满意度的测评方法和内部审核方式，确保顾客满意度测评客观、科学，内部审核公正、有效，既能真实测量其业绩，又能促进体系有效运行。

② 对维修服务过程策划监控和测量方式，如维修公司车辆维修过程中自检、互检和专检，出厂检验等具体方法、方式。

③ 策划对维修服务质量及相关的物品、车辆质量监视和测量方式，要求有随机性、客观性和真实性。

2）不合格品控制。包括不合格物品、车辆、配件的控制方法和不规范维修服务的控制方法的策划。

3）数据分析。应策划采用哪些数理统计技术，收集和分析哪些数据，以证实维修服务质量管理体系的适宜性和有效性，并明确在何处进行体系改进，依据 ISO 9000 系列标准，数据分析应看重下列方面：

① 顾客满意度。

② 维修服务及相关其他产品的符合性。

③ 维修服务过程及服务质量发展趋势。

④ 供方是否合格。

4）改进。该要素主要应策划如何采用纠正措施和预防措施，实现持续改进维修服务质量管理体系的有效性，如填写纠正/预防措施采用报告，开展 QC（质量管理）小组活动，采用对策表等工具。

一般来说，只要认真依据 ISO 9000-1 国际质量认证体系标准，切实结合汽车维修企业的实际情况，就能把汽车维修服务质量管理体系所需的各项过程要素策划齐全、清晰和正确，为建立科学、合理、有效的汽车维修服务质量管理体系奠定坚实的基础。

如果不符合汽车维修实际，照搬照抄了 ISO 9000-1 国际质量认证体系标准，或者强调汽车维修企业实际状况，任意删减 ISO 9001 国际质量认证体系标准规定的过程要素，都不可能策划好汽车维修服务质量管理体系过程要素，影响企业质量目标的实现，也无法取得广大顾客的满意。

(9) 建立公司质量监控体系　汽车维修服务质量监控体系如图 1-2 所示。

2. 企业资源管理

(1) 人力资源　应通过培训或调动、招聘等其他措施，确保从教育、培训、技能和经验方面，使从事汽车维修服务工作的人员必须是能够胜任的，且能够认识自身从事工作的相关性（规范、标准、流程等）和重要性，能够努力为实现企业的质量目标做出贡献。

(2) 基础设施　汽车维修企业应策划、确定、提供、维护为使维修服务符合顾客要求所需的下列基础设施。

1）汽车检测、修理车间，油漆烤房。

2）各类汽车检测设备、计量器具、维修设备、清洗拆装设备（包括软件）。

3）供水、供电等支持性设施。

(3) 工作环境　策划和确定为实现服务质量符合顾客要求所需的工作环境。如清洁卫生、安静，温度适宜的修理和检测环境；光线适宜、风量宜人、安全有序、没有污染的办公工作环境；团结和谐、温馨亲切的人际关系等。

(4) 财务资源　策划、提供并控制为实施和保持一个有效和高效的维修服务质量管理体系，以及实现汽车维修企业目标所需的财务资源。同时采取适宜的改进措施，以减少开支、节省资金。

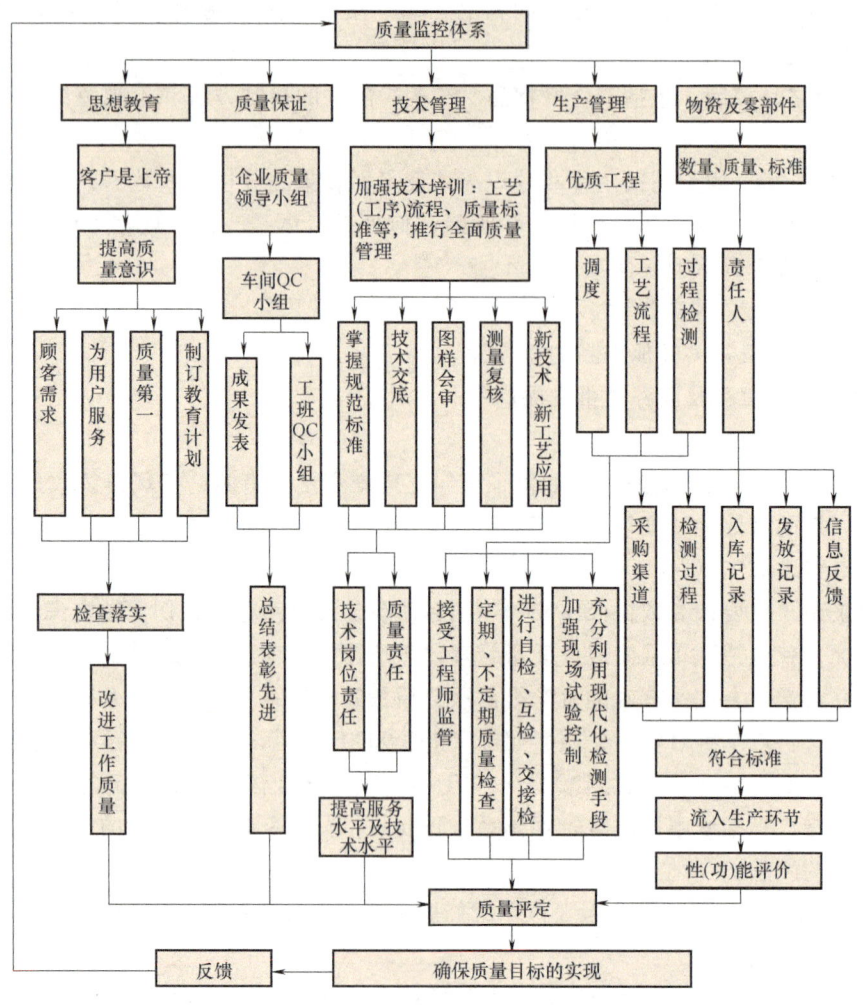

图 1-2　汽车维修服务质量监控体系

（5）**信息资源**　应把货源货量信息数据作为一种基础资源，认真识别和管理，利用其实现汽车维修企业的战略和目标。

（6）**供方及合作关系**　汽车维修企业应当与维修车辆的零部件、各类材料供应商等供方和合作者建立合作关系，双向沟通，共同提高汽车维修服务过程的有效性和效率。

（7）**自然资源**　对影响汽车维修企业业绩的自然资源，如燃油、电、水等应制定计划或应急措施，以确保获得或替代这些资源，以免产生对维修业绩的负面影响，或将影响减至最低程度。

三、实行企业的"质量反馈和持续改进"制度

企业若想可持续健康发展，仅有好的标准、工艺流程和质量监控体系是不够的，还必须具有发展的战略眼光，依据定期或特有的市场调研的信息资料，根据客户、市场的需求，建立如图 1-3 所示的企业质量管理持续改进流程，并落实实施。

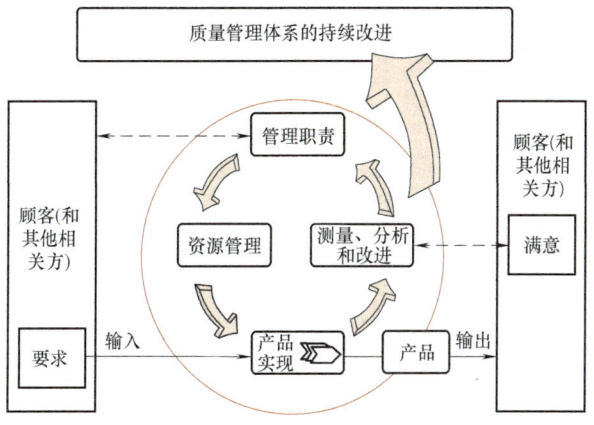

增值活动
信息流

图 1-3　企业质量管理持续改进流程

拓展知识

拓展知识内容可扫码进行观看。

小结

本章主要介绍了企业及其特征、管理与企业管理的内涵，汽车服务企业的内涵、类型，现代汽车服务企业为了企业的良好发展所必须进行的三个环节的内容，包括制定相应服务质量标准和规范、建立企业服务质量的监控机制、实行质量反馈和持续改进。

复习思考题

1. 何谓企业管理？
2. 汽车服务企业管理的内容有哪些？
3. 现代汽车服务企业有何特点？
4. 分析和展望我国汽车服务企业的发展前景。

参考答案

第二章 / **Chapter 2**

企业管理概论

【学习目标】

了解现代企业管理的特性及类型、管理的手段和方法、管理体系和机制。

【导入案例】

　　说起手机，现在大家可能第一个想到的是苹果、华为、三星，可是还有谁记得曾经的王者诺基亚？1985 年诺基亚在北京开设了第一家办事处，开始了在华的初期发展阶段；20 世纪 90 年代中期，诺基亚在中国建立合资企业。1994 年诺基亚接通中国第一个 GSM 电话，1995 年接通中国第一个无线数据电话，诺基亚是首家大规模生产 GSM 系统设备的合资企业。

　　当年的诺基亚占据了全球手机市场的三分之一，从 1996 年开始，诺基亚手机连续 15 年占据手机市场份额第一的位置，每秒全球会响起 20000 次诺基亚的铃声，全球销量最高的 10 台手机中有 7 台是诺基亚。

　　2007 年苹果公司推出用于电容全触摸屏幕及桌面的智能手机 iPhone 的操作系统 iOS，2008 年谷歌发布智能手机操作系统 Android。

　　当诺基亚面对新系统智能手机的夹击，过于相信 Meego、Symbian 操作系统，被苹果和三星双双超越，2013 年起逐步淡出中国市场。

　　历史经历表明，昔日诺基亚靠技术创新成为了手机行业的霸主，而后期当消费者越来越重视手机的功能和应用感受时，诺基亚的研发跟不上市场消费者需求的脚步，诺基亚市场信息失真、创新不足、战略失误，被后来者赶超是不可避免的。

　　科学管理之父泰罗认为，管理就是"确切地知道你要别人去干什么，并使他用最好的方法去干"。在泰罗的眼里，管理就是指挥他人用其最好的工作方法去工作，所以他在其名著《科学管理原理》中就讨论和研究了两个管理问题：第一，员工如何能寻找和掌握最好的工作方法以提高效率？第二，管理者如何激励员工努力地工作以获得最大的工作业绩？

　　诺贝尔经济学奖获得者赫伯特·西蒙教授对管理概念曾有一句名言："管理即制定决策"。

　　在西蒙看来，管理者所做的一切工作归根结底是在面对现实与未来、面对环境与员工时不断地做出各种决策，直到获取满意的结果，实现令人满意的目标。

　　尽管泰罗和西蒙名声在外，几乎所有的管理学教科书均要提及他们的观点和看法，但真正对管理的定义有重大影响的是法国人亨利·法约尔。从亨利·法约尔在其名著《工业管理与一般管理》中给出管理的概念之后，它就产生了整整一个世纪的影响。法约尔认为，管理是所有的人类组织（不论是家庭、企业或政府）都有的一种活动，这种活动由五项要素组成：计划、组织、指挥、协调和控制。法约尔的这一看法就是指，当你在从事计划、组织、指挥、协调和控制工作时，你便是在进行管理，管理等同于计划、组织、指挥、协调和控制。

法约尔作为一位毕生从事企业管理的管理者，从其几十年的管理工作经历中悟出的管理要义，应该颇有实践的支撑，因此，他的看法也就颇受后人的推崇与肯定。美国商学院 20 世纪 70 年代使用频率很高的教科书是这样来定义管理的："管理就是由一个或更多的人来协调他人的活动，以便收到个人单独活动所收不到的效果而进行的各种活动"。这一定义虽然表面上与法约尔的表述不同，但两者的基点是一样的，即管理是一种活动，一种协调性活动。如果把计划、组织、指挥、协调、控制活动的目的放在一起考察的话，人们应该同意法约尔所说的五项要素都是协调他人的活动。

法约尔对管理的定义受到了挑战，日本著名经营管理学家占部都美认为：法约尔关于管理的定义仅说出了管理由计划、组织、指挥、协调和控制五项要素构成，并未给管理确定统一的概念。乌尔里希则认为法约尔"没有确立一定的决定什么是管理、什么是组织的准则"。著名管理学家赫伯特·西蒙甚至提出了自己的关于管理的定义以及反驳法约尔的定义："管理即制定决策"，这一概念颇有知名度，但并非没有缺陷。

人们认为，假定把法约尔对管理的定义看作是古典的，那么从这一古典定义中可以肯定的是：①管理是一种活动；②管理这种活动由五项要素即计划、组织、指挥、协调和控制构成。然而，尽管确认了管理是一种活动，却没有给定是何种活动；如果简单地把管理理解为计划、组织、指挥、协调和控制这些活动的总称的话，那么管理就成了一项项具体的活动而失去了它统一的实质。管理应该有着比这种定义更广泛、更复杂的内涵与本质。

首先，管理作为一种活动，一定是在一个特定组织、特定时空环境下发生、发展直至结束。从时间的角度来看，管理实际是一个动态的过程，因为时空环境并不是静止的。

其次，管理这种活动的发生是有目的的，那么该目的是什么呢？显然这与管理的出发者欲达成的目标相关，这一目标可以是组织的目标。

再次，达成组织目标是需要资源的，但世界上资源有限，供给有价格，这就使得达成组织目标有一个成本与收益的比较，有一个投入产出的衡量。

根据上述讨论，可以给管理下一个统一的符合其实质的定义：管理是对组织的有限资源进行有效配置，以达成组织既定目标与责任的动态创造性活动。计划、组织、指挥、协调和控制等行为活动是由于管理复杂后进行专业化分工的专业管理活动，是有效整合资源所必需的活动，但因其每一项活动又仅仅是帮助有效整合资源的部分手段或方式，因而它们本身并不等于管理，管理的核心在于对现实资源的有效配置。

第一节　现代企业管理

现代企业管理，从广义上讲，就是针对市场环境的变化，按管理者的意志对企业系统的响应进行控制。因此，它不是孤立的、静止的企业内部的自我完善，而是从大系统的角度出发，对企业生产经营行为进行适应性控制，即以市场为主导，服从于经济发展规律，同时具有科学性、系统性和预见性的一种企业行为管理。

另外，狭义的现代企业管理，可以理解为：管理就是服务，是企业生产经营过程中各种服务手段的统称。

一、现代企业管理特性

从现代管理学的理论出发，可以分析出企业管理应具备以下主要特性：

1. 二重性

二重性是指企业管理的自然属性和社会属性。自然属性是指在管理的形式、方式、手段等具体内容方面，不同的社会制度和所有制关系下的企业存在着共性，即管理必须合理地、科学地组织生产力，必须尊重客观规律。所以，现代管理的自然属性又称客观属性。企业管理在体现客观自然属性的同时，又必须维护现存的生产关系，为企业生产资料所有者的意志服务，这就是企业管理的社会属性。可见，企业管理是融合了自然科学与社会科学于一体的一门新兴的边缘学科。在企业管理的过程中，主观与客观、人与物、生产力与生产关系均作为一个统一体而存在，不可分割。因此，企业管理的二重性也是一个不可分割的统一体，不能孤立地、片面地强调某一点而偏废另一点，即不能厚此薄彼。

2. 动态性

管理活动的动态性特征主要表现在这类活动需要在变动的环境与组织中进行，需要消除资源配置过程中的各种不确定性。事实上，由于各个组织所处的客观环境与具体的工作环境不同，各个组织的目标与从事的行业不同，从而导致了每个组织中资源配置的不同性，这种不同性就是动态特性的一种派生，因此，不存在一个标准的处处成功的管理模式。

3. 科学性

科学性亦指自然属性概念的延伸。现代企业管理必须实施科学管理，它是区别于传统管理的。传统管理的主要特点是师傅带徒弟并传授个人经验进行封闭式主观判断的管理，体现了小生产的传统特色；科学管理的特点则是反传统的和反经验的，它虽然不排除经验的作用，但主要不是依靠经验，同时它融合了心理学、社会学、统计学、人类学和人机工程、系统工程、计算机技术和行为科学等现代科学技术成果，其发展过程充分体现了社会生产力和科学技术发展的过程。科学管理应体现出管理方法科学化、管理程序标准化、管理行为规范化、管理评价数据化和管理活动经常化等鲜明的特点。因此，现代管理必须改变那种视管理为普通事务性工作的观念，充分注意其科学性。

4. 职能性

所谓职能，可以理解为专职能力或司职的功能。企业管理的基本职能具体体现在其二重性的内涵中，即科学地组织生产力，维护现存的生产关系，而其具体职能则体现于企业管理所具备的专职能力，即职能性。

企业管理的职能性主要由以下五个方面组成：

（1）**计划职能**　计划职能就是以管理者的意志为出发点，以科学决策的结果为依据，对企业的经营管理行为规划出方向。计划职能按照预测、决策、执行、检查、信息反馈和改进的程序，将预见性、统一性、可行性、连续性和灵活性的行为准则有机地结合起来形成一个整体体系，将企业经营管理的全过程和所有环节纳入有目标、有预见的连续性和均衡性活动轨道。在现代市场经济体制下，计划职能的关键环节是决策。

（2）**组织职能**　组织职能是按照计划职能形成的规划目标，将企业的人、财、物进

行分配组合、合理分工，将各种影响因素和制约条件作为准则，在时间和空间上建立相互有机衔接的企业生产经营的物质结构和人员结构，形成企业的微观系统，以便适时对外部市场信息做出有组织的、协调一致的响应。现代管理学认为，企业管理必须注重人的因素，因此，对组织职能进行评价和设计时，能否发挥人和人群的潜力，即成为最重要的标准。

（3）**指挥职能**　目标已定，结构已成，整个企业管理系统对市场信息做出的响应必须在统一的指令下实施，这就是指挥职能。指挥职能还有另一层含义：即在企业生产经营总目标下采用集中与分散相结合的有机管理手段，正确处理和协调各种矛盾，充分发挥企业的人力、财力和物力，使有利因素得以形成最佳组合，不利因素得以最大限度地消除，以达到高效、迅捷和灵活的生产经营效果。显然，这一切必须按管理者的意志进行指挥控制，以避免随意性的粗放式的经营方法。在实现组织指挥职能时，必须注意正确处理权威性、灵活性、连续性与规范性等方面的关系。

（4）**协调职能**　协调职能可以解释为联结、联合和调合企业的各种活动与人群的矛盾，正确处理生产经营时企业内外部的各种关系，达到各企业单元和行为不产生相互矛盾、相互重合、相互制约的现象。协调职能可以加快企业对市场变化的反应速度，减少内耗和保证所有生产经营活动正常进行。

（5）**控制职能**　控制也有两层含义：其一为将企业生产经营全过程纳入预定轨道，使企业的所有活动都遵循预定的指令和在特定的范围框架内进行；其次为将所有有利与无益于生产经营的因素的变化置于可控制的范围内，使有利因素得以充分发挥，不利因素的变化要受到抑制。要实现控制职能，首先要健全控制体系和确定控制目标，对企业系统的各种响应和行为进行监督，适时消除实际行为与目标之间的差异。控制职能实现的程序为监控、发现问题、处理和反馈信息。

企业管理各职能之间的分工并没有明显的界线，具体职能相互间的边缘性和渗透性较强。随着现代系统论、控制论和信息论的不断发展与完善，企业管理的职能亦不断发展与完善，职能间的分工也越来越不明确。企业管理职能示意图如图2-1所示。

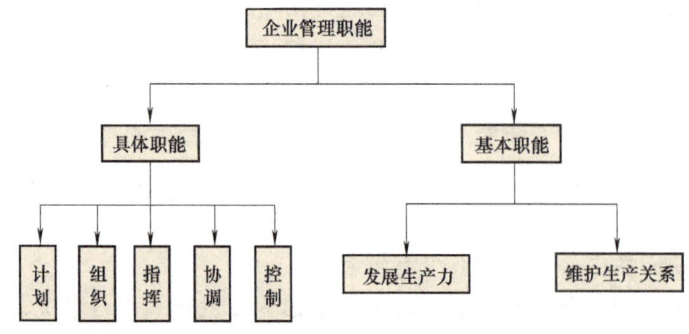

图2-1　企业管理职能示意图

另外，在企业管理的各项职能中，起主导作用的是计划——决策职能。该职能的直接结果产生了一个符合企业实情和市场需求的行为目标，作为其他职能必须遵循的行为准则。决策的失误和计划不切合企业实情与市场需求的变化将误导其他职能的实施，其结果

将是灾难性的和难以补救的。这是企业管理人员，特别是高层决策人员应该随时注意的。

5. 民主性

科学性必然体现出民主性的特色。民主性的正确定义应该是正确处理企业所有者、经营者和劳动者之间的关系。企业生产资料所有者有权参与决策，劳动者则是具体的执行者，而经营者介于所有者和劳动者之间，是所有者意志的人格化体现。企业生产经营决策一般应由经营者做出，但经营者必须体现所有者的利益，同时兼顾劳动者的利益。由人或人群来体现所有者利益，即所谓人格化。民主性就是三者之间关系正确和融洽的体现。民主性并不意味着事无巨细一律按民主程序办理，在经常性和事务性问题的处理上，应该充分体现经营者的指令，但亦可以通过正当的程序和手段使本身的合法权益得以保障。在劳动者同时又是企业所有者的国有企业中，正确处理这些矛盾的关键就是必须使所有者的意志人格化，即经营者是所有者权益的代表，而此种情况下的劳动者本身具有双重身份，但这双重身份在具体事物中不是同时存在的。在决策时，所有者的身份使得劳动者有权参与，而在执行指令时，劳动者的所有者身份就自动消失了。

特别应该强调的是民主性并不排除权威性，正是民主性赋予了经营者的权威，而权威性在具体体现时又必须对所有者和劳动者负责，即体现民主性。综上所述，民主性的定义应该是：在基本职能上实行高度的民主性决策，在具体职能的执行时，应赋予经营者高度的权威。

6. 艺术性

由于管理对象分别处于不同环境、不同行业、不同的产出要求、不同的资源供给条件等状况下，这就导致了对每一具体管理对象的管理没有一个唯一的、完全有章可循的模式，特别是对那些非程序性的、全新的管理对象，更是如此。具体管理活动的成效与管理主体管理技巧发挥的程度大小相关性很大。事实上，管理主体对这种管理技巧的运用与发挥，体现了管理主体设计和操作管理活动的艺术性。另一方面，由于在达成资源有效配置的目标过程中可供选择的管理方式、手段多种多样，因此，在众多可选择的管理方式中选择一种合适的方式用于现实的管理中，这也是管理主体进行管理的一种艺术性技能。艺术性更多地取决于人的天赋与直觉，是一种非理性的东西，管理有时就是一种非理性的活动，否则就不会有许多人认为"管理没有理论"。

7. 创造性

管理的艺术性特征实际上与管理的另一个特征相关，这就是创造性。既然管理是一种动态活动，既然对每一个具体的管理对象没有一种唯一的完全有章可循的模式可以参照，那么，欲达到既定的组织目标与责任，就需要有一定的创造性。管理活动是一类创造性的活动，正因为它的创造性，才会有成功与失败的存在。试想，如果按照程序便可管好一切的话，如果有某种统一模式可参照的话，那么岂非人人都可以成功，成为有效的管理者？管理的创造性根植于动态性之中，与科学性和艺术性相关，正是由于这一特性的存在，使得管理创新成为必须。

8. 经济性

资源配置是需要成本的，因此管理就具有了经济特性：①管理的经济性反映在资源配置的机会成本上。管理者选择一种资源配置方式是以放弃另一种资源配置方式为代价而取

得的，这就有机会成本的问题。②管理的经济性反映在管理方式、方法选择的成本比较上。因为在众多可帮助进行资源配置的方式、方法中，其所费成本不同，故如何选择就有经济性的问题。③管理是对资源有效整合的过程，选择不同的资源供给和配比，就有成本大小的问题，这是经济性的另一种表现。

管理的上述八个特性是相互关联的，是管理性质的八个不同方面的反映，因此，应从整体上去把握和理解。

二、现代企业管理的类型

现代管理理论是指20世纪70年代开始至今的管理理论，它是科学管理、行为科学和管理科学三阶段演进之后的必然产物，同时又具有不同于前三者的特征。这种特征首先在于时代的特征与现代企业的发展状况。

1. 管理科学的模型

管理科学中所采用的模型可以分成两大类：描述性模型和规范性模型，其中各自又可分成确定性模型和随机性模型两种，如图2-2所示。

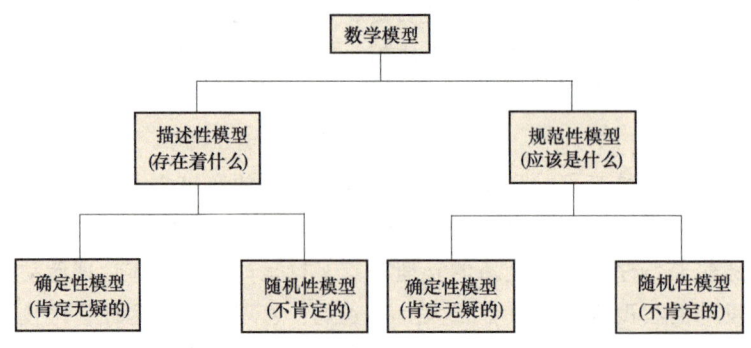

图 2-2　数学模型分类图

现在流行的管理科学模型主要有以下几种：

（1）**决策理论模型**　这一模型的目标是要使制定决策的过程减少艺术成分而增加科学成分。决策理论的集中点针对所有决策通用的某些组成部分，并提供一个系统结构，以便决策者能够更好地分析那种含有多种方案和可能后果的复杂情况。这类模型是规范性的，并含有各种随机的变量。

（2）**盈亏平衡点模型**　这一模型主要是帮助确定一个公司的任何特定产品的生产量与成本、售价之间的关系，得到一个确定的盈亏平衡点，在这个水平上总收入恰好等于成本，没有盈亏。这一模型是确定性的描述性模型。

（3）**库存模型**　这一模型回答库存有多少、什么时候该进货与发货这些问题。因此，这一模型必须既考虑库存适合生产与销售的需求，同时又要考虑减少仓储费用。这一模型的可行解便是经济订购批量（EOQ）。

（4）**资源配置模型**　这里的资源主要指自然资源和实物资源。常用的资源配置模型是线性规划模型，在给定边界约束条件的情况下，考虑产出、利润最大，或者成本最低。这一模型是规范性的模型，变量是确定性的。

（5）**网络模型**　两种主要的和最流行的网络模型是 PERT（计划评审技术）和 CPM（关键路线法）。PERT 是计划和控制非重复性工程项目的一种方法，CPM 则适用于那些有过去的成本数据可查的项目。网络模型是随机性的规范性模型。

（6）**排队模型**　在生产过程中，员工们排队等待领取所需的工具或原料所花费的时间是要计入成本的。在给顾客服务的过程中，如果顾客需要排队等候很长时间，就会失去耐心而一走了之，但如果开设很多服务台或售货柜却很少有人光顾，又会导致成本提高。排队模型就试图解决这个问题，以找到一个最优解。

（7）**模拟模型**　模拟是指具有与某种事物相同的外表和形式，但并不是真实事物。由于真实事物所具有的复杂性，以及对其管理作用的不可重复性，为了得到预计效果，就有必要建立模拟的模型，在此模型上探讨最佳行动方案或政策，以便最后能用于实际的操作之中。模拟模型是描述性的，含有各种随机性的变量。

2. 现代企业的形成和发展

第二次世界大战后，资本主义世界出现了一个黄金发展时期，经济发展迅速，生产力提高很快，人民生活水平也有所提高，市场不断扩大。进入 20 世纪 70 年代后，由于石油危机的影响，一些老牌资本主义国家的经济增长速度放慢，其中包括美国和日本。而一些新兴的资本主义国家或地区经济却突然加速，出现了所谓的亚洲"四小龙"等现象。全球性市场逐步形成，国际竞争激烈，生产活动呈现出大生产的特点，这就是：①生产规模越来越庞大，产销已扩张到全球；②生产技术的复杂程度大大增加；③产品升级换代的周期大大缩短，科技发展速度加快；④劳动生产率的提高主要不再靠体力劳动的加强，而是靠智力和工作积极性；⑤生产日益社会化，使得生产协作关系更加复杂；⑥企业与社会的联系日益广泛和密切，社会责任日益加大。

与这些特点相适应，企业规模的发展呈现出两个趋势：一方面出现了不少采用现代企业制度的超大型现代公司，并且不断扩张和发展。某些公司的产值已达到或超过世界一些小国的国民生产总值，并控制了该产业领域的部分市场，如通用汽车公司 1990 年的销售额达 126 亿美元，为泰国当年国民生产总值 80 亿美元的 1.5 倍。另一方面，中小企业大量涌现，其中有些不过是只有几个人的"迷你型"小企业。1954—1975 年间，日本的中小企业增加了 200 多万家。在激烈的市场竞争中，这些小企业大多只能在市场上昙花一现，但同时又会有更多的小型企业涌现。20 世纪 70 年代，美国倒闭的各类小企业有 25 万家左右，而同时又有 40 万~50 万家小企业开业，这些小企业一般都采用业主制或合伙制，虽然算不上现代企业，却是现代市场经济不可缺少的部分。

为适应大生产方式的发展，现代企业制度即公司制日益成为许多企业青睐的企业制度，并有效地推动了企业大规模的发展。二次世界大战后，生产手段日趋现代化，生产和资本日益社会化、国际化，公司制恰恰为此创造了条件，成为跨国大公司的基本组织形式。此外，由于股份转让、购买的简易化，工业资本和银行金融资本相互持股、参股、控股，人事上相互兼职，导致了巨大的金融资本和金融财团的形成，并成为控制经济命脉的主导力量。例如，20 世纪 60 年代初，联邦德国最大的三家商业银行的代表在联邦德国经济界中共占有 1347 个领导席位。据美国金融小组的调查资料，1976 年美国大金融集团以各自的银行为中心，通过参股、控股控制着大批公司。这种控股、参股方式使大批公司在

资产上具有关联性，这种现象一方面对经济协调的有效展开有利，另一方面也会产生新的管理要求。

3. 现代企业管理理论的最新思潮

进入 20 世纪 90 年代，现代管理理论的最新思潮当数公司再造、学习型组织、知识管理与管理创新。有人甚至认为这是管理的革命，它将导致传统管理理论与实践出现全面革新，迎来全新的管理天地。

（1）**公司再造**　美国人迈克尔·哈默（Michael Hammer）和詹姆斯·钱皮（James Champy）于 1994 年出版了一本书，名为《公司再造》。该书一出版便引起管理学界和企业界的高度重视，迅速流传开来。

哈默与钱皮认为，工业革命 200 年以来，亚当·斯密的分工理论始终主宰着当今社会中的一切组织，大部分的企业都建立在效率低下的功能组织上。公司再造是根据信息社会的要求，彻底改变企业的本质，抛开分工的旧包袱，将生硬拆开的组织架构，如生产、营销、人力资源、财务、信息管理等部门，按照自然跨部门的作业流程，重新组装回去。显然，这样一种重新组装是对过去组织赖以运作的体系与程序的一种革命。这种革命将是美国企业恢复竞争力的唯一希望，也是面向未来的唯一选择。福特汽车公司在取得日本马自达公司 25% 的股权之后，福特的主管层经过观察发现，马自达公司物资采购部的全部财务会计工作，竟然只用了五个人来处理，而福特汽车公司却用了 500 多人，与马自达公司区区五个人相比，简直有天壤之别。就算福特公司借助办公室自动化，降低了两成的人事费用，仍旧无法和马自达公司精简的人事相提并论。其中，根本的区别在于两者作业流程不同，因此，修正这种流程就成为提高企业效率的根本。然而修正流程不能只从财务部门做起，而要从整个企业的流程改革着手。

流程的改革要建立在信息技术高度发展的基础上，这是因为信息技术的发展使得效率不一定产生于分工，而有可能产生于整合之中。事实上，现代组织面临的各种管理不妥，也难有效进行处理。针对某一类问题而特设部门专门负责的做法，会使得本来已经膨胀了的组织机构更加繁多，这必然导致管理成本上升、协调困难、效率降低。在信息技术高度发达的今天，人们已经具备了对综合性问题进行整合性处理的方法，这就是流程革命得以进行的基础。

（2）**学习型组织**　彼得·圣吉（Peter M. Senge）于 1990 年出版了名为《第五项修炼——学习型组织的艺术与实务》的著作，这本著作一出版立即引起轰动。彼得·圣吉以全新的视角来考察人类群体危机最根本的症结所在，认为片面和局部的思考方式及由此所产生的行动，造成了目前支离破碎的世界，为此需要突破线性思考的方式，排除个人及群体的学习障碍，重新就管理的价值观念、管理的方式方法进行革新。

彼得·圣吉提出了学习型组织的五项修炼，认为这五项修炼是学习型组织的技能：

第一项修炼：修炼自我超越。"自我超越"的修炼是不断深入学习并加深个人的真正愿景，集中精力，培养耐心，客观地观察现实。这是学习型组织的精神基础。自我超越需要不断认识自己，认识外界的变化，不断地赋予自己新的奋斗目标，并由此超越过去，超越自己，迎接未来。

第二项修炼：改善心智模式。"心智模式"是指根深蒂固于每个人或组织之中的思想

方式和行为模式，它影响到人或组织如何了解这个世界，以及如何采取行动的许多假设、成见，甚至图像、印象。个人与组织往往不了解自己的心智模式，故而对自己的一些行为无法认识和把握。第二项修炼就是要把镜子转向自己，先修炼自己的心智模式。

第三项修炼：建立共同愿景。如果有一项理念能够一直在组织中鼓舞人心，凝聚一群人，那么这个组织就有了一个共同的愿景，就能够长久不衰。如国际商用机器公司的"服务"；宝丽来公司的"立即摄影"；福特汽车公司的"提供大众公共运输"；苹果公司的"提供大众强大的计算能力"等，都是组织确立的共同努力的愿景。第三项修炼就是要求组织能够在今天与未来的环境中寻找和建立这样一种愿景。

第四项修炼：团队学习。团队学习的有效性不仅能使团队整体产生出色的成果，而且其个别成员的学习速度也比其他人的学习速度快。团队学习的修炼从"深度汇谈"开始。"深度汇谈"是一个团队的所有成员，谈出心中的假设，从而实现真正的一起思考的交流活动过程。"深度汇谈"的修炼也包括找出有碍学习的因素的互动模式。

第五项修炼：系统思考。组织与人类其他活动一样是一个系统，会受到各种细微且息息相关的行动的牵连而彼此影响着，这种影响往往要长年累月才能完全展现出来。作为群体的一部分，人们置身其中，想要看清整体的变化，非常困难。因此第五项修炼就是要让人与组织形成系统观察、系统思考的能力，并以此来观察世界，从而做出正确的行动。

（3）**知识管理**　知识管理可以看作是"一个管理各种知识的连续过程，以满足现在和将来出现的各种需要，确定和探索现有和获得的知识资产，开发新的机会"。知识管理的本质是把组织拥有的各类知识有效地管理起来，进行知识的合理配置与创新，使知识在组织资源配置中能够创造出更大的价值。组织内知识管理的目标可以有6个方面：①知识的发布，以使一个组织内的所有成员都能应用组织的知识；②知识的传递，确保组织的成员需要知识时可以随时获得；③动员资源进行知识的创新，获得知识的优势；④有效地从外部获得组织所需的知识；⑤推进知识和新知识在组织内的学习与扩散；⑥确保组织成员不断地进行组织的知识的积累。

（4）**管理创新**　从现有的文献来看，成功的组织并没有完全照搬他人的成功经验，之所以成功在于这些组织进行了创新。管理的一个本质特征就是创造性。芮明杰教授于1994年在所著《超越一流的智慧——现代企业管理的创新》中最早提出管理创新概念。管理创新的概念应源于管理的概念。管理的定义可大可小，大可至组织内资源有效整合以达到目标和责任这一过程本身，小可至围绕目标和责任使资源有效整合的一切细小工作和活动。也正因为如此，组织中的管理明显可分成三个层次：一为决策层的管理；二为执行层的管理；三为操作层的管理。无论哪个层次的管理，都是为达成组织目标对资源进行有效的配置，只是具体管理活动的内容有所不同。

管理创新是指创造一种新的更有效的资源整合范式，这种范式既可以是新的有效整合以达到组织目标和责任的全过程管理，也可以是新的具体资源整合及目标制定等方面的细节管理。这样一个概念至少应包括下列5种情况：

1）提出一种新的发展思路并加以有效实施。新的发展思路如果是可行的，这便是管理方面的一种创新。但这种新发展思路并非对一个组织而言是新的，应对所有的组织来说都是新的。

2）创设一个新的组织机构并使之有效运转。组织机构是组织内管理活动及其他活动有序化的支撑体系。创设一个新的组织是一种创新，如果不能有效运转则成为空想，不是实实在在的创新。

3）提出一个新的管理方式方法。一个新的管理方式方法能提高生产效率，或使人际关系协调，或能更好地激励组织成员等，这些都将有助于组织资源的有效整合以实现组织既定目标。

4）设计一种新的管理模式。所谓管理模式是指组织的综合性管理范式，是指组织总体资源有效配置实施的范式，这么一个范式如果对所有组织的综合管理而言是新的，则自然是一种创新。

5）进行一项制度的创新。管理制度是对组织资源整合行为的规范，既是对组织行为的规范，也是对员工行为的规范。制度的变革会给组织行为带来变化，进而有助于资源的有效整合，使组织更上一层楼。因此，制度创新也是管理创新之一。

三、现代企业管理的手段和方法

1. 现代企业管理的基本手段

管理过程中的诸多不确定性是有效配置资源、履行组织职责、达成组织既定目标与责任的障碍。为此，作为管理主体就必须在管理过程中寻找一些特殊手段或行为来降低这些不确定性，使实际的结果与预期的目标相一致。计划、组织、指挥、协调、控制等就是这一类的行为活动。

（1）计划　计划是指对未来的行动或活动以及未来资源供给与使用的筹划。计划指导着一个组织系统循序渐进地去实现组织的目标，其目的就是要使组织适应变化中的环境，并使组织占据更有利的环境地位，甚至进入一个完全不同的环境。计划在组织中可以成为一种体系，并有其内在的层级，如战略计划是最高层次的、总的长远计划；职能计划与部门工作计划是中层的操作性较强的计划；而下级的工作计划则是近期的具体计划。

从计划的定义、目标和功能来看，计划无非是降低组织在资源配置过程中的不确定性的一种手段。事实上，无论是战略计划，还是职能部门计划，作为对未来行为的一种筹划就是希望通过事先的安排，有准备地迎接未来，或按照设定的目标循序渐进地工作，从而减少未来不确定性对组织的冲击，尽量减少未来工作过程本身可能产生的不确定性。

（2）组织　组织有两个含义：一个是指将组织内的各种资源按照配比及程序要求有序地进行安置；另一个是指一群人为了实现一定的目的，按照一定的规则组成一个团体或实体。作为一种行为活动的组织自然是指前一种含义，这种含义的组织事实上也是一种降低不确定性的手段。如果没有能按照配比及程序的要求使无序的资源在整合之初及整合过程中达到有序化，有效配置资源就成为一句空话，而这样的一种有序化行为不是在降低获取成果或业绩可能产生的不确定性。

（3）指挥　指挥是指领导指示组织内的所有人同心协力去执行组织的计划，实现组织的目标。指挥涉及四个方面的功能：

1）及时根据外界环境的变化，指示组织内的所有人与资源配合去适应环境，采取适当的行动。

2) 调动组织内成员的积极性，激励他们奋发努力，给他们创造发展的机会。

3) 有效地协调组织内的人际关系，使组织内有一个良好的工作氛围，从而降低内耗。

4) 督促组织内成员尽自己的努力，按照既定的目标与计划做好自己本职范围的工作。

从指挥的四个功能来看，既要降低成员在劳动过程中努力程度难以发挥和难以判断的不确定性，又要降低组织内与组织外经常性不一致的非确定性，还要督导所有成员按照责任要求进行工作，以防止某个成员的工作差错导致全体的差错。因此，指挥这一行为活动也是一种降低组织运行过程中不确定性的手段。

（4）协调　协调是指将资源按照规则和配比安排的一种活动，也是将专业化分工条件下各自的工作行为成果有序统一的活动。专业化分工后，由于一个人只拥有从事某类活动的专门技能，从而便于加强知识的积累，使工作效率得到提高。然而，专业化分工本身也会带来风险和不确定性。因为这种分工之后的合作是在多个工作主体中进行，这直接导致了不同工作主体之间的配合问题，如果配合不好，可能使总效率下降，甚至产生负效用。为了防范这种状况的出现，就需要协调，没有协调就不会有合力，由分工产生的不确定性就无法消除。

（5）控制　控制是指根据既定目标，不断跟踪和修正所采取的行为，使之朝着既定的目标运行，并实现预想的成果或业绩。由于现实行为是在各种不确定性因素作用下发生的，故每一行为都有可能偏离预定要求，从而可能使既定目标或业绩难以实现，显然这是组织所不愿见到的。为了防范这种状况的发生，控制就非常必要。通过控制，可以降低工作行为及其结果与既定要求和目标的不一致性。

传统的管理理论将计划、组织、指挥、协调和控制看作是管理的职能，这局限了管理的内涵和管理职能的内涵。假定管理职能仅被定义为管理分类活动的总称，那么现在与未来的管理职能绝对不仅仅就只有计划、组织、指挥、协调和控制。例如，信息社会中信息的收集与处理这类活动就应该属于管理活动，也可称之为管理的职能。这就好像有的管理著作将领导、监督也称为管理的职能一样。所以，准确地说，计划、组织、指挥、协调和控制只是组织进行资源有效整合、降低不确定性和风险，以达成既定目标的基本手段。

2. 现代企业管理的方法

所谓现代企业管理方法，是在总结和利用人类发展的各种先进成果的基础上，运用现代科学技术手段，从根本上改变传统管理以主观意志和经验为主的落后状况的一个进程。现代管理方法是建立在信息论、系统论和控制论的基本观点和理论基础上的。现就信息论、系统论和控制论简单介绍如下：

（1）信息论　信息论是研究信息传输和处理系统规律的理论，其主要目标是达到信息传输的高效性、完整性和信息处理的科学性。信息论把各种低级和高级的信息系统都概括成数学模型，实施精确分析研究，将简单的通信系统提高到统计科学的高度。信息论与通信技术、自动控制、计算机技术、生物工程等许多学科密切相关，是控制论的基础。

企业管理的最终目标，是使企业的生产经营活动符合市场的客观规律，而市场情况及其变化则是通过信息向外反应。企业经营管理亦可以看作是一个捕捉并判断市场的正确信

息，并做出适时的正确反应的过程。因此，企业经营管理首先要做的工作就是市场信息的搜集、传递、整理、分析和处理，以便为企业生产经营行为提供依据。完善健全的企业管理系统是企业参与市场竞争的必备条件。

(2) **系统论** 系统论是以系统为研究对象的一门学科。在对研究对象进行分析和管理时，其基点是将对象作为一个系统看待，注重其整体性，并运用系统分析的方法，以实现最佳效果和最优目标。现代企业本身的结构和所处的生产经营环境日趋复杂，其本身就是一个由各种子系统和分系统相互联系、相互作用、相互制约而组成的具有特定功能的有机整体。对现代企业进行管理，从系统工程学观点来看，就必须综合考察企业系统的客观环境及其对企业的影响，内部子系统和分系统相互之间的关系，企业内部对外界变化产生的总体响应，运用系统工程的分析方法，形成一个经营管理的系统工程，以最大限度发挥企业的整体效益。

(3) **控制论** 控制论是研究系统管理控制功能的学科，是建立在信息论、系统论、预测技术和自控技术等基础上的一门学科。就企业经营管理范畴而言，其目的在于合理地控制经营与管理过程，发挥系统机能，实现最优目标。现代企业管理控制的基点应以过程控制为手段，以目标控制为目的，对企业经营管理的所有过程实行有机控制，克服随意性、粗放性和无序性。

信息-系统-控制（即所谓 ISC 模式）确立了管理的理论基础。由此而发展出的常用现代管理方法有经济责任制、全面计划管理、全面质量管理、全面经济核算、网络技术、优选正交试验法、系统工程、价值工程、市场预测、滚动计划、决策技术、ABC 管理、线性规划、全员设备管理、量本利分析、成组技术等多种。这些方法并不是相互孤立地运用于企业管理之中的，而是相互渗透、相互补充、相互制约，以整体形式作用于企业科学化、现代化管理。要确保这些科学方法得以实施，还必须辅以经济、法律法规和教育手段。另外，具体方法本身亦存在着不断完善、不断改变、不断淘汰和不断发现新方法的动态过程，不能孤立地、静止地、片面地看待和使用科学方法。

必须强调的是，企业管理从传统方式发展到现代方式，其指导思想产生了质的飞跃，即从注重对"物"的管理变成注重对"人"的管理。各种现代化的管理方法均由人来发现与掌握，企业最终通过人的行为来管理，方法仅是作为人来实施管理的工具，而不能取代人的作用与行为。不能幻想仅靠某些现代化的方法就能取得经营管理的成功。企业必须制定相应的人才战略，发掘人才资源，调动人的积极因素，发挥人与人群的潜力，形成现代企业经营管理的基础和根本保证。

现代管理学的一个重要分支——行为科学，即为将心理学、社会学和人类学等科学技术应用到管理领域，侧重于人的自觉行为，而不是机械地、盲目地执行或实施。对各种管理方法的评价与取舍，均以能否充分发挥人和人群的潜力为标准。在企业生产经营管理过程中，必须以发挥人的因素为最基本的指导思想。

另外，在管理方法的运用中，必须严格遵循法律性与政策性原则。所谓法律性原则，就是企业和企业全体员工必须具备高度的法律意识与法治观念。企业必须在法律许可的范围内经营，严格禁止违法行为，完备所有法律手续。任何管理方法的使用和经营管理活动决策必须以合法为前提。所谓政策性原则，就是企业必须主动地关注和了解国家与企业所

在地的有关政策与法令，注意对其分析研究，自觉地在其允许的范围内行事。

违背法律性和政策性原则的行为与方法将破坏企业自下而上的环境，严重影响企业信誉与企业形象，这是在制定企业管理方法时所必须考虑的。

第二节　现代企业管理体系与机制

一、现代企业管理体系

所谓企业管理体系，就是企业系统的具体划分模式，以及子系统与母系统，子系统与子系统之间的关系。

企业管理体系可分为经营决策、计划管理、生产经营、过程监控、经济核算、信息管理及后勤保障等子系统，形成一个围绕企业总目标和宗旨运转的有机体系，其结构如图 2-3 所示。

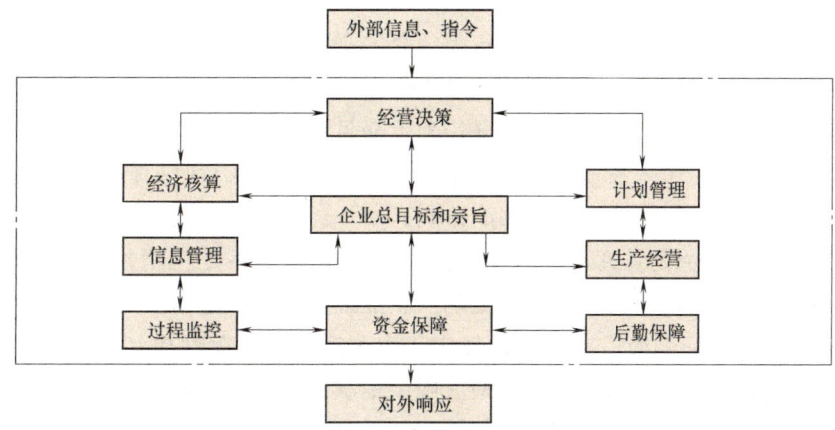

图 2-3　企业管理体系结构

对企业管理体系的要求是对市场信息的反应要迅捷并呈整体状态，体系本身运转效率高并具备较强的灵活性和应变能力。从系统论观点出发分析，完整的系统对外界变化的反应应该是呈整体状态，也就是说，各子系统对同一信息的反映应该是一致的、协调的和均衡的。如果内部子系统相互间掣肘、混乱和不协调，将导致传递信息或指令的通道衰减甚至中断。以汽车运输企业为例，组成各子系统的各部门与机构，如计划决策、运输生产、机务管理、经济核算、资金管理和后勤保障等部门，相互之间应该职责分明，相互配合，相互补充，相互监督。这样，就不会由于内部因素不完善使市场信息输入迟滞、混乱甚至错误而产生负面影响。企业管理体系就是研究如何完善和健全企业系统，使企业在市场竞争中能把握信息，反应迅捷，极大地提高企业的竞争实力，保证企业目标得以顺利实现。

二、现代企业管理的管理机制

企业管理机制是指企业管理活动内在的管理要素有机组合过程中发挥作用的过程和方

式。在企业管理活动中，人、财、物、信息、技术等诸要素是管理的主要对象，其中人的因素是最活跃和最积极的因素。另外，还存在共同劳动中所形成的责、权、利等三种生产关系要素，其中责处于中心的首要地位，权是第二位，利是第三位。

当这一概念应用于汽车服务企业时，就成为广为运用的非常重要的一个概念——企业经营机制。企业经营机制，可以理解为各子系统之间贯通存在的、必然的、顺理成章的有机联系。这种联系是按人的意志建立起来的，但却可以不在人的干预下运行，人的作用在建立健全系统的有机体制后，仅限于监控其运行，而不需随意干预其运行。

在有机体制健全的大系统中，各子系统之间的联系具有科学性、逻辑性和条理性，是企业管理科学性定义的延伸与扩展。而传统管理系统之所以不能建立有机体制，就因为其管理过程是人为的、随意的并且充满了行政命令手段的干预。

科学的企业经营管理机制，可以使管理者从繁忙的事务性工作中解脱出来，把精力集中到科学管理中去，从而不断地创新、改革与完善现有的管理机制，形成企业管理的良性循环。

健全完善的企业生产经营机制包括以下几方面内容：

1. 经营目标

所谓企业经营目标，就是企业一切行为的总的奋斗方向。企业经营目标可分为远期目标和近期目标。远期目标一般不很具体，是未来若干年内企业应实现的大致规划，但它的方向性一般较明确，用以指导近期目标并作为近期目标的制定依据之一。而近期目标则是短期的具体执行目标，由一系列指标体系组成，较为精确，执行时把握较为严格。

在确定企业经营目标时，需把握两个原则：

（1）**销量原则**　企业是商品生产者，商品的生产目的不是使用价值而是交换价值，最终通过商品交换而获取最大利润。这是确立企业经营目标的基本前提。

（2）**利润原则**　问题的另一方面是现代化大生产的社会化性质。企业要获取最大利润，生产的商品必须能使消费者接受，最大限度地满足消费者的需求。这中间贯穿了一个社会效益与经济效益的问题，二者之间的辩证关系是：不追求经济效益，则无法满足社会需求，从而无法产生社会效益；过分强调经济效益而无视社会效益，将会导致企业社会环境的恶化，最终导致经济效益的丧失。

2. 经营方针

为了实现企业的经营目标，还必须确定指导企业生产经营活动的行为纲领，这个行为纲领就是经营方针，也即达到目标的途径与手段的行为指导纲领。为了实现企业预期的经济效益，可采取以产品价格取胜、以品种取胜、以服务取胜、以性能取胜的多种经营方针，即平常所说的薄利多销或优质优价的营销方法。企业采用何种方针，在很大程度上取决于企业本身的实力、在市场竞争中的地位、企业本身的特点以及企业的经营目标与方式。

确立企业的经营方针，并不是一项主观的行为。企业产品要满足社会需求，必须以市场需求为唯一准则，在该准则前提下确立满足市场需求的、具有企业本身特色的、独立的行为纲领，即所谓"需方为主"的准则前提。由于市场需求是随时多变的，企业的经营方针应随着市场的变化而变化，即所谓的"因事而异，因时而异，因地而异"。

经营方针从实质上来看，也可以理解为在特定环境条件下企业所采取的具体生产经营策略，显然，在市场经济体制下，该经营策略不存在唯一的固定模式，不能用僵化的、一成不变的观念去理解经营方针。在同一企业中允许存在着不同的经营方针，同时应保持相当的灵活性，不断地根据市场需求做出调整、修订，并探索不同形势下的新方针。

就汽车运输企业而言，在当前服务市场的特有情况下，应以注重服务质量、提高企业信誉、提高企业素质、开展围绕服务业的多种经营为主要的经营方针，以确保企业的市场占有率。

3. 企业管理机构与管理模式

从系统论的观点分析，企业大系统划分为子系统的具体模式与方法，就是企业的组织体制与结构的具体设置。从这样一个观点出发，可以把所谓子系统的划分看作是提高系统效率、增强系统功能的一种组织手段。管理机构及其设置就是该组织手段的具体体现。

根据现代企业管理的成功经验与发展趋势分析，子系统的划分应呈动态形式，以便及时对外部千变万化的信息输入做出反应，同时使该反应呈整体形态，并具备较强的适应性与灵活性。

虽然动态形式的子系统的划分颇具优点，但实施该项划分的前提是企业必须在相应的原则基础上建立一系列完整、科学的内部职能体系以及为强化该职能而采取的诸如计划、组织、指挥、控制、评价、处理及信息反馈等具体手段。子系统组织体制的设计与设置，以及上述手段的综合形态，即可定义为管理模式。

（1）管理机构　上面已经讲到，管理机构实质上是企业子系统的结构体，是企业管理组织职能的具体实施手段与措施。在企业生产经营过程中，机构设置实际上关系到企业管理权限的集中与分散。现代化的企业生产经营过程相当复杂，仅靠权力的集中来统管全部生产经营领域是不正确与不可能的。要做到权限分散、行为统一和效果一致，必须在机构设置（即权力划分）或子系统设置时把握如下原则：

1）目标一致原则。子系统或机构均应遵从企业的总目标，这是机构设置的最高原则。

2）权力委派与运用原则。每个机构必须拥有足够的权力，但同时必须在该权力权限范围内独立做出决策。不能在任何时候都等待上级的指示而机械地执行，即权力的委派与运用应该相辅相成。

3）分权原则。权力分配时，必须有一个限度，限定每个管理单元和个人的权力范围，是为了避免集权，从而避免权力过于集中而带来的诸如重复决策和多方干预等弊病，且必要的分权有利于大范围调动人的主观能动性，为企业培养人才创造良好环境。

4）责权相符原则。不同的子系统必须规定出相应的责任，且与所拥有的权力成正比。下级的责任是使上级的指令得以正确贯彻，工作获得预期效果；上级则负有指导、带领下级活动的责任，两者均不能含混与推诿，必须在获得权力的同时就担负起相应的责任。

5）职能界定清楚原则。划分子系统时，应具体指定其权限、任务、相互关系及预期的工作效果。这种界定包括纵向（上、下级）和横向（同级部门）界定。明确的职能界定可使各子系统高效、各司其职地运行，并保持明确的工作目标。

6）有效分工原则。现代企业管理系统日益科学和复杂，所划分的子系统相互之间的边缘性和渗透性较强，因此企业组织机构的设计和权力委派应以达到预期目的所需的最有

效分工为原则，而不是强调专业分工。

7）指令渠道单一原则。上、下级之间的指令渠道应呈单一通道形式，以加强责任感和避免因政出多门而导致的含混状态。

8）灵活性原则。灵活性的含义应当是机构的设置或划分应充分发挥人与人群的潜力，相应的权力委派也应充分考虑这一点，而不是以指令或条例束缚基层人员的手脚。

以上主要原则在现代管理中有着较为成功的运用。我国汽车运输企业应在充分考虑国情和企业实情的前提下，结合行业特点，加以借鉴、完善并且不断地创新。

下面结合常见的管理机构实例，对以上原则的运用加以剖析：

例 2-1　直线式

直线式管理机构形式如图 2-4 所示。

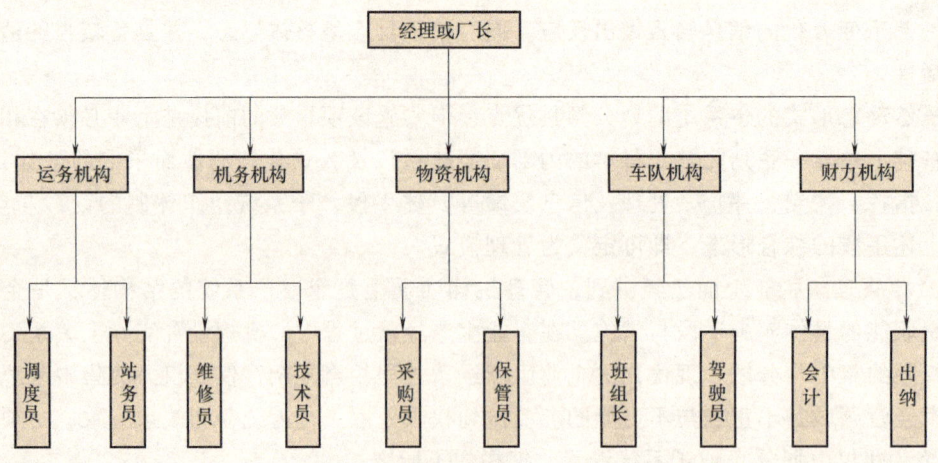

图 2-4　直线式管理机构形式

分析：该形式的优点是结构简单，职责分明，运转效率较高；缺点是违背了必要的分权原则，且仍按专业分工（违背有效分工原则），因此需要管理者特别是主要管理者具有相当深度和广度的专业技术业务知识。另外，部门工作的全部职能均由领导者具体制定实施，势必造成领导者事无巨细和事必躬亲，导致精力分散，无重点，且易造成独断专行的弊病。因此，该类型的机构设置仅适用于经营规模较小、生产过程简单、结构单一的小型企业。

例 2-2　职能式

职能式管理机构形式如图 2-5 所示。

分析：该形式是针对直线式的缺点经过演变而来的。其特点是在企业各级领导和执行机构之间，设有按专业分工设置的职能机构，负责其业务范围内的管理活动，并在其业务范围内行使指挥权。

该形式可以避免直线式管理机构权力过于集中的缺点，符合分权原则，也体现了现代化大生产分工协作的趋势。其缺点是执行机构的指令既可以来自企业的高层领导，也

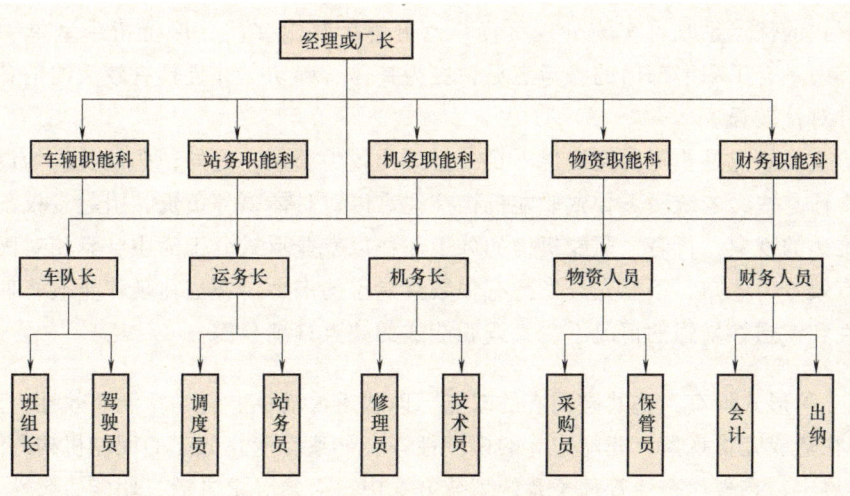

图 2-5　职能式管理机构形式

可以来自职能部门，有违于指令渠道单一原则，如处理不当，将会造成"政出多门"的现象，导致混乱的发生。

　　运用该类型机构形式时，应注意以下几点：①明确职能部门的权限与职责，从而限定其指令传输的内容与范围；②明确界定职能部门之间的权限与职责；③明确主指令渠道与辅助指令渠道；④加强信息反馈工作，以避免指令内容的冲突；⑤职能部门的设置应首先考虑有效分工，不宜过于强调按专业分工。

　　例 2-3　直线职能式

直线职能式管理机构形式如图 2-6 所示。

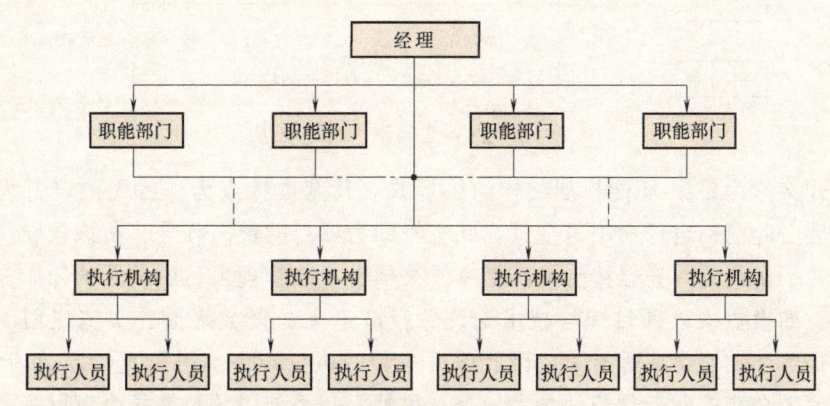

图 2-6　直线职能式管理机构形式

　　分析：该形式综合了直线式和职能式的特点，是以直线式为基础设置的一种形式。其基本结构仍为直线式，指令呈单一渠道下达，但在其中融合了职能部门提供的参考意见，即在该形式管理机构中职能部门仅起参谋作用，不允许直接下达管理指令。职能部门起着业务指导作用，其指令为参考指令（图中虚线），无直接指挥权。

该形式的优点是既可实施分权负责，也可避免政出多门，保持指令呈单一渠道下达，但其中融合了职能部门的参考意见，更为具体、确切，并且具有较大的信息量，专业性、针对性较强。

该形式的缺点是执行时灵活性不足，且结构较为繁杂；另外，职能机构的设置，难以做到责任与权力的统一。导致职能机构往往难以对具体事务负责，引起责权不符，产生相互推诿的现象；再者，职能机构的分工往往以专业形式分工为主，且相对固定，无法满足有效分工原则，不能充分发挥有限数量专家的潜力。在当前现代企业管理子系统中边缘性和渗透性增强的情况下，直线职能式的缺点日渐显露。

以上三种形式均有一些共同固有的缺点，即缺乏灵活性、科学性和有效性。职能机构的设置往往造成冗员现象，职能边界的模糊性亦会导致专业化分工的职能机构之间职责不清，难以界定，在现代企业管理子系统划分方式中，必须寻求灵活、职能边缘性和渗透性较强的机构组合，并且要发挥有限的专门人员的潜力。

例 2-4　矩阵结构组织形式

矩阵结构组织形式的结构如图 2-7 所示。

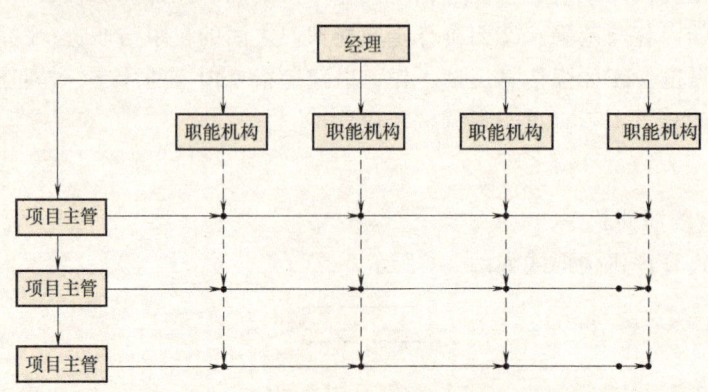

图 2-7　矩阵结构组织形式的结构

该形式又称为目标-职能规划结构组织形式。其基本特点为：首先确定行为目标或事项，然后由此而确定任命项目主管，此主管即为项目的最高领导，由该领导负责该项目或事务的一切行为并直接接受最高指令。某项事务或管理项目所涉及的领域往往包括许多职能，如投资决策项目即与技术论证、经济论证、资金筹措、实施规划、技术保障、后勤保障和物资供应等有关，因此项目主管的执行指令不可能直接涵盖诸多领域，其中必然要融合相应职能部门的参考指令；另外，某一部门的参考指令可以为若干个项目服务。于是，执行指令和参考指令的交错之处便形成若干结点且形成矩阵，这些结点便成为管理项目的行为所在点，即管理基层单元。基层单元中的管理人员接受项目主管的指令，也接受职能部门的专项业务上的指导，此类管理人员既可来自职能部门，也可来自其他单元，这类人员组成有助于加强管理过程中纵向与横向的联系，指令渠道呈单一状，且信息含量高，协调程度高，工作效率高。矩阵式结构组织的最大优点是能尽量

发挥专家的作用。这类专家往往数量有限，但在接受指令后，一个职能部门的专家可以为若干个项目提供业务指导，所以说矩阵式组织结构效率较高。另外，当某个项目完成或告一段落后，随着项目主管的撤销，与此有关的结点亦不存在，余下的人员又可以为新的目标事项组成结点，这种"时聚时散"的方式具有相当的灵活性，提高了企业管理系统对外部市场信息响应的灵敏度。

矩阵式组织管理机构是一种新型的管理机构形式，它符合动态变化的趋势，具有较强的灵活性与应变性，特别适用于解决实发性问题和新事务。该形式体现出来的特点代表了现代企业管理机构的发展趋势，值得充分考虑研究并不断地发展、完善。

(2) **管理程序** 如前所述，评价管理机构不仅在于评价其管理子系统划分形式的优劣，还必须评价在相应的原则基础上建立一系列完善的、科学的内部职能体系并采取种种手段、予以强化，即从有效性和协调性两个方面评价。因此，单纯地强调机构精减或压缩人员编制往往不可能达到目的，应确立一套科学的程序与法规，使企业内部形成有机网络，高效、协调地运转，而不是直接地、简单地用行政手段干预生产经营过程。这就是确立管理程序的目的。

显然，管理程序是针对生产经营中所产生的问题和事务，按既定的原则和经营方针，明确解决问题所必须遵循的、形成的、与之有关的指令载体，是企业管理科学性和民主性的保证手段，在企业内部具有法规性质，其结果往往形成管理文件。管理程序涉及指令的下达、步骤的明确、权力的划分与委派、执行过程中职能的界定以及子系统之间相互关系的协调等内容，且应针对具体事项确立不同的程序。

管理程序一般包括以下几方面内容：

1) 说明。用以阐述某一特定程序的目标及需要解决的问题，一般以概述的形式出现。

2) 适用范围。必须明确特定程序所适用的范围以及职能部门在具体事项上的范围。一般一种程序只能适用于一类事务，执行不同类别的事务或采用不同类型的行为手段应执行不同的程序。

3) 明确定义。程序中涉及的专用名词、术语和概念必须明确、清楚地加以定义，指明其内涵，以避免推诿、扯皮和职责不清的现象。例如，职能部门发出的针对某项事务的参考指令，一般应用"认可"的词语表示已经通过审查了解，同意该项事务所采用的方法，并确认其业务指导。"认可"指令不涉及事务本身具体的执行，从而不承担直接责任。而拥有执行指令权力发放的人员，则必须用"批准"的词语，表示对该项事务的了解审查，同意执行并允许采用指定的方法。"批准"指令往往涉及事务的执行过程，且共同承担与之有关的责任。

明确定义后的专用词语、术语和概念要指定其解释权的归属，不得随意解释。

4) 规范与规定。这是每个程序的核心内容。该内容涉及业务方法、权限、责任以及处理原则。规范与规定必须将上述事宜严格加以人格化，并且还应列出具体工作或业务的审查、认可（批准）和执行机构等。

5) 参考依据。为了体现管理程序的法律性、政策性、原则性和灵活性，发挥子系统单元的主观能动性，管理程序必须为执行单元划定或指定参考范围，并提供有关文件与

信息。

6）形式。高层管理程序可称为最高程序或管理程序，以下可称为工作（业务）规范、工作标准（步骤）或工作说明。

科学的管理程序是形成企业管理系统有机网络的必要手段。当前，较为科学的管理模式是特定范围内的委托式管理，但委托式管理必须以相应的管理程序作为前提和保证。管理程序本身亦在不断地完善、补充与调整。

4. 企业内部经营机制

如前所述，委托式管理是一种较为先进和科学的管理模式。这是在特定权力和原则范围内将管理权和目标职责分散下放的一种管理形式，有利于增强企业活力和挖掘人才潜力。但委托式管理模式的权力、职责与目标必须同时存在并互相适应。企业实施委托式经营模式，必须有一系列企业内部运行的有机体制作为保障，才能确保委托式管理模式的成功实施和企业经营方针的顺利贯彻以及企业经营目标的顺利实现，即所谓的企业经营机制的转变与完善。

这里应再次强调：所谓机制即为有机体制，是一种相互间充满逻辑性和科学性的网络。健全的企业机制应包括如下内容：

（1）**分配机制**　分配机制有两层含义：资源的分配与利益的分配。前者强调资源利用的效果，且对资源利用的责任与目标等原则性问题提出了明确的规定，以确保资源的利用效果，并改变资源利用责任模糊和利用效果低下的状态；后者则将资源利用的效果与利用者本身的利益挂钩，且分配中往往包含资源的再分配，二者要相辅相成，不可分离，即资源利用的效果差异导致了利益分配的差异，而利益的来源只能是资源利用的效果，且资源的利用效果直接影响到资源的再分配，从而形成资源利用效果不断提高的良性循环，以利于克服平均主义思想和提高劳动生产率。

（2）**动力机制**　资源利用效果必须直接关系到资源利用者本身的利益，由此可形成最主要的动力源泉。按照行为科学的理论，不同的人类行为来源于不同的思维动因。利益的得失是主要动力源泉（亦称第一动力源），并不是说经济利益就是唯一动力源。随着社会和人类行为的不断发展，社会形态的动力源（如使命感、荣辱观、责任感和创造欲等）所占的比重日益增大。经济形态和社会形态的动力源是相互关联、相互制约和相互促进的矛盾关系，二者的作用与地位均因时而异、因事而异、因人而异和因地而异，不可随意厚此薄彼和采用形而上学的方法来对待。

（3）**制约机制**　人的行为在社会中是要受到制约的，同样，企业的生产经营行为也必须受到制约，这就是创立制约机制的目的。制约机制必须采用对被制约者最具约束力的方法和手段来进行。制约方式包括财产制约和利益制约。前者对生产资料所有者而言，约束其行为，促使其自觉地寻求确保财产不断增值的行为方法和手段；后者对经营者和劳动者而言，促使其不断地提高资源的利用效果，以确保它的既得利益。制约手段包括经济手段与社会手段，二者同时运用才能确保制约机制的成效。制约机制的运行结果实际上保证了系统目标的顺利实现。

（4）**竞争机制**　市场竞争实际上就是资源利用的竞争，竞争的过程就是寻求资源利用最佳效果的过程，而资源利用效果又导致了资源的再分配，这就是竞争机制的实质，即

不断地寻求资源利用的最佳效果，这本身即体现了市场竞争及人类社会所有竞争的规律。

从以上论述可以看出，这四个方面的机制构成了企业运行机制的体系，缺一不可。从系统论的角度论述，子系统的运行机制必须健全，即不完善的机制将导致系统运行中断，或者无法顺利地达到系统目标。这一理论阐述再次证明了企业生产经营机制转换的重要性与迫切性。

三、现代企业素质

企业素质是企业在一定条件下本身所具有的性质和能力，它对外表现为企业在市场竞争中的生存能力与发展能力。

企业素质的内涵应包括以下几个方面的内容：

1. 人员素质

人员素质是企业素质的根本，企业素质首先体现在全体员工的素质上。人员素质可分为技术业务素质和思想道德素质。技术业务素质表现为具备熟练的技术业务水平，精通本职工作范围内的业务，具有丰富的想象力、洞察力、预见能力和较强主观能动性，而不是机械地执行上级的指令。思想道德素质包括法治观念、组织纪律观念、责任心、环境意识以及思想意识水平和职业道德水平。概括地讲，人员素质应从思想、智能和技能三个方面综合考察。人员素质在企业生产经营管理中起着主导作用，且思想道德素质在人员素质中起着基础作用。

2. 技术素质

企业技术素质是技术水平和装备水平的综合反映。技术素质除了要适应当前企业生产经营技术保障的需要外，最主要的是把握并紧跟本行业科技发展的动态与趋势。技术素质可以从装备水平、人员技术水平和科技自我发展水平三个方面考察，其重点应放在企业技术水平与本行业科技发展趋势相比较而得出的适应程度上。

就当前的汽车服务企业而言，技术素质的高低，最明显的是体现在掌握并运用现代汽车技术方面。现代汽车综合了计算机、微电子技术、液压技术、材料技术及信息技术等高科技项目，其结构已与传统汽车有本质的区别，汽车服务企业就应充分把握这一趋势，着重提高企业的技术素质，将车辆运用技术管理系统从传统的机械项目转化到机械-电子一体化项目上来。

3. 管理素质

管理素质综合反映了管理思想、管理体系、管理方法和市场竞争等方面的因素。衡量管理素质应考察企业能否利用现有的人、财、物创造出最多的社会财富和最大的经济效益，即所谓资源利用的效益。另外，企业管理素质还应体现在获得近期效益的同时不断地发展壮大，即所谓的发展效益。

企业素质是企业在市场经济体制下生存和发展的基础性因素。企业生产经营管理在追求利润的同时，必须把不断提高企业素质作为主要目标。如果仅仅考虑眼前的经济效益而忽略了企业素质的提高，即所谓的短期行为，将使得企业在市场竞争中缺乏后劲，最终成为市场竞争中的淘汰者。

提高企业素质应有规划、有步骤地从硬件和软件两个方面入手。除不断地创建和引进

新的技术、装备和方法以及各种保障措施外，还必须建立高效的职工教育体系，以提高职工知识文化水平和技术业务水平，并建立科学的现代化管理体系。

必须指出，当前我国汽车服务企业素质是不高的，主要表现在以下几个方面：

1）市场意识淡漠，对市场变化的反应迟钝。

2）高水平人才缺乏。

3）企业人员整体素质低下。

4）技术装备落后。

5）无法紧跟当前本行业的科技发展趋势。

6）企业发展缓慢。

7）企业生产经营机制不健全。

从总体上看，我国汽车服务企业仍处于一种落后的、缺乏应变和发展能力的状况。要改变这种状况，首先得消除经营者和劳动者的短期行为思想，在人、财和物等方面予以充分保障。只有这样，才能保证企业素质的不断提高。

 拓展知识

拓展知识内容可扫码进行观看。

 **小结**

本章主要介绍了现代企业管理的特性、现代企业管理的类型、现代企业管理的手段和方法以及现代企业管理体系、现代企业管理的经营机制、现代企业素质，为学习汽车服务企业管理的其他相关知识奠定了基础。

 复习思考题

1. 现代企业管理有哪些特性？
2. 什么是现代企业的基本职能？
3. 现代企业管理方法的理论基础是什么？
4. 解释管理体系的概念。
5. 解释经营目标与经营方针的概念。
6. 企业管理机构设置时应注意哪些原则？
7. 常见的企业管理机构有哪些形式？
8. 企业素质应包括哪些内涵？技术素质的重点是什么？

参考答案

第三章 / **Chapter 3**

汽车服务企业经营管理

 【学习目标】

1. 理解企业经营管理的含义、目标、功能及经营模式。
2. 熟悉汽车服务企业经营管理内容、经营计划和市场调研。
3. 掌握汽车服务企业经营决策和经营评价方法。

 【导入案例】

　　说起谢建隆，在印度尼西亚（简称印尼）乃至东南亚可以说是无人不知。谢建隆以 2.5 万美元起家，坚持突出主业经营战略，经过不懈努力，终于建立起一个以汽车装配和销售为主的王国——阿斯特拉集团。鼎盛时期，阿斯特拉集团拥有 15 亿美元的资产，年营业额达 25 亿美元，55% 的印尼汽车市场被它占领。公司股票上市后，不少投资者认为，其经营已上轨道，投资风险小，且获利稳定，颇有投资价值。而谢氏家族占有绝对控制权——直接持有 76% 的公司股票。后来，公式转变了经营战略，1979 年，由谢建隆的大儿子爱德华以 2.5 万美元成立了第一家企业——苏玛银行。当时印尼经济刚刚开始腾飞，政府信用扩充，天时配合，以及凭着"谢建隆"这个金字招牌所代表的信誉，他以很少的抵押就能贷到大笔资金。该银行"以债养债"，快速扩张，投资金融保险业务和房地产，建立起苏玛集团。但不计代价地成长，基础极其脆弱，没有一些像样的经济实体与之配合，这为后面的危机埋下了祸根。到了 1990 年底，印尼政府意识到经济发展过热，开始实行一系列紧缩政策，银根收紧便是其中之一，苏玛集团顿时陷入困难。此时，谢建隆基于家族的理念施以援助，唯一能采取的补救措施是以阿斯特拉的股票作抵押来筹措资金。想不到，"屋漏偏逢连夜雨"，阿斯特拉公司的股票又因印尼经济萎缩、汽车市场疲软而价格下跌，结果犹如推倒多米诺骨牌那样，不可逆转。很快，阿斯特拉集团也陷入了了"泥潭"。

　　这个案例充分说明了，企业经营管理对企业的兴衰有着决定性的影响。苏玛集团的崩溃并不在于爱德华不会"守业"，而恰恰暴露了像爱德华这样的第二代企业家往往是低估了企业经营的困难与风险，将企业的发展建立在债务上，而不是稳扎稳打上。而阿斯特拉公司的经营失败，根本症结是经营者低估了事态的严重性，把长期问题当作短期问题来处理，不肯像壮士断腕般果断决策，致使"苏玛"的灾难拖垮谢氏集团的悲剧发生。

　　汽车服务企业经营管理是针对汽车服务企业的经营活动进行的管理活动，是为实现企业经营目标，通过对外部环境和内部条件的分析和研究，从企业全局发展出发而做出的总体性规划和管理工作。随着我国深化体制改革，科学技术发展日新月异，新业态不断出现，大数据下共享经济与竞争冲击，市场竞争日益加剧，汽车服务企业的经营管理的重要性越来越明显，其直接关系企业的兴衰成败，成为了企业管理的主要内容和工作重点。本章着重讨论汽车服务企业的经营管理基本理论和方法，主要涉及市场预测和分析、经营决策和经营评价等。

第一节 概 述

一、经营与经营思想

1. 经营

经营即筹划营谋，从经济管理角度，是指商品生产者为了企业的生存、发展和实现其战略目标，以市场为对象，以商品生产和商品交换为手段，使企业的生产技术经济活动与企业外部环境达成动态均衡的一系列有组织的活动。经营主要解决企业的经营目标、生产方向等根本问题以及对企业所拥有的人力、财力、物力和自然资源等生产要素进行合理分配和组合，确定合理的生产结构和规模等。一个企业经营能力的高低以及经营效果的好坏，主要取决于对市场的需求和变化能否正确认识，对市场规律能否及时把握，企业内部优势是否得到充分发挥，以及企业内部条件与市场协调发展的程度。这也就是说，企业适应市场能力的高低反映了企业经营水平。

2. 经营的功能

经营作为企业管理中必须进行的关键活动，对企业发展产生重大影响，发挥了巨大的作用。

（1）**预测市场的变化** 汽车服务市场如同其他商品市场一样，是不断变化发展的，政府经济政策的调整、产品价格的变动、消费水平的提高、技术的进步、消费习惯的改变以及竞争的加剧等，都会影响汽车服务市场，致使市场需求和供给永远处在不断的变化之中。因此，企业必须具有预测市场变化的能力，才能把握市场，使经营活动适应市场的变化。

（2）**协调整个企业内部和外部活动，适应市场的变化** 企业的活动可以分为两个部分：一是企业内部的生产营运组织活动，包括按照自然规律和经济规律，对汽车服务营运活动进行组织、指挥、监督、控制等；二是与市场打交道，处理好各种外部关系的各种活动。只有把这两部分活动有机地结合起来，使企业顺应市场的变化和要求，才能达到企业预定的经营目标。这是企业经营的主要功能，也是经营活动的中心。

（3）**发现和利用能使自己发展成长的机会** 市场的变化总是会产生新的发展机会与挑战，这就要求企业在适应市场变化的同时，能不断地发现和把握新的机会，谋求发展壮大，因此，企业的经营要能做到从市场的不断变化中发现有利于自己成长发展的机会，并善于利用这种机会发展壮大自己。

3. 经营思想

企业的经营思想，就是指企业根据市场需求及其变化，协调企业的内部和外部活动，决定和实现企业的方针和目标，以求得企业生存和发展的思想。经营思想是企业一切经营活动的指导思想，是企业的灵魂，它贯穿企业经营的全过程，企业的一切生产经营活动都受它支配。经营思想正确与否，对企业的生存和发展起着决定性的作用。

汽车服务企业的经营活动总是在一定的社会经济条件下进行的，正确的经营思想当然

要考虑本企业的生产技术特点，更重要的是，必须符合我国社会主义市场经济的要求，应具备以下六种思想观念：

（1）**市场观念** 市场经济体制下，市场是企业的生存空间，市场观念应该是企业经营思想中最根本的观念。当前的汽车服务企业必须树立正确的市场观念，牢固树立"以市场为导向、为市场提供服务、向市场要效益"的观点，以创造性经营去创造顾客需求，适应市场变化。

（2）**竞争观念** 有市场就会有竞争，竞争是自然界的普遍规律，是促进事物发展的外部压力。在经济上，竞争是市场经济的基本特征之一，是市场经济贯彻优胜劣汰法则的主要手段。竞争能迫使企业在内部建立起竞争机制，充分发挥全员的积极性和创造性，促进技术进步和效率提高。一个成功的企业往往是竞争的产物和结果，要成为成功的企业，就要牢固树立竞争的观念，敢于开展竞争，并要善于竞争，灵活使用竞争的方式方法，力争在质量、价格、技术服务等方面都做得更出色。

（3）**创新观念** 企业的生命力在于它的创新能力。创新既包括创造新的产品和服务，也包括创造新的经营方式。创新精神是企业重要的精神力量，是企业成功的秘诀。对于汽车服务企业，新技术、新工艺的发明和采用，可以大大提高劳动生产率，降低材料消耗，提高汽车维修质量，降低营运成本；开发新的服务品种不仅可以满足用户需要，还可以开拓新的服务领域，引起新的市场需求；新的经营管理办法可以调动职工的积极性，大大提高劳动生产率，增强企业的市场竞争能力，培养起先进的企业文化；新的市场策略和宣传方法，可以提高市场占有率，扩大服务方式。总之，创新能为企业增添新的活力，是企业在激烈的市场竞争中取胜的法宝。

（4）**效益观念** 众所周知，企业的经营活动必须以提高经济效益为目的。经营管理的最终目的也就是要保证企业生产经营活动能够取得良好的经济效益。

值得注意的是，这里所说的企业经济效益，并不是单纯的企业的盈利。社会主义企业的生产经营活动，首先要服从社会主义的生产目的，为提高整个社会的生产力水平和改善人民的物质、文化生活提供优质产品和服务，为扩大社会主义再生产积累更多的资金。同时，还要有效地利用人力、物力、财力资源。评价一个企业的经济效益，首先要看它是否有助于提高社会综合效益，其次才看它盈利多少。从这一观念出发，无论是生产资料还是消费品的生产企业，都要以其产品和服务给社会和消费者带来直接和间接利益为宗旨，根据社会需要和消费者的利益采用最有效的技术，生产最适用的产品和提供最满意的服务。在此前提下，为企业创造更多的利润。

（5）**全局观念** 树立全局观念，这是由社会制度和基本经济规律所决定的。在社会主义市场经济中，汽车服务企业必须把国家和人民的利益放在第一位，认真执行国家的方针政策，接受宏观经济的指导；从系统的观点来看，汽车服务企业仅是国民经济的子系统，其生产经营活动不能离开国家经济发展的总目标和总要求。总之，汽车服务企业在经营的过程中，必将遇到各种利益关系冲突，只有牢固树立全局观念，正确处理企业与国家的关系，做到局部利益服从全局利益，才能提出正确的经营思想，最终实现企业的经营目标。

（6）**时间观念** 市场是变化的，因此，企业一定要树立起强烈的时间观念，才能迅

速及时地收集市场的信息，了解市场动态及发展趋势，并对它做出及时的反映，保证企业的内部条件经常与外部环境保持动态平衡，准时履行合同和协议，在用户中形成良好的诚信形象。

4. 汽车服务企业新的经营管理模式：特许经营

自改革开放以来，世界知名汽车制造企业大量到我国投资，开办合资企业，生产了许多合资品牌的汽车，我国的汽车维修市场格局发生了翻天覆地的变化。随着国外先进汽车产品和技术的引入，同时也带来了先进的汽车维修和服务模式，各种品牌汽车的3S企业（或4S企业）如雨后春笋般出现，并逐渐成为我国汽车服务行业的主要力量，特许经营已成为当前我国汽车服务企业的一种主要经营形式。

特许经营起源于美国，现在这种经营形式已用于世界各国许多行业，在我国，许多国际知名汽车公司也将这一经营方式用于他们的销售及维修服务机构，形成了他们汽车产品的3S站（或4S站）。国际特许经营协会将它定义为：特许经营是特许人和受许人之间的契约关系，对受许人经营中的相关领域、经营诀窍和培训，特许人提供或有义务保持持续的兴趣；受许人的经营是由特许人所有和控制下的一个共同标记、经营模式和（或）过程之下进行的，并且受许人从自己的资源中对其业务进行投资。欧洲特许经营联合会则定义为：特许经营是一种营销产品、服务和技术的体系，基于在法律和财务上分离和独立的当事人（特许人和他的单个受许人）之间紧密和持续的合作，依靠特许人授予其单个受许人权利，并附加义务，以便根据特许人的概念进行经营。虽然两种定义表述不同，但都概括了特许经营中的涉及要素：①特许人与受许人是相互独立的；②在特许契约的约束下，双方互有权利和义务；③受许人要对其业务进行投资。

一般说来，特许经营可分为两种类型：商品商标型特许经营和经营模式特许经营。在汽车服务企业中常常是后一种。经营模式的特许经营按所需的资金额，可分为三种类型：

（1）工作型特许经营　工作型特许经营只需受许人投入很少的资金，通常可在受许人的家中开展业务。其实质是受许人实际上为自己买了一份工作。只需一个人手的业务，如家务服务等，并不需要一个营业场所。

（2）业务型特许经营　业务型的特许经营需要相对较大的投资，用于采购商品、设备和购买或租赁营业场所。因其经营规模比工作型的特许经营大许多，因此受许人需要雇佣一些员工以便进行有效的经营。这种类型的业务范围相对较广，包括冲印照片、会计服务、洗衣店以及快餐外卖等。

（3）投资型特许经营　投资型的特许经营需要的资金数额更高。投资型受许人首要关心的是获得投资回报，而不是为自己找到一份工作。旅店业可作为投资型特许经营的典型。许多快餐店也可被认为是投资型特许经营，因为在许多情况下，建一个快餐店的费用也相当高。汽车服务企业的经营更是如此。

经营模式的特许经营主要有以下特征：

1）一个包含业务经营所有方面内容的合同，合同中还明确规定了双方的义务。

2）受许人被允许使用特许人的商号、经营方式等在限定的区域和时间内进行业务经营。

3）特许人提供包括经营各方面内容的操作手册。受许人必须遵守这些规定，以保证

所有分支店提供的商品和服务保持同一质量标准。

4）特许人提供的经营模式需要在其直营店中经过全面的测试，并被证明是成功的以后才能出售给受许人。

5）在受许人开业之前，须由特许人对其进行培训。

6）特许人在受许人开业以后应提供持续不断的支持和协助。这些支持包括各种必要的服务以及广告和促销活动。

7）受许人得益于特许人的良好商誉。

8）受许人应为特许权、特许人的培训及其他服务支付首期特许费和后续的年金。受许人应为特许人安排的广告和促销活动提供资金支持。

9）特许人可要求受许人为其业务经营投入自己的相当一部分资金，并在日常经营中积极工作。

10）受许人拥有其业务，在法律上与特许人相互独立，可自由处置其业务。

在特许经营中，汽车服务企业往往是以受许人身份出现，一般说来，特许经营对受许人有如下好处：

1）受许人对基本知识或专门化知识的缺乏，可通过特许人的培训项目得到克服。

2）受许人拥有自己业务的激励，并受益于特许人持续不断的协助。受许人是特许体系内的独立的商人，这为受许人带来了通过努力工作使其投资收益最大化的机会。

3）大多数情况下，受许人的经营得益于已经在消费者心目中建立起来的名称或声誉（品牌印象）。

4）受许人需要的资金通常比自己独立开业要少。因为特许人所传授的试点经营的经验帮受许人去除掉各种不必要的花费。不过，也有许多特许企业的组织极其复杂，因此受许人会比独立开店付出更多的投资。在这种情况下，特许人的试点经营应保证受许人的投资尽可能地发挥效益。

5）特许人为受许人提供的一系列服务，能保证受许人在经营上获得与特许人同样的成功。这些服务包括：

① 应用已开发的标准，选择贸易地点或区域。

② 指导受许人做开业前的各种准备工作。

③ 对受许人及其职员进行业务经营方面的培训，并提供一份包括各种经营细节的操作手册。

④ 培训受许人，使之掌握会计、业务控制、市场营销、促销和商品化的方法。

⑤ 设备购买方面的服务。

⑥ 为受许人建立业务提供财政方面的支持。

6）受许人得益于特许人在全国范围内的广告和营业推广活动。通常受许人以广告基金的形式为这些活动做出贡献。

7）受许人受益于整个体系的谈判能力和大批量购买在价格上的优惠。

8）受许人既可以保持其独立性，又可以利用特许人总部的各种专门知识和经验。

9）受许人的经营风险降低了。但受许人不应该认为有了特许人的保护伞，就可以不承担任何风险。任何业务都有风险，特许业务也不例外。受许人只有努力地工作，才能获

得成功。特许人也绝不能向受许人许诺较少的努力就能得到较大的回报，成功经营业务的蓝图绝不是不用工作就能成功的蓝图。

10）受许人可以得到特许人现场支援人员的服务，帮助其解决经营中随时出现的问题。

11）受许人得益于使用特许人的专利、商标、服务标记、贸易名称、版权、商业秘密和经营诀窍。

12）受许人得益于特许人改进经营，保持体系合乎时尚和强大的竞争性而做的持续不断的研究开发工作。

13）特许人收集的市场信息和各种经验可被受许人分享。这些信息和经验是体系外的人得不到的。

14）区域划分可使受许人免受特许人或体系内其他受许人的竞争。

15）如果银行认识到了特许经营的优势，可能更愿意贷款给受许人。

当然，任何事情都有利有弊，对受许人来说，特许经营可能有下列不利之处：

1）特许人和受许人之间的关系不可避免地包含着施加控制。这些控制保证着受许人对消费者提供或出售的服务或产品达到一定的标准。前面已经提到受许人拥有其业务，但受许人所有的业务是根据合同条款规定授权的业务。不良受许人不只是对其经营造成危害，也对特许人和体系内的其他受许人造成危害。因此特许人必须规定标准，并要求保持这些标准，以便受许人、特许人及体系内其他受许人都能得到最大利益。这不等于受许人在经营中不能发挥主动性，大多数特许人都鼓励受许人为特许体系的发展做出贡献。

2）受许人需要支付首期特许费和后续特许费，尽管特许人可从体系内的许多活动中取得收入。

3）潜在受许人可能发现难于评估特许人的素质。因此潜在受许人一定要仔细衡量特许人的素质，因为它可以从两个方面影响特许分支店：①特许人所提供的经营体系可能并非像表面上看起来的样子；②特许人可能无法保持连续不断的服务，而这些服务对于受许人维持业务经营非常必要。

4）特许合同中包括出售或转移特许业务的限制。特许人在选择受许人时经过了仔细慎重的选择，因此当受许人发生变化时，必须保证新的受许人能符合标准。

5）受许人可能发现过于依赖特许人，不能充分发挥其个人能动性，来更好地利用特许人提供的经营模式。有些受许人失去了洞察力，错误地以为特许人有义务事无巨细地关心其企业，担保其拥有大量的顾客，提供日常的服务等，而这些不符合特许经营的特征。

6）特许人的政策可能会影响受许人的盈利能力。例如，特许人希望受许人创造更高的总收入（特许人正是根据总收入提取后续特许费的），而受许人可能更关心如何增进自己的利益，这并不总是与总收入的增加一致。

7）特许人可能制定了错误的政策。特许人做出的业务创新决策被受许人应用时可能导致失败。因此，特许人将一项创新介绍给受许人时，需先进行完善的市场测试。

8）特许业务的商誉和品牌形象可能因受许人无法控制的原因受到损害。

以上就是从受许人的角度考虑的特许经营的优缺点。潜在受许人在决定加入特许体系之前，必须详细考虑这些因素。

另外，从消费者和整个经济的角度考虑，特许经营也有一些优缺点。对于消费者来说，特许经营可以使特许人优秀的经营方法和技术被广泛应用。提高了为消费者服务的水平；各个特许分店在特许人指导下的标准化经营，使消费者无论在哪里都能接受到标准化的服务。实行特许经营的汽车维修企业与普通的汽车维修企业存在有很大的不同，并在市场竞争中具有突出的优势。主要不同有：①专一品牌汽车的用户（服务对象）；②专一的技术、设备和工艺；③使用专一的生产厂家提供的配件；④专一的客户接待与生产环境（体现品牌特色）；⑤承担免费的或部分免费的专一车辆的首次维护作业；⑥承担专一车辆的质量担保事宜；⑦承担专一车辆的一切正常维护与服务；⑧建立全面的、专一的客户车辆档案，与生产厂家联网、互通信息；⑨执行生产厂家的政策、监督和指导；⑩对生产厂家具有责任约束。

具有的优势是：①不断增多的新客户；②享受配件供应上的优惠，且获利较多；③在设备、专用工具、仪器、技术等方面获得生产厂家优惠的资源，使自己的技术影响力加大；④担保索赔工作，一般获利也比较丰厚；⑤因配件质量引起的自身的质量担保由生产厂家负责；⑥广告、宣传力度大。

二、企业经营管理

1. 经营管理

首先应该明确，经营与管理是两个不同的概念，它们既有区别又有联系，共存于企业之中，贯穿着企业活动的全过程。

关于经营与管理的关系，国内外学者的看法也不尽一致。管理学派的创始人、法国的大管理学家法约尔认为，经营是比管理大得多的概念，企业的经营具有六种职能，即技术职能（进行生产、制造和加工）、营销职能（采购、销售和交换）、财务职能（筹措和运用资金）、安全职能（保护设备和人员）、会计职能（盘点货物、编制资产负债表、进行成本核算和各种统计等）、管理职能（计划、组织、指挥、协调、控制等）。也就是说，管理只是经营的一个组成部分。日本的企业管理界则把企业的经营管理活动分为经营、管理和监督三个层次。与此相适应，把企业的经营管理人员也分为经营层、管理层和监督层。经营层是承担经营活动的主体，主要执行确定企业规模，决定最高人事任免，制定企业的基本目标和经营方针，编制长期计划和创办新事业计划等职能。管理层和监督层是承担管理活动的主体，主要负责编制实施计划，制定控制方法，报告生产技术活动情况，分配作业任务，指导监督作业计划的实施，改善作业环境等工作。可见，日本学者认为经营与管理是两个互相联系的并列的概念。美国的一些学者则认为，经营是管理的组成部分，"管理的重心是经营，经营的重点是决策"。

综上所述，经营和管理是既有联系又有区别的不同概念，二者密不可分，相互渗透，构成各有侧重的统一体。两者的联系主要表现在：第一，两者的目标是一致的。不论开展经营活动，还是加强管理工作，目的都是为了确保企业能生存和发展下去，充分发挥企业各要素的潜力，以取得良好的经济效益。经营和管理两者相辅相成地对企业发挥作用，经营决定着管理，管理服务于经营。没有正确的经营指导，管理会失去方向；没有科学的管理，经营则会落空。对现代企业来说，没有经营就谈不上管理；没有管理，也就无从经

营。第二，经营是管理发展到一定阶段的必然结果。管理是共同劳动的产物，而当共同劳动发展到商品生产阶段，企业与外界的联系越来越多，就要求不仅要进行管理，而且要求开展经营。经营的产生标志着企业管理发展到一个新的阶段。第三，经营活动与管理活动虽然有区别，但两者的区别不是绝对的，而是相对的。经营中需进行管理，管理中仍要开展经营。

从企业管理的角度，经营与管理的关系可用图3-1来简单表示。

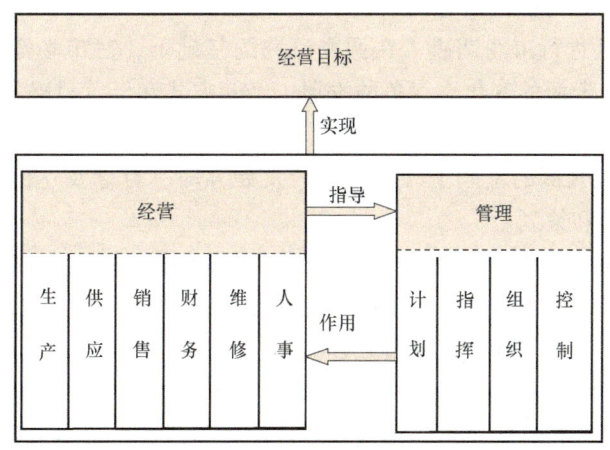

图 3-1　经营与管理的关系

经营与管理的主要区别：第一概念不同。经营是筹划、谋略的意思。企业经营是指根据企业外部环境和内部条件，确定生产方向、经营总目标以及实现这一目标的经济活动过程。管理是指对系统的处理、保管、治理和管辖。企业管理是指为了有效地实现经营总目标而对企业各要素及其组成的系统进行计划、组织、指挥、协调、控制的综合性活动。第二来源不同。经营是由市场经济的产生和发展而引起的一种调节和适应社会的职能，并随着市场经济的发展而发展；管理则是由人们共同劳动所引起的一种组织、协调的职能，随着社会化大生产、人们的共同劳动和分工协作的发展而发展。第三性质不同。经营主要解决企业的生产方向、方针和一些重大问题，一般属于战略性和决策性的活动；管理主要解决如何组织企业各要素实现战略目标，属于战术性和执行性的活动。第四范围不同。经营要将企业作为一个整体来看待，用系统的观点分析、处理企业管理问题，追求企业的综合、总体、系统效果；管理侧重内部各要素、各环节的合理组合与使用，以促进其有序、高效地完成生产经营任务。第五对象不同。经营主要是针对企业的方向、目标，解决企业内部条件与外部环境相适应的问题；管理主要通过计划、组织、指挥、协调、控制等职能体现出来，如财务管理、销售管理、物资管理、生产管理、质量管理、劳动管理及目标管理等。第六目的不同。经营关系到企业生产经营的方向、出发点、立场。解决如何在市场竞争中明确经营与管理的关系后，就很容易给经营管理下定义了。经营管理就是对经营活动进行管理，具体就是对经营活动进行计划、组织、指挥、控制和激励等。

2. 企业经营

所谓企业经营就是企业以市场为对象而开展的适应市场需求，开拓市场，提高市场占有率，并取得尽可能好的经济效益的全部生产经营活动的总称。它既涉及企业的市场调

查、科学试验、生产制造，又涉及企业外部的物资采购、生产协作、产品销售、用户服务等。汽车服务企业经营的含义，是指企业以汽车维修市场为出发和归宿，进行市场调查和预测，掌握市场需求和变化规律，以便调整企业的经营方针，制定长远发展规划，组织安排生产，开展优质服务，达到预定经营目标的一个循环过程。

3. 企业经营管理的内容

企业的经营管理就是对企业经营活动的管理。企业经营的功能决定了它的经营管理应包括以下四方面的主要内容：

(1) **预测**　包括进行市场调查，在调查研究的基础上，对市场需求和供给的现状和变化、技术的进步、资源的变化、竞争的发展、经营方式和经营战略的变化等，做出科学的预测，以掌握未来市场。

(2) **决策**　即在预测的基础上，对企业的发展方向、目标及达到目标的重大方针政策等做出正确的决定和策划。

(3) **把企业的发展方向、目标具体化**　即把它们变为企业成长发展的各种计划，如市场目标、企业规模、基本建设、技术改造、新技术的采用、职工的招收和培训等计划，以及实现这些计划的具体步骤和重要措施等。

(4) **为实现企业的发展目标而开展与市场活动有关的各种工作**　如资金的筹集、原材料的采购、市场的开拓、生产组织形式和管理机构的改革、资本运营、发展同其他企业的协作关系等。

三、汽车服务企业经营管理

1. 汽车服务企业经营管理的内容

总体来看，汽车服务企业与一般企业一样，其全部活动由经营活动和生产活动两大部分组成，生产活动是基础，具有内向性，其基本要求是充分利用和合理组织企业内部的各种资源（人、财、物和技术），用最经济的方法，向用户提供满意的产品和服务。经营活动是与企业外部环境相联系的活动，具有外向性，它的基本要求是使企业生产技术经济活动适应外部环境的变化，根据汽车后市场的需求、竞争者的状况以及其他条件的变化，制定企业的经营战略、目标和计划，以保证企业生产成果的实现，取得良好的经济效益。

汽车服务企业经营管理的内容十分广泛，涉及企业的各个方面，贯穿于企业整个生产经营活动的全部过程。归纳起来，对于企业的经营者而言，经营管理的主要任务有如下三项：

1）通过市场调查与预测，及时掌握市场的变化，把握其发展方向，为正确地规划经营战略、制订经营方针、确定企业的经营目标，提供坚实可靠的依据。

2）对企业经营管理过程中涉及企业发展方向、发展目标、经营策略等重大问题进行正确的决策。

3）建立起行之有效的企业经营体系，为企业的一切经营活动能全面准确地实施和开展，提供可靠的保证。

2. 汽车服务企业经营管理的意义和作用

当前以城市为重点的整个经济体制改革正深入发展，我国的汽车服务市场已完全放

开，汽车服务企业已由"生产型"向"生产经营型""经营开拓型"转变，因而企业管理也必须跟着实现这种转变，经营管理就越来越显得突出和重要。这是因为：第一，企业作为一个相对独立的经济实体，具有决策权，企业的这种独立性和决策权是搞活企业，提高企业经济效益所必需的。作为一个相对独立的经济实体，企业不能依赖国家吃"大锅饭"，而必须自觉地研究价值规律的作用，在竞争的环境里学会自主经营的本领。作为一个相对独立的决策者，它就必须对经营方向、经营目标、经营战略、经营计划做出符合实际的决策。第二，企业有了与它对国家承担经济责任相适应的经济利益，这种责任和利益，构成了企业发挥经营积极性的外部压力和内在动力，使企业经营活动成果与其物质利益发生了直接联系。这就要求企业要千方百计地学会经营，提高企业经济效益。第三，万众创新的新时代下，加强经营管理，大胆创新服务，增强企业活力和竞争力，才能在激烈的市场竞争中不断壮大发展。每个企业的生产活动都要同市场发生直接的关系。目前我国市场竞争激烈，要求企业及时准确地掌握市场动态，根据用户需要提供适当的服务，提高企业的竞争能力。第四，在社会主义制度下，企业作为一个商品生产者，必须制定正确的经营战略和经营策略，扬长避短，发挥优势，才能立于不败之地，才能为国家多做贡献，这样，经营管理的地位和作用就更重要了。

第二节 汽车服务企业市场调查与分析

汽车服务企业要取得经营成功，应首先通过市场调查，获取充分、准确的市场信息，在此基础上，做出科学的预测，从而把握市场的规律，为正确的经营决策打下坚实的基础，同时，通过对市场需求特性的分析和深度挖掘，为创新服务提供可靠依据。

一、汽车服务企业市场调查

1. 市场调查的含义和作用

市场调查包含了较宽的概念，从不同的角度，有多种定义。从广义上讲，市场调查是指企业有计划地、系统地收集和分析有关市场经营活动各方面情报或资料的一项活动；从狭义上讲，市场调查是指企业为了销售产品，扩大市场份额而对顾客的需求、购买动机和购买行为等的调查；从经营管理的角度讲，市场调查就是运用科学的方法，有目的、有计划、系统而客观地搜集、记录、整理和分析有关市场的信息资料，从而了解市场的现状和发展变化的趋势，为做好企业预测、决策提供科学依据的过程。

对于汽车服务企业而言，市场调查的主体是汽车服务企业，调查的对象是接受企业服务的消费者或潜在消费者、汽车服务市场及相关市场。调查的目的是掌握市场信息，分析市场动态，探索经济运行规律，为企业进行科学的经营决策提供有力的依据。

市场调查对汽车服务企业的经营管理有着重要的意义：

1）通过市场调查，了解市场总供求情况，据以确定或调整企业的发展方向。商品供给与商品需求的矛盾，是市场的一对永恒的矛盾，汽车服务市场也不例外，只有通过市场调查，获得有价值的市场资料，才能分析判断市场供求情况，并根据企业自身的实际，决

定调整企业的发展方向，实现企业的经营管理目标。

2）通过市场调查，可以使企业经营者敏锐地察觉到市场的变化，做出及时的经营决策。要做到经营决策的及时性，就意味着企业在市场变化时，能够准确地、敏感地做出相应的决策，及时地开展有利于企业成长和发展的经营活动。显然，要做到这样，企业必须进行市场调查。

3）通过市场调查，了解市场动态、需求特性变化和消费潜力，可促进企业开发新服务。当前汽车服务市场日趋成熟，企业间的竞争十分激烈，适应市场需求变化，及时开发出新服务，日益成为汽车服务企业在竞争激烈的市场中争取主动、取得优势的最为有力的武器。虽然汽车服务企业不像一般的商品生产企业，需不断地开发出适应市场需要并领先于其他企业的新的有形产品，但适应市场需要，提供新的服务项目，也是培育和开拓企业新的利润增长点的重要途径。例如，有些地区的居民的经济水平不高，但其用车的意愿强烈，一些汽车服务企业通过调查得到这一信息，迅速开展了旧车交易服务，取得了较好的经营成果。

4）通过市场调查，了解相关企业的经营态势，据以选择本企业的经营策略。市场就是企业全方位竞争比较优势的场所，企业必须提供更优良的产品、更低廉的价格、更优质的服务、更快捷的销售途径来满足消费者需要，占领市场，获得利润。这就要求企业除了了解自身经营管理之外，还必须了解竞争者，了解竞争者的竞争优缺点、经营策略及其发展变化，做到"知彼知己"，方能"百战不殆"。

5）通过市场调查，了解本企业的经营策略效果，据以修改和完善企业策略。企业经营总会采取各种各样的战略、策略和具体方法，然而，各种战略、策略和具体方法，是否有效，效果如何等问题，都有待于通过市场去检验，企业只有通过市场调查，得到检验结果并进行分析，及时地修正和完善，才有可能最有效地实现企业目标。

总之，市场调查是汽车服务企业经营管理的基础工作，对于企业掌握市场，正确决策并赢得经营管理主动权，具有十分重要的意义。

2. 市场调查的方法

由于市场调查的重要性和应用的广泛性，人们不断地对这一问题进行研究，总结出许多科学有效的调查方法。现代调查理论提供了多种调查方法，如图3-2所示，归纳起来有直接调查法和间接调查法两大类。间接调查法就是主要通过广告、宣传的反映，间接掌握市场情况。下面着重介绍直接调查法中的询问调查法、观察调查法、试验调查法及抽样调查法。

（1）**询问调查法** 就是将所需要调查的项目向被调查者提出询问，而获得所需资料的一种调查方法。这种

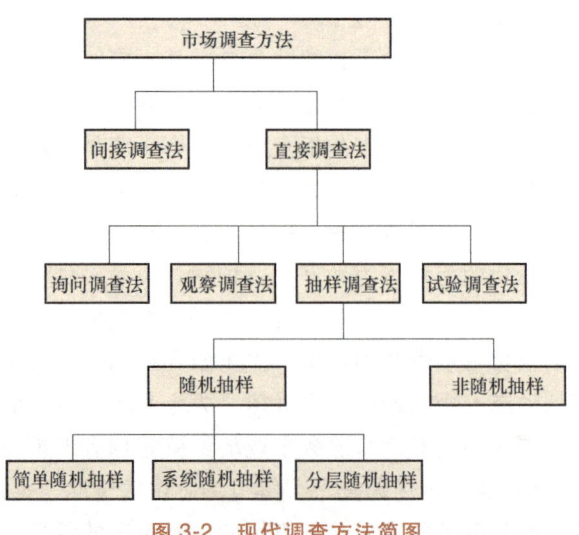

图3-2 现代调查方法简图

方法方便、直接，具体方式有当面调查、会议调查、发函调查、电话调查以及问卷调查等，若必要，各种调查方式还可以结合使用。

（2）**观察调查法**　就是调查人员直接到现场进行实地观察的一种搜集资料的方法。这一方法对调查者要求较高，劳动量较大，可以采用一些现代化的工具配合进行调查。

（3）**试验调查法**　向市场投放一部分产品，进行销售试验，收集顾客反映。这一方法成本较高，适用范围较小。

（4）**抽样调查法**　所谓抽样调查，就是从全部的调查对象中选择一部分具有代表性的对象加以调查，从而推断出调查对象的总体情况。采用这种方法的关键在于如何正确地选择具有代表性的对象，如果选择不妥，就有可能产生严重的误差，造成整个调查的失败。

抽样调查注意事项：

1）在抽取调查样本时，被调查的对象必须是亲身经历了服务产品的消费者本人。

2）样本的数量应能代表企业的实际工作状况，一般不低于服务顾客数量的5%。

3）样本的个体应采取随机抽样的方法。

4）在确定加权系数时，对核心项目的加权值设定稍高。

抽样调查可以分为随机抽样和非随机抽样两种方法。随机抽样又可分为简单随机抽样、系统随机抽样、分层随机抽样三种具体方法。非随机抽样又可分方便抽样、配额抽样、判断抽样三种具体方法。

市场调查的方法繁多，各具优点和不足，使用条件各不相同，在调查中方法选择是否恰当，对调查结果影响极大。因此，为充分发挥各种调查方法的特点，高效准确地得出调查结果，在选择设计调查方法和实施时，应注意考虑下列因素：

1）收集信息的能力。市场调查的目的就是要收集有用的信息，因此，在设计和选择调查方法时，首先要考虑调查方法收集信息的能力。各种调查方法虽然都有一定的收集市场信息资料的能力，但不同的调查方法在收集市场信息能力方面又是有差异的。为达到市场调查的目的，为市场分析提供全面可靠的信息，准确地反映市场动向，要求收集的信息资料要尽可能全面，否则可能会以偏概全，使调查结果出现误差；有的调查只需要了解调查概况，不必要详尽的资料，并允许有一定误差，就可选用经济方便的方法。一般来讲，试验调查方法和观察调查方法受费用及范围所限，收集信息资料的能力相对较弱；在询问调查法中，访员访问法具有较强的收集信息能力，而且资料质量也较高。

2）调查研究的成本。调研成本是制约调查方法选择的另一个重要因素。受调查费用的制约，企业和调查部门有时不得不选择一些形式单一、方法简单的调查方法，从而大大地影响了调查的质量和效果。对于一些资金紧张的企业或者市场调查的意义不大的情况下，在设计、选择调查方法时，将以调研成本为最主要的考量标准。就调研成本而言，文案调查、询问调查中的电话调查等较为省力，费用支出较少。相对而言，访员访问、试验调查法的成本较高。

3）调研时间的长短。效率是设计选择调查方法的又一标准。调查时间长，不能反映市场的及时变化，对企业经营决策没有帮助。相对而言，时间要求较紧，一般选用电话调查；时间适中，可用问卷调查和观察调查法等；要是时间允许的话，可考虑使用访员访问和试验调查法，取得的调研结果也较为准确。

4）样本控制的程度。对样本控制程度的高低，关系到调研效果，因此，也是选择调查方法应考虑的因素。对样本的控制程度较高，往往能及时、快速地获得所需信息资料，而且有利于调查人员灵活、有效地调整调研进度，取得较好的调查结果。有些调查方法，如访员访问、试验调查等在这方面有一定的优势；相反，文案调查、问卷调查等却有明显不足。

5）控制人为因素。在选择调查方法时，要考虑调查人员对样本及调研结果所产生的影响，防止调查失真。必须慎重选择调查方法，有效排除调查人员对被调查人员的影响以及调查人员自身因素的影响，将人为因素控制在最小的范围内。

由此可见，各种调查方法具有各自的特点和适应性，不能简单地说哪种调查方法绝对优于其他方法，而应根据调查课题的要求和侧重，结合调查方法的特点，来设计、选择具体的调查方法。在实践中，通常是先初选出多个符合研究课题要求的调查方法，随后对各种方法进行对比、综合评定和选择。

3. 市场调查的过程与要求

市场调查一般可分准备、实施和总结三个阶段，其程序和步骤大致如下：

（1）准备阶段 从企业经营管理的角度出发，市场调查的重要目的是通过搜集和整理分析资料，研究和解决企业经营活动中的具体问题，针对问题寻求可行的措施。因此，准备阶段的重点是确定问题，进行初步调查，得出调查的目的，即回答为什么要进行调查或经调查后应取得哪些资料等问题。确定问题就是市场调查人员必须首先弄清企业存在的问题，找出对企业影响较大的问题点，并进行问题分析。初步调查（亦称试探性调查）就是把初步情况分析的结果与企业内部人员进行非正式座谈，并向有关专家、用户征询意见。将问题的范围逐步缩小，最后确定出调查主题。

为保证调查工作有计划、有组织地进行，必须成立调查领导小组，并由懂得调查科学、熟悉调查内容、有组织才干的同志担任小组领导，组成一支高效、精干的调查队伍。

（2）实施阶段

1）决定搜集资料的方式，选择调查方法。搜集资料一定要围绕调查主题去进行，同时要考虑资料的系统性、准确性、时间性和经济性，选择合理的调查方法。

2）设计调查表格。调查表格是调查者与被调查者之间传递信息的主要载体，它设计的好坏会直接影响到调查结果的质量，因此，要求其设计一定要合理。虽然调查表格无统一、标准的格式，但它应符合下列要求：

① 尽量减轻被调查者的负担。

② 问题宜具体，用语要准确，力戒模棱两可。

③ 调查题目的备选答案力求完备，不应让被调查者感到无答案可选。

④ 调查问题不应具有诱导性。

⑤ 问题应简单明了，注意逻辑关系。

⑥ 回答问题的方式多样，尽量利于用现代信息处理工具处理。

3）抽样设计，即在调查方法确定以后，在现场调查前应该设计并确定对象、采用什么样的抽样方法及样本的大小。

4）现场实地调查，就是到现场去搜集资料，发现问题和分析问题，找出产生问题的本原因。

（3）总结阶段

1）整理分析资料。首先要检查和评定所搜集到的资料。然后运用调查所得的资料、数据和事实，分析情况，得出结论，进而提出相应建议。具体包括编辑整理、分析编号和统计分析等工作。

2）提出调查报告和追踪。调查报告的内容一般包括调查过程的简单介绍，调查目标、调查结论的比较，对调查课题的建议等。要求调查报告的内容扼要，重点突出，分析客观具体，便于对调查报告的追踪检查。对调查报告的追踪，其目的在于积累经验，改进调查方法，提高调查质量。

4. 汽车服务企业市场调查的内容

在商品经济的社会中，市场竞争激烈，市场状况千变万化，市场调查的内容十分广泛。基于汽车服务企业经营管理，一般说来主要有三部分内容：

（1）市场需求情况调查　主要是调查本企业产品或服务在总体市场（国内外）和各种细分市场（各地区）的需要量及其影响因素。汽车服务企业对需求因素的调查应特别重视以下三方面：第一是需求量的调查。汽车维修企业的服务主要是以汽车产品为中心，为汽车用户提供产品保障，因此，其市场需求量的主要因素有用户收入水平、汽车的保有数量、车型的构成和国家的有关政策。第二是消费行为的调查。消费行为分为建立在客观需要基础上的理智动机和建立在主观需要（心理、精神需要）基础上的感情动机两种，消费者的动机不同，往往表现出不同的行为特征和服务要求。第三是潜在需求的调查。市场需求有两种，一种是用户已意识到、有能力、也准备接受服务的现实要求。调查这种需求是为了弄清现实的市场容量。另一种是处于潜伏状的潜在需求，即用户已意识到、但由于种种原因还不能接受服务的需求。调查潜在需求是为了有针对性地发展新产品、开辟新市场，将它转化为现实需求。

（2）竞争情况调查　竞争情况调查一般是指对竞争对手的调查。其主要内容包括：①竞争对手基本情况，包括对手厂家的数量、分布、生产的总规模、可提供的服务总量、满足需要的总程度等；②竞争对手的竞争力，包括资金拥有情况、企业规模、技术水平、技术装备情况、服务质量、服务工作情况、市场占有率等；③竞争对手发展新服务的动向，包括新服务的发展方向、特性、进程、所运用的技术，以及竞争对手的新服务开展后的竞争形势；④潜在的竞争对手，包括将要出现的新竞争对手和竞争能力迅速由弱变强的竞争对手。

（3）本企业经营政策执行情况调查　主要调查企业在产品、价格、市场定位、广告宣传等方面政策的执行情况，包括用户反映，实施效果，改进意见等。

二、汽车服务企业市场预测与分析

1. 市场预测的含义和作用

所谓市场预测就是在市场调查基础上，利用科学方法和手段，把握事物发展的内在规律，从而对预测对象的未来状态做出判断。古人云："凡事预则立，不预则废"。预测是人们认识预测对象的未来，缩小其发展的不确定性的重要手段和途径。

企业经营管理的中心工作就是使企业的生产适应市场的变化，满足市场的要求，接受

竞争对手的挑战。因此，只有通过市场预测，掌握了市场发展变化规律，才能正确地进行经营管理，使企业立于不败之地。市场预测对企业经营管理的作用主要表现在下列方面：

1）通过市场预测，预见市场未来发展趋势，为经营决策提供依据。企业的发展和经营决策总是着眼于未来而非现在，只有预见了未来，企业才能知道现在应该做什么，如何做，并做出正确的决策。

2）通过市场预测，可探明消费行为的变化，掌握消费趋势，以便于企业更好地开拓新的市场。消费行为和趋势的变化，往往会带来新的市场需求，形成新的细分市场。

3）通过市场预测，摸清竞争对手状况，便于制定相应的竞争策略，克"敌"制胜。

4）通过市场预测，掌握市场各种变化引起企业经营管理的变化。如依据同行业在管理内容、管理方法、管理手段等方面的变化，基于自身条件，制定改革方案，以适应这一变化。

2. 预测的原理和市场预测方法

（1）预测原理 预测不是凭空想象和随意假设的，它是有坚实的科学道理和理论基础的，是如下基本原理的应用。

1）可知性原理。根据认识论的观点，世界上的一切事物都是可认知的，都是按照固有的规律不断运动发展的，因此，对未来的预测是可能的。

2）惯性原理。任何事物的发展变化都具有一定的延续性，其状态的转变是一个渐变的过程，即现在状态由过去演变而来，现在的行为又会影响事物的将来。因此可根据事物变化的过去和现在来延伸、外推到未来。

3）类推原理。该原理认为各种事物相互之间在发展变化上常存在着相似性或类同性，因此可以将以前事物的某种表现形式类推到以后出现的事物上去，达到对该类事物做出预测的目的。

4）相关原理。这一原理认为，客观世界是相互联系的，任何事物的发展变化是一系列的影响因素发挥作用的结果。即表明因素与结果之间是存在某种因果联系的，人们可根据因素的变化，推断出结果，达到预测某事物的未来的目的。

（2）市场预测方法 正是依据上述原理，现代预测理论产生了许多预测方法，归纳起来，预测方法可分为定性预测法、定量预测法和综合预测法，如图3-3所示。

定性预测法是由预测者根据少量的数据和资料，依靠经验和综合分析判断能力，对未来事物的发展趋势做出判断，并以此为依据对预测对象做出预测。具体方法有专家会议法、德尔菲法。

定量预测法是根据必要的统计资料，借用一定的数学模型，对预测对象的未来状态和性质进行定量测算等方法的总称。具体的方法有指数平滑法、回归分析法、单元预测法、增长率法和灰色预测法等。

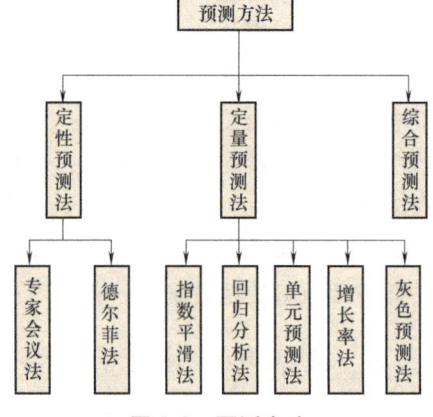

图3-3 预测方法

综合预测法则是采用定性与定量相结合的方法。运用恰当，它可发挥两类方法的优

点，提高预测精度。

下面简单介绍常用的市场预测方法。

1）指数平滑法。指数平滑法更加重视近期资料，其原理是通过对历史观察值进行加权处理，平滑掉部分随机信息，并根据观察值的表现趋势，建立预测模型。

指数平滑法的数学模型有水平趋势模型、线性趋势模型和二次曲线模型三种，其中水平趋势模型应用比较广泛。

2）回归分析法。回归分析法是最常用的预测方法之一，它是就预测对象同其影响因素间的联系进行分析，建立预测对象与其所能观察到的相关度强的变量间的因果关系，建立起预测模型。常用的有一元线性回归分析法和多元线性回归分析法。

一元线性回归分析法预测模型的标准形式为

$$Q = A + BX$$

式中　X——影响变量；

　　　Q——预测对象的预测值；

　A、B——回归系数。

上述模型建立后，必须进行模型检验，以验证模型对预测对象描述的正确性。具体检验方法，可阅读相关资料，这里不再赘述。

该方法对于单一的因果关系事物有较好的预测效果。

（3）**市场预测的过程**　市场预测由于目的、条件、方法不同，实际操作的程序和步骤也不完全一样，一般按照如下步骤进行，预测流程如图3-4所示。

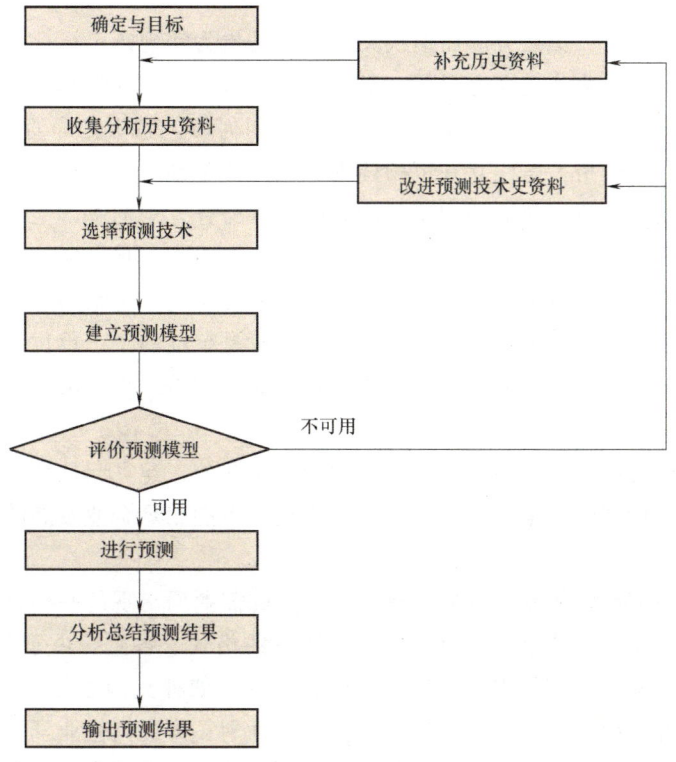

图3-4　预测流程

1）确定预测目标。预测目标既是预测工作的起点，它关系到预测的其他步骤；同时又是预测工作的归属，即达到预测的目的。预测目标往往指明了预测对象、时间与范围等。

2）收集分析历史资料。预测的根据来自于现有的历史资料，充分的资料是正确预测的根本保证。因此，针对预测目标有选择地收集资料，并对其进行科学的分析，找出事物的变化规律，对于预测工作是十分重要的一环。

3）建立预测模型。根据预测对象的性质及各种预测方法的适应条件，选择合理实用的预测方法。对于能定量描述的事物，可建立数学模型。

4）评价预测模型，选择预测方法。通过对预测模型的合理性分析，比较选出合适的预测方法。

5）进行预测。运用所选定的预测方法和建立的预测模型进行预测。

6）分析总结预测结果，写出预测报告。通过对初步预测结果的可靠性和准确性进行校验，分析误差原因及范围，经误差修正后，形成最终的预测结果，提出预测报告。

第三节　汽车服务企业经营体系

一、企业经营的计划管理

1. 计划与经营计划

通常计划有狭义与广义之分。所谓狭义的计划是指为实现既定目标所制订的具体行动方案；广义的计划是指为实现既定目标，对将采取的行动进行规划和安排的活动。具体说计划就是预先决定要做什么、何时做、由谁来做、如何做。它不是靠直觉或预感来拟订，而是靠科学的预测和分析，是建立在市场调查和预测的基础上所制订的行动纲领。

企业经营计划是在我国企业使用多年的生产技术财务计划的基础上发展起来的，生产技术财务计划是我国20世纪50年代就采用的一种计划形式。其主要特点是：企业的生产任务由国家统一下达，物资由国家统一供应，产品由国家统一包销，计划编制的期限、程序、方法、格式和指标体系都由国家统一规定。企业是单纯的生产单位。计划的职能也只在于保证按质、按量、按期完成国家规定的计划指标，它是一种局限于企业内部的执行性计划。

十一届三中全会以来，我国进行了一系列的改革开放，建立起社会主义市场经济，企业的生产技术财务计划已完全不能适应市场的变化，不能满足企业发展的要求，于是逐渐被经营计划所代替。

经营计划是适应经济体制改革后企业经营工作的需要而出现的一种新的计划形式。目前国家对此既没有统一的要求与规定，也没有统一的格式。各企业由于所处的环境不同，所遇到经营问题不同，分别使用着各种针对性的名称。如补充国家任务不足的增产计划；适应发展产品和开拓市场的创名牌计划和提高质量计划；为提高企业素质的企业改造计划和管理现代化计划；为提高企业经济效益的增收节支计划以及开发人才资源的职工培训计

划等。尽管如此，可概括地加以定义：经营计划是确定企业经济活动整体的经营目标、战略和布局的计划，是统帅企业全部经济活动的总纲，是综合性计划。

2. 经营计划的特点和作用

（1）经营计划的特点　经营计划与生产技术财务计划相比具有如下几个主要的特点和差别：

1）它是一种决策性计划。企业利用国家给予的自主权，主动进行市场调查、预测，从长远目标考虑，通过战略分析和决策，做出全面安排。计划编制的依据，既和国家计划相联系，更主要的是直接和社会、市场和用户的需要相联系，具有极大的适应性和灵活性。同单纯依据国家指令性任务编制的生产技术财务计划相比，计划在企业管理中所起的作用已从过去执行性职能转变为包括执行在内的决策性职能。

2）它是一种开拓型的计划。企业从满足社会需求、取得较好的经济效益出发，使自己在竞争中立于不败之地，要不断地开拓市场，开发新产品，扩大服务领域，寻求企业持续稳定的发展。因此，在经营计划中，不但要有与当前生产经营活动有关的计划内容，而且还必须包括新产品开发、技术改造、增强企业发展后劲方面的工作要求。这与生产技术财务计划的单纯重视当前，忽视发展，造成产品陈旧、企业老化的状况有着明显的不同。

3）它是全面控制和管理性计划。经营计划是通过推行全面计划管理来实现的。主要表现为：

① 计划管理的范围是全企业性的。企业的一切生产经营活动都纳入经营计划管理。纵的方面，从厂、专业厂、车间、班组直至每个职工；横的方面，包括所有的职能部门，都有各自的经营目标和经济责任。

② 计划的贯彻实施是全员的。通过编制经营计划，把企业的奋斗目标逐级展开、分解下达到每个基层单位的管理部门，落实到每个职工，并制定明确的考核目标。

③ 计划管理的职能是全过程的。从确定经营方针开始，通过编制经营计划、下达计划目标值，逐级逐项分解、展开、落实各项保证措施，检查与控制计划完成过程、反馈与预报执行情况的信息，考核、评价与奖励、分析经济活动，到下期计划的经济预测与资料汇集等各个阶段，形成一个闭环，使计划职能贯穿于生产经营的全过程。所有这一切都比生产技术财务计划有很大改进和发展。

（2）经营计划的作用　经营计划作为企业经济活动的总纲领，它的科学制订和顺利实施将会对企业的经营管理产生很大的作用。

1）能克服经营中情况变化和不肯定性因素带来的困难，做到有备无患。市场总是变化无常的，企业的任何经营活动都必须适应市场的变化，制订了经营计划，一旦遇到市场变化了，企业就可按照计划的安排，及时地做出调整，最终达到经营目的；若无经营计划，突发的变化，会造成整个经营活动手足无措，甚至迷失经营活动方向和目标。

2）能将注意力集中在目标上。市场总是充满着诱惑，各种机会不断出现，没有一个经营计划的指导，企业的经营活动很容易受到外界的影响而偏离目标。反之，在一个企业整体经营计划指导下，可使各层次、各部门的工作能够围绕计划目标展开，避免工作的盲目性，保证企业整体经营目标的完成。

3）能达到经营上的经济合理。计划工作以明确的目标替代了不协调的分散活动，以均衡的生产、工作流程替代了不均衡的生产、工作流程；以深思熟虑的决策替代了仓促、草率的判断。这样，能使企业经营管理的各个环节协调一致，达到提高效率，降低消耗，实现经营上的经济合理。

4）便于进行控制工作。有了经营计划，就便于制订分项目标和标准，使工作落实到人，同时，经营管理者也有了既定的目标和检验标准，对照检查经营活动进行的情况，及时发现问题并加以纠正。

二、企业经营计划的类别

企业的经营活动是复杂的，涉及了许多方面，其形式也是各种各样的，因此，企业的经营计划因不同的需求有多种形式。一般企业的经营计划按下列方面进行分类。

1. 按计划期限

可分为中长期经营计划（如3~5年计划）、年（季）度经营计划和月、旬、日、班等短期作业计划。

长期计划和短期计划是互相联系的。长期计划是编制年度计划的依据，年度计划又是短期计划的依据；反过来，年度计划和短期计划又分别是长期计划和年度计划的具体化和补充。

2. 按计划内容

可分为综合计划、经营结构计划、专业计划和业务计划。

综合计划主要包括企业的经营目标和整体经营战略；经营结构计划主要包括为实现目标和实施整体经营战略，企业在人员、设备和资金等方面应创造什么条件的计划，也就是改善企业经营结构和提高经营活动的计划；专业计划指的是当企业选定某种经营战略，对此经营战略所做的计划；业务计划是指对企业开展产、供、销和财务等经营业务活动所做的计划。

3. 按计划的对象

可以分为综合经营计划和单项计划。综合经营计划是以整个企业的全部生产经营活动为对象的计划，而单项计划是为了解决某一特定问题而制订的计划。

4. 按计划的作用

可分为战略计划、战术计划和执行计划。

综合经营计划属于战略计划，经营结构计划和专业计划属于战术计划，业务计划属于执行计划。

三、汽车服务企业经营计划内容

汽车服务企业的经营计划作为未来进行管理和绩效考核的纲领性文件，由于各类经营计划的性质和要求不同，其内容也存在较大差异。

1. 长期经营计划

长期经营计划一般是指五年以上的企业发展长远规划，是根据国民经济长远规划的要求，在市场调查预测的基础上，结合企业自身内外条件，以及企业自我积累、自我发展的

能力来制订。长期经营计划主要着眼于未来，以战略的眼光，针对企业的长期经济效益、安全与稳定等重大问题进行统筹和规划，指明企业的发展方向，为短期和战术经营计划规定出奋斗目标。

长期经营计划的主要内容包括：

1）企业的经营目标和整体经营战略。

2）业务发展，包括维修服务需求、资源预测、服务水平的确定等。

3）生产规模的发展，主要是通过技术改造、工艺改进和劳动方法的改进而提高企业生产能力，使企业的产量、产值不断增长，职工人数不断增加等。

4）生产技术的发展，确定科研项目，对新技术、新工艺和新材料的采用，对设备进行更新改造，对现有仪器、设备的改造以及新的装备的选择等。

5）主要技术经济指标的发展，如生产成本逐年降低的幅度及速度，利润和利润率增长目标，劳动生产率增长速度，流动资金节约指标及周转速度，设备利用率的提高，合理利用物资、人力的有关措施等。

6）经营组织结构的发展，包括企业经营管理体制的调整和变化，生产组织、劳动组织的改进与完善，规章制度的重大改革等。

7）职工教育培训，包括职工的文化、技术培训，操作熟练程度的提高，管理工作水平的提高等。

2. 年度经营计划

年度经营计划一般可分为综合计划和专业计划。年度综合计划是在长期经营计划的指导下，对年度内企业生产经营各环节与各种经营活动做出的计划安排，是企业组织各项生产经营活动的行动纲领。

年度经营计划由一系列指标构成，主要有实现利润、企业留利总额等财务指标，产品销售额、销售收入等销售指标，品种、产量、产值等生产指标，主要产品质量指标，物资和能源消耗指标，劳动工资指标，成本指标，设备维护保养指标等。该计划由专业部门负责归口编制，分别形成利润计划、销售计划、生产计划、劳动工资计划、物资和能源供应计划、成本计划、财务计划等单项专业计划，综合计划部门负责综合平衡，通过经济指标平衡、财务收支平衡和生产技术平衡后，制订出企业的年度经营计划。

品牌汽车的4S服务企业的经营计划的各项专业计划主要有：产品销售计划，规定企业在计划年度、季度和月的销售产品（汽车、配件、车用精品）的品种、数量、销售收入、年末库存量，一般由综合计划部门或经营部门编制；生产计划，主要规定计划期应该完成汽车维修及服务（如旧车置换服务、紧急救援、替换车服务等）的产量、总产值和进度，由综合计划部门或生产计划部门负责编制；服务质量计划，规定企业在计划年度对服务设施质量、汽车的维修质量、服务态度、服务方式和服务效率等具体目标和工作质量指标应达到的水平，来自用户反映和服务过程暴露出来的各项质量问题的改进措施，由质量管理部门编制；物资供应计划，规定计划年度企业生产、设备维修、基建、技术改造等所需原材料、燃料、协作产品的需用量、储备量，由物资供应部门编制；设备维修与更新计划，包括设备预检修计划、大修计划、设备更新计划，由设备保障管理部门编制；建筑物大修计划，包括厂房大修、改造、移地重建项目的进度和费用，由基本建设管理部门或

房屋建筑物维修管理部门编制；劳动工资计划，包括各类人员需要量、全体职工人数、劳动生产率、工资总额、平均工资水平等，由劳动工资管理部门编制；职工培训计划，对各类人员进行培训，提高职工文化、技术、业务素质的计划，由教育或人事、劳动工资管理部门负责编制；管理现代化计划，规定推进现代化管理组织、管理方法和管理手段的项目和进度，由企业管理部门编制；成本计划，包括可比产品成本降低率、主要服务产品的单位成本和总成本、部门经费和企业管理费预算等，由计划财务部门负责编制；财务计划，包括计划年度的利润总额、企业留利指标、流动资金占用额和周转天数，固定资产折旧及资金筹措等，由财务部门编制；职工福利保障计划，规定计划年度改善职工集体福利事业的措施和资金，这类计划分别由各项目归口部门编制。

应该指出的是以上的企业年度经营计划仅是一例，不能涵盖汽车服务行业年度经营计划的全部，不同的企业根据各自不同的特点，还可对上述内容有所增减。

3. 汽车服务计划

汽车服务计划就是在科学预测的基础上对企业下一年的服务任务进行一个较详尽的规划。其主要内容包含根据预测的市场情况和自身的销售计划，确定企业代理品牌的保有数量，依据该类汽车在维修保养方面的经验数据，计算出来年的汽车服务总台次、工时和汽车配件消耗的总数量。

4. 汽车销售计划

汽车销售计划主要是企业在对某品牌汽车的销售情况调查和市场发展预估的基础上，并考虑竞争对手的营销策略，合理确定未来一段时期内（通常是一年）企业整车、汽车美容和二手车置换等延伸产品的销售状况，做出按月和按车型的详细分布计划，包括汽车销售数量、销售额、交货期限以及销售收入等。

5. 汽车维修服务计划

依据以往汽车维修的统计数据，制订来年汽车维修服务的总台次、工时和配件消耗等计划。

6. 汽车服务项目投资计划

这一部分包括未来年度内的新增汽车服务项目的投资（包括场地装修、汽车服务启动资金等）、新增设备的投资、新增流动资金及其他新增资金，如新增人员工资成本等。如果有新增项目投资的，还需要制订出汽车服务项目进度计划。

7. 汽车服务项目开发计划

汽车服务项目开发是汽车服务企业生存与发展的重要环节，该计划就是针对老的汽车服务项目升级换代、增加新的汽车服务项目等做出的安排。例如增加发动机电控冷却系统、双离合器、全主动控制悬架的检测、维修服务项目等。

四、汽车服务企业经营计划的编制与执行

1. 经营计划的编制

（1）编制经营计划的任务

1）服从国家统一计划的要求，按品种、数量、质量、交货期保证完成国家安排的指令性任务。

2）积极开展市场调查与分析预测，扩大市场的销售范围，努力生产适销对路的产品，满足社会需求。

3）指导企业的生产经营活动。通过制订计划，对企业的生产技术、产品发展、工厂改造、物资供应、产品销售、财务成本、职工教育、生活福利等各方面活动，进行科学计算和协调，力求实现较好的经济效益。

4）应用经营决策、技术经济分析等科学管理方法，完善目标值体系，对全厂经营活动进行目标管理。

5）组织群众、动员群众，努力完成和超额完成经营计划。

（2）编制经营计划应遵循的原则　由于经营计划的重要性和复杂性，制订时必须坚持正确的指导思想，注意遵循下列原则：

1）关键性原则。即要目标明确，重点解决关键性问题。在总体经营目标中，必须突出具有全面性的主要问题，不能只注重全面，主次不分，力量分散，造成关键问题得不到很好的解决，企业的资源不能有效利用，达不到好的经营效果。

2）强制性和弹性原则。即所制订出的经营计划必须严格执行，不允许轻易改变或废除，但发现计划与现实发生偏差而影响效益时，就必须及时调整和修订。在制订经营方针、开拓市场、协作定点、技术改造、投资方向等方面，要对企业的外部环境和内部条件进行周密的计算和科学的预测。做到制订奋斗目标有预见性，充分发挥本企业的优势，体现出经营环境变化的应变灵活性。

3）完整性和系统性原则。经营计划由多种不同形式的计划所组成，而各部分计划的编制所依据的条件和影响因素又是不同的，因而多种计划之间就可能产生矛盾和不协调，这就要求企业要分解整体目标，使各项计划之间相互协调，相互配合，相互促进，形成一个有机整体，发挥统一计划的优越性。

4）现实性和鼓励性原则。即编制计划必须以平均先进定额为依据，要实事求是、量力而行、留有余地，所制订出来的经营计划必须能够保证按期完成，经过主观努力是可以达到的。另外，经营计划要有动员职工、激发职工积极性的强大力量。也就是说，经营计划必须与职工的物质利益紧密结合，从而使人人关心经营计划的实现，把实现企业经营成果、创造最佳经济效益变成激发职工创造性劳动的强大动力。

5）连续性原则。企业的生产经营活动是连续不断地进行的，前期计划的执行情况及其分析是编制当期计划的依据。因此，近期计划的编制要考虑到为后期计划提供条件，短期计划的编制要成为实现长期计划目标的组成部分。任何分割过去、现在和未来的联系，提出不切实际的指标，或是急功近利而不顾长远利益的经营计划都是不可取的。

6）经济利益原则。即处理好国家、企业、个人三者关系，结合推行厂内经济责任制，明确责、权、利，在发展生产的基础上，逐步提高职工生活福利水平。

（3）编制经营计划的程序　概括起来，企业经营计划的编制一般按照下列程序进行：

第一阶段：准备阶段。

为保证经营计划工作的顺利开展和进行，要在团队建立、资料收集、协调保证等方面做好必要的准备。

1）企业外部情况调查与分析。

① 政治情况，主要是指国家在一定时期内所制定的各项方针和政策。

② 社会情况，指社会的风气与习俗。

③ 经济情况，指国民收入水平、商品价格和社会需求量等。

④ 技术情况，指国内外科学技术发展趋势。

⑤ 竞争情况，指了解企业有哪些竞争对手，它们的技术水平、管理水平和经营策略等。

⑥资源供应情况，指企业生产所需要的原材料在市场上的供应情况，它直接影响着企业产品的成本。

2）企业内部情况的调查分析。

① 产品情况，指企业生产的产品数量、利润、发展趋势、每种产品的成本和质量水平等。

② 资源情况，指企业所拥有的厂房、设备和资金等。

③ 人员情况，指企业各类人员素质的高低。

④ 管理情况，指企业所制订的各种规章制度，采取的各种管理方法和手段。

第二阶段：确立目标。

根据企业发展规划及总目标，结合企业经营的现实环境，确定出各项具体目标。

1）贡献目标，指企业为社会发展所作出的贡献大小。

2）市场目标，指企业通过竞争所占有的市场份额。

3）发展目标，指企业在计划期内各项经济指标的发展速度。

4）利益目标，指企业在计划期内应实现的利润目标。

第三阶段：拟订各种可行的计划方案。

科学地分析拆解企业发展总目标，充分考虑企业内外部环境对实现目标的约束和影响，找出各种能达成目标的途径，形成多个经营计划方案。

第四阶段：做出评价并从中选择最佳的计划方案。

运用科学的评价方法，对拟订的多个经营计划进行全面的分析评价，并征求各部门经理、员工代表等意见，最终选择出最佳的经营计划。

（4）汽车服务企业年度经营计划的编制

1）准备阶段。这一阶段的主要工作就是全面调查企业内外的情况，做好编制计划的准备。在准备阶段，应注意收集企业的外部条件、内部条件和汽车维修服务的发展趋势的资料，包括：①国家的政治经济形势及各项政策和经济法令；②国家下达年度指令性计划或指导性计划，以及根据计划指标签订的长短期服务合同；③市场需求情况，包括本企业的服务产品在市场占有情况的调查，同类汽车维修企业的分布、竞争能力、潜在市场、配件供应、用户对企业提供的服务的反映等；④物资资源条件，包括国家指令性计划可供资源情况，可从国外进口的资源、企业可以自筹的资源、短线物资市场供需状况、协作厂家的生产能力和生产条件等；⑤企业中长期发展规划及实施进度，年度计划应保证中长期发展规划的实现，要注意很好地衔接平衡；⑥企业内部情况的掌握，包括企业自然资源条件的变化、生产组织和劳动组织、上一年度实际达到的水平（包括设备能力、厂房面积、人员技术水平等）、维修工艺水平等。

2）统筹安排，确立目标。这一阶段的主要工作是依据准备阶段提供的各类调查资料，结合汽车服务企业的各项有关技术经济定额，确定其经营目标水平，计算经济效果，提出各专业计划草案。经营目标是计划的核心，在确立专业计划时，必须保证所定目标应先进合理、积极可靠且留有余地。

3）拟订经营计划方案。企业的经营计划是由一系列密切联系、互为依据的专业计划所组成。例如，汽车服务企业的利润计划决定销售计划，汽车销售计划决定汽车维修服务计划，汽车维修服务计划决定物资供应计划、劳动工资计划和成本计划，最终又决定利润计划。因此汽车服务企业经营计划中各项专业计划的编制不能单独、孤立地进行，而要按照编制经营计划的统一部署和计划编制程序，做好计划资料的提供关系，做好计划指标上下左右的衔接，做好各项计划之间的综合平衡工作。对大型企业或集团，在编制企业（厂或公司）经营计划的同时，还要交叉编制企业下属单位（专业厂和分公司）的经营计划。其程序一般有三种做法：第一种做法是由下而上地编制。先编制各专业厂（分公司）的经营计划，然后再平衡汇编工厂（公司）的经营计划；第二种做法是由上而下地编制，先编制工厂（公司）的经营计划，然后再编制各专业厂（分公司）的经营计划；第三种做法是上下结合进行编制，工厂（公司）与各专业厂（分公司）的经营计划编制同步进行。这三种做法各有利弊，对计划管理基础工作较好的企业宜采用第三种方法。这种上下结合、纵横交叉的做法，有利于充分了解搜集各种信息资料，调动多方面的积极性，有利于计划的综合平衡，有利于缩短计划编制周期，提高计划编制的工作质量。

汽车服务企业年度经营计划的编制过程，实际上是综合平衡的过程，综合平衡是企业进行年度经营计划编制的一项重要手段，也是管理计划的基本方法。对于一个汽车 4S 企业，在编制计划过程中，除了各专业计划要做到项目、进度、资金、工作量和指标之间的平衡和上下左右相互衔接外，企业领导和综合计划部门重点要抓好以下几方面的综合平衡：以确保企业经济效益为中心，做好利润计划、整车及配件销售计划与汽车维修计划之间的综合平衡；以确保企业维修服务任务为中心，做好生产计划与劳动计划、物资供应计划、辅助生产计划之间的综合平衡；以确保增收节支为中心，做好生产费用计划、成本计划和资金计划的综合平衡。

年度经营计划综合平衡是一项复杂的工作，不但要贯穿编制计划的全过程，而且要在执行过程中根据企业生产经营活动的不断变化，在动态中组织新的平衡，确保企业经营目标的全面实现，取得良好的经济效益。

在编制计划的初期，应该充分发动群众，号召企业全体职工，集思广益，多方征集方案，通过筛选比较，集中精力研究几个最有价值的方案，经初步评价后，选出最接近企业条件，又符合经营目标要求的方案，也可通过对征集的方案进行融合，形成新的拟订方案，供最后评价和决策。

4）最终评价与决策。这一阶段的主要工作是汽车服务企业决策层利用科学的决策方法和手段，针对提交的经营计划进行全面的评价，最终决定和批准企业的年度经营计划。

2. 经营计划的执行

编制计划只是计划工作的开始，而重要的是组织计划的执行，即贯彻实施和控制。

(1) 经营计划的实施　经营计划经企业领导审批后要下达到计划的制订单位，认真贯彻执行，增强计划严肃性，保证优质、高效、低耗、安全、均衡地完成计划。贯彻执行经营计划的主要方式有：

1）根据年度经营计划，编制落实季度经营计划和月份作业计划。短期计划的编制，要考虑环境和条件的变化和上期计划的执行情况，采用滚动计划的方法，既要坚持计划的严肃性，又要注意执行中的灵活性。

2）运用企业内部经济责任制和经济核算制等经济办法，落实好经营计划中的各项计划指标和工作任务。把每个部门、每个生产单位和每个职工所担负的经济责任和自己的经济利益联系起来，促进企业经营计划目标的实现。

3）开展多种形式的劳动竞赛、合理化建议和技术革新活动，激发全厂职工的争创精神、竞争意识和主人翁责任感，并以此作为完成和超额完成企业经营计划的强大精神动力。

(2) 经营计划的控制　经营计划的执行过程同时也是控制过程。所谓计划的控制，就是企业所属各基层单位和部门，对照计划指标等与实际执行结果进行检查、对比和分析，发现偏差，查明原因采取措施，加以纠正。

经营计划控制的基本任务就是在执行经营计划的过程中发现偏差和纠正错误，即追踪反馈计划执行过程，分析计划完成情况，及时发现存在的问题和偏离计划目标的原因。纠正偏差就是要采取针对性的纠偏对策和措施，使经营计划按原定的方向执行。

按照控制论的观点，经营计划执行过程中必然会出现某些影响因素的干扰，必须加以及时地反馈和修正，才能保证经营计划朝着管理目标推进。经营控制是经营计划实施的重要保障，是适应外界环境变化并及时反馈的途径，是纠正计划执行偏差、防微杜渐的手段，在经营计划执行中发挥着重大作用。

计划控制的形式有日常检查、定期检查和专题检查等。

经营计划的执行和控制一般采用目标控制和企业内部经济责任制相结合的方法进行。目标控制就是在目标实施的过程中，进行严格监督、检查，及时掌握目标实际完成情况，并采取措施，克服存在的问题，以保证目标的实现。主要包括以下几个方面：

1）制订目标控制标准。目标控制标准大体可分为数量控制标准、质量控制标准、程序控制标准、进度控制标准及消耗控制标准等。

2）搜集、整理有关目标实施情况的数据。为了取得这些数据，企业要建立健全各种定额和原始记录制度，经过整理后的数据要及时向各有关方面传递，及时反馈信息。

3）定期检查。检查可采取多种形式。按检查的内容可分为自检、专项定期检查、重点检查和对某一单位的全面检查等。

4）采取措施解决目标实施中的问题，保证目标的实施。

5）采用生产经营日报、经营月报、统计公报、经营简报等多种形式在一定的范围内公布和通报。定期召开生产经营活动的评价和分析会议，对目标实施情况进行评审。将其结果作为经济责任制考核和奖励的依据。

第四节　汽车服务企业的经营决策

企业在经营管理中进行市场调查和预测，其根本目的并不是市场调查和预测本身，而是为企业经营决策提供科学依据，经营决策才是根本，才是现代企业经营管理的核心工作。决策是行动的基础，决策的正确与否，直接关系到企业经营的成败。

一、企业经营决策的原则

1. 经营决策的概念和特点

决策就是选择，在多种可供选择中做出决定的意思。根据决策论的思想，企业经营决策是指在企业经营范围内，为实现某一特定目标，在占有企业和市场信息的基础上，根据客观条件，拟定几种备选方案，从中选出一个经济上最优（或最满意）的方案，并实施最优方案，控制实施情况的过程。

经营决策的特点有：

（1）**决策的目标性**　企业的任何经营管理活动都要有明确的目标，在实现这一目标的过程中，会有各种问题和多种途径，需要管理者进行决策，而任何正确的决策总是与实现经营管理活动的目标一致的。

（2）**超前性**　任何决策都是针对未来行动的，将解决现时的问题和未来的新问题，决策者应具有长远目光和超前意识，预见事物的发展变化，才能做出正确的决策。

（3）**决策的风险性**　决策是一种选择，是用以应对某些事件，做出某些反应，趋利避害的。然而，所有决策所依据的信息资料都是有限的，存在着不确定因素，有利也有害，因而，决策总是存在着风险。应该认识到企业经营决策的能力对决策产生的结果有着重大的影响，即使在同样的条件下，决策水平不同也会得到不同的结果。在有利条件下，决策错误使有利的条件没能充分发挥作用，不利的条件得以表现，造成经营决策失败；在不利条件下，正确的决策会变不利为有利，从而获得成功。

（4）**决策的过程性**　正确的经营决策不单是决策正确就能获得成功，还必须有效地组织实施，保证经营活动始终沿着正确的方向进行。诺贝尔奖获得者西蒙指出："决策制订包括四个主要阶段，即找出制订决策的理由，找到可能的行动方案，在诸行动方案中进行抉择，对已进行的抉择进行评价。"所以，决策是一个不断解决问题的过程。

（5）**决策的系统性**　对决策问题的分析，其内容和方法都是系统化的。在分析决策问题时，主要把握的内容和要素包括：决策的目标——即企业决策所需达到的目的，决策的依据——即企业内部和外部的信息、经验和客观条件，决策的标准——最优化或满意化，决策方案的执行与控制，以及决策分析的程序等。决策分析的方法则主要分为两大类，即定性分析（软方法）和定量分析（硬方法），它们使决策越来越科学，成为了现代企业经营决策方法和发展趋势。

2. 经营决策要遵守的原则

企业经营决策是一项非常复杂的工作，关系到企业的生存与发展，是企业经营管理的

核心。进行经营决策需要考虑、涉及的因素很多，既要考虑企业的内部问题，又要考虑企业外部环境问题，如社会、政治、法律关系等。因此，企业要做出正确决策通常要遵守如下原则。

(1) **目标明确性原则**　目标和方案是构成决策活动不可缺少的两个基本因素，没有目标的决策只能是盲目的，甚至是无用的，只有明确了决策目标，才能做到有的放矢，事半功倍。

(2) **全局性原则**　汽车服务企业是国家国民经济生产部门的一分子，它的经营决策必须贯彻国家的政策，遵守国家法令和规定，兼顾国家、集体、个人三方面的利益，做出最佳的选择。

(3) **系统性原则**　汽车服务企业是由若干相互联系、相互制约的子系统构成的复杂的系统，同时，它也是整个社会大系统的子系统。决策必须按照系统性原则的要求，既要以社会系统优化为目标，又要以企业经济系统的优化为前提。

(4) **经济性原则**　汽车服务企业的一切经营活动，都是以提高经济效益为中心，这就意味着要选择一个相对最优的经营方案，做到低投入高产出。

(5) **可行性原则**　经营决策是企业面向用户、面向市场、面向社会、面对自身、目标明确的决策活动，必须从实际出发，认真进行可行性分析，做到决策方案技术先进和可能、经济合理和高效，任何不切实际的"最佳决策"，都不会给企业带来成功。

(6) **时效性原则**　由于市场和企业的内外环境是千变万化的，市场机会稍纵即逝，致使任何决策都存在一定的时间范围，在这一范围的决策是正确的，在该范围以外，同样的决策就有可能带来相反的结果。因此，经营决策应捕捉时机，迅速反应，当机立断，不失时机地进行决策。

(7) **灵活性原则**　实现经营目标有多种方法，经营决策方案要采纳各种方案的优点，追踪监控决策的执行情况，对突然出现的危机和变故应及时处理，恰当地调整原方案，以便减少偶然因素造成的影响和损失。

3. 经营决策的基本要素及最优目标

一个科学、完备的经营决策应该具有以下几个基本要素：

1）决策目标。

2）两个以上的备选方案。

3）针对各备选方案的科学决策分析。

4）在不同自然状态下对各个备选方案的风险预测。

从工程管理出发，需要明确认识到经营决策在选择行动方案时，应该用"令人满意的标准"代替"最优化标准"，这是因为"最优化标准"是相对的。所谓"令人满意的标准"的决策是指通过科学的定性分析或定量计算，从几个备选方案中选出一个成功可能性大、风险小、效果好的方案。

总之，经营决策的目标明确、备选方案多、影响因素及约束条件充分、决策方法科学合理、各种备选方案的风险预测准确，决策的准确性就高，经营决策成功实现的可能性就大。

二、企业经营决策的方法

1. 企业经营决策的分类

企业经营活动的多样性，决定了其经营决策的不同手段和方法。决策涉及的内容较为广泛，从企业长远战略方面到当前具体问题的解决方法，从生产组织到营销管理，从市场的定位到企业文化的建立，无一不面临选择与决策。这些决策的前提条件的不同，决定了决策的多样性。现将其归纳为以下几种：

（1）按企业经营决策的工作任务划分

1）战略决策。战略决策是关系到企业发展方向或全局性、长远性的决策，如经营方针、服务方向、产品开发等决策。它往往由企业高层领导做出，关系到企业的经营成败，具有影响时间长、涉及范围广、作用力度大的特点，是其他决策的中心目标。

2）管理决策。管理决策是依据企业战略决策的要求，在管理和组织工作中解决阶段性的重大问题的决策，涉及合理组织和选择生产过程的决策、合理选择和使用能源及物资的决策、劳动力素质的提高和平衡方面的决策等。

3）业务决策。业务决策也叫作业决策，是指为提高业务效率以及更好地执行管理决策在日常作业中所实行的具体决策，如经营计划编制、原材料和外购件的库存管理、生产控制、销售工作以及劳动组织调配等方面的日常性决策。业务决策是管理决策的具体化和延伸，具有深入性、具体性、量化性、局部性、短期性的特点。

（2）按决策条件的可靠程度划分

1）确定型决策：是指未来影响决策方案的所有因素是非常明确的，多种可行方案的决策条件是已知的，而且一个方案只有一个确定的结果。确定型决策通常可通过数学模型得到最优解，如原材料采购决策、库存决策、成本-利润-产销量决策、技术改造决策等。

2）风险型决策：是指各种方案未来的影响因素较多，各种自然状态不能预先肯定，是随机的，造成一个方案会出现几个不同的结果，既可能成功，也可能失败，使决策具有一定的风险性。

3）不确定决策：是指对未来事件的自然状态发生与否不能肯定，各种可行方案出现的结果也未知，只能靠决策者主观判断来决策。针对这类决策，由于其决策的结构条件复杂且不稳定，决策不能以程序或定型化来表示，只能针对具体问题进行具体分析和决策。

（3）按决策主体地位高低划分

1）高层决策：是指企业领导层负责的决策，解决企业发展全局性、战略性、长期性问题。

2）中层决策：是由企业中层负责的决策，解决企业生产经营活动中所出现的短期性、战术性问题。

3）基层决策：是由企业基层做出的作业性决策，解决生产现场的某些具体的技术性和执行性的问题。

（4）按决策问题出现的重复程度划分

1）程序化决策：是对经营重复出现的问题的决策。由于问题是经常出现的，因而有必要也有可能预先把决策过程标准化、程序化，如生产方案决策、作业计划决策、库存决

策等。

2）非程序化决策：是指所要解决的问题是非例行的、过去没有遇见过的新问题，因而要靠决策者的判断和信念来进行决策，如扩大企业规模的决策、引进技术的决策、开发新市场的决策等。

（5）按决策目标数目划分

1）单目标决策：是指判断一项经营决策的优劣的指标只有一项的决策。

2）多目标决策：是指判断一项经营决策的优劣，需要考查多项指标才能得出结论的决策。

2. 定性决策与定量决策

在企业经营管理中，针对各种问题，需要进行相应的决策，由于各类决策的目的、条件、特点不同，使得决策的方法存在差异。经过人们不断的经营管理实践，总结出多种科学有效的决策方法，概括起来有定性决策和定量决策两大类，见表3-1。

表3-1　经营决策方法分类

决策类别	定性决策	定量决策
决策方法	专家意见法 畅谈法 淘汰法 排队法 归类法	确定型决策 风险型决策 不确定型决策

（1）定性决策　定性决策就是运用社会学、心理学、组织学、经济学等有关方面的知识，由专家学者、企业职工群众对企业的决策目标、方案和实施提出见解、建议，由决策者选择决定。这种决策方法是通过人在决策中的主观作用来分析决策和影响决策。这类决策常用的方法有如下几种：

1）专家意见法：它是将决策问题交给专家分析讨论，并进行综合、归纳、整理，再反馈给专家，再进行研究、讨论提出意见，如此反复数次，最后求得一致意见。

2）畅谈法：即召集有关人员进行集体讨论，发挥集体智慧，然后由决策人做出判断。

3）淘汰法：它是根据决策的选择标准和条件，把达不到要求的方案加以淘汰，最后找出一个满意的方案。

4）排队法：它是对提供的决策方案进行综合判断，按优劣顺序排队后，选出最优方案。

5）归类法：是将类似的决策备选方案归为一类，从而分为几大类，从各类中选出优良方案，再对几大类的优良方案进行分析比较，选出一个最满意的方案。

（2）定量决策　定量决策主要运用统计学、运筹学、概率论等知识，将决策的变量（影响因素）与目标用数学关系来表述，求出方案的损益值，据此进行决策。下面简要介绍常用的定量决策方法。

1）确定型决策。确定型决策就是在事件的各种自然状态完全肯定而明确的条件下，经过分析计算可以得到各方案明确的结果。所以，对这类决策问题，可根据不同的约束条

件，采用不同的数学模型，求得最优或较优方案。

构成确定型决策的条件为：

（a）决策问题中的各种变量及相互关系均能用数字化形式表达。

（b）决策结果具有唯一性，即各备选方案只有一种确定的结果。

（c）决策方案能推导出最优解方程。

常用的方法有单纯选优法、盈亏平衡分析法、微分极限分析法、线性规划分析法、网络分析法、净现值法等。

① 单纯选优法（直观判断法）。这种方法是根据已掌握的每一方案的每一确切结果，进行结果比较直接选出最优方案的方法。例如某汽车服务企业，准备为他们的新服务项目开拓市场，可采用三种形式来打广告，据专家测算，要达到同样的宣传效果，三种形式的费用见表 3-2。

表 3-2　广告费用对比表

广告形式	电视	报纸	网络
费用/万元	15	8	10

通过比较，很容易判断，采用在报纸上打广告费用最低，故选择在报纸上打广告来宣传。

② 盈亏平衡分析法。盈亏平衡分析法的基本原理是通过研究产销量、成本、利润三者的关系，找出使盈亏平衡的产销量水平，从而得到盈利区间和亏损区间。在企业经营管理中，常常用此法来决策产品的产量或销售价格。

盈亏平衡点即指在盈亏平衡图上，总收益曲线与总成本曲线相交的那一点，如图 3-5 所示。

根据企业成本分析，企业的总收入 S（元）、服务价格 P（元/单位业务量）、业务量 Q、企业成本 C（元）等存在如下关系：

企业总收入：$S = PQ$

企业成本：$C = C_1 + C_2Q$（C_1 为企业固定成本，C_2 为单位业务量的变动成本）

在盈亏平衡点处，$S = C$ 对应的业务量 Q_0 就是执行该服务价格下的保本业务量，即 $PQ_0 = C_1 + C_2Q_0$ 则保本业务量为

$$Q_0 = \frac{C_1}{P - C_2}$$

同理，通过上述公式的简单变换，也可得某一业务量时的保本价格。

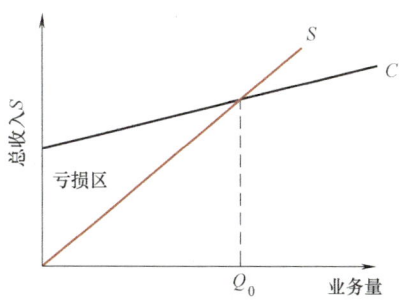

图 3-5　盈亏平衡图

例 3-1　某汽车服务企业，准备开展一项业务活动，在为期一个月里，进行一新的车辆检测服务，预计需耗费设备及其他固定费用 3.6 万元，每辆车检测变动成本为 4 元，检测收费为 10 元，试确定应该服务多少车辆才能收回成本？

解：

根据盈亏平衡分析的业务量计算公式，保本的平衡点的业务量为

$$Q_0 = \frac{C_1}{P-C_2} = \frac{36000}{10-4}辆 = 6000\,辆$$

通过计算得知，在一个月内必须检测6000辆车才能收回成本。决策时，可根据市场预测这项服务的需求是否大于6000辆，结合企业的检测能力，从而做出是否开展这项活动的决策。

2）风险型决策。风险型决策也称随机性决策或概率型决策，它需要具备下列条件：

（a）存在着决策者企图达到的一个明确目标，如最大利润、最低成本、最短投资回收期。

（b）存在着决策者可以选择的两个以上的行动方案。

（c）存在着决策者无法控制的两种以上的自然状态。

（d）每种自然状态出现的概率大体可以估计出来。

（e）不同方案在不同自然状态条件下的损益值可以计算出来。

风险型决策应用得较为广泛的两种方法是决策树法和敏感性分析法。

① 决策树法。

（a）决策树的构成：决策树是以图解方式分别计算各方案在不同自然状态下的损益值，通过综合期望值的比较，做出方案选择。这种方法直观明确，特别适用于复杂问题的多层次决策。决策树由五个因素组成，即决策点、方案枝、状态结点、概率枝和损益值。决策树的决策点表示决策的结果，通常以□来表示；方案枝是由决策点引出的若干条直线，每条直线就代表一个方案；状态结点位于方案枝的尾端，以○表示，表明各种自然状态所能获得收益的机会；概率枝是指从状态结点引出的若干直线，每条代表一种自然状态，在概率枝末端列出不同自然状态的损益值，整个结构像"树"形，因此而得名，其结构如图3-6所示。

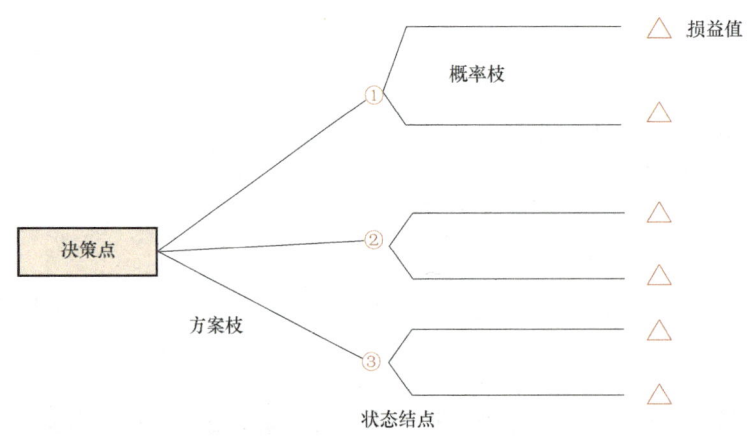

图3-6 决策树的结构

（b）决策树的分析程序：决策树的分析程序分三个步骤。

第一步，绘制树形图。绘图程序是自左向右分层展开，必须在对决策条件进行细致分

析的基础上，确定所有可供决策选择的方案，以及这些方案在实施中会发生的所有自然状态。

第二步，计算期望值。期望值的计算要由右向左依次进行，先将每种自然状态的收益值分别乘以各自概率枝上的概率，再乘以决策有效期，最后将各概率枝的值相加，标于状态结点上。

第三步，剪枝决策，比较各方案的期望值。如方案实施有费用发生，则应将状态结点值减去方案费用再进行比较，凡是期望值小的方案枝一律剪掉，最终剩下一条贯穿始终的方案枝，其期望值最大。将此标在决策点上，即为最佳方案。

例如，某汽车服务企业修理车间的改造方案有两个：一是现有车间进行改造扩建，二是建设新的车间。改建车间需投资 200 万元，新建车间需投资 380 万元，两种方案的使用期限都是 10 年。根据资料预测，在此期间内，能满负荷生产的可能性是 0.7，不能满负荷生产的可能性为 0.3，两个方案的年度损益见表 3-3。

表 3-3　两个方案年度损益

自然状态	概率	改建车间损益值	新建车间损益值
满负荷	0.7	56 万元	130 万元
不满负荷	0.3	40 万元	−30 万元

计算损益期望值并画决策树，如图 3-7 所示。

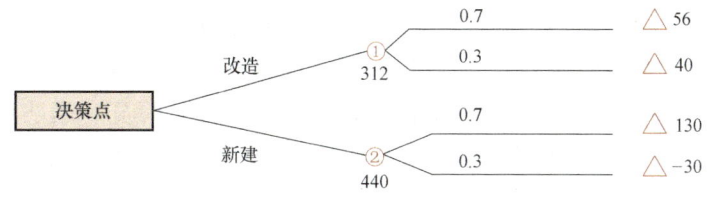

图 3-7　方案决策树

改造车间：

$$损益期望值 = \sum (损益值 \times 概率) \times 使用年限 - 投资$$
$$= (0.7 \times 56\,万元 + 0.3 \times 40\,万元) \times 10 - 200\,万元 = 312\,万元$$

新建车间：

$$损益期望值 = \sum (损益值 \times 概率) \times 使用年限 - 投资$$
$$= [0.7 \times 130\,万元 + (-30\,万元) \times 0.3] \times 10 - 380\,万元$$
$$= 440\,万元$$

通过两种方案的损益期望值比较，说明新建车间能带来更大的收益，故决策投资新建车间。

② 敏感性分析法。敏感性分析也叫灵敏度分析，它研究决策方案受概率变动影响的程度。由于决策所依据的方案期望效用值的大小受各种方案的条件结果值和自然状态的概率影响，决策时，这些概率往往是估计或预测得出，实际的概率如有变动，就会影响决策的期望效用值，甚至可能会导致改变决策方案的选择。一般来说，如果这些概率稍有改变，就会改变决策的结果，则认为是敏感的，否则就是不敏感的。决策者希望最佳方案是

不敏感的，这就意味着决策的稳定性大，风险性小。

灵敏度分析常常采用敏感性系数为评判指标：

$$敏感性系数 = \frac{转折概率}{预测概率}$$

这里，转折概率是指导致最满意方案的期望效用值发生根本性转变的自然状态概率值，此时该方案已不再是最佳。

灵敏度分析认为，方案敏感性系数小，则其敏感性就小；反之，则敏感性就大，方案不稳定。

例 3-2 某汽车品牌 4S 店，经过市场调查，准备库存一批变速器总成，如经营成功，可能获利 100 万元，如失败则将损失 40 万元，不存储则无盈亏，问能否进行这项经营活动？

解： 假设成功的概率为 P，则不成功的概率就是 $1-P$。

$$
\begin{aligned}
期望效用值 C &= \sum(损益值 \times 概率) \\
&= 100P + (-40) \times (1-P) \\
&= 140P - 40
\end{aligned}
$$

显然，要进行这项活动，必须使 $C>0$，即 $140P-40>0$

$$则 \quad P>0.29$$

分析： 如 P 大于 0.29，就可以进行这项经营活动，反之，则不能进行。同时说明该方案的转折概率就是 0.29。当实际预测成功的概率是 0.8，可以算出该方案的敏感性系数就是 0.36，说明进行该经营活动敏感性小，成功的稳定性大。当预测成功概率为 0.4 时，其敏感性系数为 0.725，敏感性系数大。通过分析可知，当实际成功概率为 0.8 或 0.4 时，这项经营活动都能获得效益，但前者的稳定性好，后者的稳定性差。

3）不确定型决策。不确定型决策是指决策者不知道影响决策的因素（自然状态）将来会出现何种情况，只能根据决策者对事物所持的态度、知识和经验来进行决策。

不确定型决策，一般可采取五种不同的准则，它们是悲观决策准则、乐观决策准则、赫威斯准则、最大最小后悔准则及机会均等准则。下面通过例题简要介绍各种准则的应用。

例 3-3 某企业有项投资计划，制订了三个方案，每一方案又有四种不同的状态。已知各方案在各种状态下的收益值，但不知其发生的概率。其决策收益见表 3-4。

表 3-4　各方案在不同自然状态下的收益值　　　　　　　　　（单位：万元）

状态方案	自然状态			
	S_1	S_2	S_3	S_4
A	8	7	8	5
B	7	5	4	9
C	6	8	10	5

① 乐观决策准则：乐观决策准则也称为大中取大法，是指决策者对未来的情况持乐观的态度。本例中，方案 A、B、C 在各种自然状态下其最大收益值分别为 8 万元、9 万元、10 万元，所以 C 方案就是最佳决策方案。

② 悲观决策准则：也称小中取大法，决策时谨慎小心，从最坏的结果着想，从最坏的结果中选一个较好的结果。

其程序是：首先，从每个方案中，选择一个最小的收益值，然后，从最小值中选一个最大值，与此相对应的方案为中选方案。

本例中，A 方案最小的收益值是 5 万元，B 方案最小的收益值为 4 万元，C 方案最小的收益值是 5 万元，因此 A 和 C 方案为中选方案。

③ 赫威斯准则：也称为乐观系数决策法，它是介于悲观决策与乐观决策之间的一种决策准则，即对未来情况的估计既不乐观，但也不悲观，主张折中平衡。按此准则，决策者根据市场情况和个人经验，预先确定一个乐观系数 $\alpha(0 \leqslant \alpha \leqslant 1)$ 作为主观概率，然后选出每个方案的最大和最小收益值，按下式计算出各方案的折中收益 CV：

$$CV_i = \alpha \times 最大收益值 + (1-\alpha) \times 最小收益值 \quad (i = 1,2,3,\cdots,n)$$

最后进行比较，各方案中折中收益最大者即为最优决策方案。

本例中，取乐观系数为 $\alpha = 0.7$，则计算各方案的折中值如下：

方案 A：　　　　$CV_A = \alpha \times 最大收益值 + (1-\alpha) \times 最小收益值$

　　　　　　　　　　 $= 0.7 \times 8\ 万元 + (1-0.7) \times 5\ 万元$

　　　　　　　　　　 $= 7.1\ 万元$

方案 B：　　　　$CV_B = \alpha \times 最大收益值 + (1-\alpha) \times 最小收益值$

　　　　　　　　　　 $= 0.7 \times 9\ 万元 + (1-0.7) \times 4\ 万元$

　　　　　　　　　　 $= 7.5\ 万元$

方案 C：　　　　$CV_C = \alpha \times 最大收益值 + (1-\alpha) \times 最小收益值$

　　　　　　　　　　 $= 0.7 \times 10\ 万元 + (1-0.7) \times 5\ 万元$

　　　　　　　　　　 $= 8.5\ 万元$

通过计算可知，方案 C 可获得 8.5 万元的收益，为最大，所以选择方案 C。

④ 最大最小后悔准则：决策中，如能肯定地知道某一自然状态会发生，决策者必然选择收益最大的方案。如果因决策失误未选取收益最大值的方案，而选了其他收益低的方案，这样就会失去获得最大利益的机会，而会感到后悔。这两个方案收益之差叫作后悔值。后悔准则就是要在决策中避免后悔，或以后悔值最小为准则。

其决策程序如下：首先，把每种自然状态下的最大收益值减去其他方案的收益值，即为在 S 状态下各方案的后悔值；然后，找出每个方案的最大后悔值；最后选择各方案的最大后悔值中的极小值所对应的方案作为优选方案见表 3-5。

结论：A、C 两个方案为最佳方案。

⑤ 机会均等准则：又称等概率决策法，它是由法国著名数学家拉普拉斯提出的决策方法。其决策原则是，既然不知道各种自然状态可能出现的概率，就认为各种状态都有同样发生的可能，即机会均等。

设有几种状态，每一种状态出现的平均概率为 $1/n$。决策程序如下：首先，将每个方案的每一种状态的损益值乘以平均概率 $1/n$，然后相加得该方案的期望值；然后，选择期望值最大的方案为最优方案。

表 3-5　方案后悔值　　　　　　　　　　　　（单位：万元）

方案	自然状态				
	S_1	S_2	S_3	S_4	最大后悔值
A	0	1	2	4	4
B	1	3	6	0	6
C	2	0	0	4	4

在本例中：

A 方案期望值 = 8 万元 × 1/4 + 7 万元 × 1/4 + 8 万元 × 1/4 + 5 万元 × 1/4 = 7 万元

B 方案期望值 = 7 万元 × 1/4 + 5 万元 × 1/4 + 4 万元 × 1/4 + 9 万元 × 1/4 = 6.25 万元

C 方案期望值 = 6 万元 × 1/4 + 8 万元 × 1/4 + 10 万元 × 1/4 + 5 万元 × 1/4 = 7.25 万元

结论：C 方案为最优方案。

三、企业经营决策的程序

本质上，企业经营决策就是决策者运用智力解决问题的过程，按照提出问题、分析问题和解决问题的逻辑推理程序，通常可分为六个步骤，如图 3-8 所示。

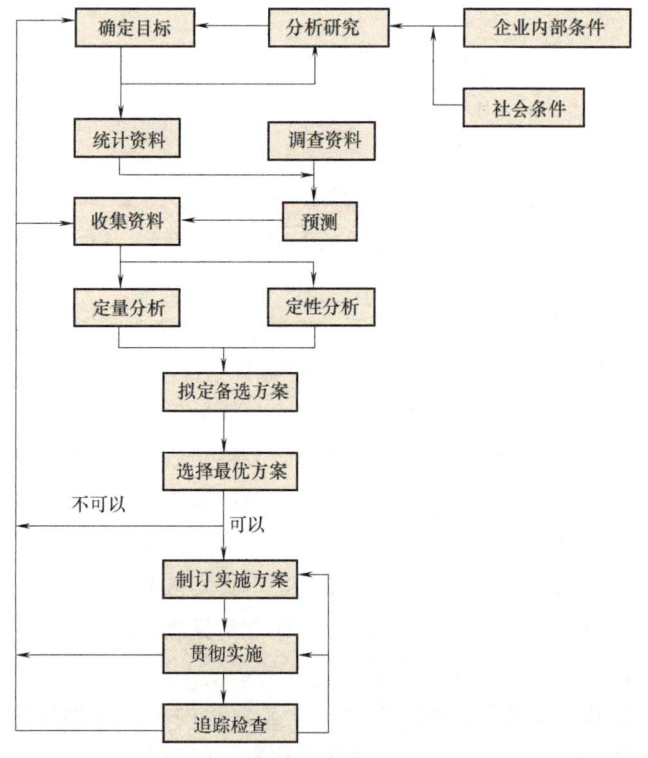

图 3-8　经营决策程序图

1．确定目标

决策目标的确定是经营决策的起点。要做到选准目标，需要以符合企业发展目标和客观经营约束条件决定的价值准则对拟选的决策目标加以判定，绝不能随心所欲不顾现实条件和价值准则的选择决策目标。准确的目标是科学决策的重要基础，目标确立不当，必然会达不到决策的效果，影响到其后一系列措施和行动的合理性。因此，确定目标是一个十分关键的过程，应注意要达到以下要求：

1）分析企业内外条件，提出恰当目标，做到有的放矢。

2）目标应具体，应尽量用计量值或计数值表达。

3）目标应系统性强，能体现出目标体系的层次。

4）目标是符合规范，切实可行的。

2．收集资料

收集资料是决策程序中很重要的过程，没有一定数据就不可能充分反映事物的本质，不能涉及事物的方方面面，使得方案设计者可能遗漏最佳方案，同时也会给定性分析决策带来困难，因而必须尽可能地大量收集数据和资料。资料的来源一方面是实际统计调查资料，另一方面是预测资料，它们必须具有广泛性、客观性、准确性。

3．拟定备选方案

在确定决策目标，取得有关信息资料的基础上，就可以拟定备选方案，提出解决问题的对策。一般说来，解决问题的方法和途径并非唯一的，为了确保选择的方案是最优秀的或是最令人满意的，应在充分分析资料的基础上，运用多种不同的方法拟定多种备选方案。总之，注意做到方案应尽可能详尽、互斥、全面。

4．评价选择最优方案

对方案的评价是决策的关键，也是决策者进行决策所最为关心的过程。要对每个方案进行全面的分析和系统的评价，对每个方案进行可行性研究或技术经济分析，对比技术上的先进性、经济上的合理性和现实的可能性。评价方案的对策能否满足经营目标的要求。如果选择不到令人满意的程度，则必须按照决策的程序重新确定目标，修正或补充方案，直到满意为止。

5．实施方案

制订、评价、选择和决策方案是为了实施，否则，是不能达到方案的效果，也失去了决策的意义，因此贯彻实施方案是决策的重要环节。

贯彻实施有以下几方面工作：

1）要把决策的目标和实现目标的最优方案明确地向企业全体职工交底，动员企业职工为实现目标多做贡献。

2）围绕目标和实现目标的最优方案制订具体的实施方案，明确企业各级领导和部门应完成的任务、进度和负责人，并由各执行人或部门再据此层层做出更具体的执行方案，使总目标层层保证，落实到基层单位、小组以及个人。

3）各部门各执行人按照预定计划认真贯彻执行。

6．追踪检查

按照实施方案在执行过程中与实际情况层层进行对比，称为追踪检查，目的在于及时

检查其执行情况，研究没有达到预期效果的原因，及时进行方案的调整和修改。

在追踪检查中，实施方案没能预期完成时一般有三种情况：一是执行人没有努力；二是在执行中遇到困难；三是已经按方案执行，但没有达到预期效果，因而还要做出具体分析并采取相应对策。

上述步骤只是经营决策的一般程序，在实际决策过程中，也并非一成不变，根据具体情况，各步骤之间可以互相渗透和交叉。总之，经营决策过程是一个"决策-执行-再决策-再执行"的复杂的动态过程，只有协调好每个步骤，做好各阶段的工作，才能做出科学的决策，顺利实现决策目标和决策方案。

第五节　汽车服务企业的经营评价

企业的经营管理既重视经营过程，更关心经营结果，因为经营结果是一切经营管理工作的检验标准，是企业经营管理所追求的最终目标。因此，进行企业经营评价是企业经营管理的一项重要工作，也是企业不断总结提高并最终实现其战略发展目标的重要环节。任何企业进行的经营活动，直接或间接地影响到企业的方方面面，并最终在企业的整体经营业绩上体现出来。因此，本节所讨论的经营评价不是指某一具体的经营活动的好坏评价而是对企业整体的经营业绩评价。

一、汽车服务企业的经营评价指标

1. 企业经营成果评价概述

企业是一个营利性的经济组织，它占用了一定的生产要素（土地、劳动力、资本和技术等），通过开展生产经营活动为社会提供产品和服务，并在提供产品和服务的活动中取得盈利，从而不断壮大自己。企业产品和服务的交换性决定了企业的使命就是在市场竞争中为社会提供更多更好的产品和服务。企业只有在提供产品和服务中才能创造自己的业绩。由于企业为社会提供产品和服务必须投入人力、财力、物力等，亦即企业为社会提供的产品和服务是有成本的，企业能否生存就在于其产品和服务的价格能否补偿其成本；企业能否发展壮大就在于其产品和服务的价格能否在补偿成本后有盈余，这个盈余越大，企业的发展能力就越强。企业的生产目的就是用尽可能少的生产经营成本（所费）去创造和实现（获取）尽可能多的产品和服务价值（所得），这是企业业绩之根本所在。汽车服务企业是市场经济的产物，它不是为自己而生产，而是为服务而存在，其生产经营活动必须经受市场的检验，它所提供的服务，只有在市场交换中才能实现其价值，从而为其积累和再生产提供经济保证。总之，经营业绩评价无论在企业整体经营上还是在经营管理层面上，都有着重要的意义。

所谓企业经营业绩评价就是为了实现企业的生产经营目的，运用特定的指标和标准，采用科学的方法，对企业生产经营活动过程及其结果做出的一种价值判断。其核心是比较所费与所得，力求用尽可能小的所费去获得尽可能大的所得。企业经营业绩评价指标体系就是围绕这一核心展开的。

开展企业经营业绩评价工作具有重要的作用，它有利于企业相关利益方综合了解企业经营状况及其发展变化趋势，有利于企业建立和健全激励和约束机制，提高企业经营管理水平和综合竞争能力。其作用的根本原因在于企业经营业绩评价具有判断（衡量）、预测、导向和管理四大功能。

1）判断（衡量）功能。判断（衡量）是企业经营业绩评价的基本功能。评价的实质就是对企业经营业绩进行价值判断。在评价过程中，通过对各种评价指标的测算，反映出企业经营管理状况，并将测算的指标值与历史状况、管理目标、同行发展水平等进行综合比较后对企业的盈利能力、发展能力和综合竞争能力等做出价值判断，从而客观、全面、公正地反映和衡量企业经营管理的水平，找寻存在的问题。因此，业绩评价工作的首要任务是发挥评价的判断（衡量）功能，准确地度量和判断企业的经营业绩，使企业相关利益方能全面了解和认识企业。

2）预测功能。评价是对过去的总结，以便于把握未来。企业经营业绩评价的重要功能是通过对企业过去和当前业绩的评价去预测和判断企业经营活动的未来发展趋势，从而使企业相关利益方能更好地规划未来，把握企业的发展方向。

3）导向功能。导向功能是企业经营业绩评价的又一重要功能。评价的目的就是帮助经营管理者改进工作，因此其结果将对企业行为产生深刻的影响。企业可以透过评价指标及其结果，分析企业的优点，找出企业的弱点和存在的差距，发扬成绩、克服缺点；依据评价结果对经营管理者和职工实施奖惩，引导经营管理者采取有效措施弥补差距，争创先进，促使企业快速、健康发展。

4）管理功能。评价的管理功能是现代企业最为主要的功能，在评价中居核心地位。企业开展业绩评价不光是为了总结过去、认识不足和进行奖惩，其根本目的在于强化企业管理，提高企业的经营管理能力和综合竞争力，形成竞争优势。企业只有把业绩评价工作与加强管理有机地结合起来，把评价结果转化为企业发展的动力和压力，才能更好地迎接未来的挑战，使企业保持长期的竞争优势。

2. 企业经营业绩评价的要素

企业是由人、资本、土地、技术等要素有机组合而成的复杂系统，运作中不断与外界发生物质、能量、信息转换。因此，对企业经营业绩的评价，不能以简单的投资与报酬、成本与收益之间的对比关系来判断，必须综合各方面因素进行综合评价，才能真正客观、正确反映企业的经营业绩，即构建一个评价系统，对企业经营业绩进行全面综合的评价。

企业经营业绩评价系统主要由以下几个基本要素构成：

（1）**评价主体**　评价主体一般是指与评价对象的利益密切相关、关心评价对象业绩状况的相关利益人。站在企业经营管理的角度，经营业绩评价主体就是企业的经营决策者。

（2）**评价客体**　评价客体是指实施评价行为的对象。它由评价主体的需要来确定，由评价的目的来选择评价对象。例如，汽车服务企业顾客满意度评价，显然是围绕新、老顾客接受企业服务的感受进行评价，评价客体就是顾客。

（3）**评价指标**　评价指标是根据评价目的和评价主题的需要而设计的，以指标形式客观、准确地反映评价对象的特征，多以数字化形式表达，以便进行定量化分析和精准评

价。例如进行汽车服务企业顾客满意度评价，可用老顾客的存在量，新顾客的增加量，顾客的满意、较满意量及其比例，顾客的投诉量及其比例，重大汽车服务事件的顾客投诉量等作为评价指标。

指标是实施企业经营业绩评价的基础和客观依据，没有反映企业经营业绩方面的指标，业绩就无法展示，经营效果就无法了解，经营活动就可能陷入迷途。

（4）评价标准　评价标准是指判断评价对象好坏的基准。由于评价标准总是在一定的社会经济条件下产生的，随着条件的变化而变化，并始终应该代表行业发展的趋势，但是这一特性也给评价造成了困难，容易丧失评价的共同基础。因此，在选择评价标准时，既要考虑其时代性又要兼顾其稳定性，使评价的结论合理、服人。

（5）评价方法　评价方法是获取业绩评价信息的手段。有了评价指标与评价标准，还需要采用一定的评价方法，从而实施对评价指标和评价标准的运用，以取得公正的评价结果。没有科学、合理的评价方法，评价指标和评价标准就成了孤立的评价要素，也就失去了其本身存在的意义。

3. 汽车服务企业经营业绩评价指标体系

企业经营业绩评价指标体系一直是营销和管理界关心的问题，专家们认为，业绩评价体系应该实现这几方面的结合，即财务指标与非财务指标的结合、定量指标与定性指标的结合、过去业绩评价与未来业绩评价预测的结合、内部层面与外部层面的结合、不断发展与相对稳定的结合。当前，企业经营业绩评价通常采用五方面的指标（财务层面指标、技术创新层面指标、客户层面指标、业务流程层面指标、职员层面指标）来评价，五个层面的指标相辅相成，系统地、全面地、综合地反映企业战略经营业绩和核心竞争力。其中财务层面的业绩评价指标最为重要，其他层面的业绩评价指标为财务层面业绩评价指标服务并落实到财务层面业绩评价指标上。要实现企业的财务目标就必须使客户满意，客户对企业生产的产品和所提供的服务是否满意直接关系到企业所创造的价值是否被认同，是否得以补偿所费成本，是否能最大限度地获取利润。要使企业所创造的价值被认同，企业就必须根据市场需要，不断地进行技术创新，推陈出新，只有这样，才能使股东满意。而这一切都需要具有高技术和高素质的人来完成，人是一切创新活动的主体。各指标层面之间的关系如图3-9所示。

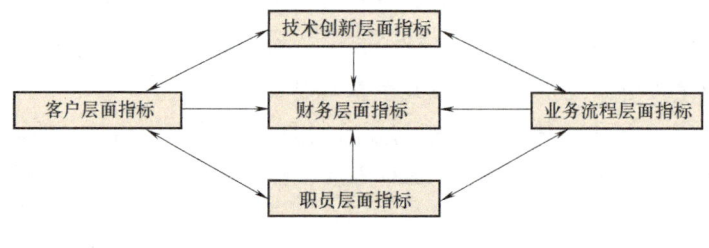

图3-9　指标层面关系

在五大指标下，为了能反映各方面指标的影响因素的重要性差别，又将各个层面的业绩评价指标按两个层次设置：基本评价指标和辅助评价指标。

汽车服务企业的生产经营有其自身的特点，其经营业绩评价指标体系应能反映这些特

点。在以上的理论指导下，结合汽车服务企业的特点，建立其经营评价指标体系，见表3-6。

表3-6　汽车服务企业经营评价指标体系

	财务层面	客户层面	技术层面	业务流程层面	人员层面
基本评价指标	资本收益率 经营项目赢利能力 业绩的可靠度 成本费用利用率	客户满意度 客户保持率 市场占有率	新的经营项目或服务的投资回报率 新项目成本	生产或服务的效率	职员保持率 职员生产效率
辅助评价指标	资产周转率 主营业务利润 成本费用降低率 销售利润	新客户人数及比例 客户抱怨或称赞次数 客户对服务质量的满意度	新设备的利用率 新工艺数量 专用设备数	维修一次合格率 返修率 返工率 安全事件	职员知识水平 职员培训费用 职员胜任率
附注	具体指标意义及计算见财务管理章节	汽车服务企业是服务性质的企业，因此该层面的评价应为重点	汽车服务企业的技术应紧跟日新月异的汽车技术的发展	—	—

二、汽车服务企业经营评价的管理与执行

1. 企业经营业绩评价程序

通常企业经营业绩评价往往分五个阶段进行，下面简要介绍具体评价程序。

（1）确立评价目标　评价是一种有目的的活动，这一活动的灵魂就是评价的目标，它应贯穿于整个评价过程。企业经营业绩的评价不是为评价而评价，而是为了企业经营评价指标体系达到一定的目标，评价的目标是整个系统运行的指南和目的。经营业绩的评价是属企业的经营管理活动，业绩评价的目标应服从于企业的经营管理目标，企业在不同的发展时期和所处的经营环境的不同，其经营管理目标就不同，业绩评价的目标也就不同。另外，不同的评价目标所需选择的评价指标不同。所以，确定评价目标是开展评价工作的前提，是企业经营业绩评价过程的第一步。

（2）设计评价指标　评价指标的设计是确定评价目标后的主要环节，指标体系设计是否科学、合理，直接关系到业绩评价的准确性和客观性，也影响着评价的结果。企业业绩评价的指标通常由共性和个性指标组成，共性指标一般由社会公认的机构或行业部门设计；个性指标则是为体现某一经营活动的特性和反映企业的某些具体情况而专门设计的。

设计和选择评价指标要符合以下要求：

1）认同感，即评价指标应使企业相关利益方都能认同，社会各界易理解。

2）可比性，即所设计和选择的评价指标能够在同行中进行比较，能够在比较中判断企业经营水平。

3）适应性，即能适应企业经营管理的要求，有利于企业经营管理目标的实现。

4）定量化，即能用某些参数来精确表现评价特征的差异，以便运用定量化分析方法

来准确评价。

（3）**获取评价信息**　评价指标往往是由其影响因素及关系所形成，这些因素及关系的不同组合，就构成了评价指标的不同状态。这些影响因素就是来自于企业的相关信息。获取信息是开展企业经营业绩评价工作又一主要环节，它直接关系到评价结论是否符合客观实际，因此要求做到：首先，要根据评价指标的要求全面搜集有关信息，力求做到客观、准确和全面；其次，要善于筛选信息，对各种复杂信息，要去伪存真，去粗取精，抓住有用的、关键的信息，并尽可能减少获取评价信息的成本；再次，要认真破译信息，即善于理解和解释信息，也就是通过加工、整理信息，使信息更符合评价工作需要，更易让人理解和接受。

（4）**选择评价标准**　评价过程也就是一个比较过程，必须有比较的参考对象，即评价标准。不同的标准对同一评价客体，会产生不同的评价结果。如某企业经营业绩与历史相比年年有进步，人们会得出业绩好的评价结果；与同行业相比则差距太大，处在同行业最低水平，人们会得出业绩差的评价结果。为此，必须科学选择评价标准。

（5）**形成评价结论**　形成评价结论的过程，就是严格按照评价程序，收集、整理企业的评价信息，并科学地处理和分析信息，得出评价结论的过程。具体实施步骤包括：将评价客体依据评价指标进行分解；以评价指标衡量评价客体各个部分（方面），得出关于评价客体的单项评价值；然后根据一定的计算方法（如加权平均），得出关于评价客体的综合价值，最后将得出的评价值与标准值进行比较，形成评价结论报告。

2. 汽车服务企业经营业绩评价

对汽车服务企业的经营评价完全可按照上述理论进行。由于汽车服务企业的生产性质决定了其主要生产产品是服务，几乎所有的经营工作都是围绕服务展开，因此，本节只是以其客户层面的服务为评价对象进行讨论，其他层面的评价，将会在有关章节涉及。

汽车服务企业是服务性质的经济实体，服务是它提供给社会或顾客的主要产品，也是汽车服务企业赖以生存的经济收入来源。汽车服务企业通过改进提高自己的作业程序，加强服务过程的管理和控制，达到提高服务业的劳动生产率、降低成本的目的，使用户最终获得价低、质优的服务产品。因此，对企业进行经营评价时，对服务业绩的评价是必不可少的。

（1）**服务业绩评价内容**　服务业绩评价的具体内容是通过一定的项目或系列指标的考核与核算来实现的，它主要包括两方面的内容：

1）服务质量。它包括服务设施质量、维修质量、劳动质量（如服务态度、服务技巧、服务方式、服务效率、礼节礼貌和环境氛围）和顾客对服务的期望等。

2）服务效益。服务效益是指服务活动过程中所耗费的财力与社会劳动，同所实现的经营成果之间的对比关系，反映的是投入与产出的关系，一般考核的项目有：营业收入、成本费用、利润指标等。

（2）**服务业绩评价的方法**　从服务业绩评价的内容不难看出，服务业绩尤其是服务质量评价的影响因素复杂，指标的量化困难，主观判断较多。常采取以下几种方法：

1）对比分析法。对比分析法就是将两个以上的可比因素进行比较，在规定的时间或确定的范围内，对相关数据进行对比分析，确认服务业绩的好坏。

一般分析的内容有：

① 服务计划的实现程度：实际完成情况与计划情况的比。

② 服务发展状况：本期有关指标与历史同期的指标比。

③ 结构对比：在一定时期内，某个单项指标占整个指标的比例变化。

2）评价分析法。评价分析法就是把评价对象的主要因素进行分解，按照确定的标准进行打分，用来表示各因素对于服务活动的重要程度。

3）比率分析法。就是先计算出各种影响因素的数值比率，然后进行分析比较。

比率分析法一般有构成比率分析法、趋势比率分析法和相关比率分析法。

4）模糊层次综合法。这是一种定性与定量相结合的评价模型，一般是先用层析分析法确定评价指标体系的权重，然后用模糊综合评判确定评判效果。常用于对具有层次结构的影响因素或指标集的事务的评价，如汽车服务企业服务质量评价、经营效果评价等。

（3）服务业绩的评价指标 针对服务业绩评价内容，分别用服务质量指标和服务效益指标来评价企业的服务质量和服务效益。

1）服务质量指标。服务质量指标对汽车维修企业服务质量可通过以下两个方面的指标来反映：

① 顾客满意度指标：顾客满意度是衡量顾客对企业服务水平的满意程度的综合性指标，通过对满意度调查可以估计和了解顾客在整个关键问题上对企业表现的看法。

② 投诉比例：顾客实施投诉，意味着他对企业的服务已十分不满，投诉若不能得到及时、有效的处理，顾客就可能转移到其他企业去消费。因此，投诉比例是汽车维修服务质量的一个重要指标，通常以统计期内企业所接到的顾客投诉次数与完成的业务总量之比来表征。

2）服务效益指标。

① 经营状况指标：经营状况指标一般包括营业收入指标、成本及费用、利润指标，这些指标主要是为反映企业通过服务营销措施所取得的效果。

② 盈利能力指标：盈利能力指标一般包括资本利润率、营业利润率、资本增值率、总资产报酬率，这些指标同样是为反映企业通过营销措施所取得的资产回报情况。

③ 社会效益指标：社会效益指标是反映企业通过服务营销措施，使企业在社会声誉方面所取得的成果，该项指标一般很难进行量化，但它可能为以后的企业发展和营造良好的经营环境创造条件。

上述评价指标，除顾客满意度指标外，其余指标均有科学的方法通过定量计算确定。对于顾客满意度指标，可通过分析满意度表征指标和影响因素来确定。

（4）汽车服务企业满意度调查举例 某汽车服务企业对该企业客户进行满意度调查。

1）满意度调查的操作步骤。

① 成立调查小组。

② 确定在一个时间段内来企业接受服务的顾客。

③ 制定调查方法，如电话询问、登门拜访等。

④ 制作调查问卷，并对问卷内容的不同项目设定加权值。

⑤ 进行问卷调查。

⑥ 对问卷结果进行分析整理。

⑦ 计算顾客满意度值。

⑧ 分析企业的服务状况和潜在风险。

2）指标及权重的确定。依据行业标准和专家咨询，制订顾客满意度调查各指标及权重如下：

① 维修质量指标（加权系数设为0.35）：考核顾客对汽车维修质量的评价，可从正确诊断车辆故障能力、解决（排除）诊断出的故障能力、按照顾客要求提供的服务水平、返修情况、实施索赔项目的技术与质量等方面进行打分，最后得出顾客对汽车维修质量的综合评分。

② 顾客服务指标（加权系数设为0.3）：考核顾客对待的评价，可从乐于满足顾客要求、为顾客提供中肯的建议和信息、电话回访、愿意实施索赔项目、提供抵达目的地的交通方式等方面进行打分，最后得出顾客服务方面的综合评分。

③ 价格（加权系数设为0.20）：同理，从顾客对维修费用合理性、有没有进行顾客未要求的工作、解释维修过程和维修费用细节、是否为索赔提供优惠服务等方面得出综合评分。

④ 时效性（加权系数设为0.15）：从快速登记来厂车辆、遵守维修时间、接待人员准确估算时间、遵守预约服务等方面得出综合评分。

上述指标构成指标权重集见表3-7。

表3-7 满意度指标权重

评价指标	α_i	权重	权重和
维修质量	α_1	0.35	
顾客服务	α_2	0.3	1
价格	α_3	0.2	
时效性	α_4	0.15	

3）顾客满意度评价标准。参照服务质量评价标准，选定汽车服务企业顾客满意度为四个等级，具体评价标准见表3-8。

表3-8 满意度评价标准

满意度等级	好	较好	一般	差
综合得分 D	$85 \leqslant D \leqslant 100$	$75 \leqslant D < 85$	$60 \leqslant D < 75$	$D < 60$

4）计算顾客满意度值。利用公式计算顾客满意度值

$$D = \sum \alpha_i d_i$$

式中　d_i——第i项指标得分；

　　　α_i——第i项指标权重。

5）确定出满意度等级并分析原因。根据上式计算出的满意度值D，参照表3-8的等级标准评价出企业顾客满意度等级。

例如，某企业客户满意度调查结果见表3-9。

表 3-9　满意度评价指标得分表

评价指标	维修质量	顾客对待	价格	时效性
各指标得分	87	75	60	72

代入顾客满意度值计算公式：

$$D = 0.35 \times 87 + 0.3 \times 75 + 0.2 \times 60 + 0.15 \times 72$$
$$= 75.75$$

查表 3-8，得出该企业顾客满意度等级为较好。

 **拓展知识**

拓展知识内容可扫码进行观看。

 **小结**

本章主要介绍了现代企业经营的内涵、功能和经营模式，经营和管理的区别，汽车服务企业经营管理的内容，企业经营管理有效流程（包括企业市场调查、市场调查数据的分析、处理及有效应用）；介绍了汽车服务企业经营体系的规划建设及其运营实施；介绍了汽车服务企业经营决策的原则、方法和程序；介绍了汽车服务企业的经营效果的评价，包括评价的指标体系和评价的方法。

复习思考题

一、填空题

1. 汽车服务企业经营管理的主要内容有____、____和____。
2. 根据工作任务，汽车服务企业经营决策分为____、____和____。
3. 汽车服务企业市场调查的主要内容有_____、_____和_____。
4. 经营计划编制的一般程序包含_____、_____、_____和_____。
5. 评价汽车服务企业的服务效益指标有_____、_____和_____。

二、判断题

1. 经营与管理总是紧密相关的，没有差别，共同构成企业经济活动。（　　）
2. 汽车 4S 企业是属于经营模式特许经营。（　　）
3. 汽车服务企业经营决策总是在科学预测基础上进行的，因此只有确定型决策。（　　）
4. 经营计划控制的基本任务就是在执行经营计划的过程中发现偏差和纠正错误。（　　）
5. 企业经营业绩评价的核心就是比较经营所费与所得。（　　）

三、简答题

1. 什么是企业经营？经营的功能有哪些？
2. 汽车服务企业经营管理的内容、意义是什么？

3. 经营决策的原则是什么？为什么说经营决策是复杂的？

4. 企业经营计划的特点和作用是什么？

5. 构成确定型经营决策的前提条件是什么？

四、分析题

某公司为开发一种新产品，需要增加专用设备，可供选择的方案有两套：一是向其他企业定制；二是自行研制改装。方案的效果与原材料质量有很大的关系。而原材料材质不稳定，是一个不能确定的变动因素，一般分为质量好和质量差两种状态。采用"定制"方案，设备投资大，而且对材质要求高，若材质好，用定制的设备生产率高，收益大，如新产品寿命周期为五年，则五年内可得净收益300万元。但如果材质差，采用定制方案会出现较多次品，加之一次投资费用较大，五年内将亏损100万元。如果采用"自制"方案，投资少，对原材料的要求比较低，但生产效率不高，如果材质较好，五年内净得收益120万元；如果材质差，五年内净得收益仅30万元。按以往材料供货资料分析，材质较好的概率为35%，材质差的概率为65%。问应选择哪个方案才能获得最大利润？

提示：1）按照决策树法进行分析决策。

2）决策树如图3-10所示。

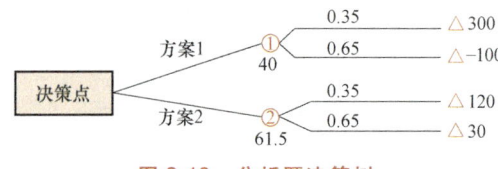

图3-10　分析题决策树

五、拓展性练习

通过对实习或接触过的汽车服务企业的调查，分析其经营思想、经营体系的建立情况，指出其成功决策的案例，总结企业经营效果。

参考答案

第四章 / **Chapter 4**

汽车服务企业技术管理

【学习目标】

1. 掌握汽车服务企业技术管理的内涵、作用。
2. 能够组织安排汽车服务企业生产活动。
3. 能够完成汽车服务企业管理相关工作内容。
4. 掌握汽车服务企业设备管理相关内容。

【导入案例】

　　有一位车主，在北方冬季下雪时（温度在-10℃左右），早晨七点半左右，汽车正常起动预热后，在一小下坡状态下执行起步操作时，发现车辆制动功能消失，马上利用驻车制动将车停在水平路面上进行制动系统检查，期间车辆一直处于怠速运行状态，未发现任何异常，前后约15min，再测试制动系统功能恢复；第二天该现象重现。车主初步认为车辆可能存在制动助力系统故障，立即到达4S店进行维修。按照接车流程进行完程序后，一位维修师傅前来询问车主关于车辆的故障类型，维修师傅表示可能是车辆制动主缸失效或系统缺油，车主不认可这种判断处理方式。后来，该店技术总监出马予以解决车辆故障，其分析首先是赞同第一位师傅的意见，其次是采用降温法测试故障能否重现，车主同意第二种方案，结果故障未重现，不能确定引发原因，处理结果只能是采用逐步排除法以确定车辆制动主缸、管路、轮缸、制动助力系统等哪里发生了故障。车主认为，维修方案周期过长否决了此方案，要求店里向生产商咨询求助，将合理方案尽快通知车主予以进店维修，然而车主直到车辆已经使用几年且将车卖掉也没有收到回音。当然，该车在车主开回去后由于注意热车时间，再也未出现上述故障，但是这位车主此后再也没有去过上述4S店进行过保养和维修，4S店从此失去了这位顾客以及他的车友、朋友。

　　上述实例说明，作为一个汽车服务企业，其企业员工的技术素质、水平，技术管理水平以及技术标准、流程的执行力是多么重要！

第一节　概　　述

　　汽车服务企业技术管理，是对汽车服务企业生产中全部技术活动进行计划、组织、协调、控制、激励等方面的管理工作的总称。

　　现代科学的成就与技术的进步，要通过大量的经营管理组织工作才能使科技成果转化为物质财富，所以企业必须加强技术管理。

　　汽车服务企业的基本活动是对汽车产品为维持和恢复汽车技术状况，延长汽车的使用寿命而进行的各类有关技术活动。从汽车接受服务时起，对汽车进行的基本测试、诊断、维护、保养、调整等技术工作以及汽车服务竣工验收所从事的一系列作业，以及对此一系

列作业所制订的各类工艺、相关机具设备的使用与管理，都是在一定的技术要求或技术标准的控制下进行的，具有高度的技术性。汽车服务企业通过科技开发，保证企业的生存和发展，通过技术开发，创造新的生产工具和新的维护工艺，提高劳动生产率和服务质量；通过技术培训，提高服务人员的专业知识与劳动技能最终全面提高企业的社会效益和经济效益。随着科学技术的发展和管理体制改革的不断深入，企业之间的竞争不断加剧，科学技术作为生产力，在汽车服务企业的生产中，越来越发挥着巨大的作用。

1. 汽车服务企业技术管理的主要内容

1）科研与技术开发管理。

2）机具设备管理。不论新产品研制、投产还是保证现有产品质量提高都少不了机具设备、工具。其管理包括全厂机具设备的检查、维护保养、修理、改造与更新和各种工具的购置、发放和储存等。

3）汽车服务企业的基本技术管理。

4）维护技术工艺管理。

2. 汽车服务企业技术管理的任务

汽车服务企业技术管理的任务归纳起来主要有以下几个方面。

1）开发新技术，应用新技术，发展新市场。这是汽车服务企业技术管理的首要任务，是企业得以生存与发展的关键。只有不断地利用新的技术原理，把它变为新产品、新材料、新工艺、新装备，才能使技术不断进步，以适应市场需求的变化，寻求服务市场新的空间。

2）提高技术水平，建立企业核心竞争力。企业的技术基础，包括为产品生产提供技术条件的生产设施和机具设备等，都是随着技术进步而不断更新的。否则，企业的生产就不能发展，就要被淘汰。因此，企业技术管理的重要任务就是有计划地对企业进行技术革新、技术改造和机具设备更新，不断提高企业员工在技术方面的素质。

3）为企业建立良好的生产技术工作秩序，保证生产正常进行。为此，必须及时提供一切技术条件和保证，包括良好的机具设备和工具、科学的设计程序和工艺工作程序、健全的技术规程和标准等，这是企业生产正常进行的基本条件，是企业技术管理的主要任务。

研究汽车服务企业技术管理不能局限于研究技术本身的管理，而是要把技术问题和经济质量，特别是同提高经济效益问题联系起来进行综合研究。

第二节 汽车服务企业生产组织管理

我国汽车服务企业生产内涵随着汽车服务企业经营范围的扩大也在发生很大的变化，为了有序、高效、优质地完成汽车服务工作，必须做好汽车服务企业的生产组织管理工作。汽车服务企业生产过程是指从服务车辆进厂登记到修竣检验的全部生产过程。生产组织管理是计划、组织、协调、控制生产活动的综合管理活动。

一、汽车服务企业生产过程与生产类型

为了做好汽车服务企业的生产管理，首先必须了解汽车服务企业的生产过程和生产类型，由于汽车服务企业类型较多，其中以汽车维修服务型企业最为复杂与烦琐，本节将以汽车维修服务企业为例介绍其生产过程与生产类型，其他服务企业生产类型和生产过程可以以此为参照。

1. 汽车修理的基本方法

（1）总成互换修理法　总成互换修理法是利用周转储备的完好总成替换汽车上失效的总成的修理方法。汽车维修时采用总成互换修理法的工艺过程如图4-1所示。

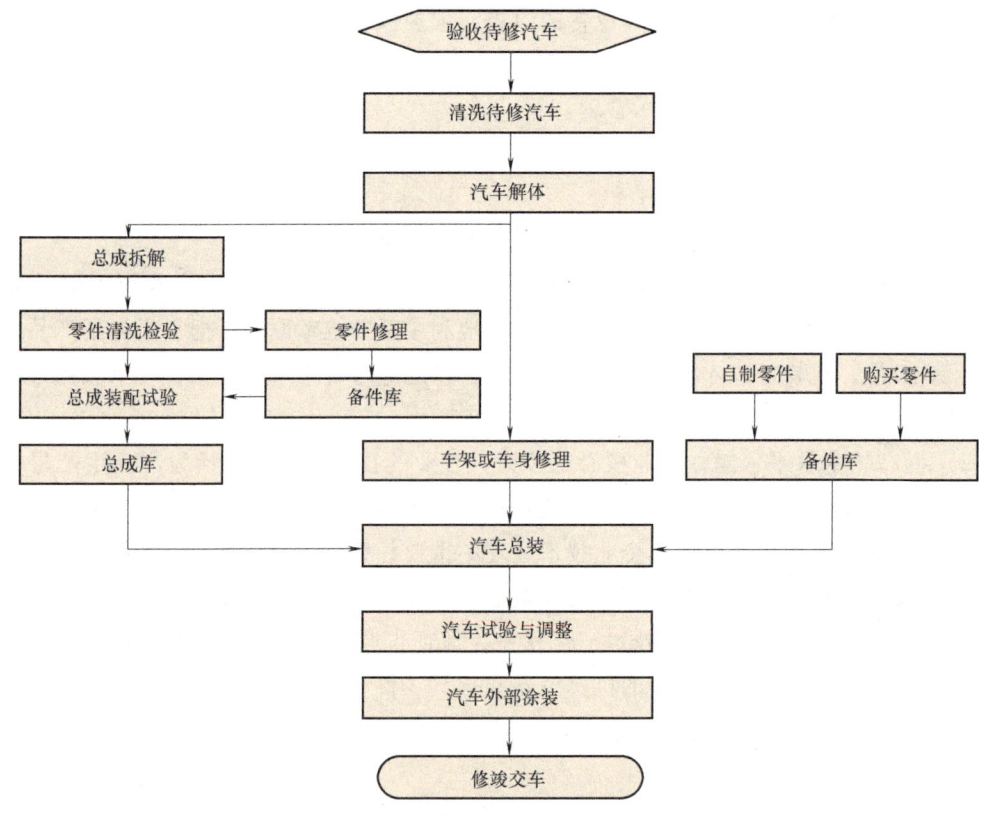

图4-1　采用总成互换修理法的汽车维修工艺过程

该修理方法的特点是汽车修理过程中除车架（车身）以外，其他需要维修的总成（或组合件）都可以换用预先修好的（或全新的）周转储备总成（或组合件），而替换下的总成和组合件另行安排维护。其修好的总成进入周转总成库，不直接装车。这种修理方法利用了周转总成（或组合件），从而保证了汽车装配的连续性，大大缩短了汽车维修在厂日。因此，有可能对汽车装配或某些总成的修理安排流水作业，达到优质、高产、低耗的目的。显然，总成互换修理法适用于生产规模大、承修车型比较单一且具有一定周转总成的企业。

总成修理时，对原厂规定不允许互换的零部件（如缸体与飞轮壳、曲轴与飞轮、缸

体与主轴承盖、主减速器齿轮副、喷油泵柱塞副等）以及限于修理厂技术水平不能保证互换质量者，都不得互换。

（2）**就车修理法** 就车修理法是在进行修理作业时要求被修复的零件和总成装回原车的修理方法。采用这种修理方法时，汽车零部件和总成不进行互换，除报废件由新件替代外，原车需修总成和零部件经修理后仍装回原车上，其维修工艺过程如图4-2所示。由于这种方法不需要储备周转总成，且有利于单车成本核算，所以是目前大部分维修企业普遍采用的修理方法，特别是对于修理生产量不大、承修车型复杂、送修单位不一的修理企业来说，是一种最为适用的方法。

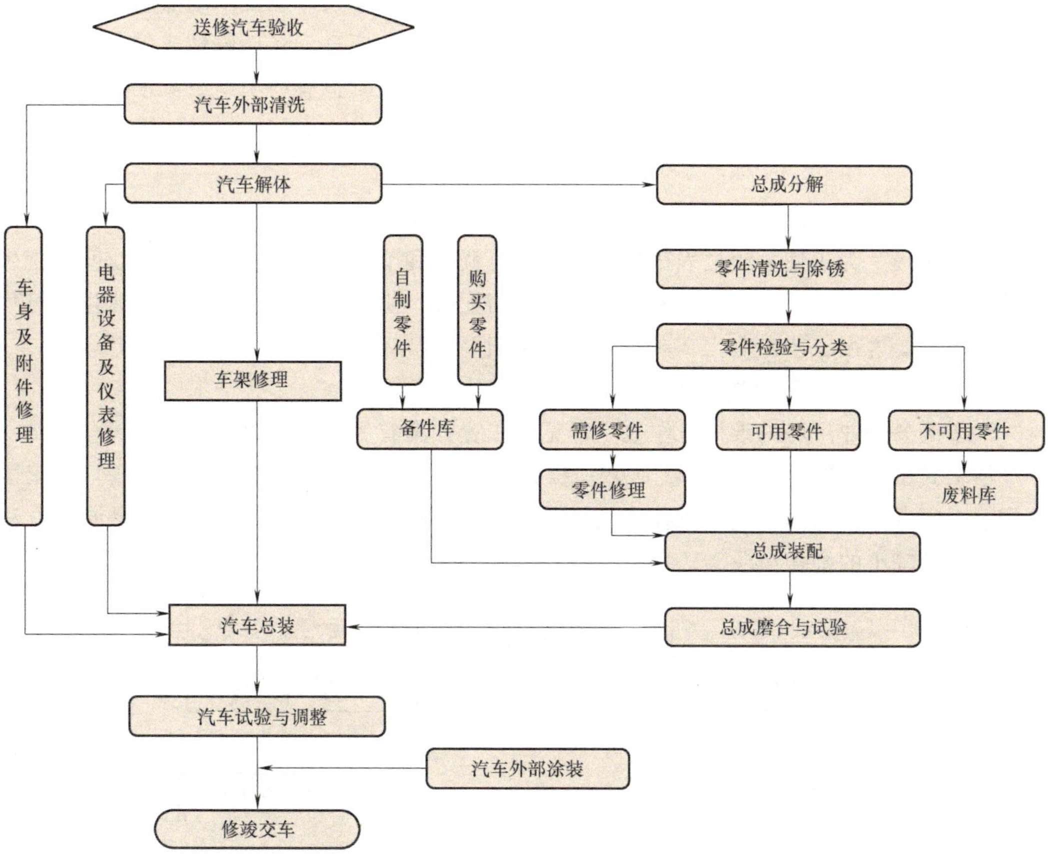

图 4-2 采用就车修理法的汽车维修工艺过程

由图可见，采用就车修理法时，待修车入厂检验后，先拆散成总成，然后总成解体、零部件清洗和检验分类。零件检验后可分成可用零件、需修零件和不可用零件三类。需修零件经修理后，与可用零件及不可用零件的新件一起送去装配总成。总成装配后进行试验、调整，再装成整车。整车需经人工及检验设备进行检验、调试，在各种性能指标达到技术标准要求后，签发出厂合格证，从而完成整个维修工艺过程。

2. 汽车修理作业的劳动组织方法

汽车修理的劳动组织不论是采用总成互换修理法还是就车修理法，都可分为综合作业法和专业分工法。

（1）**综合作业法** 综合作业法是指整个汽车的修理作业，除车身、轮胎、锻压、焊接和机械加工等作业由专业工种配合完成外，其余的全部拆装修理工作均由一个修理工组完成。由于修理作业的范围较广，因而要求修理工人掌握较多的操作技能和具有较高的技术水平。采用该方法时，由于对修理工人的要求较高，因而影响了其熟练程度，同时拆装的延续时间较长。因此，其工效低、速度慢，修理质量也难以保证。但这种方法适用于修理生产量不大、承修车型比较复杂且企业设备条件也不高的中小型汽车维修企业。

（2）**专业分工法** 专业分工法是将汽车的修理作业按工种、工位、总成或工序划分成若干个作业单元，每个作业单元由一个或一组工人专门承担。作业单元分工越细，专业化程度就越高。这种劳动组织方法有利于提高修理工人的单项作业技术的熟练程度，并且可以大量使用专用工具，提高工效、保证质量、缩短车在厂日、降低修理成本。这种方法适用于生产规模较大、维修车型比较单一的维修企业，同时也有利于组织流水作业。

二、汽车服务企业生产过程空间组织

汽车服务企业生产过程的空间组织是指汽车服务企业内部各生产阶段和生产单位的组织和空间布局。为了使生产过程达到连续性、协调性和节奏性的要求，必须从空间上把生产过程的各个环节合理地组织起来，使它们密切配合，协调一致。汽车服务企业生产过程空间组织需要遵循工艺专业化、对象专业化原则。

1. 汽车服务企业厂房布置形式

汽车服务企业厂房内维护工作地点常见的布置方案有尽头式和直通式两种。

尽头式工段的布置，如图 4-3 所示。执行维护作业的车辆各自单独进出工段。各工段的作业时间可单独组织，汽车在各工段停留的时间不同也不产生干扰。因此这种布置方法适宜于规模较小的维护作业。

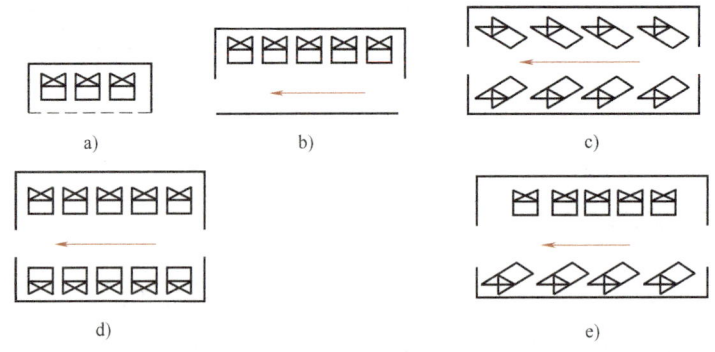

图 4-3　尽头式工段布置

直通式工段的布置如图 4-4 所示，执行维护作业的车辆按顺序要求分配在各个工段上，作业工人基本上按专业分工。但各工段的作业时间应协调，同时各工段内部的作业时间也应相互平衡。这种布置，维护作业生产率较高，适用于规模较大的汽车维护企业。

汽车维修服务企业生产过程的空间组织管理，还与汽车维修工艺的组织方法相关。

2. 汽车维修工艺的组织作业方法

（1）**流水作业法** 汽车修理流水作业法，是指汽车在生产线的各个工位上按确定的

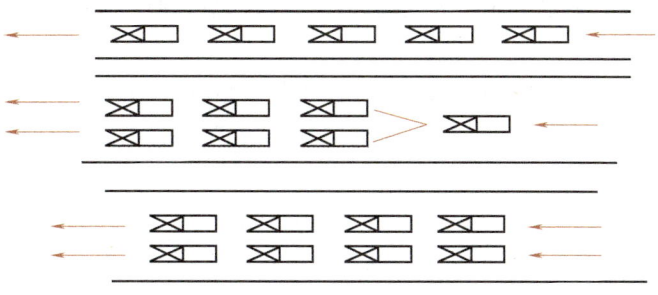

图 4-4 直通式工段布置

工艺顺序和节拍进行的修理方法。这里的流水作业，通常是指汽车维修时，整车的拆散和装配是在流水线上的各个工位上逐步完成的。至于总成修理一般不安排在此流水线上，但总成分散到各专业车间后，亦可组织流水作业进行修理。

流水作业法又可以根据流水线的不同情况，分为连续流水和间歇流水两种。所谓连续流水，是指修理作业始终是在运动的流水线上进行；而间歇流水，则是流水线在每一工位停留一定时间，完成规定的拆卸和装配工作后再流至下一工位。汽车维修时宜采用间歇流水形式，这时维修的车辆的车架在间歇流水线上一般利用自身的车轮来实现工位之间的移动。因此，拆卸时应最后拆卸车轮，而在装配时应先装配车桥车轮。

流水作业法的优点是专业化程度高，修理生产节奏快，且按规定的工艺顺序和节拍进行，分工细、修理质量高。此外，总成和维修零部件的运输距离较短，便于集中发挥起重运输设备的作用。但实施流水作业法时必须具有完善的工艺、设备和较大的修理生产任务。同时承修车型比较单一，并且需具有足够的周转总成，以保证流水作业的连续性和节奏性。

（2）定位作业法 汽车修理定位作业法是指汽车在固定的工位上进行修理作业的方法，即维修汽车的解体与装配以车架为基础在固定的工位上进行，拆下的各总成及零部件的修理作业则分散到各专业车间或工组进行。

定位作业法的优点是设备简单，占地面积较小，拆装作业不受严格的生产节拍限制，修理生产的调度和调整比较方便；缺点是在拆装过程中总成和零部件的运输距离较长，工人劳动强度较大。一般来说，该方法适用于那些修理生产规模不大或承修车型比较复杂的汽车修理企业。

三、汽车维修企业生产过程的时间组织

汽车维修企业生产过程的时间组织是指汽车产品在维修生产过程各工序之间的移动方式，包括顺序移动方式、平行移动方式、平行顺序混合移动方式。

生产过程时间组织的目标就是节约时间，缩短产品的生产周期。为了实现生产过程的组织目标，必须对汽车修理工艺过程进行统筹和优化。对于汽车修理工艺统筹和优化的方法为统筹法（或称为网格分析法），有关该方法的介绍参见相关资料。

网格分析法的具体步骤如下：

1）将汽车修理工艺过程分成若干个工序，分析和确定各工序间的工艺性和组织性的

相互联系和制约关系，确定工序间的先后顺序，并按先后顺序的联系汇编成表，按表绘制统筹图。

2）依据统筹图上的节点数目绘制矩阵图（节点矩阵），用矩阵法计算统筹图上各节点工作的最早时间、最迟时间、工序最早开工和最迟开工时间、节点的时差。

最早开工时间 T_E：

$$T_E(j) = \max\{T_E(i) + t(i,j)\} \quad (j = 2,3,\cdots,n)$$

式中　$T_E(j)$——箭头节点的最早开工时间；

　　$T_E(i)$——箭尾节点的最早开工时间；

　　$t(i,j)$——工序时间。

最迟结束时间 T_L：

$$T_L(i) = \min\{T_L(j) - t(i,j)\}(i = n-1, n-2, \cdots, 1)$$

式中　$T_L(i)$——箭尾节点的最迟结束时间；

　　$T_L(j)$——箭头节点的最迟结束时间；

　　$t(i,j)$——工序时间。

节点的最迟结束时间是从终点节点开始从右到左逐个计算。终点的最迟结束时间相当于总的完工期，等于关键路线各工序工时之和。

3）确定关键路线。时差为零的节点串联起来就是关键技术路线。关键路线越多或其他路线的工时越接近关键路线工时说明修理工艺安排越合理，否则，利用统筹图调整关键路线。

4）各工序最迟开工时间计算。

工序最迟开工时间 = 本工序箭头节点的最迟时间 − 本工序时间

5）计算工序时差（工序最迟开工和工序最早开工时间差异），绘制工序时差表。

$$S(i,j) = T_L(i,j) - T_E(i,j) = T_{Lj} - T_{Ei} - t(i,j)$$

式中　T_{Lj}——箭头节点的最迟结束时间；

　　T_{Ei}——箭尾节点的最早开始时间；

　　$t(i,j)$——工序工时。

6）优化分析。

① 找出关键路线。要想进一步缩短维修工期，可在关键工序上采取措施。除在关键工序上改进设备和工艺，提高工作效率，减少工时外，在工艺组织上可尽量采用平行作业和交叉作业，以缩短工序工时。

② 分析工序时差。时差越大表明可挖掘的潜力也越大，表明工艺安排不合理，应进行调整，如可抽调人力支援关键路线或做其他工作；也就是尽可能减少非关键线路上的人力、设备，以集中用于关键线路上。

第三节　汽车服务企业技术管理的基础工作

本节所论述的是围绕汽车服务企业正常经营活动进行的技术管理的基础工作。

一、标准化管理

1. 标准化管理的基本概念

标准和标准化是标准化学科中两个最基本的概念。标准是指由有关方面在科学技术与经济的坚实基础上，共同合作起草并一致或基本上同意的技术规范或其他的公开文件。标准化主要是对科学、技术与经济方面的问题给出反复应用的答案的活动，其目的在于获得最佳秩序。

标准化管理，是指企业认真贯彻各级标准化部门制定的标准，形成一个企业标准化体系，并进行标准的发放、修改、更替、效果评价等。

标准化管理的基本原理包括以下四个方面。

（1）**简化原理** 简化原理是指对具有同种功能的标准化对象，通过化繁为简、去劣存优，保持构成的精练、合理，使总体功能达到最佳的目的。简化原则应注意两个界限，即简化必要性界限与简化合理性界限。

（2）**统一原理** 统一原理是指把一些分散的、具有多样性、相关性、重复性特征的事物，进行科学合理的归并，使其具有一致性。必须指出的是，被统一的事物，在其特性、特征、形式等方面，必须具备可归并性，没有可归并性，则统一不能进行。

（3）**协调原理** 协调原理是针对标准系统内的，以系统的观点处理标准内部和标准之间的相互关系。每一个具体的标准可以看作是一个系统，有的标准可以由多个子系统构成，而每一个标准又与另外的一些标准密切相关，并且逐步形成更大的标准系统。

（4）**最优化原理** 最优化原理是指标准的构成因素及相互关系在一定的限制条件下，进行选择、设计或调整，使之达到最理想的效果。开展标准化管理的最终目的是取得最佳秩序和社会效果。当衡量或考虑标准化的效果时，首先要考虑其是否符合或取得最佳秩序和社会效果。

2. 推行标准化管理的必要性

标准化是建立企业管理现代化生产经营秩序的途径，是企业上等级、上水平赶超国内外先进水平的重要标志，企业标准化是实现专业化生产的前提，企业标准化是稳定和提高产品质量的重要保证，企业标准化是国家整个标准化的基础。

3. 标准的分级、分类

（1）**标准的分级** 目前，我国的标准分为四级：国家标准、行业标准、地方标准和企业标准。

1）国家标准。由国家标准化主管机构批准、发布，在全国范围内统一的标准，称为国家标准。我国国家标准主要包括基本原料、材料标准等七个方面的内容。国家标准的代号为："GB"。

2）行业标准。对没有推荐性国家标准、需要在全国某个行业范围内统一的技术要求，可以制定行业标准。行业标准由国务院有关行政主管部门制定，报国务院标准化行政主管部门备案。

3）地方标准。为满足地方自然条件、风俗习惯等特殊技术要求，可以制定地方标准。地方标准由省、自治区、直辖市人民政府标准化行政主管部门制定；设区的市级人民

政标准化行政主管部门根据本行政区域的特殊需要，经所在地省、自治区、直辖市人民政府标准化行政主管部门批准，可以制定本行政区域的地方标准。地方标准由省、自治区、直辖市人民政府标准化行政主管部门报国务院标准化行政主管部门备案，由国务院标准化行政主管部门通报国务院有关行政主管部门。

4）企业标准。由企（事）业单位批准、发布或上级有关机构批准、发布的标准，称为企业标准。企业标准主要包括没有制定国家标准或部标准产品的产品标准等八个方面的内容。

（2）**标准的分类**　目前，我国标准分类的方法主要有两种，一种是按标准归纳对象分类，另一种是按标准的适用领域分类。

1）按标准归纳对象分类。有技术标准、管理标准、工作标准三类。

2）按标准的适用领域分类。根据我国的规定，可将标准分为21大类，分属于24类不同的专业，每类标准都有固定的拉丁字母作为这类标准的代号。

4. 汽车服务企业的标准化制定工作

（1）企业标准制定应遵循的原则

1）政策性原则。企业制定的标准，必须符合国家的有关政策、法规，并符合上级的有关标准文件的规定。

2）继承性原则。制定标准要充分考虑企业管理现状，通过总结、提炼，纳入标准。

3）先进性原则。要充分吸收国内外的先进管理经验，结合本企业情况，创造性运用现代化管理方法。

4）可行性原则。制定的标准符合本企业的实际，把行之有效的管理方法和经验纳入标准。

5）规范性原则。运用标准化的原理和方法，制定的标准达到优化、简化、统一和规范化，并尽可能做到定量化和数据化。文字要简练，语句要通顺，易读易懂。

（2）制定企业标准的程序

1）制定企业标准的工作方式。为了使制定的企业标准切合实际，企业应根据标准的对象、内容与适用范围的不同，采用切合实际的工作方式，归纳起来主要有以下三个方面。

① 标准化专职人员制定：对于通用性比较强的基础标准，由企业的标准化专职人员进行起草。基础性标准化涉及面广，影响面大，应避免局限性。这一类标准包括：标准化工作指导性标准、通用技术语言标准、有关产品条例化方面的标准等。

② 委托有关业务部门制定：对专业性比较强的标准，委托有关业务部门制定。

③ 联合制定：对于那些涉及面广、多学科、工作量大的标准，由标准化管理部门会同各业务部门联合起草。

2）制定企业标准的程序。制定企业标准是一项艰苦细致的工作，为保证制定的质量和制定工作的效率，制定标准时应遵循以下程序：

① 明确标准的适用范围：根据企业标准体系表的规定和标准化计划的要求，应先明确要制定的标准应包括哪些内容，准备达到什么目的，适用于什么范围。只有明确以上要求，才能制定该标准。

② 收集资料：一项标准制定的水平如何，与所收集到的资料有直接关系。一般来说，收集的有关资料数量越多、面越广，起草人的视野也越宽，标准内容越丰富。

③ 对资料进行整理分析：对收集到的多方面、大量的有关标准、资料或试验验证资料，从创造一项标准的需要出发，进行整理加工和分析对比，结合标准的制定原则，提出制定该项标准的方案相应的论据。

④ 编制标准草案：按照确定的方案和标准的应有内容，遵循标准的制定原则和标准的要求，编写标准草案。

⑤ 征求意见：标准草案应先由标准制定企业的有关业务领导审阅，然后征求有关部门的意见。

⑥ 修改、补充和会签：标准草案普遍征求意见后，加以认真研究、综合平衡，对标准草案送行修改、补充，同时进行文字加工，形成送审稿，然后送有关部门会签。

⑦ 规范性审查：对制定的标准草案送审稿，由标准化专职人员进行标准化规范性审查，着重审查是否符合标准制定有关规定和基本要求。

⑧ 标准的印刷：经会签的标准草案连同标准的编制说明书，按规定程序经各级审查人员签字后，报总工程师或总经济师（或主管负责人）审批。

⑨ 标准的发布：经批准的企业标准，由标准化专职机构统一组织印刷、复制及存档，并按标准发布程序和格式以正式文件发布。

5. 汽车服务企业的标准化管理工作

汽车服务企业的标准化管理工作大致分为以下五个方面：

1）建立一个专职的标准化管理队伍。汽车服务企业必须建立一个专职的标准化管理队伍来从事标准化管理工作。从企业高层到各个基层部门必须分配专人负责标准化的管理工作。

2）形成一套完整的技术管理标准。汽车服务企业从本企业的实际出发，制定一套完善的技术管理标准，确保汽车服务企业的服务质量及正常的经营秩序。汽车服务企业技术管理标准包括设备管理制度、检验制度、车身技术标准、喷漆技术标准、电器维护技术标准、汽车维修竣工出厂标准、安全生产制度、汽车修理工安全操作规程、电工（空调）安全操作规程、处理车主（客户）投诉程序、后续工作程序等。

3）加强标准化管理技术培训工作，为标准化管理工作提供保证。

4）加强标准化管理的技术监督，使标准化管理贯彻到整个生产经营过程中。

5）建立健全标准化管理的档案管理。

二、计量管理

1. 企业计量工作的概念

所谓计量，就是用计量器具的标准量值去测量各种计量对象的量值。计量工作主要是用科学的方法和手段，对企业生产经营活动中的量、质的数值进行掌握和管理，包括计量检定、测试和化学分析等方面的计量技术和计量管理工作。

计量工作是取得真实数据的重要手段，没有计量，就不可能有可靠的原始记录和统计资料。在企业中，没有比较完备的计量，就难以进行严格的质量管理、物资管理、成本管

理和经济核算，也难以推行严格的经济责任制。随着企业管理的不断发展，计量工作已成为"工业的眼睛""管理的耳目"。可见，计量工作是企业管理中一项重要的管理基础工作，做好计量工作对提高企业员工素质、产品质量和服务质量以及经济效益，具有十分重要的意义。

2. 企业计量工作的任务

企业计量工作的基本任务是：宣传贯彻计量法令和相关制度，监督检查各部门、各环节的执行情况；建立健全计量机构，配备计量人员；建立计量标准器，开展量值传递和周期检定；研究解决生产中的计量测试问题，为企业提高产品质量、降低消耗、促进技术进步和改善经营管理提供测量统一的保证。现就几个主要方面简述如下：

（1）执行法定计量单位　计量单位是指用以量度同类量大小的一个标准量。在现代计量技术中，所有的量值都是从基本量单位导出的。能够起着提纲挈领作用的这些计量单位，称为基本单位。在企业计量工作中，应认真执行法定计量单位。法定计量单位是由国家以法令的形式明确规定要在全国强制使用或允许使用的计量单位。我国法定计量单位是以国际单位制为基础，根据我国国情适当增加一些其他单位后构成的统一计量单位，主要有以下六个部分。

1）国际单位制的七个基本单位：

时间：秒。

长度：米。

质量：千克。

电流：安培。

热力学温度：开（尔文）。

物质的量：摩（尔）。

发光强度：坎（德拉）。

以上七个单位均有独立的科学定义。

2）国际单位制的两种辅助单位：

平面角：弧度。

立体面：球面度。

3）国际单位制中具有专门名称的导出单位。

4）国家选定的非国际单位制单位：

时间：分、时、天（日）。

平面角：秒、分、度。

旋转速度：转/分钟。

长度：海里（只用于航海）。

速度：节。

质量：吨、原子质量单位。

体积、容积：升。

能量：电子伏（特）。

功：千瓦小时。

级差：分贝。

5）由以上单位构成的组合形式单位。

6）由以上词头和以上单位构成的十进位数和百分数的标准化名词。

统一使用法定计量单位，既有利于国际间科技交流、发展通商贸易，也有利于国内各系统、各地区、各企业间的协调，避免由于多种单位并用而引起的混乱、烦琐和不必要的换算，以及由此造成的人力、物力和时间上的浪费。

（2）建立健全工作机构，配备专职计量人员　为了统一管理整个企业的计量工作，必须根据生产规模、技术要求和计量测试任务的工作量，建立健全企业计量工作机构。大中型企业可设计量处（科、室），在总经理（厂长）或总工程师直接领导下，负责全企业的计量工作。各分公司（车间）也要相应建立计量组。企业计量机构在实施统一管理中，必须强调监督、检查和考核的职能，必须对企业生产经营全过程的计量活动进行监督。企业主管领导应支持计量机构的工作，重视计量机构的地位，发挥其应有的作用。

为了搞好计量工作，还必须配备与计量管理和计量技术工作相适应的计量人员。计量人员包括计量管理人员，计量技术人员，计量测定、测试人员以及计量器具修理人员等。企业配备的计量人员应具备中等以上文化程度，熟悉专业计量技术，具有一定的计量管理业务能力，同时还要懂得相应的生产经营业务技术知识。对经考核合格的计量人员，要保持相对稳定。企业应加强对计量人员的培训，特别要使计量管理干部具备各方面的知识和技能，以适应计量工作现代化的要求。

（3）建立计量标准，完善检测手段　为了保证在用和流转的计量器具量值的准确一致和实施周期检定、维修的需要，企业计量机构必须建立相应的计量标准，完善检测手段和维修设施。这是企业计量工作一项重要、细致而又复杂的工作，是整个计量工作的基础。

企业建立的计量标准以能满足本单位在用计量器具的检定、修理和生产流程中计量测试的需要和经济实用为原则。在建立计量标准中，要注意计量标准的准确度必须符合各类计量器具检定的规定；要根据不同等级的计量标准和计量测试技术的需要，建立计量实验室，并使计量实验室具备一定的工作条件，达到一定的技术要求。

要按照组织现代化生产的质量、节能和科学管理的需要，有计划地配齐、配好计量检测手段，改革与淘汰落后的计量器具和计量测试技术，增添先进的计量器具，逐步实现检测手段和计量技术的现代化。

3. 企业计量工作的内容

企业计量工作分为计量管理和计量技术两个方面，这是企业计量工作的两大支柱。

（1）计量管理　计量管理是对企业计量实行技术的、经济的、法制的、行政的和组织的管理。带有强制性的计量管理称为计量监督管理或法制计量管理。工业企业计量管理主要是以产品为核心的计量单位量的管理。企业计量管理大致可分为以下三个方面。

1）生产组织管理主要是研究单位量的量值传递系统、合理建立计量机构，科学配备企业计量手段。

2）质量技术管理主要是研究如何正确地建立计量标准和技术标准，提高生产过程中的测量水平，评价产品的综合计量指标。

3）综合协调管理主要是运用法制手段加强计量的通用性和专用性的协调，部门与地方的协调，信息反馈与预测的协调，并进行计量监督。

由此可见，计量管理是协调计量技术、计量经济、计量法制三者之间关系的总称。它具有统一性、准确性、法制性、社会性、权威性、群众性等特征，其中统一性和准确性是计量管理的基本特征，这些特征决定了计量管理的重要职能和地位。

（2）**计量技术**　计量技术又称测量技术，是指计量方面的技术研究和应用，它主要是研究计量标准、测量方法、测量手段和数据误差的分析与处理。企业计量技术大体可分为以下三个方面。

1）标准测量技术：主要是指同基准器有关的、直接通过法制手段，进行量值传递的测量。从基准器到实用标准，永远保持最高的测量水平。

2）工业测量技术：主要是指生产过程中的工艺测量，目的是为企业监测和控制现场的量值，是属于标准系统外的测量，不属于法制传递系统的测量。工业测量的目的在于保证产品技术指标的要求。

3）计量测试技术：主要是指法制标准量值传递系统末端的测量，是属于标准过渡的中间测量，任务是扩大标准的上下限值，衔接标准和生产的量值统一。

企业计量工作中的计量技术和计量管理是相辅相成的。因此，在实际工作中既要重视计量技术的水平，又要不断加强计量管理工作，这样才能保证企业计量制度和测量的统一。

4. 汽车服务企业的计量管理

针对汽车服务企业的计量管理工作的特点，对汽车服务企业的计量管理工作应做到以下三点：

1）汽车服务企业应设立专门的计量器具保管部门，匹配专门的人员负责计量器具的保管工作。计量器具的保管室条件应符合计量器具的保管条件。

2）搞好对使用计量器具人员计量基本知识的教育和训练，使之能正确使用和维护保养计量器具。只有通过技术培训考核的维修人员方能使用计量器具。

3）加强对在用计量器具的管理。计量器具的准确性是保证测量数据准确的前提，是搞好企业计量工作的物质基础，因此，必须加强计量器具的管理工作。对在用计量器具的管理，主要应抓好周期检定、正确使用和日常登记管理三个环节。采取的办法一般有以下五点：

① 建立企业在用计量器具管理卡片或台账。建立卡片或台账有助于掌握计量器具的种类、数量、精度等级、购置日期、使用部门或个人及使用情况，做到心中有数。

② 制订企业计量器具管理目录。就是根据在用计量器具卡片或台账，对计量器具分类、分项、分种，制订出管理目录，发给各个部门，明确哪些计量器具属于本企业计量管理的范畴。

③ 严格执行计量器具强制检定的规定。企业内部属强制检定的计量器具，要严格按照有关规定进行检定，未按照规定申请检定或检定不合格者，不得使用。

④ 对非强制检定的计量器具，企业应制订周期检定制度，明确每种计量器具的检定周期，严格按计划进行检定。

⑤ 建立抽检制度。

三、技术档案管理

汽车服务企业技术档案是指与汽车服务企业工作相关的技术档案。技术档案包括与汽车维修服务相关的各项国家标准与政策法规，汽车维修行业的行业技术管理规定，汽车主机厂的技术文件、操作规程、技术服务电报等，汽车服务企业的各项技术管理制度、车辆维修技术工况登记表等。

技术档案是汽车服务企业从事各项技术服务活动的技术依据和技术保证，是汽车服务企业的服务质量的保证，是企业的生命源泉，因此，汽车服务企业需充分重视技术档案管理工作。

汽车服务企业在从事技术档案管理时，需做到以下五个方面的工作。

1）汽车服务企业的技术部门安排专人从事技术档案的管理工作，各部门有专门人员负责本部门与生产经营活动相关的档案管理，并负责将本部门的技术档案送达技术部门汇总。

2）技术部门负责技术档案管理工作的人员，负责对技术档案分类汇总，并绘制技术档案分类目录，并将其公布在企业内部网站上，便于企业的各个部门查询。

3）企业可以设置专门的技术档案室，技术档案室的条件应符合国家档案管理规定的条件。在企业条件不许可时，技术档案可以与其他档案共同摆放在通用的档案室，但必须分类陈列，便于查询。

4）建立健全企业档案管理制度，档案管理制度中需明确规定档案的保密原则、档案保管要求、档案的借阅程序。

5）根据汽车技术的进步和社会发展，及时更新技术档案，保证企业维修服务的需要。

第四节　机具设备管理

一、汽车维修机具设备管理

1. 汽车维修机具设备管理的概念

汽车维修机具设备是指在汽车维修生产过程中所需要的机械及仪器等，这些机械及仪器可供长期使用，并在使用中基本保持原有的实物形态。它是汽车维修生产中必不可少的物质基础。汽车维修机具设备管理是以汽车维修企业生产经营目标为依据，通过一系列的技术、经济和组织措施，对机具设备的设计制造、购置、安装、使用、维护、修理、改造、更新直至报废的全过程进行的管理。它包括机具设备的物质运动和价值运动两个方面。

汽车维修机具设备管理是一个完整的系统，它包括以下三层含义：

1）汽车维修机具设备管理是对机具设备从选型、采购计划开始直至机具设备报废为

止的全过程管理。机具设备管理的全过程涉及选型、采购、安装、使用等许多部门和单位，所以客观上，机具设备全过程管理是社会管理。从企业内部来讲，机具设备全过程管理包括机具设备选型购置、安装调试、合理使用、维护修理，应为全员参与的管理。

2）汽车维修机具设备管理应从技术、经济、组织三方面着手进行综合管理。除对机具设备的物质运动形态（即从机具设备采购安装直至更新报废）进行管理外，还要对机具设备的价值运动形态（即机具设备的最初投资、维修费用支出、折旧更新改造资金筹措等）进行管理。另外，还必须建立管理机构，健全组织工作的保证体系，推行目标管理。

3）汽车维修机具设备全过程的后勤保障工作。机具设备制造单位要保证用户使用机具设备的寿命周期最长，费用达到最经济，要向用户提供适当的技术文件和充足的维修备件，开展机具设备使用及维修人员的技术培训等。机具设备使用单位的后勤保障工作包括技术资料的收集和管理，机具设备备件的供应和管理，机具设备管理人员、机具设备操作人员和机具设备维修人员的培训等工作。

汽车维修机具设备管理的目的，是以最小的花费取得最佳的投资效果。为此，必须采取一系列措施，使汽车维修机具设备经常处于良好的技术状况，充分发挥其效能，以保证汽车维修质量和机具设备的安全运行，促使汽车维修企业持续健康发展，为提高企业经济效益和社会效益服务。

汽车维修机具设备管理在汽车维修生产中的作用主要体现在以下三个方面：

1）汽车维修机具设备管理是以充分利用维修机具、检测机具设备，提高维修质量和生产效率，以获得最大经济效益为前提的。

2）汽车维修机具设备管理是为保证机具设备具有良好的技术状况，以保证汽车维修生产正常进行。

3）汽车维修机具设备管理是以不断改善机具设备技术状况和提高机具设备的技术性能，为优质、低耗、安全运行创造条件，以促进汽车维修生产的发展，提高汽车维修企业的经济效益，适应汽车维修企业生产发展的需要。

2. 汽车维修机具设备的分类

机具设备的分类主要依据机具设备的结构、性能和工艺特征进行。机具设备性能基本相同，又属于各行业通用的，列为通用机具设备；机具设备结构、性能只适用于某一行业专用，列为专用机具设备。汽车维修机具设备也同样分为两大类，即汽车维修通用机具设备和汽车维修专用机具设备。

（1）汽车维修机具设备的规格与型号　汽车维修机具设备的型号一般由汉语拼音字母和阿拉伯数字组成。由于汽车维修机具设备大部分属非标准机具设备，目前还设有统一的型号编制标准，但通用机床机具设备型号已标准化（GB/T 15375—2008）。

1）汽车维修专用机具设备型号的表示方法。汽车维修专用机具设备，主要是针对各种车型维修生产的需要设计的非标准机具设备，其型号排列顺序及符号代表的意义如下：

$$\underline{A}\ \underline{B}\ \underline{C}$$

A——生产厂代号或机具设备名称代号（汉语拼音字母大写）

B——主参数（阿拉伯数字）

C——设计变型号

例如：用厂名确定型号的 ZD-701C 型中大牌电子监控汽车喷漆烤漆房；用机具设备名称确定型号的 JY28 型连杆衬套绞压机。

2）通用机床型号表示方法。通用机床型号表示方法已标准化，其型号的排列顺序及符号所代表的意义如下：

$$\underline{A}\ \underline{B}\ \underline{C}\ \underline{D}\ \underline{E}\ \underline{F}\ \underline{G}\ \underline{H}$$

A——分类代号（阿拉伯数字）

B——类代号（汉语拼音字母大写）

C——通用特性及结构特性代号（汉语拼音字母大写）

D——组、系代号（阿拉伯数字）

E——主参数或设计顺序号

F——第二主参数（阿拉伯数字）

G——重大改进顺序号（汉语拼音字母大写）

H——同型号机床的变形代号（阿拉伯数字）

（2）汽车维修通用机具设备　汽车维修通用机具设备主要有适用于行业的金属切削机床、锻压机具设备、空气压缩机、起重机具设备等。

汽车维修企业机具设备必须满足《汽车维修业开业条件》GB/T 16739.2—2014 规定的要求。

（3）汽车维修专用机具设备　汽车维修专用机具设备，根据机具设备的功能和作业部位可分为：汽车清洗机具设备、汽车补给机具设备、汽车拆装整形机具设备、汽车加工机具设备、汽车举升运移机具设备和汽车检测机具设备等。

1）汽车清洗机具设备。汽车清洗机具设备主要用于汽车车身、底盘外部和汽车零部件的清洗。根据清洗机具设备的用途可分为汽车外部清洗机具设备和汽车零件清洗机具设备。

① 汽车外部清洗机具设备：汽车外部清洗机具设备主要用于汽车日常维护和维修前的清洗，完成汽车车头、车身和底盘的清洗工作。按清洗方式不同，又分为喷射冲洗和滚刷刷洗式。

② 汽车零件清洗机具设备：汽车零件清洗机具设备，主要用清洗剂对零件表面进行喷洗，以达到清除油污的目的。目前，汽车零件清洗已实现机械化和自动化。按清洗室的结构分为通过式和封闭式。通过式主要用于维修量较大的一类维修企业，二类维修企业一般使用封闭式汽车零件清洗机具设备。

2）汽车补给机具设备。在汽车维修作业中，需要对车辆润滑部位加油、蓄电池补充电力、汽车轮胎补充气体。为改善维修工人劳动条件，提高添加剂量的准确性，减少浪费，需要用补给机具设备完成此项工作。

汽车补给机具设备，按用途可分为加油机具设备、充电机具设备和充气机具设备。

3）汽车拆装整形机具设备。汽车拆装整形机具设备主要用于汽车维修生产作业中，对总成和零部件的拆装和车身架变形后的恢复，以减轻工人的体力劳动，保证维修质量，提高劳动生产率。其主要机具设备有电动、气动扳手，轮胎螺母拆装机，骑马螺栓螺母拆

装机，液压机，半轴套管拉压器，车身矫正器，齿轮轴承拉拔器，专用零件拆装工具等。

4）汽车加工机具设备。在汽车维修过程中，对零件进行加工，是恢复零部件技术状况的一种方法。目前加工机具设备的种类比较多，通用加工机具设备已成为国家的定型产品，如车床、刨床、磨床等。专用加工机具设备大部分是非标准产品，只有少部分是国家定型产品。根据对零件加工部位的不同又可分为缸体加工机具设备，曲轴、连杆及轴承加工机具设备，配气机构加工机具设备，制动系统加工机具设备，镗鼓机，光盘机等。

5）汽车举升运移机具设备。汽车举升运移机具设备，主要用于汽车维修生产中整车或零部件的垂直、水平位移，以便进行拆装、修理和存放。其主要机具设备有龙门吊、单臂液压吊、二柱举升器、四柱举升器、埋入式液压举升机、液压千斤顶、前桥作业小车、后桥作业小车、变速器拆装小车、发动机翻转架等。常用机具设备有 YD-500 型单臂手动液压小型起重机、WJ-25A 型蛙式举升机、QJ-2.5 型双柱电动机械式汽车举升器、YDS-2型移动式四柱电动举升机、QF-GM40 型埋入式液压汽车举升机、FM-1 型发动机翻转磨合架、ZJ-200BT 汽车变速器拆装小车、ZJ-400HT 汽车后桥拆装小车等。

6）汽车检测机具设备。汽车检测机具设备主要用于汽车维修前的故障诊断、维修过程中零部件的检验、修竣后的性能检测和汽车使用中的定期技术状况检测等。目前汽车检测机具设备种类很多，一般分为发动机检测机具设备、底盘检测机具设备、零部件检测机具设备。

3. 汽车维修机具设备管理的主要内容

加强汽车维修机具设备管理，对保证汽车维修企业生产的正常进行，促进维修技术进步，提高经济效益具有重要意义。汽车维修机具设备管理工作主要有以下内容：

1）建立汽车维修机具设备管理机构，聘请专职、兼职机具设备管理人员，加强操作工人技术培训，提高操作人员技术素质，保证合理使用机具设备，精心维护机具设备，发挥机具设备在汽车维修生产中的作用。

2）根据汽车维修机具设备的性能及维修工艺要求，正确合理地使用机具设备，禁止违章操作和超负荷使用，防止非正常磨损，杜绝机具设备事故发生，保持机具设备良好技术状况和应有的精度，充分发挥机具设备的作用。

3）认真贯彻执行汽车维修机具设备维护修理制度，制定机具设备维修计划，并认真组织实施，减少维修停机时间，以便及时恢复机具设备良好技术状况和效能。

4）做好汽车维修机具设备的日常维护工作，使机具设备处于良好的润滑状态，减少磨损，延长机具设备使用寿命。

5）做好汽车维修机具设备的日常维护工作，包括机具设备的调入、调出登记，建档、立账，维修保管，报废及事故处理，保证机具设备完好，不断提高机具设备的利用率。

6）做好汽车维修机具设备的改造更新工作，以便适应新型车辆的维修工作，但必须考虑该机具设备技术上的先进性与经济上的合理性，做到全面考虑，权衡利弊，以提高机具设备改造更新的经济效益。

7）做好引进汽车维修机具设备、检测机具设备工作。引进国外先进机具设备是促进技术进步的重要手段，但事前必须做好一系列的行业调查与分析研究工作，以保证引进机

具设备能发挥其应有的效能。

二、汽车维修机具设备管理机构与人员配备

汽车维修机具设备管理机构的设置应根据汽车维修企业的规模、经营方式和维修机具设备拥有量以及机具设备复杂程度来设置，并遵循一定的原则和制订相应的制度。

1. 一般原则

（1）统一领导，分级管理 设置汽车维修机具设备管理机构，应根据维修企业规模和生产的要求，建立以厂长（总工程师）为首的统一的汽车维修机具设备管理指挥系统。在厂长统一领导下，实行分级管理，企业内部各级管理组织在规定的职责范围内，管好、用好汽车维修机具设备。这样不仅可以充分调动各级机具设备管理人员和职工的积极性，还可以使企业高层领导摆脱许多日常事务工作。

（2）分工与协作统一 设置汽车维修机具设备管理机构，既要有合理分工，又要注意协作与配合，根据机具设备的分布，对各级机具设备管理部门之间、部门内部之间都要进行合理分工，划清职责范围。在分工的基础上加强合作，相互配合，以达到管好、用好、维修好机具设备的目的。

（3）职、责、权、利的统一 汽车维修机具设备管理机构设置方案确定后，在安排机构人员时，要坚持以能授职，尽量做到能力与职务的统一。既要防止不称职的一面，又要做到人尽其才、人尽其用。注意责和权要适应，管理人员除了有职、有责、有权之外，还应享有相应的利益，做到职、责、权、利的统一。

根据汽车维修企业的规模和机具设备拥有量，一类维修企业应设机具设备管理科，二类维修企业应设专职机具设备管理员，在厂长的统一领导下实施汽车维修机具设备管理。

2. 汽车维修机具设备管理制度

汽车维修机具设备管理制度是汽车维修企业为了保证汽车维修机具设备正常安全运行，保持其技术状况完好并不断提高企业装备技术力量而编制的一些规章制度。汽车维修企业应根据国家法律、法规的要求，以及行业主管部门的具体规定，结合本企业的特点，编制本企业机具设备管理制度。一般包括以下内容：

1）总则。明确制订汽车维修机具设备管理制度的指导思想和管理范围。

2）管理机构与人员职责。根据企业维修生产规模和机具设备拥有量，建立健全汽车维修机具设备管理机构，配备专、兼职管理人员，明确管理权限和职责范围。

3）机具设备购置与安装调试。汽车维修企业应根据汽车维修生产工艺要求选购机具设备，制订购置机具设备审批程序，编制机具设备购置计划，对选购机具设备进行技术、经济论证，并按有关规定上报审批，制订机具设备安装、调试、验收有关规定。

4）机具设备档案的建立与管理。汽车维修企业应建立健全机具设备档案，并对档案管理进行规定。应包括：机具设备购置合同（副本），设置购置技术经济分析评价书，自制专用机具设备任务书和鉴定书，检验合格证，机具设备装箱单及开箱检验记录（包括随机备件、附件、工具等），机具设备使用说明书，机具设备易损件图纸，机具设备安装调试记录和验收移交书，机具设备登记卡片，机具设备运行维修记录，机具设备事故报告，机具设备定期维护和检修记录，机具设备维修竣工记录，机具设备封存记录，机具设

备报废记录等。

5) 机具设备的使用与维护。根据机具设备特性和结构特点，对机具设备使用做出有关规定，包括建立健全机具设备操作、使用、维护规程和岗位责任制，并对操作人员遵守规程做出明确规定。

6) 机具设备的检修。明确机具设备管理部门，根据机具设备运行情况制订检修计划，对执行检修技术标准、检修时间和质量保证做出明确规定。

7) 机具设备改造更新与报废。对机具设备改造更新提出具体要求，包括对机具设备的技术、经济论证及机具设备更新后的处理，提出机具设备报废的条件及要求。

8) 教育与培训。明确职工技术培训的职能部门，提出对机具设备操作人员技术培训和机具设备管理人员培养的具体要求。

9) 奖励与惩罚。提出开展机具设备管理评优活动的要求，制订对机具设备管理工作做出显著成绩人员的奖励规定及对违反机具设备管理制度的处理规定。

10) 附则。明确制度的解释权和发布施行日期。

3. 汽车维修机具设备的合理使用

汽车维修机具设备的合理使用是保持机具设备处于正常运行状态、保证汽车维修质量、降低汽车维修成本的重要环节。合理使用机具设备是汽车维修机具设备管理的基础。

合理使用汽车维修机具设备应具备以下条件：

(1) 合理配备维修机具设备　汽车维修企业应根据生产规模、工艺流程和作业方法，配备专用和通用汽车维修机具设备，以适应汽车维修生产的需要。根据维修车型配备先进的检测仪器和机具设备。例如轿车维修企业必须配备检测发动机故障的解码器、汽油电喷嘴检测仪和检测底盘的前轮定位仪、侧滑检测台、车身整形和底盘矫正台等。

(2) 合理配备操作工人　随着现代汽车工业的发展，高性能、自动化、电子化的新型汽车不断出现，汽车维修机具设备将朝着精密化、自动化、电子化方向发展，这就要求机具设备使用者不仅是一名体力劳动者，而且是掌握相当科学技术知识和生产技术水平的脑力劳动者。因此，必须配备与机具设备相适应的操作人员，才能充分发挥机具设备的性能，使机具设备经常处于最佳的工作状态。

对从国外引进的贵重机具设备，特别是成套检测机具设备，应配备具有专业技术知识和技能的高级技工和专业技术人员，避免因机具设备的错误操作造成不应有的损失。

(3) 操作人员要进行岗前培训　新人在独立使用汽车维修机具设备之前，必须经过专业培训，掌握机具设备的构造和操作要领，使其具备"三好"（管好、用好、维护好）、"四会"（会使用、会维护、会检查、会排除故障）的基本功，方可独立使用汽车维修机具设备。

(4) 为汽车维修机具设备创造良好的工作环境和工作条件　良好的工作环境是保证汽车维修机具设备正常运行、延长使用寿命、保证安全生产的重要条件。因此，应根据汽车维修机具设备的不同要求，将汽车维修机具设备安装在适宜的工作环境中。一般来说，安装汽车维修机具设备的厂房应清洁、宽敞、明亮。根据机具设备的具体要求，必须配备必要的防尘、防潮、防腐、保温、通风等装置。精密的检测机具设备仪器应设立单独的工作室，其室内的温度、湿度、防尘、防振等工作条件应符合机具设备使用说明书规定。

（5）对职工进行正确使用和爱护汽车维修机具设备的宣传教育活动　汽车维修企业的领导和机具设备管理部门应积极组织职工开展正确使用和爱护汽车维修机具设备的竞赛活动，使机具设备操作人员养成维护机具设备的良好习惯。教育职工要像战士爱护武器一样爱护机具设备，使机具设备经常处于良好的技术状况。

（6）汽车维修机具设备规章制度　为了保证汽车维修机具设备的合理使用，汽车维修企业必须根据汽车维修的特点，建立一套科学的管理制度，岗位责任制就是管理制度的一种。

汽车维修机具设备使用的岗位责任制是本着机具设备谁使用、谁管理、谁负责的原则，明确规定了保管的责任。它是加强机具设备使用、保管的好办法。岗位责任制，一般采用定人定机管理，其目的是把机具设备的使用、维护和保管的各项规定落实到人，要求每一个操作人员固定一台或多台汽车维修机具设备，同时根据具体情况制订相应的定人定机保管办法。公用机具设备应指定专人负责保管。实行定人定机的好处是：把机具设备的使用、保管责任落实到操作者本人，使机具设备使用、保管工作建立在群众管理的基础上。

1）交接班制。在两班制操作机具设备的情况下，必须在交接班时，办理交接班手续，做好机具设备使用记录，以便相互检查，明确责任。

交接人员应将汽车维修机具设备使用情况，特别是隐患和机具设备故障排除经过及现状，详细告诉接班人员，并在交接班记录本上做好详细记载。

车间主管机具设备的主任，厂机具设备管理部门的管理人员应定期检查机具设备交接制度的执行情况。

2）安全生产制。汽车维修机具设备的安全操作，是严格执行各种机具设备操作维护规程的结果。机具设备的操作维护规程，有技术方面的，也有安全方面的，所以又可分为技术操作规程和安全操作规程两种。一般情况下，二者合并为一种操作规程，统称为技术安全操作规程。各种汽车维修机具设备技术安全操作规程应由厂机具设备管理部门编制，车间负责贯彻执行。

汽车维修机具设备技术安全操作规程一般包括下列内容：

① 汽车维修机具设备的使用范围和操作要点。

② 汽车维修机具设备的润滑注油规定。

③ 汽车维修机具设备的维护事项。

④ 使用汽车维修机具设备的严禁事项和事故紧急处理步骤。

4. 汽车维修机具设备的维护

汽车维修机具设备在使用过程中，随着作业时间的延长，零部件在运转过程中将发生摩擦、磨损。正常的配合间隙、良好的润滑条件，可减低零部件的磨损。机具设备的维护可使机具设备经常保持在正常状态下运转，可以减少机具设备的磨损，延长机具设备的使用寿命。

根据汽车维修企业的规模，汽车维修机具设备的维护一般采用三级维护制，即日常维护、一级维护、二级维护。维护周期一般根据机具设备分类和机具设备利用率而确定。一级维护一般3个月进行一次，二级维护12个月进行一次。实践证明，凡严格执行三级维

护制的单位，其汽车维修机具设备完好率都比较高。

汽车维修机具设备维护作业内容：

（1）**日常维护** 每日由机具设备操作人员进行。要求机具设备操作者班前对机具设备进行检查、润滑，班中严格按作业规程使用机具设备，下班前15min对机具设备进行认真清扫擦拭，做到清洁、整齐、无油污、无灰尘、无杂物，并将运行情况记录在交接班记录本上。日常维护是维护作业的基础，要求做到经常化、制度化。

（2）**一级维护** 以机具设备操作人员为主，机具设备维修工为辅，按维修计划对汽车维修机具设备进行局部或重要部位拆卸和检查，彻底清洗机具设备外表面和机具设备内部，疏通油路，清洗或更换滤油器，调整间隙，紧固各部位，并做好维护记录。

（3）**二级维护** 以机具设备维修工为主，机具设备操作人员参加作业。二级维护对汽车维修机具设备进行部分检查和修理，更换或修复磨损件，清洗、换油，检查修理电器部分，使机具设备局部恢复精度，满足汽车维修工艺要求。二级维护后要做好维护记录。

三、汽车维修机具设备的更新、报废

机具设备在使用过程中有磨损就需要补偿，磨损的形式不同，补偿磨损的方式也不一样。补偿分为局部补偿和完全补偿。机具设备的有形磨损的局部补偿是机具设备的维护和修理；机具设备的无形磨损的局部补偿是机具设备的改造。有形和无形磨损的完全补偿，则是机具设备的更新。

汽车维修机具设备在使用过程中发生磨损，随着时间的延长，使用性能不断下降，虽经修理但仍满足不了工艺要求或随着汽车制造业的发展，高性能、电子化新车型的出现，技术陈旧的汽车维修机具设备已不适应汽车维修生产的需要，必须对汽车维修机具设备进行更新改造，以适应汽车维修生产的需要。

1. 汽车维修机具设备更新应坚持的原则

汽车维修机具设备凡有下列情况之一者，均可更新：

1）经过维修已不能达到维修生产工艺要求的汽车维修机具设备。

2）技术性能落后，经济效益很差的汽车维修机具设备。

3）耗能大或严重污染环境，危害人身安全与健康，进行技术改造又不经济的汽车维修机具设备。

2. 汽车维修机具设备最佳更新期的确定

汽车维修机具设备更新应选择最佳时期进行，即确定机具设备最佳更新期。提到机具设备最佳更新期就涉及机具设备寿命的概念。机具设备寿命一般分为物质寿命、技术寿命和经济寿命。物质寿命是指机具设备从投入使用到报废为止所经历的时间，经济寿命是机具设备从投入使用到因使用不经济而提前更新所经历的时间。确定机具设备的最佳更新期主要依据机具设备的经济寿命，即机具设备使用后期，机具设备老化程度与使用费的增加来决定机具设备更新。

确定机具设备经济寿命，即最佳更新期的方法比较多，一般采用低劣化数值法。假定汽车维修机具设备经过使用之后残值为 L，用 K 代表机具设备的原值，T 代表已使用年数，则每年的机具设备费用为 $(K-L)/T$。随着机具设备使用年数的增加，平均机具设备

费用不断减少。机具设备使用时间越长，它的有形磨损和无形磨损越加剧，维修费、燃料动力费越增加，这就叫机具设备的低劣化。

一般可用低劣化数值法计算汽车维修机具设备的经济寿命，其计算公式如下：

$$T=\left[2(K-L)/\lambda\right]^{\frac{1}{2}}$$

式中　T——汽车维修机具设备的经济寿命；

　　　K——汽车维修机具设备的原值；

　　　L——汽车维修机具设备更新时的残值；

　　　λ——年低劣化增长值。

3. 汽车维修机具设备的报废

汽车维修机具设备的报废有两种情况：一是在正常使用受到磨损，年久而丧失使用价值；二是自然和意外事故造成无法修复的毁损。维修企业对汽车维修机具设备的报废，要严格掌握，谨慎处理。因技术进步或维修车型的改变，有些维修机具设备在本企业被淘汰不用了，但在其他维修企业尚可使用，就不应报废，而应作价转让。

汽车维修机具设备有下列情况之一者，才予以报废：

1）已超过使用年限，其主要结构和主要部件磨损，已无法修复的老旧汽车维修机具设备。

2）因灾害和意外事故，受到严重损坏已无法使用、修复和改造的汽车维修机具设备。

3）严重污染环境，已超过法定标准而又无法改造治理的汽车维修机具设备。

4）自制非标准的汽车维修机具设备，经维修生产验证和技术鉴定，确认已不能使用，也无法修复、改装和调校好的汽车维修机具设备。

5）型号过于老旧，性能达不到最低使用要求，又失去修理与改造价值的汽车维修机具设备。

汽车维修机具设备报废，需经机具设备管理部门检定，主管领导签字，上级主管部门批准，待批准报废已停止使用的机具设备，不允许在未批准之前拆卸零部件，以保持机具设备完整。

 拓展知识

拓展知识内容可扫码进行观看。

小结

本章主要介绍了服务企业管理的相关概念、汽车服务企业技术管理相关内容，从空间管理和时间管

理两个方面介绍了汽车服务企业劳动生产组织管理；从标准化管理、计量管理、技术档案管理三个方面介绍了企业技术管理的一般工作内容；从技术管理的观念出发介绍了汽车服务企业机具设备管理的相关工作内容。

 复习思考题 •

1. 汽车服务企业技术管理包含哪几个方面？

2. 简述当前汽车服务企业技术开发工作的重点。

3. 简述机具设备管理的意义及内容。

4. 汽车维修机具设备维护有哪些方面？

5. 汽车服务企业的标准化管理有哪些内容？

6. 简述汽车服务企业的计量管理内容。

7. 汽车服务企业的技术档案管理要做到哪些？

8. 阐述现代汽车服务企业维修技术工艺管理的内容。

参考答案

第五章 / **Chapter 5**

汽车服务企业信息管理

【学习目标】

1. 了解汽车服务企业的信息管理。
2. 学习掌握汽车服务企业管理信息系统的功能结构。
3. 掌握汽车服务企业管理信息系统的开发与应用。

【导入案例】

　　世界汽车巨头福特汽车公司由于首创了世界上第一条大规模流水作业生产线，为现代工业生产奠定了基础；其发明的T型车，打开了新兴的汽车业市场，为美国迅速步入汽车时代做出了贡献，在美联社所做的美国独立200年20件大事的民意测验中，亨利·福特和他的汽车公司名列第10，与宇航员登上月球、原子弹爆炸成功相媲美。

　　在2000年前后，时任福特汽车公司总裁兼首席执行官的杰克·纳赛尔为保持公司在信息化时代能够保持行业的龙头地位，充分利用现代信息管理和应用的优势，对于公司的各相关工作进行了大胆改革，实施了多项E计划，主要体现在公司的经营方针向顾客是上帝——"取悦消费者"而进行的变革中，传统的汽车巨头和新兴的信息产业巨头走到了一起。

　　福特公司改变了营销模式，首先企业利用互联网，采用电子商务的模式，在网络上获取消费者对"汽车定制（功能、颜色、车型等）、选件、价格、购车款项"等多样化需求的信息，从而凭借平台战略，以同一成本不断变化生产新的车型，结果车型生产出来，受到不同人群的欢迎，还实现了"世界第一笔汽车网上直销"的汽车新销售模式。

　　其次，在企业生产、经营、物资采购等对外联络方面均采用B2B（Business to Business）模式。

　　原材料、零部件的供应、采购及物流运输等均通过B2B的交易方式，使得双方能够在专用网络或因特网上进行数据信息的交换、传递，在网上联合组建了供应商综合交易所，提供网上供应链管理和采购服务，以减少库存；与UPS物流集团组建了战略同盟，使汽车从工厂到经销商和顾客手中所需时间大大缩短；创建了经营各种剩余生产设备的网上市场，提高了资产利用和回收的效率；与因特网资本集团建立战略关系，提升了采购效率；与福特经销商组建在线销售公司，为顾客提供在线配置、挑选、询价、贷款、订购。因特网还使与顾客建立终生关系成为可能，诸如定期随访、保养提醒等，甚至通过全球卫星定位系统，可以迅速准确地得到在旅途中发生事故或故障车辆的信息，以便及时救助。

　　福特公司在公司生产、经营、技术管理、人力资源管理等方面设立了内部网，改革了内部信息交流方式。福特公司建立了一个包含50万种产品设计资源、产品管理工具和战略信息资源的公司局域网（内部网）。网上能提供及时和大量的信息，90%的上网员工都能在网上获得改善工作的方法和工具。

高层管理人员也在网上讨论分析商业计划、工程实例和产品发展计划等，完全摒弃以往缓慢而不变的纸张方式。

人事管理部门充分利用内部网完成内部员工的培训、岗位轮换，处理员工与上司之间的关系。内部网络是福特公司经营的支柱，为公司与员工的沟通提供了一个快捷便利的工具，提高了工作效率，降低了公司经营成本。

第一节　概　述

信息技术发展日新月异，互联网的发展给全世界原有的生活方式和传统观念带来了巨大的冲击。对于一个处在现代化信息社会的汽车服务企业来说，应当运用现代化通信技术与计算机网络技术，提高自身的竞争能力，开发支持连锁发展所必需的网络物流、远程数据交换系统及基于未来扁平化和规模化的电子商务系统，才能在日趋激烈的市场竞争中占据主动。面对把外部环境中的不确定性和经营风险降到尽可能低的要求，信息技术的强大功能有助于企业运用科学规范的作业程序与方法，进行大量的数据采集与分析，并以便捷准确的通信方式来交流和传播企业信息，对各种变化做出及时正确的反应，提高决策效率和效果，从而迅速分析和解决问题，缩短作业周期，改善服务水平和品质，增强企业的竞争力。

一、汽车服务企业的信息管理

1. 汽车服务信息

所谓汽车服务信息，是指与汽车服务活动（汽车型号、生产日期、底盘、发动机编号、维修保养记录、零部件库存、机物料、检测、喷涂、维修等）有关的必要信息。例如，在零部件库存期间的决定、接受订货和订货处理、客户服务等过程中，都存在着必要的汽车服务信息。

在提供汽车服务活动中，汽车服务信息流动于各个环节之中，并起着神经系统的作用，如图 5-1 所示。因此对汽车服务信息的有效管理是现代化汽车服务管理的基础和依据。

汽车服务信息的基本功能是支持零部件库存管理、订货处理、客户服务等汽车服务活动。同时汽车服务信息和库存零部件交易信息也是密切相关的。汽车服务信息和库存零部件交易信息从供应商、零售商到客户，起到了连接供应链的作用。

2. 汽车服务企业的信息流

现代汽车服务必须完成几个使命：一是库存零部件，即商品的流动（商流）；二是信息的流动，即信息流；三是资金的流动，即资金流。商品的流动要达到准确、快速地满足消费者需求，是离不开前期的信息流动的，资金的及时回笼也离不开相关信息的及时反馈。在现代汽车服务中，信息起着非常重要的作用，信息系统构建了现代汽车服务企业的中枢神经，通过信息在汽车服务企业系统中快速、准确和实时的流动，可使汽车服务企业

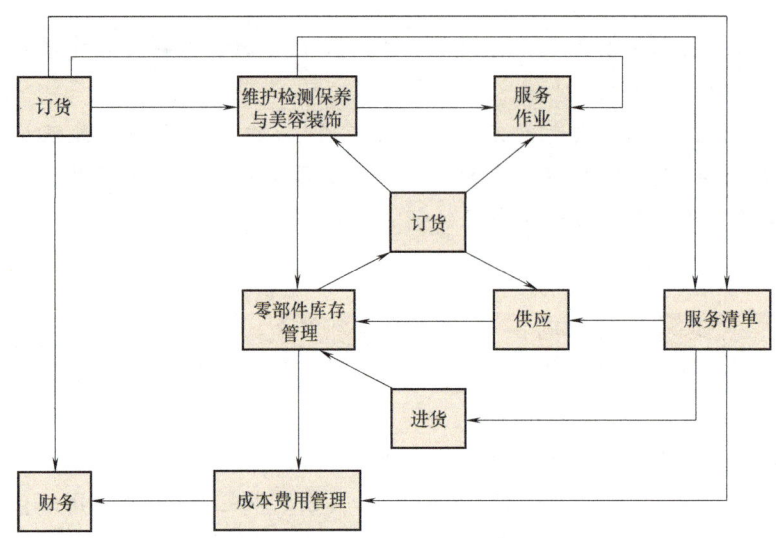

图 5-1 汽车服务信息的流动

能动态地对市场做出积极的反应，从而实现商流（服务+商品）、信息流、资金流的良性循环。因此，只有考虑了信息流系统以后，汽车服务系统才是一个反馈可控的系统。这些信息如果实现了系统化，构成供应链企业的网络化，就能提高全体供应链的效率。

综合掌握汽车服务信息和商品交易信息，就应该重视企业的供应链高效率的功能。从这种观点出发，许多汽车服务企业非常重视企业管理信息系统。

3. 汽车服务信息的分类

处理汽车服务信息和建立信息系统时，对汽车服务信息进行分类是一项基础工作。汽车服务信息有以下若干种分类。

（1）**按不同物流功能分类** 按信息产生和作用所涉及的不同功能领域分类，汽车服务信息包括零部件库存信息、汽车检测信息、作业信息、保养信息、美容与装饰信息等。对于某个功能领域还可以进行进一步细化，如仓储信息分成入库信息、出库信息、库存信息、搬运信息等。

（2）**按信息环节分类** 根据信息产生和作用的环节，汽车服务信息可分为输入汽车服务活动的信息和汽车服务活动产生的信息。

（3）**按信息的作用层次分类** 根据信息作用的层次，汽车服务信息可以分为基础信息、作业信息、协调控制信息和决策支持信息。基础信息是汽车服务活动的基础，是最初的信息源，如零部件基本信息、货位基本信息等。作业信息是汽车服务作业过程中发生的信息，信息的波动性大，具有动态性，如库存信息、到货信息等。协调控制信息主要是指汽车服务活动的调度信息和计划信息。决策支持信息是指能对汽车服务计划、决策、战略具有影响或有关的统计信息或有关的宏观信息，如科技、产品、法律等方面的信息。

（4）**按信息加工程度的不同分类** 按加工程度的不同，汽车服务信息可以分为原始信息和加工信息。原始信息是指未加工的信息，是信息工作的基础，也是最有权威性的凭证性信息。加工信息是对原始信息进行各种方式和各个层次处理后的信息，这种信息是原

始信息的提炼、简化和综合，利用各种分析工具在海量数据中发现潜在的、有用的信息和知识。

二、汽车服务企业管理信息系统引论

1. 汽车服务企业管理信息系统的概念

汽车服务企业管理信息系统是企业管理信息系统中的一类，是计算机管理信息系统在汽车服务企业管理领域的应用。具体地讲，汽车服务企业管理信息系统可以理解为通过对与汽车服务活动相关的信息的加工处理来达到对信息流、资金流的有效控制和管理，同时为企业提供信息分析和决策支持的人机交互系统。从广义上来说，汽车服务企业管理信息系统应包括汽车服务过程的各个领域的信息系统，如零部件领用、客户预约、作业及其他服务活动，是一个由计算机、应用软件及其他高科技的设备通过网络连接起来动态互动的系统。从狭义上说，汽车服务企业管理信息系统只是管理信息系统在某一涉及汽车服务的企业中的应用，即某一企业用于管理汽车服务工作的应用系统。

总之，汽车服务企业管理信息系统就是应用现代信息技术，通过对信息流的管理将各种服务作业活动连接在一起的应用信息系统。汽车服务系统中的信息共享是通过各个功能模块的相互连接来实现的。因此，汽车服务企业的各种服务活动必须以信息共享为基础。

2. 汽车服务企业管理信息系统的类型

汽车服务管理信息系统根据分类的方法不同，可分成不同类型的系统。这里所讲的类型是按照系统作业的对象进行的分类。零部件供应链上不同的环节、部门所实现的汽车服务功能都不尽相同，如图5-2所示。根据在供应链上发挥的作用和所处的地位，汽车服务管理信息系统可以分别表现为面向汽车制造企业、面向汽车零部件供应商和面向用户的汽车服务管理信息系统。

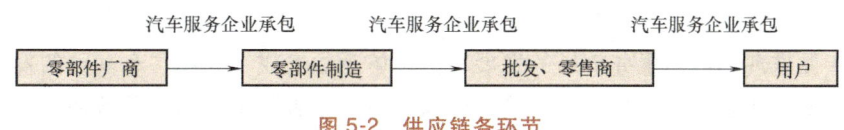

图 5-2 供应链各环节

（1）**面向汽车制造企业的管理信息系统** 汽车制造企业在供应链中处于中间环节，它的利润获取过程比较复杂，一般来讲，汽车制造型企业从原材料或者半成品生产厂家购买原材料或者半成品，通过企业的技术和设备，生产出产品，然后投放市场以获取产品的销售利润。实际上，生产型企业获取的利润存在于产品中的劳动增值与技术增值。就采购来看，生产型企业采购的很可能是多种原材料，采购完毕，投放生产，产生废弃物和可回收物，最后进行销售。就涉及的汽车服务作业来看，包括供应采购、原材料仓储、作业等，此外，还包含废弃物的回收等（废弃轮胎、坏损的零部件）。

（2）**面向汽车零部件供应商的管理信息系统** 这种类型的管理信息系统属于流通型。企业的主要生产方式是向生产型企业采购产品，通过适当的销售渠道，销售给顾客，从而赚取进销的差价利润。在这种生产过程中，针对不同的销售企业有不同的销售模式，如4S店等。相对于汽车制造型企业来讲，供应商本身不生产商品，但它为客户提供商品、为制造商提供销售渠道，是客户与制造商的中介。此类不属于本书讨论的主要对象。

（3）**面向用户的汽车服务管理信息系统** 这种类型的管理信息系统是本书主要探讨的内容。在供应链中专门提供汽车服务的企业发挥着重要的作用。这类企业包括汽车日常保养企业、汽车美容与装饰企业、汽车修理与维护企业、汽车金融行业、部分 4S 店等。

这些不同企业的汽车服务管理信息系统各有不同，可以进一步划分为汽车日常保养系统、汽车美容与装饰系统、汽车修理与维护系统、部分 4S 店的信息系统（与被代理公司无缝链接）等。

当然，还可以从不同的角度对汽车服务管理信息系统进行分类。总之，它们之间不是完全独立的，而是相互重叠、相互结合的，它们统一地构成了汽车服务管理信息系统的分类体系。

3. 汽车服务企业管理信息系统的特点

汽车服务企业管理信息系统除了具有管理信息系统的一般特点外，还拥有自身的一些特点，包括一体化、模块化、实时化和网络化。特别是实时化是借助于编码技术、自动化识别技术、GPS 技术、GIS 技术等现代化数字化技术对汽车服务活动进行准确实时的信息采集。网络化指基于因特网的汽车服务企业管理信息系统能够将上下游企业和客户统一到虚拟网络社会上来，世界各地的客户足不出户，便能通过浏览器查找、购买、跟踪所需服务。

4. 汽车服务管理信息系统的作用

（1）**汽车服务管理信息系统的作用** 汽车服务管理信息系统整合了传统汽车服务的功能性业务，如常规保养、检测、汽车美容与装饰、维修、客户个性化服务及其他增值服务等内容，而且采用供应链管理理论，达到满足客户需求，与客户建立起稳固的长期合作关系的目的。以信息网络技术为支撑的汽车服务管理信息系统，可以优化供应链、降低作业成本、增加产业附加值、实现管理创新。汽车服务管理信息系统的建设促进汽车服务信息数据库和汽车智能服务网络的建设，为汽车服务企业以及政府制定政策和决策提供依据，有助于促进现代汽车服务市场的发展和信用体系的形成，为我国车联网的发展提供基础。通过汽车服务管理信息系统的建设，可以提高汽车服务企业的服务效率，带来巨大的经济效益，具体表现在以下几个方面：

1）可以缩短从接受零部件订货到发货的时间。

2）可以使零部件、机物料库存适量化。

3）可以提高服务作业效率。

4）可以使接受客户预约服务更为省力。

5）可以提高线上客户订单处理的精度，防止出现差错。

6）可以调整作业服务的精准化。

7）可以在线回答客户咨询。

8）能对汽车服务进行跟踪。

总之，汽车服务管理信息系统强调从系统的角度来处理汽车服务企业经济活动中的问题，把局部问题置于整体之中，求整体最优化，并能使信息及时、准确、迅速送到管理者手中，提高管理水平。在解决复杂的管理问题时，可广泛应用优化模型定量分析。同时，把大量的事务性工作交由计算机来完成，使人们从繁琐的事务中解放出来，有利于提高管

理效率。

（2）**汽车服务管理信息系统对企业的影响**　基于互联网和信息技术的汽车服务管理信息系统，由于其投入相对少，又能显著提高企业汽车服务的运营效率和管理水平，越来越多的汽车服务企业及4S店愿意采纳这项集管理和信息技术为一体的系统。表5-1将汽车服务企业从零部件的库存管理、供应链管理、服务作业管理、信息处理管理等影响汽车维护、客户服务的方面着手，分析各自对汽车服务企业所带来的影响。整个汽车服务过程是一个多环节的复杂系统。通过建立汽车服务管理信息系统，达到全局零部件库存、客户预约订单和作业状态的共享和可见性，以降低供应链中的需求订单信息畸变现象，加快汽车服务供应链的响应速度。汽车服务企业在保证信息安全的前提下，也要同制造商的服务企业建立信息平台，以实现信息共享。

表 5-1　汽车服务管理信息系统对企业的影响

系统各子系统	影响
库存管理	管理零部件、机物料仓库的收发、分拣、摆放、补货、过库等，同时可以进行库存分析与财务系统集成，帮助企业实现废弃零部件、机物料的回收
供应链管理	可实现在途零部件、机物料的跟踪，并在必要时与供应商的数据在线交换
服务作业管理	能发挥工程师（技师）的潜力，改进劳动生产率，建立员工的培训系统和绩效评估系统
信息处理管理	能完成大量的信息处理工作，包括数据收集、数据传输、数据存储、数据加工、信息输入输出

更关键的是，汽车服务管理信息系统各子系统的整合采用最优化理论，将会使企业在服务提供的各个环节上综合考虑，制订全局优化的汽车服务策略或汽车服务执行指令，使各环节相互协调并保证汽车服务信息畅通，进而保证汽车服务活动正常而有规律地进行，最终实现汽车服务价值。

5. 汽车服务管理信息系统的体系结构

汽车服务管理信息系统的体系结构包括面向企业决策层，进行计划制订和调整的计划管理系统；面向企业管理层，维护企业数据和业务数据，并协调和监督业务活动的协调控制系统；面向客户，对各项业务进行管理和处理的作业服务处理系统；面向企业信息管理组织，支撑企业信息化运作的企业信息平台；面向整个信息系统，提供信息平台建设的企业信息资源基础设施。

（1）**计划管理系统**　汽车服务计划管理系统包含战略计划组件、能力计划组件、服务计划组件、维修计划组件和零部件采购计划组件等，主要功能是为制订营销战略目标、营销目标、功能目标和金融战略目标等进行高层决策，同时对企业资源提出要求。计划管理系统功能是针对企业现有资源确定能力需求、汽车服务需求、采购需求等，并与战略计划相协调；制订指标体系、搜集业务系统运行情况的各项数据指标，对服务水平、汽车服务系统的可得性、信息的精确性和及时性进行量化，为决策分析提供所需数据。

计划管理系统在汽车服务管理信息系统中的地位，表现了信息系统对战略计划的制订、高层战略、业务计划及重组计划的支持能力，同时也表现了汽车服务企业战略规划和

作业计划对信息系统建设的要求和影响。

计划管理系统输入与计划相关的实际业务数据的数据判别、名称、量值，向协调控制系统提出与计划相关的数据要求。

（2）协调控制系统　协调控制系统包括企业数据组件、业务数据组件、预测组件、零部件管理组件和存货控制组件。协调控制系统的功能是确定制订计划所需的各项企业数据指标；相应系统组件的要求和变更，对业务系统的其他组件提出业务数据要求；按计划系统建立的指标体系，收集业务系统运行情况的各项数据指标，对服务水平、汽车服务系统的可得性、信息的精确性和及时性进行量化，为决策分析提供所需数据。

协调控制系统在汽车服务管理信息系统中的意义在于强调计划系统各组件与业务系统各组件需求和能力的协调，共同预测，防止产生过剩的库存；协调和指导各项业务活动，确保服务质量与信息的准确性，提高汽车服务系统的可靠性；有效调节业务系统变更对应用系统的影响，应用系统可通过它对业务系统提供柔性的支持。

协调控制系统输出对企业计划组件提供与计划执行相关的各数据类型、名称、量值等的要求；对业务组件提供与各业务流程相关的各数据类型、名称、量值的要求。

协调控制系统输入从计划组件获取与计划执行相关的各数据类型、名称、量值的要求；接受业务组件提供的业务数据。

（3）作业服务处理系统　作业服务处理系统包括接收、处理、客户服务订货和协调零部件采购订货入口所需的各种信息活动。作业服务系统包括客户预约管理、服务提供、客户信息反馈、零部件和机物料采购。作业服务处理系统的功能是建立和完善协调统一的汽车服务作业模式，从协调控制组件中获取所需数据，以提高各业务过程的计划能力及均衡表现的能力，实现各作业组件之间的信息共享，确定各作业组件的信息需求和对企业信息基础设施的要求。

作业服务处理系统工程的意义在于协调一体化的汽车服务流程，可使整个企业的客户服务预约和客户反馈信息顺利并一致，查看当前各作业服务流程的运行状态，同时能减少延迟、错误和人员需求。业务系统与其他系统的联系在于接受协作管理控制系统提出的数据要求，接受客户的订货要求，向协作管理控制系统提供各项业务的基础数据，向企业信息基础设施提出资源需求申请。

（4）企业信息平台　企业信息平台的功能在于接受来自计划系统、业务系统和协作管理控制系统提出的信息资源基础设施的申请要求，对所有请求进行分解并重新组合，合理分配和使用企业信息资源基础设施，创建企业信息系统的平台。企业信息平台的意义在于从企业全局进行考虑，上一层系统的资源请求进行分解和再组合，确保资源请求的合理和资源支持的有效。

企业信息平台输入包括接受来自计划系统的管理基础设施和技术基础设施的要求，接受来自协调管理工作控制系统的信息基础设施和技术基础设施的请求，接受来自业务系统的技术基础设施的请求。

其输出包括对信息基础设施提出资源要求，并对其他系统提供以下资源的支持：服务器、终端设备、存储设备和网络通信设备，系统软件、支持型软件组成，通信协议和数据交换协议，企业组织结构，信息资源设施管理人员的分工。

第二节 汽车服务管理信息系统的开发过程

汽车服务管理信息系统的开发是一项复杂的系统工程，不可能一蹴而就，像所有的企业级业务信息系统的建设一样，它是一个渐进的过程，每一小步都必须扎扎实实做好。它涉及汽车服务管理理论、信息系统技术、汽车服务数字化技术等知识；涉及库存管理、人员调配、调度、客户服务订单信息中心、门店等多部门；不仅涉及技术，还涉及管理业务、组织和行为。

一、汽车服务管理信息系统的目标

汽车服务管理信息系统的最终目标是提高对客户的服务水平和降低汽车服务的总成本，即在于以速度（Speed）、安全（Safety）、可靠（Surely）和低费用（Low）的3S1L原则，即以最少的费用提供最好的汽车服务。汽车服务管理信息系统要解决的主要问题包括缩短从接受物料订货到发货的时间、库存适量化、提高服务作业效率、精准接受客户服务订单，调整客户需求和服务供给、在线咨询。同时，加强对汽车服务各操作环节的监控、通过对各汽车服务环节的有效组合以降低综合汽车服务成本，提高对客户的服务水平。

汽车服务管理信息系统由汽车服务作业系统、汽车服务控制系统组成。启动汽车服务作业系统是从汽车服务控制系统得到相应的信息，只有这两个系统很好地结合成为一个总体系统，才能完成一个真正的汽车服务管理信息系统。

汽车服务作业系统的目标是：在汽车零部件和机物料采购、库存管理、服务作业等环节中使用各种先进技能和数字化技术，并使汽车服务提供点、门店布局等网络化，从而提高各汽车服务活动的效率。

汽车服务控制系统的目标是：在保证汽车零部件和机物料采购、库存管理、服务作业等信息畅通的基础上，使通信手段网络化、数字化，提高汽车服务作业系统的效率。

二、汽车服务管理信息系统的开发过程

汽车服务信息系统开发是一项复杂的系统工程，一般的信息系统开发均要具备三个成功要素，即合理确定信息系统开发目标，组织信息系统开发队伍，遵循信息系统开发的步骤。

汽车服务信息系统开发耗资大、历时长。为了保障系统开发进展顺利，必须由主要领导亲自主抓。领导者除了掌握汽车服务管理信息系统开发等专业知识外，还要善于用人和组织队伍。领导者应当首先建立一个汽车服务信息系统委员会，该委员会既是领导者的主要咨询机构，又是汽车服务信息系统开发的最高决策机构。在汽车服务信息系统委员会的领导下建立一个系统规划组，系统规划组应拥有各行各业的专家。组建队伍后，应首先进行全系统的规划。系统规划是全面的长期的计划，在规划的指导下就可以进行一个个项目

的开发。每个项目的开发均可由四个阶段来完成，即系统分析、系统设计、系统实施和系统评价。

1. 汽车服务管理信息系统的规划

(1) 汽车服务管理信息系统规划目标　汽车服务系统追求的目标是确保一定水平的服务，而汽车服务管理信息系统规划追求的目标则是如何充分发挥汽车服务信息在制订有关汽车服务活动的组织计划和实施中对汽车服务过程的调控起作用，以确保用最低的汽车服务总成本实现系统对客户的服务承诺。现代汽车服务信息系统的规划目标，包括以下几个：

1）实现人、管理、技术的协调发展，改善系统内部交流方式，充分发挥系统功能，以提高信息处理和信息共享能力，做好对各级，尤其是对高层的决策支持。

2）提高办公自动化水平，合理调度资源，以提高效率和降低成本。

3）做好业务跟踪监控安排，使作业决策及时准确。

4）讲求实效，要针对规划对象的现实问题，解决方案力求直接可行。

5）规划成果对内外环境的变化应有较强的适应性。

(2) 汽车服务管理信息系统的规划流程　汽车服务管理信息系统的规划是指在汽车服务信息系统的基本目标和汽车服务企业战略的基础上，根据汽车服务企业的营运模式、管理体制和拥有的资源，明确汽车服务管理信息系统设计所要实现的目标，定义汽车服务管理信息系统功能结构模块，确定系统总体框架及实施的思路。

建立汽车服务管理信息系统，不是单项数据处理，也不是信息软件与设备的简单组合，必须要有系统规划，即信息系统应解决汽车服务企业运作管理目标的问题，除汽车服务信息的传递与处理，外还应为汽车服务管理提供决策支持。正因为汽车服务管理信息系统是汽车服务管理思想的体现，所以它涉及汽车服务企业营运模式、管理体制、基础工作、业务流程、管理方法等许多方面，是一项范围广、协调性强、人机紧密结合的系统工程。汽车服务管理信息系统规划是系统开发的最主要阶段，一旦有了好的系统规划，就可以根据规划目标及步骤，进行数据处理系统的分析和设计工作，直到系统的实现。

2. 汽车服务管理信息系统的分析

汽车服务管理信息系统的分析是在开发中起决定作用的环节。汽车服务管理信息系统的分析是以汽车服务活动，如汽车零部件和机物料采购、库存管理、服务作业等工作为分析对象，分析汽车服务信息输入、处理、储存、输出的流程与加工过程。它必须有较强的针对性，对软件的工作环境与人机界面做明确的规定，以确定研究对象和系统作用范围。在进行必要、全面的调查研究和系统分析的基础上，对汽车服务管理的管理模式和信息数据交换流程做必要的抽象，经过去粗取精、去伪存真地取舍，进一步回答系统"要做什么"和"能够做什么"的问题，并用书面材料把分析结论表达出来，进而上升为汽车服务信息系统模型。

(1) 需求调查　对汽车服务信息系统的需求调查是论证建立新型系统必要性和可行性的基础，也是新系统总体设计的基本依据。汽车服务信息系统的需求调查应该包括组织内涉及汽车服务和信息流的各个方面。一般系统调查的主要内容有：

1）组织机构及职能调查。一般来说，企业的组织机构是根据企业的经营目标设置

的。在对组织机构调查时，要搞清楚企业部门设置及行政隶属关系，画出企业组织机构图；根据每个部门的业务范围及人员职责分工情况，画出系统功能结构图。例如，汽车零部件和机物料管理包括计划、采购、库存管理、统计，而库存管理又由入库、出库、盘存处理等组成。由此可以得出全公司的功能结构图。图5-3所示是汽车服务企业的组织结构图。

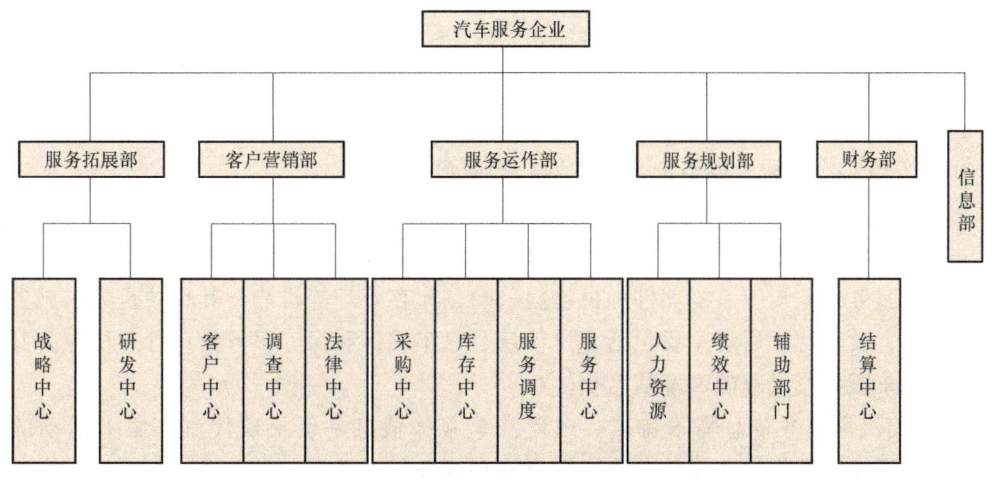

图5-3　汽车服务企业的组织结构图

2）业务流程调查。根据系统功能结构图，详细调查每一项业务的处理进程，每一条信息（一项业务）从何处来到何处去，经由何处，如何处理，要求用业务流程图表示出来。汽车服务管理信息系统是发展汽车服务的重要基础，汽车服务企业可以利用信息系统规范各服务中心和库存业务标准，优化配置资源，完善客户订单信息、服务作业命令、客户咨询服务等内容，向客户对象及时反馈服务信息，提供实时的统计汇总和辅助决策。客户可以通过汽车服务网络信息平台及时了解各类汽车服务动态信息，建立与汽车服务企业的联系，充分利用汽车服务企业的信息服务。

3）数据流程分析。对业务处理流程中所涉及的单据、账册、报表进行收集、分类、整理，并填写信息载体调查表，得出组织中信息流的综合情况，并绘制数据流程图。由于组织中流通的各种计划和报表都是信息载体。因此，在详细调查中，凡是与汽车服务有关的计算机和手工保存及传递的信息载体都要全面收集，了解其产生和使用的部门、发生周期、用途、所包含的数据项及各数据项的类型、长度、含义等，以进行信息分析和统计。在描述数据流程的基础上，再通过编制数据字典、数据储存情况分析及用户查询要求的分析，进一步分析流程图中数据和信息的属性，同时用决策树、判定表、结构化语言去描述流程图中的各个处理逻辑。

（2）需求分析　需求分析是汽车服务管理信息系统开发中最重要的环节，实事求是地全面调查是分析与设计的基础。汽车服务活动涉及面广、信息量大、实时性强。因此，系统分析工作量比较大，所涉及的业务、数据、信息、管理部门也比较多。

1）现代汽车服务系统的特征。现代汽车服务管理信息系统作为服务供给主体和需求主体之间的连接桥梁，能够快速提供商品信息，克服空间和时间阻碍，有效缩短服务流动

经济活动的过程时间。一个典型的现代汽车服务活动由关键性汽车服务活动和支持性汽车服务活动组成，关键性汽车服务活动包括客户服务标准、零部件库存管理、信息流动和客户订单处理；支持性汽车服务活动包括零部件和各类机物料采购、保护性包装、信息维护。现代汽车服务系统是一个集成化的系统，它通过广泛信息的高度支持，实现了以信息为核心的汽车服务系统化。

近年来，随着先进数字化管理思想逐渐进入到企业的管理理念中及现代数字技术的飞速发展，现代汽车服务系统具有以下特征：

① 以实现顾客满意为第一目标。

② 以服务过程、供应链整体最优为目的。

③ 涵盖整个汽车服务的服务作业流程、物品流动。

④ 以信息为中心的零部件、机物料流通体系。

现代汽车服务系统的机能可以划分为汽车服务作业子系统和汽车服务信息子系统。前者主要包括服务作业流程、零部件和机物料采购、库存管理等机能，其目的是力求服务作业的标准化、效率化；后者主要包括客户信息、汽车维修和保养服务信息管理机能，其目的是实现汽车服务全过程的高度信息化。

2）现代汽车服务信息需求特点。现代汽车服务信息是反映现代汽车服务活动的知识、资料、图像、数据、文件的总称，现代汽车服务信息具有信息量大、更新性、来源渠道多等特征。

从广义的范围来讲，现代汽车服务信息还包括与其他汽车服务活动有关的信息，如零部件交易信息和市场信息。现代汽车服务信息不仅对汽车服务活动有支持保证的功能，而且具有连接整合整个汽车服务供应链和使整个服务活动效率化的功能。现代汽车服务信息在现代汽车服务企业的经营战略中有着越来越重要的地位，建立现代汽车服务信息系统，提供迅速、准确、及时、全面的汽车服务信息是现代汽车服务企业获得竞争优势的必要条件。

现代汽车服务信息主要涉及两种类型的流动，即计划协调流和服务作业流。计划协调流是整个汽车服务信息系统结构的支柱，包括战略目标、能力约束、汽车服务需求、库存、汽车服务供应、预测等，其总体目标是把汽车服务供应链上各个成员具体活动整合起来，并便于显示供应链整体的综合表现。服务作业流是关于如何收受、处理和按客户需要等方面作业服务指导，以支持客户信息咨询和数据处理分析的问题，汽车服务作业信息主要包括客户管理信息、服务提供信息、服务作业信息、存货管理信息、维修与保养信息、零部件采购作业信息等。计划协调流是关于计划的信息，是上层的指导信息，而服务作业流信息用于指导日常的汽车服务工作，受计划协调流信息的控制。汽车服务信息化需求大体上可以分成以下三类：

① 基础信息化。在这个范围里面，汽车服务企业重点要解决信息系统的问题，就是信息的采集、信息的传输、信息的加工、信息的共享，最后反映在服务活动的决策上。在这个过程中，基本上不涉及流程的改造和布局的机构调整，只需具备完备的数据即可。在已有的汽车服务信息化案例中，绝大部分的成功案例是属于这种形式，大约占80%。例如，某汽车服务集团所解决的问题，就是利用信息系统，把全国一千多家门店的服务信

息、需求、供给，能够及时地反映到总部，保证总部对全国的经营有一个非常快速有效的调控，其主要的目的就是快速对市场做出反应。这种形式的功能是不能够被忽视的，因为它会解决很多基础问题，如硬件建设、人员培训、信息积累等。

② 流程和操作优化。优化主要是在两个层面上，一个是流程的优化，涉及整个的流程再造，需要用数据来分析，所以一定要有第一阶段的基础。二是日常操作的优化，比如每天零部件、机物料的存取与调度，这就需要信息系统有能够支持日常优化的功能。这个层次的汽车服务信息系统的案例，据估计，有35%左右明显含有这种功能。

③ 供应链管理工具。供应链管理工具执行的是供应链管理的功能，或者是供应链管理的主要组成部分。当市场经济发展到一定程度，一些成熟的产品链、价值链、服务链形成以后，企业和企业之间需要建立战略伙伴关系，在业务上会有一种协同业务的要求。一旦建立这种要求以后，会用一套信息系统把它固定下来，来执行业务上的协同操作。比如说，上下游之间的企业，采购不再是一单一单地去招标，而是变成自动补货。在这一层的领域里，已有的汽车服务信息化案例比较少，是汽车服务数字化发展的一个方向。

3. 汽车服务管理信息系统的设计

根据系统分析阶段所获得的新系统的逻辑模型建立新系统的物理模型，系统设计是寻求解决办法、探索建立新系统的过程。系统设计阶段解决"怎么做"的问题，如完成详细设计、选择硬件、准备草图、描述数据实体说明、准备程序说明、指定主要程序员等。

（1）汽车服务管理信息系统的设计目标 汽车服务管理信息系统设计应紧密结合用户的客观实际与模式，运用结构化设计方法，从总体出发，自上而下，将具体的管理模式进一步优化、抽象成一般的带有普遍性的信息系统管理模式；应严格划分人机工作界面，合理划分子系统，每个子系统具有本身特定的功能要求和相对独立性；各子系统之间边界清晰，相互接口用关键字连接，能互相交换有用信息，实现信息共享。具体说来，应达到以下一些目标或要求：

1）系统具有通用性，能适应不同用户、不同管理模式的需要与要求，做到只要输入客户姓名、车牌号等信息，就可以通过系统生成客户的爱车服务信息系统。

2）系统具有可扩展性，在系统分析与设计中应充分考虑到管理模式的改变与整体管理信息系统的接口安排，做到功能上可扩展、数据量可扩展、系统本身可扩展。

3）系统具有可维护性，系统结构设计应符合简单、合理、易懂、实用、高效的原则，数据采集要统一，设计规范要标准，系统文档应齐全。

4）系统具有可移植性，应能在不同机型的计算机上稳定运行，具有可靠性。应使用标准的程序设计语言、标准的操作系统，具有内部自动纠错功能。用户使用的计算机应具有足够大的内存容量和高速外存，运行可靠，维护方便，有软硬件方面的扩充余地。

（2）汽车服务管理信息系统设计原理 现代汽车服务管理信息系统为满足现代汽车服务作业和管理信息的需要，在进行汽车服务管理信息系统设计时，必须遵循以下原理：

1）可得性：指汽车服务信息可快速，并且始终如一地得到。汽车服务信息的可得性可满足车主针对汽车不同服务作业的需求，减少汽车服务的不确定性。

2）精确性：指汽车服务信息系统报告与实际状况相比所达到的程度。增加信息的精确性同样可以减少汽车维修保养等服务作业和车主面对的不确定性。

3）及时性：指汽车服务活动发生时与该活动在信息系统中得到反映时的时间是一致的。及时、准确的汽车服务信息可以增加车主的便利。

4）异常情况的识别：指汽车服务信息系统必须及时发现汽车服务活动中的异常情况，找出问题和存在故障。

5）灵活性：指汽车服务信息系统必须能不断满足车主的合理要求，同时汽车服务信息系统的信息和系统本身具有不断更新的能力。

6）适当形式化的报告：指汽车服务信息系统必须提供一定形式的关于车主爱车的信息报告。

（3）汽车服务管理信息系统设计阶段的主要工作

1）主要对现行系统和管理方法以及信息流程等有关情况进行调查，给出有关的调研图表，提出信息系统设计的目标、要求以及达到此目标的可能性。这是汽车服务管理者和系统设计者必须要解决的共同问题。

2）系统逻辑设计。在系统调研的基础上，从整体上构造出汽车服务管理信息系统的逻辑模型，对各种模型进行优选，确定最终方案。

3）系统的物理设计。以逻辑模型为框架，利用各种编程实现系统的输入、输出、存储及处理方法。此阶段的重要工作是程序设计。

（4）汽车服务管理信息系统总体设计要求　根据现代汽车服务管理的特点，现代汽车服务管理信息系统的设计应该遵循以下一些具体原则和要求：

1）了解和熟悉国家有关部委制定的关于汽车服务工作的各种法令和规范。系统设计必须符合汽车服务有关计算机应用与信息系统建设标准化规范的要求，汽车服务信息的统计方法应符合国家统计局及上级部委规定的统一要求，重要报表应使用专用程序文件，采用统一固定的报表格式输出。

2）系统设计应遵循系统思想，如采用结构化分析与设计的思想与方法、面向对象的分析与设计的思想与方法，尽量采用软件工程化的新技术、新方法、努力实现功能模块的高内聚、低耦合，最大限度地减少模块间的共用信息。

3）在进行汽车服务信息系统设计的同时，必须考虑与横向同级信息系统及纵向信息系统的接口关系，实现不同子系统之间数据共享，并在软硬件配置上留有进一步发展的余地。

4）信息处理在速度上必须满足管理工作的要求，并有较好的可恢复性和可自检性。

5）系统应采取一定的保密措施，保证数据及时、正确、安全、可靠，对输入信息建立完善的维护体系，同时必须留有汽车服务账目财务稽核的"痕迹"。

6）要求系统有较好的实用性，确保用户能切实使用起来，并实用方便。例如，汽车服务部门每天要处理的账单繁多，数据量大，输入、输出必须操作简便、易于掌握，尽可能采用代码输入，将汉字输入量减少到最低程度，做到快速、可靠。再如汽车服务部门月结账与分类账的设计应满足财务部门与汽车服务部门的实际需要，账目的科目设置应与统一的财务标准一致，保证各种经济技术指标与统计数据都能从原始数据中取得。

7）注意各种汽车服务流程准确、稳定、方便、快捷地传递信息，以利于汽车服务的系统化指挥与管理控制。

（5）**汽车服务信息系统的总体框架设计**　汽车服务信息系统的框架涉及多个功能模块，而且根据汽车服务处理与网络通信的不同特点，也有一些需要注意的方面。对一些企业的案例进行分析、总结、归纳，可知汽车服务信息系统组成框架主要涵盖以下几方面的内容：与客户服务相关的各种功能子系统；子系统间的信息流与数据接口；子系统间为实现数据交换的通信需求。在进行汽车服务信息系统的体系结构设计时，应注意的设计原则如下：

1）各功能子系统具有开放、模块化和适应性等特点。

2）满足各子系统间的数据交换，数据交换的方法必须确保数据的完整性和安全性。

3）数据交换需通过通用的数据定义、信息模式和通信协议。

4）具有与现有系统和较新通信技术兼容的特点。

5）尽可能兼容已有的技术、已开发的系统以及信息资源。

6）在汽车服务信息技术应用上，让企业在竞争的市场中具有广泛的选择，达到节约和高效的目的。

4. 汽车服务管理信息系统的实施与评价

在系统设计完成之后，如何将原来纸面上的、类似于设计图的新系统方案转换成可执行的应用软件系统，将成为系统实施阶段的主要工作。一个好的设计方案，只有经过精心实施，才能带来实际效益。因此，系统实施阶段的工作对系统质量的好坏有直接影响。系统实施包括机器的购买、安装、程序调试、系统的运行等。

汽车服务管理信息系统在其运行过程中除了不断进行大量的管理和维护工作外，还应定期对系统的运行状况进行审核和评价。审核和评价工作主要在高层领导的直接领导下，由系统分析员或专门的审计人员会同各类开发人员和业务部门经理共同参与进行。该工作的目的是估计系统的技术能力、工作性能和系统的利用率。审核和评价工作不仅对系统当前的性能进行总结和评价，还为系统的改进和扩展提供依据。系统评价一般从以下几个方面考虑：

1）系统是否达到预定目标，目标是否需要做修改。

2）系统的适应性、安全性评价。系统的适应性包括系统运行是否稳定可靠，系统使用与维护是否方便，运行效率能否满足管理人员的管理需求等。

3）系统的经济效益评价。经济效益是指通过汽车服务管理信息系统开发与运行的投资，使企业增加收入、降低成本，进而为企业带来更大的效益。当总效益大于系统的投入时，这个系统便是一个成功的、有益的系统。如果系统运行了一段时间以后，其投入与产出的比例不合适，投入大于或等于产出，则应考虑是否重新开发新的系统。因此，要定期进行有关经济效益的评价，对系统未来的发展提出合理的意见和建议。

对汽车服务管理信息系统所带来的经济效益的评价常常不易量化，且系统效益的发挥与人的因素密切相关，需要综合地进行分析、评价，客观地评价汽车服务信息系统的效益，才能真正地把握系统的命脉，确定系统未来发展的方向。

三、汽车服务管理信息系统开发中的个性特征

现代汽车服务的运作由于涉及管理、服务作业、信息流动、设备控制等多项活动，是复杂的系统工程，因而需要从系统工程的思路来建设实施。前面叙述的采用结构化方法进

行信息系统开发的四个步骤，体现出了软件工程的开发实施特点，对包括汽车服务信息系统在内的一般业务信息系统都具有普遍的指导意义。然而，汽车服务信息系统中涉及的内容较多，管理应用区域广且更为具体，这就使得汽车服务信息系统的开发具有如下一些个性化特征：

1）汽车服务信息系统涉及大量自动化设备的指挥工作，因此在数据中心系统与自动化设备之间更加注重数据的快捷准确传递与共享。这就要求数据库结构设计合理，强调标准性，以保证通信网络平台可靠，通信方式多样化，且可保证无线网络技术的充分利用。

2）汽车服务信息系统往往体现出实时处理和移动处理的特征，因此在数据采集、接收、整理上的工作量较大，要求较高。因此，汽车服务信息系统开发中更加注重对现场数据采集设备或模块的控制，注重数据的质量与兼容性，这就要求系统开发中对相关设备、服务流程进行更细致的调查。

3）汽车服务信息系统设计中各服务模块比一般信息系统的独立性高，可充分运用分步、分开实施的策略，并在局部模块上采用原型化方法，加快开发进度。

4）汽车服务信息系统往往涉及跨区域的服务作业协调，应用覆盖区域广，通信方式多，软硬件复杂，应用人员复杂，因此整个系统的测试与维护工作就显得相当重要；这也要求实施方在测试与维护上加大投入比例，建立良好的培训与维护机制，注意定期维护。

第三节　汽车服务企业管理信息系统设计实例

一、汽车服务管理信息系统概述

汽车服务活动的当事人涉及汽车服务的需求方和汽车服务的提供方。汽车服务的需求方通常是指消费方——客户。汽车服务的提供方则是为客户提供汽车维护、维修、保养、美容与装饰等各个环节所发生的一切服务，因此又称为第三方汽车服务提供商。

汽车服务的企业可分为非资产型企业和资产型企业。非资产型企业是指除了计算机设备、网络系统和基本的办公设施、场所以外，不具有自己的仓库、装卸设备和运输工具等"硬件"设施而从事汽车服务的企业，此种方式又称为"虚拟（网上）汽车服务企业"，如"途虎"养车网电商平台；资产型汽车服务企业虽然可能不具备开展汽车服务整个供应链所需要的所有的"硬件"设施，但是拥有其中部分服务设施，如拥有仓库、自动维修设备、起吊设备、自动检测设备等。可以只拥有汽车服务相关基础设施还不能满足提供第三方汽车服务的需求，因为信息是汽车服务竞争优势的关键因素，汽车服务企业离开管理信息系统是难以获得任何竞争优势的。后一种是指提供汽车服务的实体企业，在此先讨论这类型的汽车服务企业。

汽车服务管理信息系统不仅仅是作为一种提供信息、管理信息的工具，通过协助完成汽车服务作业来为其客户创造价值，同时，系统本身也能够创造价值。一般来说，汽车服务实体企业的第一利润来自自身核心服务业务成本的降低；第二利润是通过提供优质的汽车服务为客户节省出来的成本，即让渡价值给客户，事实证明这种做法非常有效；第三利

润则是通过加强信息的流通来加快其资金流转的速度，这非常有利于企业利润的获得，在此过程中，汽车服务管理信息系统是功不可没的。

二、汽车服务的信息系统需求

信息系统是汽车服务企业的中枢神经，它的任务是实时掌握汽车服务供应链的动态，从零部件、机物料的网上订单，到物流公司所控制的一系列环节的协调，再到将物料交到汽车服务企业相关员工的手中，使得汽车服务过程尽可能透明化。汽车服务企业要赢得客户的信任，完善和先进的汽车服务管理信息系统是必不可少的。在信息系统进行建设时，应设定以下目标：

1. 实现对汽车服务全过程的监控

汽车服务提供者通过信息网络能方便地跟踪服务作业流动的各个环节，通过网络能够快速查询、了解即时的信息，以便确定进一步的服务计划和服务策略。

2. 减少库存，提高企业经营效率

汽车服务企业借助新一代数字技术，最大限度地减少库存，改善了企业的资金流量，实现成本优势。

3. 将汽车服务作为系统管理

传统上，汽车服务只是作为企业的一般性、功能性活动，汽车服务信息往往零散分布在不同的职能部门。当今汽车服务已被视为服务型社会的重要内容，汽车制造企业已经越来越重视与线下提供汽车服务的实体企业的合作。在这种供应链一体化，协同制造管理环境下，管理和协调物流、信息流，使信息自由、准确地流动就显得更加重要。

4. 有效地支持高效的汽车服务

汽车服务商可以针对不同客户的不同要求，设计多种增值服务模式，并将新的、先进的管理理念与数字技术、信息系统相结合，为客户创造更大价值。

三、汽车服务企业的业务流程分析

汽车服务企业基本作业流程为：汽车服务企业接受客户的维修保养等请求预约后，进行有关审核、分类等处理，根据订单安排服务技师，拟定服务计划，力求按照车主需求将其爱车精准维护、保养和维修，如图5-4所示。

1. 客户资料审核与处理

车主服务需求不但是汽车服务业务的开始，也是信息系统中数据的起点。高效的订单处理是整个信息系统成功的关键。订单业务贯穿于整个汽车服务的每个环节，无论是物料管理，还是服务作业，都要按照客户需求的要求操作。用户通过网络和电话等方式预约，系统接受后，对车主的身份、车况和信用进行验证，只有验证通过后，才能提供服务。由于客户的来源不同，他们对服务的要求也不同，对有的客户请求需要及时地响应，而有的请求则可以适当地延迟；也有的客户是会员（VIP），即长期的伙伴关系，有的则是第一次的合作伙伴，因此对订单要进行分类整理。订单确认后，系统将设定订单号码，并将客户相关信息传递给物料、服务作业和财务等部门。

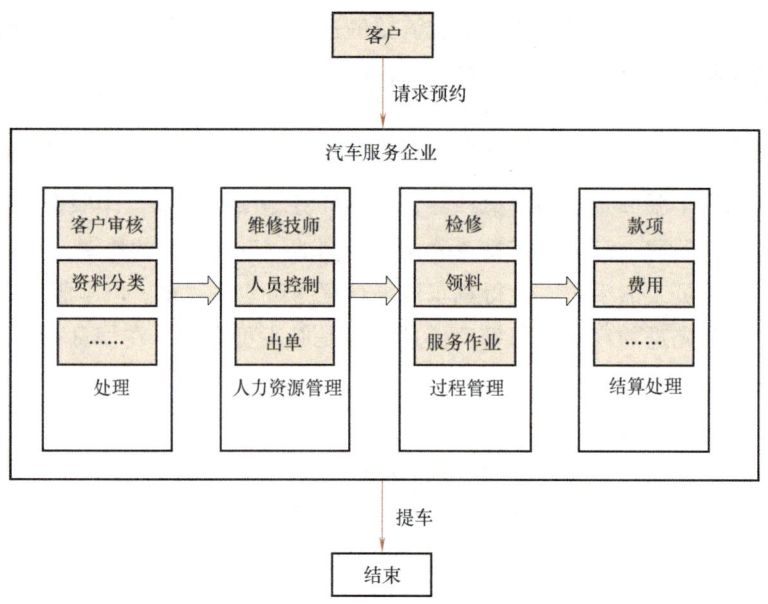

图5-4 汽车服务企业的作业流程

2. 物料仓储管理

物料仓储管理的主要任务是为了对整个库存零部件、机物料等现状进行跟踪和全面管理，包括物料入库管理、出库管理、库存控制等。自动化、数字技术现已广泛运用在汽车服务领域，智能化是指由计算机进行管理和控制，不需要人工搬运作业，而实现物料收发作业的仓库，它通过计算机技术对存储物料进行编码、入库、出库、分拣管理，并自动完成物料的存取、输送，以及利用无线射频（FRID）等技术及时掌握物料状况，将物料的库存量保持在适当的标准之内。

数字化的物料仓储管理作业流程，物料送到仓库后，一般卸在指定的进货区，在进货区装有激光条形码识别装置，经过激光扫描确认后，智能自动分配入库库位，打印入库单，然后通过相应的输送系统送入指定的物料存放区的库位中，对验收不合格的商品，另行暂时存放，并记录在册，适时退给供应商调换合格商品。在库存管理中智能控制系统通过实时监控体系也可以适时发现某些物料的状况。

3. 财务结算

对企业所有提供的汽车服务项目进行结算，包括：各项费用，如物料消耗费用、服务工时费用、特殊耗费等结算，与车主应收、应付款项的结算等。系统将根据合同、货币标准、收费标准并结合相关汽车服务活动自动产生结算凭证，为客户提供完整的结算方案和各类统计分析报表。

四、系统总体结构设计

数据管理的实时性要求决定了汽车服务管理信息系统是集中制数据存储管理模式。集中制数据存储管理一般可通过两种结构模式实现，即 C/S（Client/Server）模式和 B/S（Browse/Server）模式。随着应用需求和客户端数量的激增，C/S 模式面临着许多难以解

决的问题，如客户端整体拥有成本上升、数据散乱、难以控制、系统维护困难等。

基于网络技术的 B/S 模式正在成为新型的企业管理信息系统的结构模式，基于这种模式的汽车服务管理信息系统的层次结构如图 5-5 所示。

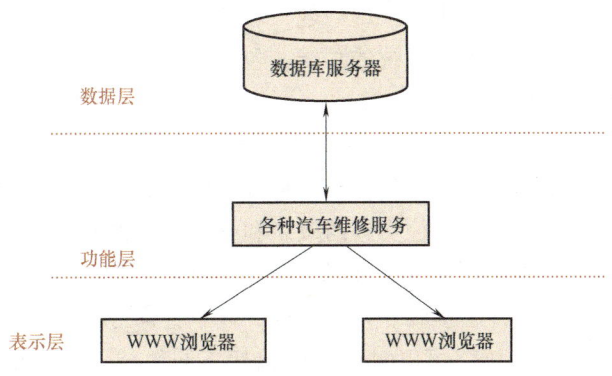

图 5-5　基于 B/S 模式的汽车服务管理信息系统的层次结构

第一层为表示层，用于客户端，通过浏览器实现汽车服务信息的浏览和各种汽车服务指令的下达；第二层为功能层，在具有 CGI[⊖] 的网络服务器上实现，它接收来自客户端的指令申请，并与数据库连接，进行申请处理，并将处理结果返回给客户端；第三层为数据层，对各种物流数据信息进行分布式集中管理，以便物流数据信息的查询、更新操作。

1. 汽车服务管理信息系统数据流程图设计

数据流程图是结构化系统分析研究的主要工具，也是编制系统分析资料、设计系统总体逻辑模型的工具，它不仅可以表达数据在系统内部的逻辑流向，还可以表达系统的逻辑功能和数据的逻辑变换。在顶层图基础上，接着可以自顶向下逐层细化，汽车服务企业的服务作业管理信息系统包括客户（车主）管理、服务作业管理、决策管理三部分。汽车服务企业管理信息系统顶层数据流程图，如图 5-6 所示。

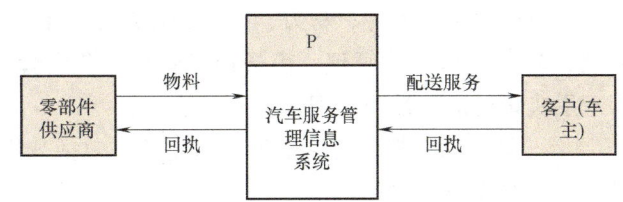

图 5-6　汽车服务企业管理信息系统顶层数据流程图

在顶层图的基础上，继续细化，将顶层图展开成第一层数据流程图（Data Flow Diagram，DFD）图，包含决策管理、服务作业和客户管理三部分；汽车服务作业管理包括了汽车服务企业的重要部分，扩展第一层 DFD 中的服务作业管理，即第二层 DFD。相关知识可以查阅信息系统书籍。

2. 汽车服务管理信息系统的逻辑模型

在分析了系统的数据流程图后，可以得到系统的逻辑模型，即得到总体功能结构，各部分功能解析如下：

⊖　CGI，即公共网关接口，是网络服务器运行时外部程序的规范。按 CGI 编写的程序可以扩展服务器功能。

（1）**客户（车主）管理子系统**　通过对客户资料的收集、分类、存档、检索及管理，全面掌握不同客户群体、客户性质、客户需求、客户信用等信息，以提供最佳客户服务为宗旨，为客户提供方案、价格、市场、信息等各种服务内容，及时处理客户在合作中遇到的各类问题，妥善解决客户合作中发生的问题，培养长期的、忠诚的客户群体，为企业供应链的形成和整合，提供支持该子系统的功能，包括客户登录管理、客户资料管理、会员管理、客户身份验证、客户查询等。

（2）**客户预约管理子系统**　客户预约订单是汽车服务业务和费用结算的依据，系统通过对订单的规范化、模范化和流程化，合理地分配汽车服务的实施细则和收费标准，并以此为依据，分配相应的资源，监控实施的效果和核算产生的费用，且可以对双方执行订单的情况进行评估以取得客户、信用、资金的相关信息，交客户服务和商务部门作为参考。该子系统包括客户预约订单接收、订单分类、订单查询等。

（3）**物料仓储管理子系统**　可以对所有的包括不同地域、不同属性、不同规格、不同成本的仓库资源，实现集中管理。采用条码、射频等先进的数字化技术设备，对出入仓物料实现联机登录、存量检索、容积计算、仓位分配、损毁登记、简单加工、盘点报告、租期报警及自动仓租计算等物料仓储信息管理。支持包租、散租等各种租仓计划，支持平仓和数字化立体仓库等不同的仓库格局，也可向客户提供远程的仓库状态查询、账单查询和智能化的物料仓储状态查询。

（4）**结算管理子系统**　对企业所有的汽车服务项目实现合同价格统一管理，包括多种模式的物料仓租费用、服务作业费用、设备使用费用、零部件费用、机物料费用、检测费用、调试费用、管理费用等费用的计算，根据规范的合同文本、货币标准、收费标准自动产生结算凭证，为客户以及汽车服务企业的电子结算提供完整的结算方案。

（5）**决策支持子系统**　及时地掌握物流、资金流和信息流所产生的信息并加以科学地利用，在数据仓库技术、运筹学模型的基础上，通过数据挖掘工具对历史数据进行多角度的、立体的分析，实现对企业中的人力、物力、财力、客户、市场、信息等各种资源的综合管理，为企业管理、客户（车主）管理、市场信息管理、资金管理等提供科学决策的依据，从而提高管理层决策的准确性和合理性。

（6）**系统维护子系统**　该子系统提供对安全管理的支持，包括数据备份、数据恢复、系统设置、系统工具箱、文档管理等内容。

五、非资产型汽车服务企业举例

"途虎"养车是2011年创立于上海的"汽车养护电商平台"，主营轮胎、机油、汽车保养、汽车美容、车品等，为客户提供：线上预约+线下安装的养车方式。截至2021年，"途虎"养车拥有17000多家合作安装门店，服务能力覆盖31个省、直辖市，405个城市。用户可以在"途虎"养车官网、APP、电话、微信平台上享受专业的365天×16h的售前、售后服务。

1. 服务特点

为了能够全面提升车主的养车体验，让车主能够享受到互联网时代的优质养车服务，"途虎"养车平台着力构建了完善的汽车服务生态体系。

（1）**自营物流** "途虎"养车已在全国16大城市建立了25个仓库，基本完成了全国重点销售区域的仓储和配送布局。

全国仓库总计面积超过 $90000m^2$；支持日出库轮胎量30000条，峰值出库量60000条。"途虎"养车自有车队和全国物流，可闪电送达。对轮胎、机油等容易在快递过程中损坏的产品配备专门设备，保障车品无损送达车主手中。

（2）**一站式服务** "途虎"养车数据库包含17000种车型数据，精准数据服务项目，用户通过选择车型就可以轻松匹配爱车适用的商品，再也不用担心买到不适用爱车的商品。窗户所需大都可在"途虎"养车得到满意、快速的解决。

2. 服务领域

（1）**精确适配的正品轮胎** 输入车型后自动适配，众多门店免费安装。购买任意轮胎，即可在"途虎"指定门店享受11项免费"虎式服务"。

（2）**车主服务** 车主可享受实时违章查询、折扣充油卡、低价买车险、全国24h道路救援等各项优质服务。

（3）**汽车美容清洗** 全国万家门店可选，提供到店洗车、内饰清洁、全车打蜡、贴膜镀晶服务，质量有保障。

第四节 区块链技术与汽车服务企业

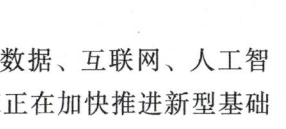

《交通强国建设纲要》明确提出，大力发展智慧交通，推动大数据、互联网、人工智能、区块链、超级计算等新技术与交通行业深度融合。当前，国家正在加快推进新型基础设施建设，区块链技术被明确纳入新基建范围。区块链的重要性和对交通运输行业的应用价值已经成为广泛共识，交通运输部和各地交通运输主管部门在研究编制"十四五"规划时，纷纷对区块链应用提出了要求。

一、区块链技术原理

1. 技术原理

区块链技术是多种技术组合创新的全新分布式基础架构。在区块链技术中，使用块链式数据结构来存储和验证数据；使用共识机制来生成和更新数据，并保证多个节点间数据的一致性；使用P2P网络开展节点之间的通信；使用密码学相关技术来确保数据传输和访问的安全性；使用智能合约来处理数据。区块链技术通过多方共同参与维护的多中心化账本，提升了数据存储和计算的安全可信程度。其主要技术特征如下：

（1）**块链式数据结构** 区块链的基本存储单元是区块，记录着存储期间所有状态改变的过程和结果。新增的区块保留着前一区块的摘要信息，每个区块按生成顺序排列，连接组成链表，构成了块链式数据结构。

（2）**共识机制** 共识机制是区块链节点间在数据存储、数据验证和数据维护方面达成一致的策略和方法。

（3）**P2P网络** P2P网络是一种用于多个节点之间点对点组网和通信的技术。P2P网

络中没有中心化的服务器。在区块链网络中所有节点均参与账本数据的生产、维护和共享。

（4）**密码学** 区块链中使用了多种类型的现代密码学技术，包括信息摘要算法、对称加密和非对称加密算法等，主要目的是确保链上数据的安全性和完整性。

（5）**智能合约** 智能合约是部署在区块链上的可执行代码，在满足特定条件下可自动触发代码运行。通过降低人为干预的风险，提升执行的安全与可信程度。

2. 区块链分类

区块链可以分为公有链、联盟链和私有链。公有链是完全开放的网络，所有参与者都可以参与系统维护。

比特币和以太坊是公有链的典型代表。联盟链和私有链则是有限开放的网络，链中的参与方需要事先约定。典型的联盟链有 Fabric、Hyperchain、PoissonChain 区块链。私有链由个人或者私人机构所有，记账权归个人或私人机构所有，不对外开放。

（1）**公有链** 公有链的特点是面向所有人开放，任何人均可参与到网络中共同维护区块链，新成员在加入公有链时无须进行任何形式的认证、授权或审核，具备强匿名性。

（2）**联盟链** 联盟链的特点是限定了联盟成员的范围，系统内部进行事务确认的共识节点是事前设定或选举好的。新成员在加入联盟链时，需要经过联盟成员投票决定是否同意加入。由于联盟链模式符合监管要求，拥有更高的应用可扩展性，能够与实体经济紧密结合，因此我国目前的区块链应用模式主要以联盟链为主。

（3）**私有链** 私有链的特点是仅限于单个机构内部使用，读写权、记账权和成员范围由组织内自由定制。私有链与联盟链的区别在于，联盟链是机构与机构之间的区块链网络，而私有链是单个机构内部的区块链网络。私有链模式大多用于联盟链的过渡，少部分情况下在机构内部不同部门之间应用。

3. 技术特点

（1）**多中心化** 区块链技术采用分布式架构，不依赖于单个中心设备或者管理机构。通过数据的多中心化记录、存储和更新，将被共识的信息记录在区块中，避免了第三方的干预和单点依赖风险，提高了数据的安全性和完整性。

（2）**不可篡改性** 一旦信息经过共识并被添加到区块链中，所有的共识节点将存储数据的副本，少数节点对数据的篡改将无法通过共识，增强了链上数据的不可篡改性。

（3）**公开透明** 除了各参与方的隐私信息外，其他数据对网络的全部节点是公开透明的。

4. 技术挑战

（1）**区块链性能** 随着区块链系统中业务量的快速增长，系统延迟增加、吞吐量低等性能问题就会凸显。目前主流联盟链单链的性能在数千至数万笔交易每秒，尽管与中心化系统的最高性能仍有差距，但已可满足大多数场景的需求。对于并发量要求高的应用场景，区块链技术的性能有待进一步提高，需要突破高性能共识机制，拓展区块链技术的适用性。

（2）**互操作性** 尽管区块链技术较好地实现了链内的数据共享，但由于不同区块链间采用的数据结构、共识机制、加密算法等技术路线不一致，会导致链与链间的数据难互通、信息难交互、身份难识别。这就需要在跨链技术与跨链协议方面进行突破，实现链与链数据共享和更广范围的价值互联。

（3）**运维管理** 多方参与的区块链系统在运维管理方面将会面临巨大的挑战，如系

统升级、系统维护、业务规则更新等，需要多方线下沟通才能处理链上的协同治理问题。

（4）**隐私保护**　区块链的特点决定了存储在区块链上的数据公开可访问，每个有权限的节点都可以无差别地获取数据，这使得区块链应用面临隐私问题的挑战。需要针对实际使用场景完善隐私保护方法，规避安全风险。

（5）**可信和安全性**　在区块链应用中，安全性威胁与可信问题不容忽视。为提高自主可信和安全性，应采用国密加密算法，支持可信执行环境测试工具（简称TEE），优先选用拥有自主知识产权的关键技术。

二、区块链赋能车联网

车联网是能够实现智能化交通管理、智能动态信息服务和车辆智能化控制的一体化网络，是物联网技术在交通系统领域的典型应用。

从车联网概念诞生开始，就一直受到了资本和行业巨头的追捧，无论是传统的汽车产业巨头宝马、奔驰，还是互联网企业，都早早地开始了车联网行业的布局。据不完全统计，目前车联网行业的资本运作总额已经超过3万亿人民币。

庞大的市场需要好的激励机制来刺激消费，区块链技术的出现可谓恰逢其时，在一定程度上为车联网行业的进一步发展带来了希望。但与此同时，区块链技术目前在落地应用方面仍存在诸多待突破的瓶颈。

三、区块链重塑车联网的价值链和生态链

以前，虽然大部分车联网产品都有故障检测、行程分析、油耗记录等诸多功能，但仍然很少有人会自己花钱主动购买这种类型的产品，毕竟对于绝大部分私家车车主而言，汽车出现故障的概率很低，而其他的查询需求都属于弱需求。

传统车联网产品安装在车里后，车主可以通过手机APP对车辆进行远程定位，并获得车况检测、违章提醒、保养保险提醒等数据综合服务，然后获取积分奖励。这个积分可用于兑换平台派发的油卡、车套、洗车卡等礼品。再比如通过汽车获得停车熄火的即时状态，车联网把握推送保险信息的精准时机，车主停车后有查看手机的天然习惯，通过基于对人、车、信息从数据维度做精准同步，从而把握最佳销售时机，顺畅完成了一次保险需求与服务的无缝衔接，最终实现超高的商业转化率。

这样一来，车联网产品企业让用户享受车联网服务以外，还能赢取收益，降低出行成本。

北京首汽智行科技有限公司于2018年5月推出"共享出行"战略，围绕创建平台整体方案、创新数字权益流通模式、搭建平台生态体系和发行平台数字资产四个方面构建去中心化共享汽车区块链联动平台，依托区块链技术为共享出行解决社会各参与方信任和高效协同问题。利用该平台解决用户身份验证、信用体系、数据共享、隐私保护、数据造假、数据安全、数据溯源、公平奖励机制等核心难题。

该平台还可以支撑加盟商和其他合作伙伴快速接入总部平台，支持共享数据、共建联盟、减少数据冗余、降低企业成本。该平台项目纳入了2019年3月国家互联网信息办公室发布的《境内区块链信息服务备案编号（第一批）》。

四、区块链技术的落地应用仍面临诸多挑战

区块链为车联网提供了全新的发展思路，但仍有诸多问题需要未来进一步解决。

在车联网和区块链的融合中，通过基于区块链赋能实体经济中派发激励的应用场景，企业能够为用户提供一种创新型的数字化激励，在企业的市场化运营过程中，其价值将随着企业的发展而增长。但想要完全激活这种高效的激励机制，目前仍有诸多课题需要攻克。比如数据主要源自汽车后市场，数据何时能够实现出厂上链以及软硬件匹配问题等。

 拓展知识

拓展知识内容可扫码进行观看。

 **小结**

本章主要介绍了汽车服务信息、汽车服务企业的信息流及其分类；汽车服务企业管理信息系统的概念、作用、特点；汽车服务管理信息系统的体系结构；汽车服务管理信息系统的开发过程，包括信息系统的规划、信息系统的分析、信息系统的设计、信息系统的实施与评价；汽车服务企业管理信息系统设计实例；区块链技术与汽车服务企业等内容。

复习思考题

1. 什么是汽车服务管理信息系统？
2. 简述汽车服务管理信息系统的体系结构。
3. 简述汽车服务管理信息系统的作用。
4. 简述汽车服务管理信息系统的目标。
5. 什么是非资产型的汽车服务企业？
6. 简述汽车服务管理信息系统的功能结构。
7. 浏览途虎养车网站的功能，并提出自己的建议。
8. 简述区块链技术的原理及特征。
9. 结合数字技术的发展趋势，谈谈大数据、物联网、人工智能、区块链技术等与汽车服务企业深度融合的路径选择。

参考答案

第六章 / **Chapter 6**

汽车服务企业人力资源管理

【学习目标】

1. 了解并掌握人力资源管理领域的基本概念、发展历史。

2. 能够掌握人力资源管理各个环节的相关知识和工作要领。

3. 了解并掌握人力资源管理的基本理论与方法，以提高分析和解决人力资源管理实际问题的能力。

【导入案例】

20世纪初，美国福特公司正处于高速发展时期，福特汽车供不应求。一天，福特公司一台电机突然出了故障，整个车间都不能正常工作运转了，被迫停工。公司调来大批工人反复检修，又请了许多专家来察看，但始终找不到故障原因，无法修复电机。

此时有人提议去请著名的物理学家、电机专家斯坦门茨帮助，公司派专人把斯坦门茨请来维修。斯坦门茨仔细检查了电机，然后用粉笔在电机外壳画了一条线，对工作人员说："打开电机，在记号处把里面的线圈减少16圈。"人们照办了，故障竟然奇迹般地排除了，生产得到恢复。福特公司经理询问斯坦门茨酬金数目，斯坦门茨说："1万美元。"1万美元？就只简简单单画了一条线！1条线，1万美元，这在当时相当于一个普通职员100多年的收入总和，相当于现在的1000万美金。斯坦门茨看大家迷惑不解，转身开了个清单：画一条线，1美元；知道在哪儿画线，9999美元。

福特愉快地付了1万美元酬金，并表示要高薪聘请他。斯坦门茨说现在的公司对他有恩，他不想轻易背叛。为了得到这位科学家，后来，福特只好花重金买下了斯坦门茨原先所在的那家公司。

福特公司过去及现在的发展事例，说明了"人才"的重要性，技术、知识是生产力，而且是第一生产力，企业发展必须重视人力资源的管理。

第一节 概 述

企业是由各种生产要素组成的以实现利润为目标的有机系统。劳动者、劳动工具和劳动手段构成了社会生产力的基础，也是企业生产力不可或缺的组成部分。在农业经济时代，土地是重要的生产要素；在工业经济时代，资本是重要的生产要素；在知识经济时代，人是最重要的生产要素。社会越发展，人们就越深刻地认识到，人力是一种资源，对推动社会进步和企业发展具有举足轻重的意义。因此，在知识经济时代，企业的成败实际上取决于人的管理，怎样求才、知才、用才、育才是每个成功企业管理者必备的素质。把员工看成是最宝贵的财富，为提高员工价值而进行投资，加强对员工的考核激励与职业引导，提高员工活力，是现代人力资源管理的基本出发点。

现代汽车服务企业核心竞争力之一是人力资源管理，汽车服务企业的组织决定着企业

的命运，而企业组织的建设依赖的是人力资源管理。

人力资源管理，就是指运用现代化的科学方法，对与一定物力相结合的人力进行合理的培训和调配，使人力、物力经常保持最佳比例，同时对人的思想、心理和行为进行恰当的引导、控制和协调，充分发挥人的主观能动性，使人尽其才，事得其人，人事相宜，以实现汽车服务企业的发展目标。

一、人力资源管理的发展阶段

人力资源管理活动的发展可以追溯到很远，它的理论形成和发展可分为四个阶段：

（1）**第一阶段**（1930年以前）　当时大机器生产已经是社会生产的主要方式，与之相适应，庞大而且复杂的大机器工业工厂应运而生，如何管理好大机器生产组织中的人，如何提高大机器生产的效率，就成为这一时期人力资源管理研究的中心问题。出现了从工作管理角度和从企业组织角度进行研究的两个代表人物泰罗和法约尔。泰罗的研究形成了工作管理制度：一是对企业中的一些基本生产过程要完成的工作动作和时间进行一系列研究，通过大量的试验确定一项工作所需要的时间，同时研究工人的操作与工具设备，得出最合理的方法，以此作为合理工作量即生产定额；二是为制定好的定额挑选并培训合格的工人，按规定的科学动作从事生产；三是实行"差别付酬制"，按不同的单价来计算工人的工资，以此刺激工人积极性；四是实行管理与执行的明确分工，明确各自的工作范围与职责，以提高管理工作的效率和生产操作的效率。法约尔提出了分工与协作、权利与责任要相适应、命令要统一、指挥要统一、集权分权要恰当、生产经营要有秩序、要注重纪律、组织层次要严整等14条原则。强调在企业里要建立一种高效非个人化的行政级式的组织结构，经过科学的设计形成一定的层级关系，每一个岗位权责分明，一切按规章制度办事。这一时期的人力资源管理开始在员工管理方面发挥积极的作用。

（2）**第二阶段**（1930—1960年）　随着企业劳资矛盾加深，工人开始反对劳动定额，公开与管理部门对抗，人力资源管理成为处理劳资关系的工具。随着企业规模的扩张，人力资源管理也不断地开拓其业务领域和研究范围，包括薪酬管理、基本培训和产业关系咨询等，但仍停留在企业管理的战术层次，未能得到企业管理层的高度重视。

（3）**第三阶段**（1960—1980年）　随着科学技术的迅猛发展，企业管理者开始意识到经济的高速健康发展并非大量实物资本投资的结果，而是与技术、人才的有效运用密切相关，人在工作中的能动性对工作效率和质量具有重要意义，不能把人看作是机器、工具，不能把人看作是被动接受管理的对象，开始强调从吸引人、留住人、提高人到用好人的一系列方法和制度。这一时期人力资源管理在企业管理中的地位已变得不可替代。

（4）**第四阶段**（1980年以后）　20世纪80年代出现了战略人力资源管理理论，把人力资源管理和组织的战略计划作为一个整体来加以考虑，这个战略计划的目的是提高企业的绩效。管理重点在于发现、留住、有效使用核心员工，通过强化核心员工的归属感激发其优良工作业绩，管理目标也由单一目标转为实现企业和员工共同利益的双重目标。总的说来，人力资源管理从保护者、甄选者向规划者、变革者转变，从企业战略的"反应者"向企业战略的"制定者""贡献者"发展。现代人力资源管理更具有战略性、整体性和未来性，在这种企业结构中，人力资源管理起着核心作用，与其他职能部门充分交往，帮助

企业实现其战略目标。

人力资源管理从早期的着眼于"物"的"硬"的管理到强调管理的"软"的一面，再到开发性管理，是人力资源管理不断走向科学的一个进步过程。

二、传统人事管理与现代人力资源管理的区别

在我国，企业长期以来把管理人的部门叫作人事劳动部门，目前企业一般已改称"人力资源部"，但部分企业的"人力资源部"在功能方面以及角色的扮演上并无显著的改变。人力资源管理不是简单的名词置换，而是从思想、理论到方法都有根本的区别。

首先，对人的看法不同。传统的人事劳动管理把人看作"经济人"，认为人干活就是为了钱，因此对人的管理立足于控制与奖惩。而人力资源管理则把人看作"社会人"，认为人除了需要基本的物质生活条件外，还有着对友谊、尊重、信任等较高层次的、社会感情性的、复杂的多种需要，因此管理者要重视安排好令员工满意的工作条件，搞好与员工们的关系，提高员工的士气，从而使其自觉自愿地提高生产效率。

其次，传统的人事劳动管理是以"事"为中心的。人事劳动管理部门是在企业为之确立业务目标之后，开展具体的人事劳动管理工作，主要的也就是抄写、调配、进出、上下等这样一些具体事情。而人力资源管理是"以人为中心的"，把人力资源看作是最宝贵的战略资源，把它看作是企业竞争中生存和发展的最重要的物质基础，同时工作重点是人力资源的开发利用，开发人的潜能，激发人的活力，调动人的积极性。

第三，传统的人事劳动管理是战术性的，工作重点是完成当前的任务，而人力资源管理是战略与战术的结合，不仅要为实施企业战略完成当前的工作任务，更要根据企业战略搞好人力资源开发规划，把工作的重点放在企业未来的发展上。

第四，传统的人事劳动管理是静态的，把人招了进来，安排下去，该干什么就干什么，就可以不管了。而人力资源管理在人员到岗后，要根据人的兴趣、特点、能力，做好同其岗位的吻合工作。能力低，岗位高，工作做不好；能力高，岗位低，工作也做不好。要根据人的能力安排岗位，使其工作具有挑战性，岗位具有竞争性，促进人的能力不断提高。

第五，传统人事劳动管理是机械性的管理，照章办事。而人力资源管理是科学性、技术性、艺术性相结合的。

第六，传统人事劳动管理是被动反映型的，是领导让干什么就干什么，一切照领导指示办。而人力资源管理是事先有规划，按规划办事，主动去做。

第七，传统的人事劳动管理是执行性的，与其他部门是平行的，属于中间执行层。而现代企业却把人力资源开发部门的领导摆在董事、总经理或副总经理层级上，参与企业经营决策。

第八，传统的人事劳动部门被看成是非生产非效益部门，而人力资源部则被看作是生产部门和产生效益的部门。

三、人力资源管理的内容

人力资源管理是指为了完成企业管理工作和总体目标，影响员工的行为、态度和绩效

的各种组织管理政策、实践及制度安排。人力资源管理的基本目的就是"吸引、保留、激励与开发"企业所需要的人力资源。具体内容包括：人力资源规划、工作分析、员工招聘选拔、员工培训、员工绩效管理、员工薪酬管理、员工激励、职业生涯设计与管理、人员保护和社会保障、劳动关系和劳动合同、企业文化与团队建设、人力资源管理系统评估与生产力改进等。

在我国，由于长期以来对行业的偏见，淡化了对汽车服务企业人员的管理，所以面对市场巨大的需求，形成了巨大的人才缺口。现代汽车服务企业本身就是为高科技化的产品提供服务的，产品的高新技术含量越来越高，要熟练掌握运用这些技术，就必须求得有用人才、合理使用人才、科学管理人才、有效开发人才，只有这样才能促进汽车服务企业目标的达成。

1）选择人。这主要指如何确定企业的员工需求并把合适的人员吸引到企业中来，它包括人力资源规划、工作分析、招聘、选拔和委派。企业经过人力资源规划，确定了需要招聘的职位、部门、数量、时限、类型等；再进行工作分析，确定空缺职位的工作性质、工作内容以及胜任该工作的员工应具备的资格、条件，就可以进行人员的招聘。招聘是通过各种信息传播的媒介渠道，把可能成为和希望成为企业员工的人吸引到企业应聘，实现员工个人与岗位的匹配，也就是人与事的匹配；选拔是企业根据用人标准和条件，运用适当的方法和手段，对应聘者进行审查、选择、聘用；委派是把招聘、选拔来的员工安排到一定的岗位上，担任一定的职务。在人才来源上要有一个正确的观念，一定要摒弃过去那种从社会上招散兵的做法，在对企业需求和工作分析的基础上，招聘具有一定技巧、能力的人到企业空缺的岗位上。汽车维修人员最好是在专业院校接受过专业培训或高等教育。汽车技术管理人员必须具有相当的汽车专业知识和实践经验。其他人员也要有相关的知识并熟悉汽车服务行业。

2）培育人。一是对新招聘来的员工进行一定时间的教育，如企业发展现状和远景教育，企业宗旨和企业价值观教育等，使新员工尽快熟悉企业情况、环境。二是对现有员工进行培训，通过各种有针对性的不同方式进行不同的培训，不断提高员工的水平。目前许多汽车维修企业还是靠师傅带徒弟培养人才，维修质量好坏完全凭经验。许多先进的仪器设备不会正确使用，更谈不上熟练操作。所以，加强人才的培养是当务之急。

3）使用人。对人才要量才使用，大材小用不行，小才大用也不行；要用其所能，避其所短，充分发挥其优势。要坚持员工的素质评估和绩效考评制度，对员工的德、智、能、技做出客观的、公正的评价。对那些素质高、绩效显著的员工给予奖励和升迁；对那些素质低、绩效差的员工适当采取降级使用、惩罚、解雇等措施，要做到奖惩分明。

4）激励人。建立各种绩效管理指标，加强对员工的素质、行为及工作成果评价，在绩效考评的基础上，为员工提供所需的、同其事业成功度相匹配的工资、奖酬，增加其满意感，充分发挥工资、奖酬的激励功能。

薪酬是员工地位和成功的重要标志之一，对于员工的态度和行为有着重要影响，薪酬管理既是维持企业正常运转的常规工作，又是推动企业战略目标实现的强有力工具。现代人力资源管理中确定工资实施方案是各类维修企业首先要做的最重要的一件事。长期以来，汽车服务企业中的技术工人工资没有统一的标准，处于无序状态，随意性很大。这样

的工资制度无法调动技术工人的积极性，工人干活，企业给钱，只要有企业出更高的价钱，技术工人就毫不犹豫地往"高"处流。大部分汽车修理企业往往在管理中罚的多，奖的少，造成虽然出现问题该罚，但被罚者心里却不舒服，于是工人怨气很大。因此"多劳多得，奖惩结合"是汽车服务企业薪酬管理的一个基本法则，是目前大多数企业调动员工积极性首要和最为常用的手段，用有限的资金调动员工极大的积极性，这是企业管理者应具备的重要素质。

总之，只有对经营档次及人力资源进行周密详细的分析与准备，才能为投资者提供科学准确的经营决策，生产动作才能顺利进行，企业的健康发展才有保障。

第二节　汽车服务企业人员规划

企业发展以人为本，人才资源作为企业发展的最重要资源，是为企业创造利润的源泉。在激烈竞争的社会里，没有素质较高的员工队伍和科学的人事安排，企业将面临淘汰的后果。但是人才也并不是越多越好，员工的数量和质量同企业的投资额息息相关，所聘用人员数量越多，聘用人才素质越高，企业为此付出的代价也就越高。因此必须把握好人才的数量和质量，注意人才的优化组合，避免人员结构臃肿，资金利用价值不高。本章将以汽车服务企业占比较大的汽车维修企业为例，阐述其在人力资源规划方面应做好的工作。

一、定员

在汽车维修企业人员的配置工作中，要坚持能职匹配的原则，坚持所配置人员的知识、素质、能力与岗位的要求相匹配。俗语说"骏马能历险，犁田不如牛"。一定要从专业、能力、特长、个性特征等方面衡量人与职之间是否匹配，做到人尽其才，用其所长，职得其人，这样才能持久高效地发挥人力资源的作用。

汽车整车维修企业人员应至少满足国家标准《汽车维修业开业条件　第1部分：汽车整车维修企业》GB/T 16739.1—2014规定，汽车综合小修及汽车专项维修业户（汽车综合小修、发动机维修、车身维修、电器系统维修、自动变速器维修、轮胎动平衡与修补、四轮定位检测与调整、汽车润滑与养护、喷油泵喷油器维修、曲轴修磨、气缸镗磨、散热器维修、空调维修、汽车美容装潢、汽车玻璃安装及修复）人员应至少满足国家标准《汽车维修业开业条件　第2部分：汽车综合小修及专项维修业户》GB/T 16739.2—2014规定。

总之，各汽车服务企业在对各自企业人员需求做出科学的全面分析判断后，可进行人员配置。如某汽车服务企业人员配置见表6-1。

表6-1　某汽车服务企业人员配置表

职位	学历	语言	计算机	从事本行业年限	人数
总工程师	本科	英语	使用	15年	1人
总经理	本科	英语	使用	熟悉本行业	1人

（续）

职位	学历	语言	计算机	从事本行业年限	人数
文秘	专科	英语	使用	本专业最好	1 人
技术部工程师	本科	英语	使用	10 年	1 人
培训教师	本科	英语	使用	5 年	1 人
质检员	专科	英语	使用	10 年	1 人
车间主任	专科	英语	使用	10 年	1 人
机工	专科	英语	使用	10 年	13 人
电工	专科	英语	使用	10 年	1 人
钣金工	中职		使用	5 年	2 人
油漆工	中职		使用	5 年	2 人
美容工	中职		使用	5 年	5 人
前台接待经理	本科	英语	使用	10 年	1 人
前台业务员	专科	英语	使用	5 年	1 人
前台结算	专科	英语	使用	会计员 3 年	1 人
财务部经理	本科	英语	使用	会计师 5 年	1 人
会计员	专科	英语	使用	会计员 3 年	1 人
配件经理	本科	英语	使用	5 年	1 人
仓库管理员	专科	英语	使用	3 年	1 人
采购员	专科	英语	使用	有驾驶证 5 年以上	1 人
后勤管理					2 人
合计					40 人

二、确定人员劳动时间消耗

汽车服务企业要为客户的车辆使用提供完善的、高质量的保障系统，并为客户提供优质的、便利的服务环境。企业要取得发展，获得利润，必须确保能以最小的资源消耗，顺利完成在正常条件下的各项工作。因而必须确定与企业经营规模相适应的、合理的工作方法和工作时间，作为合理工作量即生产定额。

1. 工作制度和年工作时数

工作制度主要是指一年的工作天数，每个工作日的工作班数和每工作班的延续工作时间。企业工作制度，一般应由设计任务书规定。生产纲领小的中、小型修理企业，以手工作业为主的工种，一般均采用一班制，以机器设备为主的作业，大多采用两班制，有的生产工艺要求连续作业（如热处理）就采用三班制，为充分利用机床设备，减少基建投资，机加工作业可采用三班制。大量生产的大型修理企业，由于作业的机械化程度高，多采用两班制，以提高投资效益。

年度工作时数是指生产工人在一年内所做工作的小时数。它又分为名义工作时数和实际工作时数。

一名生产工人

名义年工作时数＝［365-（一年中的法定休假日数+一年中的节日天数）］×工作班延续工作时间

实际年工作时数＝［365-（一年中的法定休假日数+一年中的节日天数）］×工作班延续工作时间×工时利用率

2. 年工作总量

汽车服务企业的年工作总量是指企业完成年生产纲领所必须耗用的工作时间。企业的生产纲领乘以完成单件产品修理的工时即为企业的年工作总量。用手工作业和机械手工作业的年工作量计量单位为工时，以机器设备作业的年工作量，取决于工艺过程和设备的结构特点，可用机床小时或设备操作工人的工时计算。

根据各种作业生产纲领的不同计量单位，可将汽车修理作业年工作量的计算归纳为三种类型：

Ⅰ类——以产品件数计，包括拆、装、调试车身修理，钣金，机钳加工，电气、附件修理等作业，年工作量的计算式为

$$年工作量＝扩大工时定额×换算生产纲领$$

Ⅱ类——以产品的质量计，包括零件清洗、热处理、锻压加工等作业，年工作量的计算式为

$$年工作量＝以产品质量计的年生产纲领/设备的小时生产率$$

Ⅲ类——以加工产品的表面积计，包括电镀、油漆、堆焊作业，年工作量的计算式为

$$年工作量＝年生产纲领/每小时的生产率$$

3. 企业人员的确定

生产工人数的确定：

$$生产工人数＝年工作量/工人实际工作时数$$

辅助工人数的确定：一般为生产工人数的10%左右，每名清洁工每班可清扫1800～2500m^2的生产面积。

企业其他人员的确定：按生产工人数的一定百分比确定。

第三节　汽车服务企业人力资源的教育、培训

员工培训是指企业为实现自身目标和员工个人发展的目标，采用一定方式有计划、系统地对全体人员进行培养和训练，使之提高与工作相关的知识、技能和态度等素质，以适应并胜任职位工作。

从根本上说，人是生产力诸要素中最活跃、最重要的因素。现代意义上的竞争主要依靠人，并最终决定于人。因此，从战略高度认识培训的意义，加强员工培训是势在必行的。进一步讲，技术进步和员工发展是企业开展培训工作的动力。技术的不断进步使员工的知识技能逐渐老化；同时员工也对自身的成长发展提出更高的要求，这些都推动企业对员工进行培训。

现代汽车维修企业中的人才流动是必然现象，这是不以某个管理者意志为转移的，企业和企业管理者采取各种措施与机制，只能做到人才的相对稳定。充分认识市场经济下人才流动特点，会使管理者在实施人才政策时，心态趋于平衡，这样做的结果往往会事半功倍，千万不可因为人才的流动而不对员工进行培训，这样会造成企业的恶性循环，得不偿失。

汽车维修企业建立对内部员工的培训机制是稳定人才的主要手段和企业发展的必然措施与动力，制约企业成长的重要因素是企业内部人力资本的供给，企业能扩张多快，很大程度是要看内部管理人员的培养速度。在一定时期通过从外部招聘技术人员和管理人员是必要的，但经验表明，一个企业如果管理人员不能从外部招聘为主转向内部培养为主就不能算是走上正轨的企业。在许多情况下，企业必须根据内部培养的程度，决定其业务的扩张速度，而不是简单地由扩张速度来决定招聘人才的数量，许多急剧扩张的企业后来失败的原因之一就是过多地从外部招聘。外部招聘的另一个危险是（尤其中高层管理人员、技术人员）可能吸纳了对企业不够忠诚的人，因为经常跳槽的人有部分是属于对企业缺乏忠诚感的人员。可以看到许多国外大公司刚开始进入我国市场时到处挖人，除了母公司派来的总经理外，从普通员工到高层经理几乎所有岗位都对外开放，但一旦进入稳定发展阶段后就转向以内部提拔为主，这点值得借鉴。

21世纪是科技发展更加迅速、全面进入信息社会与知识经济的时代，企业发展是真正的日新月异，因此要跟上时代的发展，必须对从业人员开展培训。其重要意义在于：

1）培训是提高员工素质和增强企业竞争力的根本途径之一。人类正在进入知识经济时代，现代社会快速发展的一个重要趋势就是新知识、新工艺、新技术、新产品不断涌现，市场变化多端，稍纵即逝。汽车维修行业，同现代化工业生产相联系，需要不断提高职工队伍的素质，以适应汽车维修作业和企业管理工作的需要，适应工作岗位发展变化的新要求。

2）培训是提高劳动生产率和工作效率的重要途径。通过培训，在生产过程中，能减少所需工作时间，从而降低人力及推销成本，减少材料的浪费或不良产品的产生，从而降低了生产成本。也可以增加员工的知识积累，加速知识更新和引发科学创见（造）。通常情况下，教育培训的程度越高，完成任务的效率就越高，革新与发明创造就越多。

3）培训会给企业带来巨大的经济效益。现代经济发展的实践证明，教育与培训是生产力的重要组成部分，越来越成为发展生产的重要因素。

据日本资料介绍，工人教育水平每提高一个等级，技术革新者的人数就增加6%。工人提出的革新建议，一般能降低5%的成本；技术人员提出的革新建议，一般能降低10%~15%的成本；受过良好教育与培训的管理人员，则可能降低30%以上的成本。由此可见，加强从业人员的技术业务培训，是开发智力，培养人才的重要途径之一，是提高企业生产效率，取得最佳经济效益和有计划培养劳动后备力量的重要措施。

在培训中要坚持以市场经济为导向与企业需求相结合，统一安排、因材施教、灵活多样的原则。时刻研究市场经济发展规律、企业的需要及企业的发展动向，培养实用性人才。对不同对象要区别对待，提出不同的要求，同时采用多种多样的培训形式。

一、对维修人员的培训

维修工人分为初级、中级、高级及学徒工四个级别进行培训。

初级工的培训内容是：汽车结构原理，汽车维修的基本知识，常用原材料、零部件的分类，通用工具的使用与保管，维修的安全操作规程等。通过培训，使其达到能胜任车辆一级维护的工作，满足一般工人的技术要求。

中级工的培训是在初级工培训考核合格的基础上进行的。其基本内容是：深入学习汽车结构原理，汽车性能，汽车故障与排除，汽车技术使用，零部件的配合要求，常修车型的技术参数，汽车维修的质量要求，汽车维修所用原材料的规格、性能、正确保管和使用方法，常用标准件的合格性鉴别，维修专用工具的保管和使用方法，常用机械的正确操作方法，安全生产规程等，并掌握金属加工的一个工种的操作技能，如车、铣、刨、磨、焊等。通过中级工的培训，使其能胜任汽车二级维护和一般小修工作，并在工程技术人员的指导下，能承担某一总成的大修工作。

高级工的培训是在中级工培训合格，并经过一定时期的实践锻炼后，在技术上进一步深造的培训。其主要内容是：常用汽车型号的构造原理、技术使用与维修要求，汽车故障原因和预防，公差与技术测量，金属磨损原理，汽车零部件质量鉴定，维修质量检验，汽车维修所用原材料的质量、性能鉴定，维修专用工具、卡具、器具的正确使用和保管，维修加工机具的操作与维护，绘制简单的零件图和阅读较复杂的装配图，并能指导他人从事维修和金属加工工作。此外，还应掌握维修作业流程、有关定额的考核与计算等。通过培训，使其能胜任汽车大修工作和一般汽车零件的制造和配制能力，成为企业维修的技术骨干力量。

对学徒工采取以适应性教育内容为主、操作技能为辅的培训计划，要坚持德、智、体全面发展的原则。学徒工在参加劳动生产时，要安排老工人当师傅，签订师徒合同，做到包教包会。虽然汽修业发展到今天，利用高新技术设备进行检测诊断维修，但由于汽车修理是一个对实践经验要求非常强的行业，尽管计算机控制在汽车上的应用越来越多，其故障率很低，可靠性高，但机械部分的故障占全部故障的98%以上，所以目前汽车维修还是以经验为主，尤其故障判断。因而善于学习有丰富实践经历员工的经验是非常必要的。学徒工应该是经过中高等专业教育的初到企业的员工，而不是以往意义上的学徒工。学徒期满，要经过考核合格后才能转正。对于学习努力、成绩优秀、确实已达到本工作应知应会的学徒工，可以提前转正。

二、对管理人员的培训

（1）**企业领导人员**　重点学习企业管理、政策法规、市场动向和发展趋势及先进企业的管理经验等。必要时组织他们在国内外进行参观考察，使其成为既懂政治又懂经济，既懂管理又懂经营，按经济规律办事的专门人才。

（2）**企业管理人员**　应按人事、秘书、财会、统计、物资等不同的专业，有计划、有目标地培训。使其不仅能胜任本职工作，还能不断为企业管理提出好的改进意见，做企业的好管家，领导的好助手、好参谋。

（3）企业的工程技术人员　企业中的工程技术人员在新技术、新设备、新材料、新工艺的引进和应用、生产中问题的解决、经营管理的改善等方面都起着非常重要的作用。因此，应着重加强对他们的再教育，尤其要抓紧对质管人员、检验人员的培训。首先要普遍加强理论技术教育，使其在二三年内，在技术水平上提高一个等级；二是对没有受过专业教育的人员，要有计划地进行本专业中专、大专课程的理论教育；三是对质检人员，要能及时进行新工艺、新标准、新车型及检测设备运用的培训，使其做到熟练掌握、运用自如。

在对员工进行培训的内容中，还必须加入态度的培训。员工工作态度是影响员工的士气及企业绩效的重要因素。一般而言，每个企业都有自身特定的文化氛围及与之相适应的行为方式，如价值观、企业精神和企业风貌等。必须使全体员工认同并自觉融入这一氛围中，建立起企业与员工之间的相互信任关系，培养员工对企业的忠诚及积极的工作态度，增强企业观念和团队意识等。

第四节　汽车服务企业人力资源的管理

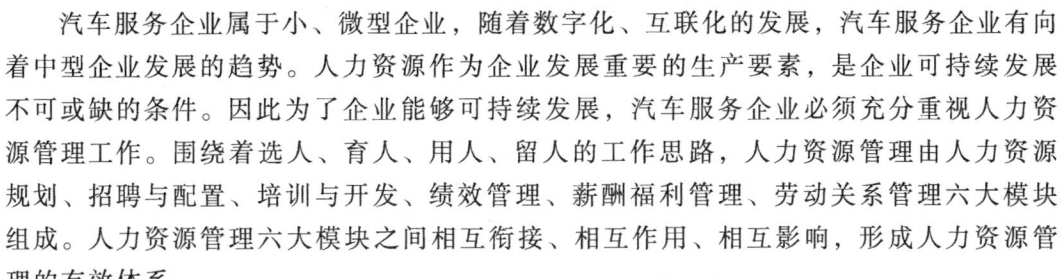

汽车服务企业属于小、微型企业，随着数字化、互联化的发展，汽车服务企业有向着中型企业发展的趋势。人力资源作为企业发展重要的生产要素，是企业可持续发展不可或缺的条件。因此为了企业能够可持续发展，汽车服务企业必须充分重视人力资源管理工作。围绕着选人、育人、用人、留人的工作思路，人力资源管理由人力资源规划、招聘与配置、培训与开发、绩效管理、薪酬福利管理、劳动关系管理六大模块组成。人力资源管理六大模块之间相互衔接、相互作用、相互影响，形成人力资源管理的有效体系。

本节将从这六大模块出发阐述汽车服务企业人力资源管理相关工作。

一、人力资源规划

从汽车服务企业中长期发展规划出发，结合汽车服务企业现状，汽车服务企业需认真做好人力资源规划工作，满足企业生产经营工作正常运行及企业后续发展需要。人力资源规划的主要工作内容有：组织机构的设置、企业组织机构的调整与分析、企业人员供给需求分析、企业人力资源制度的制定与建设、人力资源管理费用预算的编制与执行。人力资源配置是人力资源管理的起点。

企业组织机构设置应遵循的原则有：客观需要原则（满足企业发展和实现公司发展目标需要客观设置各个机构部门及岗位）、权责对等原则（为了实现部门及岗位职责，需要授予对等权力，防止人浮于事）、集权分权原则（从提高工作效率及调动积极性方面出发权力集中和分散的程度应明晰并落实到纸面上）、合理管理幅度原则（管理幅度应合理，幅度过小无法提升效率和提高积极性，幅度过大难以涉及）、内部制约原则（为了防止滥用职权、以权谋私现象的发生，每项经济行为的参与与决策需要有至少两个部门来执行）、分工协作原则（一个企业的目标不可能是由企业的哪一个部门来单独完成，需要多

部门的分工协作）、稳定原则（企业的组织机构一旦建立，需要在一定时期内保持稳定，便于提升企业的凝聚力、职工队伍的稳定，确保企业可持续发展）、应变原则（企业处于一个动态变化的市场和环境中，在市场和环境变化时，应当依据动态变化，适时对企业的组织机构进行分析调整）。

组织机构设置与调整后，需要对企业人员供给与需求进行分析，企业人力资源供求达到平衡（包括数量和质量）是人力资源规划的目的。企业人力资源供求关系有三种情况：人力资源供求平衡；人力资源供大于求，结果是导致组织内部人浮于事，内耗严重，生产或工作效率低下；人力资源供小于求，企业设备闲置，固定资产利用率低，也是一种浪费。人力资源规划就是要根据企业人力资源供求预测结果，制定相应的政策措施，使企业未来人力资源供求实现平衡。

企业人力资源管理制度是企业运行的载体，人力资源制度包括：员工行为规范、薪资、福利、假期、考评、奖励等。通过人力资源管理制度具体操作规范可以实现企业人力、物力、财力资源的最佳配置，实现企业的战略目标。通常人力资源管理制度会在企业员工手册中具体体现。

人力资源预算是指在一个生产周期内对各项人力资源费用进行预估和审核，人力资源费用由企业的人力成本（员工工资）、国家社会保障体系所要求的各种基金和保险费用以及人力资源部门牵头支出的费用（三个部分组成）。费用预算首先必须符合政府的相关规定，同时需要参照同行业人力资源费用的平均水平。

二、招聘与配置

招聘与配置是基于人力资源规划和组织机构设置，为了发展的需要，寻找、吸引那些有能力又有兴趣到本组织任职，并从中选出适宜人员予以录用的过程。

人力资源配置就是指在具体的组织或企业中，为了提高工作效率、实现人力资源的最优化而实行的，对组织或企业的人力资源进行科学、合理的配置。人力资源配置牵涉到人与事、人自身条件、企业组织机构、行业现实等方面。在进行人力资源配置时需要在企业人力资源供求分析的基础上从以下几个方面进行仔细分析：总量配置分析（在本章第二节已经涉及，不再介绍）、结构配置分析（从企业实际运营需要及未来发展需要分析管理岗、技术岗、生产岗、辅助岗等结构配置是否合理，避免出现从直接到间接的人力成本浪费）、质量配置分析（不同岗位需要人员的知识结构、能力水平等要求不同，不同的职位、岗位需要有明晰的知识水平及能力水平的详细要求，需要认真分析，从而避免人才浪费及文凭低、实用能力强的人被扼杀的现象发生，充分吸引人才为企业的发展做出应有的贡献）、工作负荷分析（从员工身心健康出发，每个部门的人力资源配置都应与其所承担的工作量相适应，使得工作负荷量与人力资源身心承受能力相适应）、使用效果分析（人力资源配置分析最终要考虑人员在对应岗位上的使用效果，使得能力与岗位绩效达到最佳匹配，创造最佳的人力资源效率）。

进行人力资源配置分析是以企业内部人力资源配置为基础的。在内部人力资源调配仍不能满足人力资源配置要求时，需要进行外部招聘。

人才招聘由招聘计划、招聘、应聘、面试、录用几个环节组成。招聘计划源于人力资

源配置分析和内部人力资源配置，对岗位、职位人员企业内部不能满足的，由用人部门向人力资源部门提出人才招聘计划申请，在人才招聘计划中必须明晰岗位职位、人才知识要求、能力要求、职业背景需求、需求数量、招聘职位的基本工资和预算工资，人力资源部门和主管领导审核通过后，由人力资源部门向外发布招聘信息并收集应聘者信息，人力资源部门协同用人部门对应聘人员进行筛选，确定人选并与用人部门一起组织面试，最终确定录用人选。

企业人员招聘必须遵守以下六大原则：双向选择原则，公开公平竞争择优原则，人尽其才、适才适岗、能位匹配原则，先内后外原则，确保质量原则，成本最低原则。

三、培训与开发

企业在录用员工报到之后，首先需要对员工进行入职培训，入职培训由企业的人力资源部门组织实施，培训内容包括：企业的历史和背景、企业的人力资源管理制度（员工行为规范、薪资、福利、假期、考评、奖励）、职业道德教育、安全生产教育等多个方面。让新入职员工在了解企业文化和企业各项规章制度的基础上，尽快融入企业大家庭中。在入职培训阶段，部门由专人引导负责新员工熟悉工作环境和工作流程，使得员工能够尽快从事并适应新的工作。

此外，企业人力资源部门针对不同的岗位、职位需求和员工的实际情况，应首先评估培训需求，建立针对不同岗位、不同职位的培训课程体系，针对培训课程体系建立不同的培训目标，制定培训计划，有计划地组织实施评价，培训结束后对培训效果进行评价。

有关汽车服务企业不同人员和岗位人员的评价本章第三节已经介绍过，这里不再赘述。

人员培训的最终目的是帮助员工胜任工作并发掘员工的最大潜能。

四、绩效管理

绩效是在汽车服务企业中，本部门及员工完成工作的结果或履行职务的结果。换句话说，就是企业部门及员工对企业的贡献，或对企业所具有的价值。在汽车服务企业中，部门及职工工作绩效具体表现为完成工作的数量、质量、成本费用以及为本企业做出的其他贡献等。

绩效管理是企业目标管理的一个方面，绩效管理是指管理者与员工之间在目标与如何实现目标达成共识的基础上，通过激励和帮助员工取得优异绩效从而实现组织目标的管理方法。绩效管理的目的在于通过激发员工的工作热情和提高员工的能力和素质，以达到改善公司绩效的效果。绩效管理的工作内容包括：绩效计划的制定、绩效辅导沟通、绩效考核评价、绩效结果的应用、绩效目标的提升，绩效管理是一个持续循环提升的工作过程。

绩效计划是绩效管理的第一个步骤，绩效计划由公司绩效计划、部门绩效计划、员工绩效计划组成，首先围绕公司战略目标制定公司绩效计划，然后公司绩效计划会分解为部

门绩效计划，再次将部门绩效计划会分解为个人绩效计划。员工绩效计划是部门及公司绩效目标的最小单元。绩效计划是有时间段的，因此会有年度绩效计划、季度绩效计划、月度绩效计划等。绩效计划的主要内容包括：本绩效周期内的工作要领、衡量工作要领的关键性指标、关键业绩指标的权重、工作结果的预期目标、工作结果的测量方法、关键业绩指标的计算公式及计分方法、关键业绩指标统计的计分来源、关键业绩指标的考评周期、在达成目标的过程中可能遇到的困难和障碍。各岗位在完成工作的时候拥有的权力和可调配的资源、组织能够为员工提供的支持和帮助以及沟通方式。绩效计划中明晰了考核周期中所需要完成的工作，并通过关键性指标明晰工作重点，并且明确预期目标及其考核计算方式，为绩效考核提供了明确的依据。绩效计划中还需明确完成绩效目标后能够获得的激励。

在绩效计划制定的基础上，各级主管与下一层部门和员工需要做好辅导沟通，使得下一级部门及员工充分理解绩效计划，并签订绩效考核周期内的目标管理责任书，双方签字确认。

绩效考核评价依据管理责任书，在绩效周期结束后应及时进行绩效考核评价，绩效考核的评价者可以是主管领导、员工同事、下级、工作绩效评估委员会。考核结果应与被考核者做好反馈，便于被考核者理解，并了解自己需要努力与提高的方向。

绩效考核的结果为员工激励、员工薪酬管理、员工职务调整、员工培训等方面提供依据，同时也为下一绩效周期绩效计划的制定提供参考。

五、薪酬福利管理

薪酬福利管理是指企业在经营目标的指导下，通过制定合理的薪酬福利制度，以实现人力资源管理目标的行为和过程，是企业激励和留住人才的最有效手段之一。

汽车服务企业应根据企业本身、行业现状和政府相关法规建立适合本企业运营与发展的薪酬福利体系，来引导人力资源向合理的方向运动，从而实现企业目标的最大化。薪酬由基本薪资、津贴、奖金、福利几个方面组成。薪酬体系建立应遵循按劳分配、效率优先、兼顾公平及可持续发展的原则。薪酬中基本薪资部分首先需要对企业组织机构设置中的岗位进行合理而详尽的分析，并做好公平合理的岗位评价（通过分类法、排序法、要素比较法等方法对岗位进行排序，确定企业内部每个岗位的相对价值），对同行业、类似岗位的薪资进行仔细的调研分析后确定薪资等级级差，结合本企业实际情况及未来发展需要调整薪资等级。薪酬体系的设计应当在国家和地区相关劳动法律法规允许的范围内进行。

津贴的名目很多，从津贴的管理层次区分，可以分为两类：一类是国家或地区、部门统一制定的津贴、补贴；另一类是企业自行建立的津贴、补贴。国家统一建立的津贴，一般在企业成本中列支；企业自建的津贴，一般在企业留利的奖励基金或效益工资中开支。津贴包括岗位津贴（岗位津贴指为了补偿职工在某些特殊劳动条件岗位劳动的额外消耗而建立的津贴）、地区性津贴（是指为了补偿职工在某些特殊的地理自然条件下生活费用的额外支出而建立的津贴）、生活津贴（是指为保障职工实际工资收入和补偿职工生活费用额外支出而建立的津贴）。

奖金作为工资的一种形式，支付给职工的超额劳动报酬和增收节支的劳动报酬，奖金的设置可以与绩效管理相结合，来进行考核与奖励。

福利是企业或其他组织以福利的形式提供给员工的报酬。福利有法定福利（政府通过立法要求企业必须提供的，如社会养老保险、社会失业保险、社会医疗保险、工伤保险、生育保险等）、企业福利（用人单位为了吸引人才或稳定员工而自行为员工采取的福利措施，例如工作餐、工作服、团体保险等，企业福利根据享受的范围不同可分为：

1）全员性福利。全体员工可以享受的福利，如工作餐、节日礼物、健康体检、带薪年假、奖励礼品等。

2）特殊群体福利。指能供特殊群体享用，这些特殊群体往往是对企业做出特殊贡献的技术专家、管理专家等企业核心人员。特殊群体的福利包括住房、汽车等项目。

汽车服务企业从吸引人、用人、留人、激励人的要求出发，应该制定企业薪酬管理条例，并按照该条例做好人员薪酬管理工作。

六、劳动关系管理

企业劳动关系主要指企业所有者、经营管理者、普通员工和工会组织之间在企业的生产经营活动中形成的各种责、权、利关系，包括所有者与全体员工的关系、经营管理者与普通员工的关系、经营管理者与工人组织的关系、工人组织与职工的关系。

劳动关系管理就是指传统的签合同、解决劳动纠纷等内容。劳动关系管理是对人的管理，对人的管理是一个思想交流的过程，在这一过程中的基础环节是信息传递与交流。通过规范化、制度化的管理，使劳动关系双方（企业与员工）的行为得到规范，权益得到保障，维护稳定和谐的劳动关系，促使企业经营稳定运行。

劳动关系管理应遵循以下原则：兼顾双方利益原则、协商解决争议原则、以法律为准绳原则、劳动争议预防为主原则。

劳动关系管理须遵守《中华人民共和国劳动法》《中华人民共和国劳动合同法》《中华人民共和国社会保险法》《中华人民共和国就业促进法》《中华人民共和国劳动争议调解仲裁法》《中华人民共和国劳动合同法实施条例》《工伤保险条例》《国务院关于职工工作时间的规定》《工资支付暂行条例》等相关法律法规。企业需要依据相关法律法规制定相关劳动关系管理制度，包含劳动合同管理制度、劳动纪律、劳动定员定额规则、劳动岗位规范制定规则、劳动安全卫生制度等方面的内容。劳动关系管理制度制定过程要求企业职工参与，体现民主管理，并以正式文件发布。

拓展知识内容可扫码进行观看。

 小结

　　本章节介绍了汽车服务企业人力资源管理的概念、人力资源管理的发展进程，汽车服务企业人力资源管理相关工作内容，侧重介绍了汽车服务企业人力资源规划工作以及汽车服务企业人力资源的教育、培训相关工作内容。

 复习思考题

　　1. 人力资源管理和其他资源管理相比有什么特点？

　　2. 简述现代人力资源管理和传统人事管理的区别。

　　3. 简述人力资源管理的基本内容。

　　4. 简述各类汽车维修企业的人员配置。

　　5. 加强员工培训对企业有什么重要意义？

　　6. 对汽车服务企业维修人员和管理人员的培训有何不同？

参考答案

第七章 / **Chapter 7**

汽车服务企业物资管理

【学习目标】

1. 了解汽车服务企业物资管理的任务和内容。
2. 了解汽车服务企业物资定额管理及仓库管理的基本要求。
3. 掌握汽车及配件出入库管理的主要方法及流程。

【导入案例】

　　ABC 有多个工厂位于美国西部和中部，是航空航天制造业的二级供应商。随着业务的增长，ABC 前些年增加了一些分拨功能的仓库（Distribution Center, DC）。不幸的是，存在库存不准确、空间利用率低、运输效率低、过度依赖手动记录保存等落后的仓储管理问题，这些问题阻碍了 ABC 公司在面对市场增长时实现最佳业绩的能力。

　　ABC 公司意识到仓储管理在供应链中至关重要的作用后，决定建立一个项目团队，该团队的主要目标是改进 DC 的管理。该团队的第一项业务就是评估仓库管理流程的当前状态，包括库存周转、数据完整性、运输、交付指标、空间利用率、加班及其他关键性能指标。

　　为了改变仓库管理过程，所涉及的专业人员必须清楚事物的当前状态，创建一个清晰的愿景，即他们希望未来的状态是什么。这步工作非常重要，明确了管理期望、促进了解有关的人员、提高了团队效率、消除了工艺浪费并减少了项目所需时间。

　　当前状态

　　通过直接参与运营，项目团队识别出仓库所有区域中存在的问题，包括：

　　1）库存统计是用纸质报告、索引卡和独立电子表格结合起来处理的。这是一个劳动密集型的过程，很难看清库存，而且容易造成错误。

　　2）端到端数据不透明、不准确，就产生了过剩或过时的库存。常常导致订单不合格，交货性能差。

　　3）由于追踪库存的方法无效，仓储操作员（Picker）花了比预期更长的时间来寻找货物，这减缓了装载过程，并造成订单延迟。

　　4）由于库存的产品存放在多个地点，ABC 对库存盘点没有信心。当库存从一个存储区移动到另一个存储区时，团队先通过纸质单据记录，然后将数据输入到独立的系统中以跟踪位置转移。

　　5）由于仓库管理系统（Warehouse Management System, WMS）的不完善，导致很多不必要的工作。例如，高销量高流转的库存（High-selling Inventory）被存放在仓库的后部，这导致了处理时间过长，降低了效率。

　　6）公司历史遗留的仓库管理系统使用纸、笔做手工记录，数据输入在一个固定的仓库终端。例如，记录跟踪货物拣选的多步过程后发现：在当前状态下，拣选员（Picker）将一张单据传递给检查员（Checker），必要的检查后转给标签员（Stager）。然后，另一

个仓库工作人员会把单据传递给装载工（Loader）。与任何繁琐的手工记录过程一样，出错和延迟的机会相当高。

改善过程

1）以工作坊形式组织相关业务流程的人员共同讨论，来确定当前状态和行业最佳实践之间的差距。这才有可能设计未来的业务流程，使其是有效的、可以落地执行的。

2）每个仓库的业务流程和流程间的衔接都被仔细地梳理，包括采购、库存以及存储、拣选和运输。这是一个关键阶段，它确定了许多消除浪费和提高仓库管理效率的机会。此外，随着未来状态的设计变得清晰，团队能够更好地定义和量化可以实现的益处。

3）新流程的试运行，建立一个业务案例检验新的流程，所有的仓库管理过程的相关者都参与。业务案例很重要，因为它在每一个步骤都被用来确认流程更改后所达成的结果与项目预期是否一致。

项目团队随后制定了一套系统要求：

1）优化库存控制的仓库管理解决方案。利用条形码和射频手持设备跟踪库存，库存精度将通过扫描产品条形码和验证位置来保证。提高库存准确性将有助于公司减少所需库存量和额外库存的运输成本，同时保持足够的库存水平去完成订单。

2）改进数据录入的方法。条形码扫描仪或其他读取设备将减少数据录入错误，加快数据收集，并及时将仓库数据集成到企业资源计划（Enterprise Resource Planning, ERP）系统中。

3）ERP 中有效的 WMS 嵌入，可以访问实时销售，生产和采购订单，将使库存信息无缝地在仓库和 ERP 系统之间流动。

4）拣选员的无线手持设备将准确地指导订单履行过程，确保拣选员到正确的位置。通过扫描验证位置和数量，将极大缩短用于产品搜索的时间并确保精度。

5）仓库和 ERP 系统之间的自动数据传输将为发票、采购订单支付、库存跟踪及管理带来及时准确的数据。

第一节　概　　述

物资是企业生产经营活动的最基本条件，也是保证企业生产活动得以正常进行的基础。物资贯穿于企业整个生产经营活动中，并在生产中不断改变自己的形态，创造价值。加强对企业物资的管理，涉及企业内外各个领域和环节，包括对物资需求、采购、使用、保管的控制等。加强企业物资管理对于有效地利用物资、保证生产经营活动的顺利进行、提高企业经济效益有着十分重要的意义。

一、物资管理

1. 物资管理的内容及意义

所谓汽车服务企业的物资管理，是对汽车服务企业经营活动所需的各种物资供应、保

管、合理使用等一系列管理工作的总称。它主要包括物资供应计划的编制、物资的采购、物资消耗定额的制定和管理、物资储备量的控制、仓库管理、物资的节约使用和综合利用等工作。

企业的生产过程同时也是物质资料的消费过程。合理地组织物资供应，是保障企业正常进行生产经营活动的物质前提。搞好物资管理，对于促进企业不断地提高服务质量、用户满意度、企业的劳动生产率，增加业务量，加速资金周转，减少物资消耗，降低产品成本，增加企业利润，提高企业经济效益有着重要的意义。物资管理是企业管理系统必不可少的生产保障子系统。它是企业管理的重要组成部分。

2. 物资管理的任务

汽车服务企业物资管理的任务，总的来说，是做好企业正常经营活动的后勤物资保障，是按照企业经营活动的需要和市场需求的预测，按质、按量、按品种、按时间、成套地供应企业生产经营活动所需的各种物资，并且通过有效的组织形式和科学管理的方法，监督促进企业合理使用物资，提高企业经济效益。具体来说，汽车服务企业物资管理的基本任务有以下几个方面：

(1) **建立健全物资管理机构** 汽车服务企业领导要分工负责物资管理，并要根据汽车服务企业规模，配备一定数量的专职和兼职物资管理人员，负责物资供应计划的编制、物资的采购、物资消耗定额的制定和管理、仓库管理等工作。

(2) **建立健全物资管理制度** 汽车服务企业应当根据国家的法律法规要求以及行业主管部门的具体规定，结合本企业的汽车服务特点制定企业的配件等物资管理制度，整车及配件等物资的采购、装卸搬运、保管储存、发放和使用等，都要制定标准，实行工作岗位责任制。

(3) **掌握物资的供需信息** 物资管理部门一方面要掌握汽车服务经营中需要什么整车及配件等物资，需要多少，什么时候需要；另一方面要掌握汽车消费品市场、生产资料市场、技术市场等物资供应的数量、质量、价格及品种，以及供应来源和供应渠道等信息。物资管理部门要有自觉性，主动经常对企业内外开展调查研究，要充分利用网络等信息系统收集汽车及配件等物资的信息，才能掌握汽车及配件等物资的供需信息。

(4) **供应物资** 物资供应部门要以最佳的服务水平，按质、按量、按品种、按时间，成套、经济、合理地供应汽车服务经营中所需的各种物资，保证汽车服务经营活动顺利地进行。整车及配件厂供货物资可及时通过网络等信息工具联系。

(5) **储备物资** 做好整车及配件等物资的运输、入库验收、储存保管、审核发放、核销、盘存和回收利用等工作。在进行库存决策时，物资供应部门应根据物资的供需情况和运输条件，全面地分析哪些物资要库存，哪些物资不要库存。对于需要库存的配件等物资，要运用科学的方法，制定先进合理的储备定额，经济合理地储备物资，优化物资储备量，减小库存，加速流动资金周转。

(6) **指导、督促员工合理使用和节约物资** 在保证产品质量的前提下，物资供应部门要尽量选购资源充足、质优价廉的配件等物资和代用品，有效地利用物资，降低产品或服务成本；制定先进合理的物资消耗定额，搞好物资的综合利用和修旧利废工作，节约物资，并要督促一切物资使用部门的员工，努力降低物资消耗。

二、物资的分类

企业所需的物资品种繁多，规格复杂，变化较大，各种物资又有其不同的特点和要求。为了便于加强管理，合理组织采购和供应，严格控制资金占用，提高经济效益，必须对企业的各种物资进行科学合理的分类。物资按其在生产经营中的作用分类如下：

1. 按物资在汽车服务中的作用分类

（1）**主要原料和材料**　如漆料及其辅料、机油、燃料（汽油、柴油等）。

（2）**整车及配件**　整车包括新车、二手车等，配件包括专用配件（曲轴、气门）、通用配件（螺栓、螺母）、总成（发动机、变速器、后桥）、仪表等。此外，还有汽车美容产品及汽车附件等。

2. 按物资的自然属性不同分类

（1）**金属材料**　包括用于车辆修理、厂房维护等钢铁金属和非钢铁金属的各种原材和型材。

（2）**非金属材料**　包括汽油、柴油等石油产品，防冻冷却液中乙二醇等化工产品、制动软管等橡胶产品等。其中还可分为危险品（燃油、腐蚀性物品、爆炸品等）和非危险品。

3. 按物资使用方向不同分类

可分为维修物资（漆料及其辅助材料）、销售物资（整车及配件）等。这种分类便于进行物资分类管理，便于按使用方向进行物资核算和平衡。

4. 按物资供应渠道不同分类

可分为整车及汽车配件厂供货物资、一般物资等。整车及配件厂供货物资受厂商约束。这种分类主要是为了根据物资的不同供应渠道进行申请、订货或采购。

第二节　物资定额管理

一、物资消耗定额

1. 制定物资消耗定额的意义

任何类型的汽车服务企业，只要对汽车进行服务工作，都必然要耗用一定的人力和物力，才能满足客户对于汽车技术状况或外观形态的期望值。在所耗用的物力中，除一部分是固定资产（厂房、车辆、设备、机具）的磨损费用之外，大部分是属于一次性转移的物资消耗（运行燃料、配件、原材料和辅助材料等），如果对它们的耗用不制定一定的标准，就会不可避免地造成巨大的浪费。因此，要做好物资管理工作，首要任务就是要制定各类物资的合理消耗定额。

所谓物资消耗定额，是指在一定的技术、组织、环境条件下，为完成一定数量的工作任务或合格产品所必须消耗的各类物资的数量标准。

汽车服务企业各类物资的消耗定额，一部分是由上级主管部门制定，一部分是由企业

自行制定。无论是由哪一级制定的定额，当正式公布实行后，便属于必成性的标准，企业每个生产经营部门和个人，都必须尽最大可能达到或更好地完成定额要求。在汽车服务业的生产经营管理工作中，物资消耗定额可以起到的作用为：

1）物资消耗定额是企业确定计划物资消耗量，编制物资供应计划的主要依据。物资采购计划是企业经营技术财务计划的组成部分之一。物资采购计划的编制主要是依据计划期规定的生产任务与物资消耗定额进行计算得出的各类物资消耗的数量，如果没有物资消耗定额，或者定额不够合理，则编制出来的物资供应计划必然会与生产任务的需要量发生较大的差距，造成计划供应的物资不敷应用或储存过多的缺陷。

2）物资消耗定额是实行经济核算、促进节约物资消耗的有力工具。物资消耗定额是企业开展经济核算的重要基础，在一定程度上可以说没有定额就不可能开展经济核算。

物资消耗定额是企业在完成一定数量的工作任务时，允许某类物资的最高消费额的标准，因而在开展劳动竞赛和劳动成果评比时，可以利用是否达到规定的物资消耗定额作为评比的工具。

3）物资消耗定额是促进企业提高生产技术、经营管理、生产组织和操作水平的重要手段。生产经营活动中所消耗的物资数量在很大程度上是取决于企业所采用的技术、生产者的操作水平和企业的整个组织管理工作，对于汽车服务企业还取决于运行生产调度水平，这些方面是先进还是落后，将使物资消耗数量产生相当大的差距。所以，一个科学而合理的物资消耗定额，对于促进企业全面改善管理工作，提高生产组织、技术和操作水平，将起到非常重要的作用。

物资消耗定额能否起到上述的作用，关键在于所制定的定额是否先进合理。如果定额过高，超出正常消耗之上，则可能产生浪费和虚耗，因而这种定额是落后的；但是定额如果过低，处于正常（必须）消耗之下，将出现无论采取何种措施，都达不到定额要求，则这种定额将打击职工节约物资消耗的积极性，同样不能发挥定额的上述作用。

所谓先进合理的物资消耗定额，必须是在现有的技术水平、生产环境和企业现有的操作水平条件下，按照生产所需的消耗数量规定定额，该项定额应保证从事这一生产活动时，大部分劳动者可以达到，少数人优于定额标准，个别人或个别情况下完不成定额要求。

在一般条件下，制定物资消耗的先进合理定额是一种平均先进定额，制定的方法是采用"再平均法"，即将实际执行过程所收集的实耗资料计算得出的平均数为基数，再将超出平均数以上的数值进行再平均，以再平均所得的数值作为定额。结论是：这种定额高于总体平均数，低于先进数，亦即企业大多数定额执行者经过努力可以达到的标准。

2. 制定物资消耗定额的方法

物资消耗定额的制定，是依据企业当时的具体条件、制定定额人员的经验和业务水平、企业所掌握的参考资料的数量与质量等各方面因素来进行的。

在有订单的情况下，可根据客户订单或合同统计确定汽车零部件等物资消耗定额，通过网络等信息工具，联系供货厂家，使其按订单或合同要求，及时、保质、保量完成供货，这也是4S店等常用的确定企业物资消耗定额的方法。

在没有订单或合同供确定配件物资消耗量时，可用以下方法确定汽车及配件物资消耗量：

（1）**经验估计法**　是指企业初次从事该项生产活动，无以往物资消耗数据和其他企业的参考资料，但生产工作又迫切需要有一个物资消耗定额时，采用这种方法制定临时性的物资消耗试行定额。采用这种方法制定的定额准确程度较差，而且随制定定额人员的经验是否丰富和科学而转移。所以，企业采用这种方法制定的定额，应在一段时间的试行后，根据实际执行情况适当地进行修订。

（2）**统计分析法**　当企业以往曾经从事过该种生产活动，并积累了一定数量的物资实际消耗量数据，就可以依据积累的统计资料进行分析、计算，确定该类物资消耗定额。显然，采用这种方法所制定的定额准确程度，受以往统计资料的可靠性和以往采用的生产方法、操作水平与管理水平影响。

（3）**实际测定法**　这是在大规模生产之前，利用少量生产实际称量来确定该类物资消耗定额的方法。采用这种方法所制定的定额准确程度，受试生产时操作人员的技术水平、测定人员的工作熟练程度、称量工具是否准确所限制，但这种方法是通过实践测定，只要组织周密，在一定程度上可靠性较高。

（4）**技术计算法**　是指依据技术文件所设计的额定消耗量根据具体情况计算制定。例如，汽车配件制造是依据设计的产品规格和工艺加工的预留量以及正常损耗计算得出的该类产品主要原材料消耗定额；汽车运行燃料消耗是依据出厂说明书规定的燃料消耗定额参照本地区道路情况计算得出。采用这种方法制定的定额准确程度较高，但是，当影响因素较多时，计算工作量较大。

上述四种物资消耗定额的制定方法可根据不同情况、不同要求而选用，但无论采用何种方法都必须尊重科学、依靠实践、相信职工，定额试行后，必须周密组织观察试行情况，听取实际操作人员的正确意见，适时地进行修订。

3. 物资消耗定额的管理

物资消耗定额的管理包括制定、执行、考核、分析及修改等一系列工作。搞好物资消耗定额的管理，是做好物资控制工作的基础，是增产节约的有效途径和提高经济效益的重要措施。物资消耗定额管理工作主要有：

（1）**定额的制定**　不论选用什么办法制定定额，都应遵循实事求是、先进合理、综合效益等原则，才能搞好定额制定工作。定额制定后，应整理汇总，经过审批，分类成册，列表立卡，建立必要的定额文件，作为控制的依据。

（2）**定额的贯彻执行**　在定额执行过程中，应严格按定额标准办事，坚持限额发料制度；建立健全计算物资消耗的原始记录和统计工作制度，及时、全面、准确、系统反馈物资消耗信息，探索物资消耗规律，为修改定额积累资料，不断提高定额工作水平。

（3）**定额管理责任制度的建立**　每项物资消耗定额的管理必须层层落实到具体的单位和个人。开展节约材料消耗的竞赛活动，并把物资节约纳入经济责任制进行考核和奖罚。

（4）**物资消耗定额的及时修订**　企业应根据生产技术组织条件的变化，对物资消耗定额作相应的修改，以保持其先进合理的水平。

二、物资储备定额

企业要连续地进行生产，就必须有足够的原材料、燃料等物资作保证。但由于生产过程中各种物资的消耗是不断地产生，而各种物资的供应却是间断地、分批地进行，加上物资采购误期、运输交货误期或运来的物资不合格需要退换等不正常情况以及季节性因素等，企业必须要有一定的物资储备。

加强物资储备定额工作，制定合理的物资储备定额，使储备量做到科学合理，是实行严格的库存控制，达到保证生产连续进行和库存费用最低的有效手段和可靠保证。

1. 物资储备定额的概念和种类

（1）物资储备定额的概念　物资储备定额是指在一定的生产技术组织条件下，为保证生产经营活动顺利进行所必需的、经济合理的物资储备的数量标准。这是企业物资库存控制重要的基础工作，是企业编制物资供应计划的依据，是使物资库存经常保持经济合理水平的必要工具，也是企业核定流动资产中存货资金定额的重要依据，还是企业确定物资储存的仓库面积和设施的依据。因此，物资储备定额必须经济合理，既要保证生产的需要，又要合理使用和节约资金。在生产过程中，生产与需求之间或供应和消费之间，不可能完全做到同步、同量地进行，在时间和空间上必然会产生一定的差异。为了使物资储备量和资金占用量保持合理水平，做到既保证生产经营需要，又节约资金占用，就必须对物资库存进行控制。

（2）物资储备定额的种类

1）经常储备定额：是指某种物资在前后两批进厂的供应间隔期内，为保证生产正常进行所必需的、经济合理的物资储备数量。

2）保险储备定额：是指为预防物资到货误期或物资的品种、规格不合要求，为了保证生产正常进行而储备的物资数量。

3）季节性储备定额：是指物资的生产或运输受季节影响，为保证生产正常进行而储备的物资数量。物资储备关系如图7-1所示。

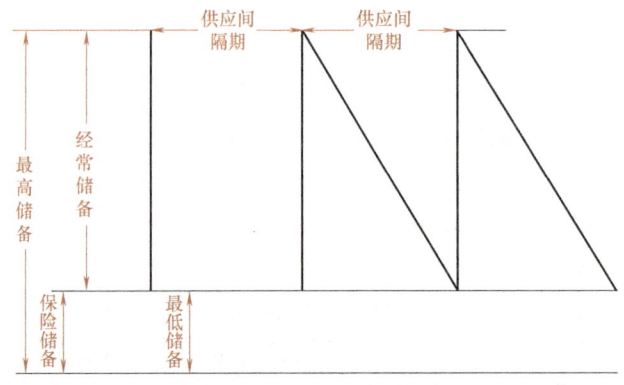

图7-1　物资储备量关系

（3）物资储备定额的作用

1）物资储备定额是编制物资供应计划和采购订货的主要依据。物资供应计划中的储

备量，是根据储备定额计算的。只有确定了储备量后，才能根据需要量确定采购量并组织采购。

2）物资储备定额是掌握和监督库存动态，使库存经常保持在合理水平上的重要工具。

3）物资储备定额也是企业核定流动资金的重要依据。物资储备资金一般在企业的流动资金中占有一定的比重，确定先进合理的物资储备定额，就能节约有限的资金，加速资金的周转。

4）物资储备定额是确定企业现代化仓库容积和储运设备数量的依据。

2. 物资储备定额的制定

（1）物资储备定额通用计算公式　经常储备定额、保险储备定额、季节性储备定额都可以用通用计算公式确定，即

$$M = \rho\Delta$$

式中　M——物资储备定额；

　　　ρ——该物资平均每天需用量；

　　　Δ——该物资合理储备天数。

如 Δ 为经常储备天数或保险储备天数或季节性储备天数时，M 就是相应计算的经常储备定额或保险储备定额或季节性储备定额。

运用上述公式计算时，平均每天需用量都是用计划期某物资需求量除以计划期工作天数求得的，而储备天数的确定就各不相同。经常储备天数是以供应间隔天数为主，再考虑验收入库天数和物资使用前的准备天数。供应间隔天数是根据物资的生产厂家的生产间隔期和运输周期来确定的，而验收入库天数和使用前准备天数是根据企业库存管理的统计资料确定的。保险储备天数是根据物资到货误期或差错率的统计资料加以分析确定的。

（2）经济订购批量法　经济订购批量是指采购费用和保管费用两者之和的总费用最小的批量。企业物资的订购次数和订购数量，总是与采购费用和保管费用联系在一起的。在一定的条件下，采购批量大或采购次数少，其采购费用减少，而保管费用增加；反之，采购批量小或采购次数多，其保管费用减少，而采购费用增加。采购费用与保管费用两者是相互矛盾的，从采购费用角度，要求采购批量越大越好；从保管费用角度，要求采购批量越小越好。当两者的总费用之和为最小，或者两者费用相等时，即为最优的经济订购批量。

在实际工作中，可以通过表格、图表和数学公式计算最优的经济订购批量。

例 7-1　某厂某种物资每年需用量为8000kg。已知采购费用（每次订购费）为 5 元，保管费用一般根据经验统计估计，现定为物资储备平均价值的 25%，物资单价 1 元，用图表计算得出的最优经济订购批量如图 7-2 所示。

从图 7-2 可以看出，保管费用随着订购批量增大而增大，采购费用随着订购

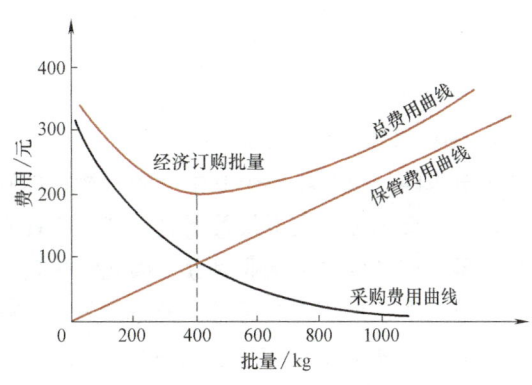

图 7-2　最优经济订购批量图

批量增大而减少，即 400kg 为最优经济批量。用表格方式计算见表 7-1。

表 7-1　最优经济批量表

年需要量/kg	订购量/kg	订购次数	库存平均值/元	保管费用/元	采购费用/元	年总费用/元
8000	100	80	100	25	400	425
8000	200	40	200	50	200	250
8000	320	25	320	80	125	205
8000	400	20	400	100	100	200
8000	500	16	500	125	80	205
8000	800	10	800	200	50	250
8000	2000	4	2000	500	20	520

从表 7-1 中可以清楚地知道，订购批量 400kg，总费用 200 元，为该物资的经济订购批量。在实际工作中，由于用图或表格计算工作量太大，因此，可用数学公式直接计算。其公式是

$$EOQ = \sqrt{\frac{2KD}{Pl}}$$

式中　　EOQ——经济订购批量；

K——每次订购费用；

D——每年需用量；

P——物资单位价格；

l——年保管费用（平均库存价值百分比）。

将上述数据代入公式，经济订购批量为

$$EOQ = \sqrt{\frac{2 \times 5 \times 8000}{2 \times 0.5}} \text{kg} = 400\text{kg}$$

从上述分析计算可以看出，经济订购批量法的原理和方法很简单，关键是必须充分掌握采购费用和保管费用的详细资料。如果数据资料不全或者数据不正确，不仅计算没有意义，甚至会得出错误的结论。经济订购批量法主要考虑企业内部的年总费用最低时的订购批量，并未考虑外部条件的保证；如果供货企业不能按时交货或运输不正常，采用经济订购批量法有可能发生停工待料的损失。

三、物资的采购

1. 物资采购的内容及采购方法

物资采购是指为取得企业生产经营所需的物资而进行的购买行为。采购业务在企业经营中占有重要地位，它不仅关系着生产是否能正常进行和资金周转的快慢，还直接影响着产品质量、产品成本和企业盈亏。因此，采购活动必须根据企业物资供应计划，考虑以最适当的总成本、最适宜的时间、最高的效率，获得符合技术质量要求的物资。

（1）物资采购的内容　主要有以下几个方面：

1）寻找物资供应来源，分析市场供应状况。

2）调查研究市场趋势，搜集市场价格、运输费用等有关资料，进行购价与成本分析。

3）决策购货点，并与供应厂家洽谈，签订供货合同，获取所需的物资。

4）与供货厂家联系，获取供货厂家的资料。

5）组织物资运输，验收入库及货款结算，办理验收和退货手续。

（2）物资采购的方法　由于企业所需物资品种繁多，计划管理程度不一，市场供求状况不同等情况，物资采购的方法也是多种多样的，归总起来，主要有以下几种分类：

1）按采购方式分类。采购分为直接采购、委托采购与调拨采购。直接采购指直接向物资供应厂进行采购。委托采购指委托代理机构向物资供应厂进行采购。调拨采购指国家或部局向企业直接调配物资。

2）按采购性质分类。采购分为大量采购与零星采购、特殊采购与普通采购、计划性采购与市场性采购。

3）按采购时间分类。采购可分为长期固定性采购与非固定性采购、计划性采购与紧急采购、预购与现购。

4）按采购的订购方式分类。采购可分为订约采购、口头或电话采购、书信及电报采购以及试探性订单采购。这里需说明的是订约采购和试探性订单采购。订约采购指买卖双方根据订约方式而进行的采购。试探性订单采购指买卖双方在进行采购事项时，因某种缘故不敢大量下订单，先以试探方式下少量订单。当试探性订单采购进行顺利时，才下大量订单。

5）按决定采购价格方式分类。采购可分为招标采购、询价现购、比价采购、议价采购、定价采购，以及公开市场采购。

2. 采购要素

由于技术因素和最佳采购量之间存在差别，也就是说在最希望的技术特性或适合给定用途的特点被确定之后，它也并不一定是最想采购的，所以，采购决策不仅取决于技术因素。技术因素涉及的是尺寸、设计、物理和化学特性及其他相关因素，而最佳采购却是一个更广泛的概念。最佳采购假设产品已经具有某些必要的功能和属性，它隐含了某种最低程度的适用性，还考虑了顾客需求、价格、品牌、服务、包装等因素。所以，最佳采购是许多特性的组合，而不仅仅是指某种具体的组合结果。因此，在做采购决策时，分析商品采购质量、价格、品牌、包装、规格、服务等要素就成为必不可少的工作。

（1）质量　质量对采购提出了三个挑战，一是怎样把质量原理应用在采购部门自身的运作中；二是怎样与供应商合作以不断改进质量；三是怎样使供应商及其他相关问题合理化。对于以上三个方面的挑战，企业要做的就是：

1）实行全面质量管理（Total Quality Management，TQM）。采购企业不能只依靠供应商提供高质量的产品，同样重要的是自身对质量的严格要求和改进。在企业的具体运作过程中，企业贯彻全面质量管理表现在以下几方面：

① 采购过程中，要加强对不合格品的控制，杜绝不合格品流入生产过程，把不合格品控制在最低限度，保证采购供应质量不断提高。

② 进行经常的质量教育，使广大职工明确，只要采购、供应不合格或不适用的物资，

就是经济损失和浪费，而不能认为是理所当然或难以避免。

③ 在以上工作的基础上，将合格率指标修正为不合格率指标，除进厂材料不合格率单项指标外，增设投产材料不合格率指标、投产材料损失赔偿率指标，并将三项指标层层分解下达。进一步强化控制措施，把采购质量与采购部门和采购者的经济利益挂钩，达不到三项指标要求的予以处罚。因过失造成质量损失的，按比例追究赔偿。

2）促进与主要供应商的质量合作。从供应管理的角度看，采购双方的质量合作关系能够促进企业的全面质量管理展开，通过建立伙伴关系与供应商建立更密切的关系会激发企业关注质量的积极性。如果通过减少材料成本和提高运行效率来衡量采购工作的绩效，而不考虑与供应商的质量合作关系，那么，极易导致采购者只考虑购买价格，而不考虑质量的错误。采购部门为改进与主要供应商的质量合作，应该做到：

① 与主要供应商保持经常的联系，并开展经常性的采购审查和供应商审查。

② 把质量条款写进订货合同。

③ 与公司的质量部门合作并与其供应商经常沟通改进质量的思路和建议。

④ 帮助供应商获得 ISO 认证。

（2）价格 采购的核心是采购价格的决策，降低采购成本的关键也是控制采购价格。在控制采购价格、降低采购成本的工作中，要逐步开辟出质量最好、价格最低、服务最优、信誉最佳的供货渠道。确定合适的采购价格有多种方法，最常见的是采用报价单、公开招标和谈判。

1）采用报价单和公开招标。当承诺金超过一定数量时，一般采用报价单定价。采购者通过征求报价单选择供应商，并就最终价格与选定的供应商谈判。

公开招标的结果是那些报价最低且最具责任感的投标人获得订单。当企业决定采用公开招标时，必须严格遵守招标程序，如对可靠的、潜在的货源进行仔细的初选；有足够的供应商投标；一旦接受投标，正确对待报价单；仔细分析报价单以决定中标者；要求投标者还需具备一定条件，如有能力根据用户的具体需要制造出产品，并能在预定的日期前发货；具备供应商应具有的其他方面的条件；投标者数量要足够多，以保证真正的竞价，但也不能数量过多。

分析了所有的供应商的投标书后，企业一般选择报价最低的供应商，但有些时候并非如此。当采购者从不同的货源处得到相同的投标价格时，一般选择：

① 规模最小的供应商。

② 本地区信誉最好的供应商。

③ 最有可能提供非价格优惠的供应商。

④ 过去表现一直是最好的供应商。

2）谈判。采购通过公开招标，可以利用供应商之间的竞争获得较低的价格，但供应商在这种价格水平下只能获取少量利润，所以供应商承受着很大的压力。当只存在单一的供应商、卖方市场或供应商有串通的嫌疑时，企业一般采取谈判的方式确定价格。

谈判是价格确定过程中最复杂、也是成本最高的一种方法。只有当供应商做到以高效率的方式运作、保持价格与成本的相关性、不利用只有一家供应商的优势侵害采购商的利益、能够适当合理地调整客户的要求和愿意考虑供应商的特殊要求时，才能保证谈判的公

平性，才能使供应商和采购商达成一个双方都接受的公平价格。

（3）品牌　品牌是一种名称、术语、标记、符号或设计，或它们的组合运用，其目的是借以辨认某个销售者的产品或服务，并使之同竞争对手的产品和服务区别开。品牌的要点是销售者向购买者长期提供一组特定的特点、利益和服务。著名的品牌传达了质量的保证。

商品的品牌权益为供应商提供了竞争优势：

1）由于其高水平的品牌知晓度和忠诚度，可减少营销成本。

2）由于客户希望分销商与零售商经营这些品牌，加强了供应商对他们讨价的能力。

3）由于该品牌有较高的认知品质，供应商可以比竞争者卖更高的价格。

4）由于该品牌有高信誉度，供应商可以更容易地开展品牌拓展。

5）在激烈的价格竞争中，品牌给供应商提供了某些保护作用。因为品牌带给供应商竞争优势，供应商会努力保持品牌的形象或商誉，而企业通过品牌或商标做出采购决策意味着对供应商诚实和声誉的信赖。

当通过品牌购买一种产品时，如果产品在最初预期的用途上令人满意甚至令人惊喜，那就有理由相信采购方会发生重复购买这一品牌产品的行为，因为他相信同样品牌的其他产品也会令其满意。

在以下几种情况下，通过品牌做出采购决策是可行的：

1）生产过程保密或者产品受专利保护时，难以获得产品的详细信息。

2）供应商生产过程中往往要投入一些高质量、无形的人力资本，如技能或专长等，而这些无形的东西难以准确定义，所以采购者也无法详细描述这种产品。

3）购买的数量很小，通过其他途径获取产品信息的成本太高时。

4）当使用者对某种品牌有真正或潜在的偏好时，采购者不可能纠正这种偏见，只能采用品牌决策。

相反地，也有人出于成本的考虑而购买无品牌的产品。无品牌产品是无品牌、包装简易、不太昂贵的具有标准质量或较低质量的商品。因为使用的产品配料质量较低、用于产品的标签和包装费用较少以及将广告等促销费用压到最低限度等，其售价可能低于在全国范围内做广告的品牌产品 20%~40%，或低于有专属标记品牌产品 10%~20%。

使用品牌的另一个结果是，企业会过分依赖品牌，这样不仅会减少潜在供应商的数量，缩小企业的选择空间，也会使采购者丧失机会，享受不到竞争带来的价格降低或质量改进。

（4）包装　包装是指设计并生产容器或包扎物的一系列活动。包装一般包括三个层次：主要包装、次要包装和装运包装。目前，包装已成为强有力的促销手段。设计良好的包装能为消费者创造方便价值，为生产者创造促销价值。所以，作为营销手段的包装发挥着重要的作用。了解包装的价值或作用，有助于企业进行采购决策。

1）企业和品牌形象。良好的包装传递了关于商品的信息：质量上乘、用途广泛、款式新颖等，有助于客户迅速辨认出哪家企业或哪一品牌。例如，在一个通常的超市中存储了 15000 种商品，典型的购买者每分钟经过 300 个品种。如果 53% 的顾客是即兴购买，有效的包装就像"5 秒钟商业广告"一样。所以，包装必须执行许多推销任务。包装必须能够引人注目，说明产品的特色，给消费者以信心，形成一个有力的总体形象。

2）包装创新。包装的创新给消费者带来好处，也给生产者创造利润。包装的主要作用是为优质产品提供保护，引进一种新颖的使用方式，提示产品或企业的某种质量，或者其他某些作用。企业采购时应关注包装的实用、经济，同时也要关注它的新颖、独特之处，这样才能使采购的商品不仅受到保护，而且能取得利润。

（5）规格　规格是指对某一产品的性能、质量等所做的专门描述，也可以说是对产品所要求的标准，一般可从物理或化学特性、物料和制造方式、性能三方面界定规格。企业了解了商品的规格以后，就可以以此作为采购的要素。

用描述规格的方式进行采购的传统优势包括以下几个方面：

1）在采购前已经详细研究和分析了消费者需求以及通过何种方式满足需求，这就使采购行为具有目的性和针对性。

2）检测物料时，由于已经制定了标准，所以防止了由于物料不合格造成的拖延和浪费，甚至由此引起的纠纷。

3）可以有机会从不同的供应商采购相同技术规格的商品，扩大了选择空间，为采购留下更多余地。

4）在平等竞争的前提下，有利于采购到优质优价的商品。

5）采购方对性能提出要求后，若出现不符合要求的商品，供应商就应承担相应的责任。

采用规格描述方式进行采购有以下缺陷：

1）有很多产品，由于技术等方面原因无法对产品规格做出描述。对于这些产品显然不能采取规格作为主要标准进行采购。

2）从长期看，采用规格作为采购标准可以节约开支，但是因为必须检验、评估产品是否满足既定规格，所以与通过质量、品牌等因素作为标准进行购买相比会增加直接成本。

3）如果因为技术或人为的因素导致制定的规格不准确而采购人员又过分依赖这种规格，将会对采购造成损失。

4）过分详尽的规格可能会使潜在的供应商由于丧失信心而不敢参加投标活动，减少了可供选择的机会。

5）采购方规定的最低规格可能是供应商能提供的最低水平。

（6）服务　供应商提供的服务有时可能和产品本身的特性一样重要。采购过程中的服务包括设计、保存记录、运输、储存、处置、安装、培训、检查、维修、建议以及是否愿意对误解和错误做出令人满意的调整等。除此之外，有些采购者还可能会把其他标准作为评价供应商服务的一部分。供应商为了满足这些服务，往往发出与自己商誉和可靠性密切相关的保修单，而采购者要想获得最佳采购，则应从一开始就把服务的可获得性作为一个重要因素来考虑。

从采购的角度考虑服务应包括：价值、重复性、确定性、服务的提供、需求的特性、服务规范程度等方面。出色的采购服务就是在质量、货物交付、数量、成本、连续性、柔性，还有其他相关因素间做出的合适选择。

1）服务的价值。从经济的观点看，采购人员应将精力主要放在高价值服务的采购

方面。

2）可重复程度。对于可重复性服务的采购，有必要在企业内部开发一套采购系统，并要求企业员工具有相应的专业知识。

3）确定性程度。服务具有不确定性的一面，评价服务的一种简便方式就是以对提供服务的人或设备的评价代替对服务质量的评价。

4）服务的提供。在采购阶段，可以根据潜在供应商的资产能力和技术状况对其进行评估。

5）需求特性。某些特定服务的需求是定期的，有些则是分散的。对于前者，对它的监控应有规律；对于后者，要加强对服务提供各阶段的监控能力。

6）服务规范程度。采购者在考察供应商的服务时，一个不可忽视的因素就是看其提供服务的规范程度，如接受批评意见并迅速采取行动、迅速保修、低价服务及售后服务等。

第三节　库存决策

一、库存及库存合理化

1. 库存的含义

库存是指处于储存状态的商品物资，是储存的表现形态。库存是仓储的最基本的功能，除了进行商品储存保管外，它还具有整合需求和供给、维持物流系统中各项活动顺畅进行的功能。企业为了能及时满足客户的订货需求，就必须经常保持一定数量的商品库存。

企业存货不足，会造成供货不及时、供应链断裂、丧失市场占有率或交易机会；整体社会存货不足，会造成物资贫乏、供不应求。但商品库存需要一定的维持费用，同时会存在由于商品积压和损坏而产生的库存风险。因此，在库存管理中既要保持合理的库存数量，防止缺货和库存不足，又要避免库存过量，发生不必要的库存费用。

2. 库存的功能

在现实经济生活中，商品的流通并不是始终处于运动状态的，作为储存的表现形态的库存是商品流通的暂时停滞，是商品运输的必需条件。库存在商品流通过程中有其内在的功能。

（1）调节供需矛盾，消除生产与消费之间的时间差　不同的产品（商品），其生产和消费情况是各不相同的。有些产品的生产时间相对集中，而消费则是均衡的；有些产品生产是均衡的，而消费则是不均衡的。生产与消费之间、供给与需求两方面，在一定程度上存在时间上的差别。为了维护正常的生产秩序和消费秩序，尽可能地消除供求之间、生产与消费之间这种时间上的不协调性，库存起到了调节作用，它能够很好地平衡供求关系、生产与消费关系，起到缓冲供需矛盾的作用。

（2）创造商品的"时间效用"　所谓"时间效用"就是同一种商品在不同的时间销售（消费），可以获得不同的经济效果（支出），以为了避免商品价格上涨造成损失或为

了从商品价格上涨中获利而建立的投机库存恰恰满足了库存的"时间效用"功能。但也应该看到，在增加投机库存的同时，也占用了大量的资金和库存维持费用。但只要从经济核算角度评价其合理性，库存的"时间效用"功能就能显示出来。

（3）降低物流成本 对于生产企业而言，保持合理的原材料和产品库存，可以降低或避免因上游供应商原材料供应不及时而需要进行紧急订货而增加的物流成本，也可以减少或避免下游销售商由于销售波动进行临时订货而增加的物流成本。

事实上，近年来在国外出现了一种新的库存管理方法——VMI，即供应商管理用户库存，这种库存管理策略打破了传统的各自为政的库存管理模式，体现了供应链的集成化管理思想，适应了市场变化的要求，是库存功能的新发展。

3. 库存合理化

库存合理化是以最经济的方法和手段从事库存活动，并发挥其作用的一种库存状态及其运行趋势。具体来说，库存合理化包含以下内容：

（1）库存"硬件"配置合理化 库存"硬件"是指各种用于库存作用的基础设备。实践证明，物流基础设施和设备数量不足，其技术水平落后，或者设备过剩、闲置，都会影响库存功能作用的有效发挥。如果设施和设备不足，或者技术落后，不但库存作业效率低下，而且也不可能对库存物资进行有效的维护和保养；如果设施和设备重复配置，以至库存能力严重过剩，也会增加被储物资的成本而影响库存的整体效益。因此，库存"硬件"的配置应以能够有效地实现库存职能，满足生产和消费需要为基准，做到适当合理地配置仓储设施和设备。

（2）库存组织管理科学化 库存组织管理科学化有以下几种表现：

1）库存货物数量保持在合理的限度之内，既不能缺少，也不能过多。

2）货物存储的时间较短，货物周转速度较快。

3）货物存储结构合理，能充分满足生产和消费的需要。

（3）库存结构符合生产力的发展需要 从微观上说，合理的库存结构指的是在总量上和存储时间上，库存货物的品种和规格的比例关系基本上是协调的；从宏观上说，库存结构符合生产力发展的要求，意味着库存的整体布局、仓库的地理位置和库存方式等应有利于生产力发展。在社会化大生产条件下，为了发展规模经济和提高生产、流通的经济效益，库存适当集中应当是库存合理化的一个重要标志。因为，库存适当集中，除了有利于采用机械化、现代化方式进行各种操作外，更重要的是，它可以在降低存储费用和运输费用以及在提供保供能力等方面取得优势。无数事实证明，以集中化的库存来调节生产和流通，在一定时期内，库存货物的总量会远远低于同时期分散库存的货物总量。因此，相对来说，其资金占有量是比较少的。与此同时，由于库存比较集中，存储货物的种类和品种更加齐全，在这样的结构下，库存的保供能力自然更加强大。

二、库存控制的方式

企业库存物资品种繁多，而每一种物资又有其不同的特点和要求。因此，对不同的物资应采取不同的库存控制方法。

物资库存控制涉及一系列因素，与库存量控制直接有关的有四个参数：

1）订购点，又称订货点，即提出订购时的库存量。

2）订购批量，即每次订购的物资数量。

3）订购周期，即前后两次订购的时间间隔。

4）进货周期，即前后两次进货的时间间隔。当物资的耗用完全均衡时，可以均衡订购，在相同的订购周期内订购相同数量的物资。

当物资耗用不均衡时，订购批量与订购周期的长短不完全成正比关系，形成了库存量控制的两种基本类型：一是固定订购批量的定量控制；二是固定订购周期的定期控制。在实际工作中，也有把两种类型结合起来运用的，因而物资库存的基本方法主要有三种：定量库存控制法、定期库存控制法和定期定量混合控制法。

1. 定量库存控制法

定量库存控制法又称订购点法或订货点法，它是一种以固定订购点和订购批量为基础的库存量控制方法。它采用永续盘点方法，对发生收发动态的物资随时进行盘点，当库存量降低到订购点时就提出订购，每次订购数量相同，而订购的时间不固定，由物资需要量的变化来决定。因此，定量库存控制法的关键是正确地确定订购点。订购点是提出订购的时间界限和订购时的库存量标准，由备运时间需要量和保险储备量两部分构成：

$$订货点量=备运时间需用量+保险储备量$$
$$=平均每日需用量×平均备用天数+保险储备量$$

订货点法在实际运用中往往采用"双堆法"控制，即把该种物资分作两堆（两个容器）储存，第一堆是订货点量，其余的作为第二堆。在发料时，首先动用第二堆，一旦第二堆用完，就及时提出订购和采购。这种控制方式简便，减少了事务性工作，便于目视管理和计算机管理。

定量库存控制法的优点是能经常掌握物资库存动态，及时提出订购，不易出现缺货；保险储备量较少；每次订购量固定，能采用经济订购批量；盘点和订购手续比较简便，尤其便于应用计算机来进行控制。缺点是订购时间不固定，难以做出周密的采购计划；不适用需用量变化大的物资，不能及时调整订购数量；不利于各种物资合并采购，因而会增加订购费用和订购工作量等。这种方法一般适用于价格较低、需用量较稳定、备运时间较短的物资。

2. 定期库存控制法

定期库存控制法是以固定检查和订购周期为基础的一种库存量控制方法。它对库存物资进行定期盘点，按固定的时间检查库存量并随即提出订购，补充至一定数量。订购时间是预先固定的，每次订购批量则是可变的，根据提出订购时盘点的实际库存量来确定。

订购批量的计算公式如下：

$$订购批量=订购周期需要量+备运时间需要量+保险储备量-（现有库存量+已订未到量）$$
$$=（订购周期天数+平均备用天数）×平均每日需用量+保险储备量-$$
$$（现有库存量+已订未到量）$$

其中，订购周期是指两次库存检查并提出订购的时间间隔，是影响订购批量和库存水平的主要因素；现有库存量为提出订购时的库存量；已订未到量是已经订购、能在下次订购前到货的数量。

定期库存控制法的优点是可以按规定的时间检查物资库存量，然后把各种物资汇集起来一起组织订购，有利于降低订购费用，减少订购工作量。但与定量库存控制法相比，保险储备量要相应增加，而且盘点手续较繁。定期库存控制法一般适用于必须严格控制的重要物资；需要量大而且可以预测的物资；发料繁琐难以进行连续库存动态登记的物资。

3. 定期定量混合控制法

定期定量混合控制法也称最高最低库存量控制法。它是以规定的最高库存量标准和最低库存量标准为基础的一种库存量控制法，这种方法是定期库存控制法和定量库存控制法的混合物，是一种不严格的订购点法。它由三个参数组成，即检查周期、订购点和最高库存量。实行定期检查，当实际盘点库存量等于或低于订购点时就及时提出订购，而订购量是可变的。如果检查时实际盘点库存量高于订购点时，就不能发出订购单，这是区别于定期库存控制法的最主要一点。当采用这种方法时，订购点除了包括备运时间需要量和保险储备量外，还包括检查周期需要量。

订购点(s)＝备运时间需要量＋检查周期需要量＋保险储备量

备运时间需要量＝平均备运天数×平均每日需用量

检查周期需要量＝检查周期天数×平均每日需用量

最高库存量(S)＝检查周期需要量＋订购点库存量

订购批量(Q)＝最高库存量－现有库存量

定期定量混合控制法比定期库存控制法订购次数少，每次订购的规模较大，因而订购费用较低，但库存水平较高。保险储备量也相应地要多一些，以适应供需情况的变化。这种库存量控制方法主要适用于需要量一般较少，但有时变动较大的物资。

三、 ABC 分类控制法

ABC 分类控制法的基本原理就是从错综复杂、品种繁多的物资中，抓住重点，照顾一般。企业所需要的生产资料，品种规格极为繁多复杂，有的企业多达成千上万种，各种物资品种所用的资金的多少差异很大。因此，企业应根据自己的生产经营特点及规模大小，采用 ABC 分类控制法，对繁多复杂的物资品种进行分类排队，实行资金的重点管理。这样既简化管理工作，又能提高经济效益。

ABC 分类控制法主要是按品种和占用资金的多少进行分类的，即把企业全部物资划分为 ABC 三大类。A 类物资品种少，占用资金大；B 类物资品种比 A 类多，占用资金比 A 类少；C 类物资品种很多，但占用资金很少。ABC 分类示意见表7-2。

表 7-2 ABC 分类示意表

类别	定义	对象	比重		管理方式	库存方式
			数量	价值		
A	占库存金额比例大，数量少而影响大的品种	①高价品种 ②用量不大的品种 ③研制周期长的品种 ④逐年变化快的品种 ⑤必须成批购买的品种	10%	65%	重点管理	采取按期订货方式。每月核对库存，按需要进货

（续）

类别	定义	对象	比重 数量	比重 价值	管理方式	库存方式
B	相当 A 与 C 之间的品种	①价格中等的品种 ②用量中等的品种	30%	20%	普通管理	采用定量订货方式，储量减少时进货
C	占库存金额比例小，量大价廉的品种	①低价品种 ②大量使用的品种 ③研制周期短的品种	60%	15%	一般管理	少量进货

用上述方法分出 ABC 三类物资之后，应在仓储管理中相应采用不同的方法。

1. 对 A 类货物的管理

由于 A 类货物进出仓库比较频繁，如果供给脱节将对生产经营活动造成重大影响。但是，如果 A 类货物存储过多，仓储费用就会增加很多，因此，对 A 类货物的管理要注意以下几点：

1）根据历史资料和市场供求的变化规律，认真预测未来货物的需求变化，并依此组织入库货源。

2）多方了解货物供应市场的变化，尽可能地缩短采购时间。

3）控制货物的消耗规律，尽量减少出库量的波动，使仓库的安全储备量降低。

4）合理增加采购次数，降低采购批量。

5）加强货物安全、完整的管理，保证账实相符。

6）提高货物的机动性，尽可能地把货物放在易于搬运的地方。

7）货物包装尽可能标准化，以提高仓库利用率。

2. 对 B、C 类货物的管理

B、C 类货物相对来说进出库不很频繁，因此一般对货物的组织和发送的影响较小。但是，由于这些货物要占用较大的仓库资源，使仓储费用增加，因此在管理上应该是简化管理，可以参考以下原则管理：

1）将那些很少使用的货物可以规定最少出库的数量，以减少处理次数。

2）依据具体情况储备必要的数量。

3）对于数量大价值低的货物可以不作为日常管理的范围，减少这类货物的盘点次数。

第四节　仓库管理

一、仓库管理的任务及意义

1. 仓库管理的任务

汽车服务企业的仓库管理是对入库、出库及库中汽车及配件等物资进行科学管理。仓库管理的主要任务是做好配件等物资的验收入库、保管、发放、清仓盘点、回收废旧物资

和信息反馈等，保证库中物资安全完好，保证物资入库质量，不损坏、不腐蚀、不丢失。为做好仓库管理工作，必须建立一套科学的仓库管理方法和严格的责任制度，并严格执行。

2. 仓库管理的意义

仓库管理是物资管理的重要组成部分。做好仓库管理工作，对于保证汽车服务物资供应，管好汽车及配件等物资，合理储备，加速资金周转，具有十分重要的作用。安全、完好、保质保量地完成汽车配件等物资的仓库管理是保证汽车配件等使用价值的重要手段，是做好汽车服务工作的物资后勤保障。

二、现代仓库的规划设计

1. 现代仓库设置的原则

（1）建立仓库的总原则

1）企业在什么地方建立仓库、建设多大规模的仓库和建设什么设备的仓库都要依据企业生产经营的运行和发展来考虑。

2）保证所建仓库各种设备的有效利用，不断提高仓库的经济效益。

3）保证仓库运营的安全。一方面是仓库选址、设计和储存物资的安全，另一方面是储存物资对企业以及周围环境的安全。

（2）仓库内部合理布局的具体要求

1）仓库布局要根据仓库作业的程序，方便仓库作业，提高作业效率。

2）尽可能减少储存物资以及仓储人员的运动距离，以提高仓储劳动效率，节约仓储成本。

3）内部布局合理，避免工作无效重复，各个作业环节有效衔接。

4）充分利用仓库的面积和空间。

5）有利于仓库的各种设施发挥效用，提高设备效率。

6）符合安全管理的各项要求。

（3）仓库的建筑构造　　仓库的建筑构造对于实现仓库的功能有着重要的意义。一般仓库构造的主要设备可以参考表7-3。

表7-3　仓库构造主要设备明细表

构造分类	明细项目
规模	层数、占地面积、梁间距、房檐高度、天花板高度、梁高度、容积、最大允许高度
基础	柱下基础、墙下基础
骨架结构	房屋结构、地面结构、强度
柱	间隔、粗细、形状
墙壁	外墙壁、隔断墙、防火墙、内装修、构造、材料
屋顶	倾斜度、构造、材料
天花板	有机、无机、材料
地面	地面负荷、做法、高度

（续）

构造分类	明细项目
窗	侧窗、天窗、地窗、位置、大小、数量
出入口	外墙门、内墙门、防火壁门、位置、构造、大小、数量
房檐	位置、大小、高度
附属设施	防潮设备、消防设备、防盗设备、照明通风设备、排水设备、保管设备、装卸设备、其他设备

2. 现代智能仓库

现代智能仓库就是采用固定货架存储货物，其搬运设置为自动化装置，并由计算机控制出入库作业，使保管与装卸全部实现无人化、自动化操作的一种高效、节约仓库空间的立体型自动化仓库。其周转率有了大幅度提高，库存量可以控制在最经济的水平上，所以其优越性是非常明显的。

（1）现代智能仓库的特点与分类

1）现代智能仓库的特点。现代智能仓库是一个复杂的综合自动化系统。许多企业的实践证明，使用现代智能仓库能够产生巨大的社会经济效益。其效益主要来源于以下特点：

① 高层货架存储：存储区域可以大幅度向高空发展，充分利用仓库的地面与空间，提高了空间利用率，目前世界上最高的立体仓库已经高达 50m。立体仓库的单位面积存储率是普通仓库的 5~10 倍。采用高层货架存储，结合计算机管理可以有效地实现先进先出，防止货物老化、变质。立体仓库也便于防止货物丢失和损坏。

② 自动存取：现代智能仓库使用机械自动化设备，运行和处理程度快，提高了劳动生产率，能方便地纳入企业的物流体系，使企业物流更为合理化。采用自动化技术后，还能很好地适应有毒、低温、污染、阴暗、易爆等特殊物品的存储需要，从而改善了工作环境，保证了安全生产。

③ 计算机控制：计算机能够准确无误地对各种信息进行存储、管理，因此能减少货物处理和信息处理过程中的差错，也便于盘库和清点，提高仓库管理水平。现代智能仓库的信息系统可以与企业的生产信息系统结合，实现企业信息管理的自动化，提高生产的应变能力和决策能力。

2）现代智能仓库的分类。

① 按建筑形式分类：可以分为整体式和分离式两种。整体式仓库是指货架除了储存货物外，还可以作为建筑的支撑结构，即库房与货架形成整体化结构。分离式仓库是指储存货物的货架独立存在。

② 按货架构造形式分类：可以分为单元货格式、贯通式、水平循环式、垂直循环式几种。

单元货格式仓库是使用最广、适用性最强的一种仓库，其特点是货架沿仓库的宽度方向分为若干排，每两排货架为一组，中间有一条巷道供堆垛或其他起重机械作业。每排货架沿仓库纵向分为数列，沿垂直方向又分为若干层，从而形成大量货格，用以储存货物。在大多数情况下，每个货格存放一个货物单元，如一个托盘或一个集装箱。

贯通式仓库。在单元货格式仓库中，巷道大约要占用1/3的面积。为了提高仓容率，可以将部分货架合并在一起，使同一层和同一列的货物相互贯通，形成能够存放多货物单元的通道。在通道的一端，由入库起重机将货物单元放入通道，在另一端，由出库起重机取货，这就是贯通式仓库。

水平循环货架仓库的货架本身可以在水平范围内沿环行线路来回运行。每组货架由数十个独立的货柜组成，用一台链式输送机将这些货柜串联起来。每个货柜下方有支撑滚轮，上方有导向滚轮，输送机运转时相应的货架就会运转。

垂直循环货架仓库与水平循环货架仓库相似，只是将水平面内的环形旋转改为垂直面内的旋转。这种仓库的货架本身是一台垂直提升机，每个分支上都悬挂有货格，适于存放长的卷状货物，如地毯、电缆等。

③ 按货物存取形式分类：可以分为单元货架式、移动货架式、拣选货架式三种。单元货架式是最常见的结构，货物先放在托盘或集装箱内，再装入单元货架式仓库的货格中。移动货架式是由电动货架组成。货架可以在轨道上移动，由控制装置控制其分离与合拢，作业时货架分开，不作业时货架合拢，只留一条作业通道，从而节省仓库面积，提高空间利用率。拣选货架式仓库的分拣机构是这种仓库的核心部分，又可以分成巷道内分拣和巷道外分拣。

④ 按仓库作用分类：可以分成生产性仓库和流通性仓库。生产性仓库是指工厂内部为了协调工序等生产物流不平衡而建立的仓库。流通性仓库是一种服务性仓库，是为了调整生产与用户之间的平衡而建立的仓库，这类仓库货物进出频繁，吞吐量大。

⑤ 按与生产的联系分类：按与生产的联系密切程度可以划分为独立型、紧密型和半紧密型仓库。

独立型仓库是指从操作流程和经济性来说都独立的自动化仓库。独立型仓库一般规模大，仓库系统现代化管理手段先进。这类仓库又可以分为存储型和中转型仓库，如配送中心就属于此类仓库。

紧密型仓库也称"在线"仓库，指与企业内其他部门直接联系的自动化仓库。

半紧密型仓库指它的操作流程、仓库的管理、货物的出入和经济利益与其他经济部门有一定联系，而又没有与其他生产系统联系的情况。

(2) 现代智能仓库的构成　现代智能仓库是由土建、机械、电器和各类信息系统所组成的。

1）机械设备。现代智能仓库的机械设备主要有存储机械、搬运机械、运输机械、货架、托盘等。

2）托盘。作为一种储存和装卸设备，托盘在现代智能仓库中的作用非常重要，在现代智能仓库中必须是全托盘作业。

3）货架。将存放在托盘中的货物再放入立体的货架中，大大提高了仓容率，但对货架的要求也会提高。

4）输送设备。这是现代智能仓库中的辅助设备，具有把各种物流站衔接起来的作用，输送机有链式、带式、滑板式、轮式、悬挂式多种。

5）搬运设备。搬运设备是现代智能仓库中的重要设备，一般由电力驱动，通过自动

或手动控制来实现货物的位置移动。常用的设备有升降机、搬运车、巷道式堆垛机、无轨叉车、转臂起重机等，其中巷道式堆垛机是自动化仓库中最重要的设备。这种起重机是随着自动化仓库的出现而发展起来的专用设备，是由叉车和桥式起重机演变而来的。它的主要用途是在高层货架的巷道内来回穿梭运行，将货物从巷道口存入货格，或从货格取出货物。

6）电气与电子设备。现代智能仓库中的电气与电子设备主要指检测设备、信息识别设备、控制系统、数据通信设备、监控及调度设备、计算机控制系统和大屏幕图像显示设备等。

① 信息识别设备：完成对货物品名、类别、编号、数量、等级、生产者、目的地、货位地址的识别。通常采用磁条、条形码、光学字符等识别技术。

② 检测设备：为了实现现代化仓库的控制，并保证系统的安全运行，整个系统必须具有多种检测手段。通过对检测数据的判断和处理为系统决策提供最佳依据，使系统处于理想的工作状态。

③ 控制系统：是自动化仓库运行的关键，没有好的控制系统，系统运行的成本就会很高，而效率低下。因此仓库内的各种存取、运输、设备本身就必须配备控制装置。这些装置的种类很多，有开关、继电器、微处理器等。

④ 监控及调度设备：负责协调系统中各个部分的运行，通过监控系统的监视画面可以直观地看到各设备的运行情况。

⑤ 数据通信设备：现代智能仓库是一个复杂的自动化系统，它由众多的子系统组成。为了完成规定的任务，各系统之间、各个设备之间要进行大量的信息交换。信息传递的媒介有电缆、远红外光、光线、电磁波等。

⑥ 计算机控制系统：现代智能仓库是一个综合物资供应系统，也是集物资储存、运输、分配等功能于一体的集成自动化系统。它实现了货仓标准化、识别标准化、输送标准化、管理微机化和控制自动化。计算机管理和控制系统是仓库的指挥中心，随着科技的发展，计算机在这个领域发挥的作用会日益重要。

3. 物品保管场所的布置

物品保管场所布置的主要任务是如何合理地利用库房面积。在仓库内不但要存储物资，还要进行其他作业。仓库内部的面积总是有限的，物资存储和库内作业往往产生相互矛盾的要求，设法调整这两种不同的需求，保证仓库面积得到充分的利用，就是仓库合理布置要解决的问题。

（1）仓库平面布置　仓库平面布置，不只包括库区的划分以及建筑物平面位置的确定，还包括运输线路的组织与布置、库区安全保护、环保、绿化等各项内容。在仓库平面布置中要尽量满足以下要求：

1）方便仓库作业和物资储存安全。

2）最大限度地利用仓库面积。

3）防止重复搬运、迂回搬运和交通堵塞。

4）充分利用仓库设施和机械设备。

5）符合安全保卫和消防工作的要求。

6）综合仓库当前需要和长远需求，减少将来扩建仓库对正常业务的影响。

（2）仓库作业区的布置　仓库作业区布置要求以主要库房和货场为中心对各个作业区域进行合理布局。仓库作业区布置的主要任务是减少运动的距离，力求最短的作业线路，充分利用仓库面积的同时有效地利用时间，提高作业效率。

布置时应从以下几个方面入手考虑：

1）物品吞吐量。

2）机械设备的使用特点。

3）库内道路。

4）仓库业务以及作业流程。

（3）库房内部布置　库房内部布置的主要目的是提高库房内作业的灵活性和有效利用库房内部的空间。

（4）物品分区、分类存放与货位编号　仓库对储存物资进行科学管理的一种重要方法就是实行分区、分类和定位保管。分区就是按照库房、货场条件将仓库分为若干货区；分类就是按照物品的不同属性将储存物资划分为若干大类；定位就是在分区、分类的基础上固定每种物资在仓库中的具体存放位置。

货位编号是将库房、货场、货垛、货架以及物资的存放具体位置顺序，统一编列号码，并明显标识。具体的编号方法可以按仓库的不同条件和实际需要，灵活运用垂直、平面或立体的序列进行。最常用的是"四号定位"法。第一位表示仓库序号，第二位表示货架号，第三位表示货架的层号，第四位表示货位号。例如数字2-11-3-4，它们顺序表示第二号库房，第十一个货架，第三层的第四货位。

三、物资入库

物资入库作业，按照工作顺序，大体可以划分为两个阶段：入库前的准备工作和确定物资入库的操作程序。

1. 入库前的准备工作

（1）编制仓库物资入库计划　物资入库计划是仓库业务计划的重要组成部分。它是根据企业物资供应业务部门提供的物资进货计划来编制的，物资进货计划主要内容包括各类物资的进库时间、品种、规格、数量等，这种计划也可称为物资储存计划。仓库部门根据供应计划部门提交的采购进度计划，结合仓库本身的储存能力、设备条件、劳动力情况和各种仓库业务操作过程所需要的时间，来确定仓库的入库业务计划。

企业物资供应部门的物资储存计划、进货安排会经常发生变化。为适应这种情况，仓库管理上可采取长计划短安排的办法，按月编制作业计划。

（2）入库前具体的准备工作　物资入库前的具体准备工作是仓库接受物资入库的具体实施方案，其主要内容有：

1）组织人力。按照物资到达的时间、地点、数量等预先做好到货接运、装卸搬运、检验、堆码等人力的组织安排。

2）准备物力。根据入库物资的种类、包装、数量等情况以及接运方式，确定搬运、检验、计量等方法，配备好所用车辆、检验器材、度量衡器和装卸、搬运、堆码的工具，

以及必要的防护用品用具等。

3）安排仓位。按照入库物资的品种、性能、数量、存放时间等，结合物资的堆码要求，维修、核算占用仓位的面积，以及进行必要的腾仓、清场、打扫、消毒、准备好验收场地等。

4）备足苫垫用品。根据入库物资的性能、储存要求、数量和保管场地的具体条件等，确定入库物资的堆码形式和苫盖、下垫形式，准备好苫垫物料，做到物资的堆放与苫垫工作一次完成，以确保物资的安全和避免以后的重复工作。

2. 物资入库的操作程序

物资入库工作，必须经过一系列的操作过程。主要程序包括：入库物资接运、核对入库凭证、大数点收、检查包装、办理交接手续、物资验收、办理物资入库手续等。

（1）物资接运 物资接运人员要根据不同的接运方式，处理接运中的各种问题。

专用线接运：这是一种铁路部门将转运的物品直接送到仓库内部专用线的接运方式。在操作时主要从以下几个方面考虑：

1）卸车前的检查。包括核对车号，检查车门、车窗、货封有无异样，物品名称、箱件数是否与物品运单上相符。对盖有篷布的敞车，应检查覆盖状况是否严密完好，尤其要查看有无雨水渗漏的痕迹和破损、散捆等情况。

2）卸车过程中要注意按车号、品名、规格分别堆码，做到层次分明，便于清点，并标明车号和卸车日期。注意外包装的指示标志。妥善处理苫盖，防止受潮和污损。与保管人员一同监卸，争取卸车与物品件数一次点清。卸货后货垛之间要留有通道，与消防、电力设施保持一定距离，与专用线铁轨外侧距离要在 1.5m 以上。正确使用装卸机具和安全防护用具，确保人身和物资安全。

3）卸车后的清理。检查车内物品是否卸净，关好车门、车窗，通知车站取车。做好卸车记录，办理内部交接手续，主要包括将卸车记录和运输记录交付保管人员，将进货物资件数交付保管人员。

（2）车站、码头提货 到车站提货，应向车站出示"领货凭证"，若"领货凭证"发货人没有寄到，也可以凭单位证明或单位提货专用章在货票存查联上加盖，将货物提回。

到码头提货手续稍有不同，提货人要事先在提货单上签名并加盖公章或附单位提货证明，到港口换取货运单，就可到指定的库房提取货物。

提货时要根据运单和有关资料认真核对检查，相应做出货运记录。

货到库后，接运人员应及时将运单连同提取的货物向保管人员当面交点清楚，然后双方共同办理交接手续。

（3）自提货 仓库直接到供货单位提货，叫自提，这种方式的特点是提货与验收同时进行。仓库根据提货通知，要了解所提货物的性质、规格、数量，准备好提货所需的设备、工具、人员；到供货单位当场进行物资验收，清点数量，查看外观质量，做好验收记录；提货回仓库后，交验收员或保管员复验。

（4）送料 这是供货单位直接将物资送达仓库的方式。当货物到达后，保管或验收员直接与送货人员进行接收工作，当面验收并办理交接手续。如果有差错要立即做出记

录，让送货人员签章。

（5）差错处理　在接运过程中，如果发生差错，除了由不可抗力或物品本身性质引起的意外之外，所有差错的损失都要向责任者提出索赔。因此，差错的记录就显得尤为重要。

（6）接运记录　在完成物品接运过程的同时，每一步骤应有详细的记录。接运记录要详细列明接运物品到达、接运、交接等各个环节的情况。

接运工作全部完成后，所有的接运资料，如接运记录、运单、运输普通记录、货运记录、损耗报告单、交接证、索赔单、提货通知单以及其他有关文件资料分类输入计算机系统以备复查，同时要保管好原始资料。

（7）核实凭证　物品运抵仓库后，仓库收货人员首先要检验物资入库凭证，然后按物资入库凭证所列的收货单位、货物名称、规格数量等具体内容与物资的各项标志核对，如发现有错误，应当做好记录，退回或另行存放待联系后处理。经复核无误后可进行下一道工序。

（8）大数点收　大数点收是按照物资的大件包装（即运输包装）进行数量清点。点收的方法有两种，一是逐件点数汇总，二是集中堆码点数。大数点收应注意以下事项：

1）件数不符。接货大数点收中，如件数与通知单据所列不符，经复点确认后，应立即在送货单各联上批注清楚，应按实际数字签收，由收货人员和承运人共同签章。经验收核对确实，由保管人员将查明短少物资的品名、规格、数量通知运输部门、发货单位和货主。

2）包装异状。收货中如发现物资包装有异状时，收货人员应会同送货人员开箱、拆包检查，查明确有残损或细数短少情况，由送货人员出具入库物品异状记录，或在送货单据上注明。同时，要通知保管人员另行存放，不要与同类物资混杂在一起。如入库物资包装损毁严重，仓库不能修复，且因此无法保证储存物品的安全，应联系货主或供货单位派人协助整理。

3）物资串库。在点收本地入库物资时，如发现货与单不符，有部分物资错送来库的情况（俗称串库），收货人员应将这部分与单不符的物资另行堆放，交由送货人员带回，并在签收时如数减除。

4）物资异状损失。接货时发现物资异状或损失，经双方共同清点，确有异状损失情况，应按章索赔。同时要妥善保管有关凭证。

（9）检查包装　在大数点收的同时，对每件物资的包装和标志要进行认真的查看。检查包装是否完整、牢固，有无破损、受潮、水渍、油污等异状。物品包装的异状，往往是物品受到损害的一种外在现象。如果发现异状包装，必须单独存放，并打开包装，详细检查内部物品有无短缺、破损和变质。逐一查看包装标志，目的在于防止不同物品混入，避免差错，并根据标志指示操作，确保入库储存安全。

（10）办理交接手续　入库物资经过上述工序，就可以与接货人员办理物资交接手续。交接手续通常由仓库收货人员在送货回单上签名盖章表示物资收讫。如果上述程序发现差错、破损等情况，必须在送货单上详细注明或由接货人员出具差错、异状记录，详细写明差错的数量、破损情况等，以便与运输部门分清责任，并作为查询处理

的依据。

（11）**物品验收**　在办完交接手续后，仓库要对入库的物资做全面的认真细致的验收，包括开箱、拆包、检验物资的质量和细数。

（12）**办理物资入库手续**　物资验收后，由保管或收货人根据验收结果，在物资入库单上签收。同时将物资存放的库房、货位编号批注在入库单上，以便记账、查货和发货。经过复核签收的多联入库单，除本单位留存外要退还货主一联作为存货的凭证。物资入库手续包括登账、立卡、建档。

1）登账。即建立物资明细账。根据物资入库收单和有关凭证建立的物资保管明细账目，并按照入库物资的类别、品名、规格、批次、单价、金额等分别立账，并且还要标明物资存放的具体位置。

2）立卡。即填制物资的保管卡片，也可称为料卡。料卡是由负责该种物资保管的人填制的。这种方法有利于责任的明确。料卡的挂放位置要明显、牢固，便于物资进出时及时核对记录。

3）建档。将物资入库全过程的有关资料证明进行整理、核对，建立资料档案，为物资保管、出库业务创造良好的条件。

四、物资保管

通常认为，物资在入库之后、出库之前处于保管阶段。而现代物资保管工作是伴随着物资储运全过程的技术性措施，是保证储运物资安全的重要环节。它是一个活动过程，贯穿于整个物流的各个环节。物资保管的任务主要是根据物资的性能和特点，提供适宜的保管环境和保管条件，保证库存物资数量正确、质量完好，并充分利用现有仓储设施，为经济合理地组织物资供应打下良好的基础。

物资保管的原则有：质量第一原则、科学合理原则、效率原则、预防为主原则。

1. 保管作业流程

仓库保管阶段按内容分为三个阶段：物资入库阶段，主要业务为接运、验收和办理入库手续等；物资储存保管阶段，是在整个物资储存期间，为保持物资的原有使用价值，仓库需要采取一系列保管措施，如货物的堆码苫垫、苫垫物品的维护保养、物资的检查盘点等；物资发放阶段，主要业务是备料、复核、装车等。保管作业流程的详细内容可以从表7-4中直观地看到。

表7-4　仓库保管作业活动内容表

业务阶段	业务活动	作业内容
入库阶段	接运验收	①车站、码头、机场提货 ②短途运输 ③现场交接 ④验收准备 ⑤实物验收、验收记录 ⑥登账建卡

（续）

业务阶段	业务活动	作业内容
储存保管阶段	储存保管 维护保养	⑦分类整理 ⑧上架、堆垛 ⑨倒垛 ⑩储存经济管理（金额、财产处理） ⑪安全管理 ⑫温度、湿度控制 ⑬维护保管 ⑭检查、盘点
物资发放阶段	出库发运代理	⑮核对凭证 ⑯审核、划价 ⑰备料、包装 ⑱改卡、记账 ⑲领料或送料 ⑳代办托运

2. 汽车及配件仓库的布置

汽车及配件仓库布置的主要任务是合理地利用库房面积，能够合理储存汽车及配件物资并进行相应的搬运、配送等操作，布置的主要任务包括对仓库的划分、建筑平面位置的确定、运输线路的组织与布置、库区安全保护、环境绿化等各项内容。仓库内部的面积是有限的，如何解决仓库物资储存和库内作业之间的矛盾是首要问题。

1）汽车及配件仓库的平面布置。汽车及配件仓库平面布置应满足前述相关要求。

2）汽车及配件仓库作业区的布置。汽车及配件仓库作业区的布置应满足前述相关要求。

3）汽车及配件分区、分类存放与货位编号。仓库对储存的汽车及配件进行科学管理的一种重要方法就是实行如前所述的分区、分类和定位保管，并进行货位编号。

4）汽车及配件按类别存放。汽车及配件按前述要求分类存放。汽车整车可放在室外地面上的平面车库，并遮阳挡雨，有条件的汽车销售企业，要建立体车库存放车辆。汽车配件要入室内仓库，按总成分类分设货架，原则上分发动机系、底盘系、变速器系、车身系、电器系等若干分类系列，零散配件五五堆放。货架上汽车配件要重物下置，即缸体、轮毂等较重零件存放在货架下方。

提倡汽车及配件一到销售企业，客户立刻办理配件提货手续，这样可以减少汽车及配件的库存。要做好这项工作，要提前通知客户，并充分利用信息系统开展订货、通知客户等工作。

汽车及配件仓库应设置不合格品区和待检区，合格的汽车及配件放置在合格品区，不合格的汽车及配件放置在不合格品区，待检区用于存放待检汽车及配件。汽车及配件经检验后才可入库。

3. 物资堆垛设计

堆垛就是根据物资的包装形状、重量和性能特点，结合地面负荷、存储时间将物资分别堆码成各种垛型。合理的堆垛能够使物资不变形不变质，保证存储安全。同时，还能够

提高仓库的利用率，并便于物品的保管、保养和收发。

（1）堆垛的基本要求

1）对堆垛物资的要求。物资的数量质量已经彻底清查；包装完好标志清楚；外表的污物已经清除，并且不影响物资质量；不合格或受损的物资已经另行处理，不能与合格品混杂；已经为便于机械化作业进行了打捆、包装等作业。

2）对堆垛场地的要求。库内堆垛，货垛应该在墙基线和柱基线以外，垛底需要垫高；货棚内堆垛，货棚内地面要高于货棚外地面，四周要有排水设施，堆垛时要垫高30~40cm；露天堆垛，场地必须坚实、干燥、平坦无杂草，最好要高于四周地面，四周排水通畅，堆垛时要垫高40cm。

3）对堆垛的基本要求。

① 要注意"五距"。顶距，货堆顶部与仓库屋顶平面距离应不小于50cm；灯距，照明灯与物资间距离不应少于50cm；墙距，货堆与墙的距离不能少于30cm，主要为了防止渗水，便于通风散潮，柱距：货垛与屋柱之间的距离，一般为10~20cm，主要为了防潮和保护柱角，垛距：货垛之间的距离一般为50~80cm。另外，主要通道要留有2~4m的距离，以便于搬运。

② 货垛必须牢固，不偏不斜，不歪不倒，不压坏底层物资和场地。

③定量。每行每层的数量力求为整数，不成整数时每层要明显分隔，便于清点发货。

④ 整齐。货垛要有一定的规格，排列整齐有序，包装标志一律朝外。

⑤ 节约。堆垛时要考虑节省仓位，提高仓库利用率。

（2）堆垛的基本形式

1）重叠式。逐件逐层向上重叠码高，是机械化作业的主要形式之一，适于硬质整齐的物资包装，如集装箱、钢板等的存放。

2）交错式。将长短一致，宽度排列可以和长度相等的物资一层横放，一层纵放，交错堆码，形成方形垛。这种垛型也是机械作业的主要垛型之一。

3）压缝式。将垛底底层排列成正方形或长方形，上层起压缝堆码，即每件物资都压住下层的两件物资。

4）宝塔式。与压缝式相似，压缝式是在两件物品上压缝上码；宝塔式是在四件物品的中心上方上码，逐层缩小。

5）仰伏相间式。对于角钢、槽钢、钢轨等物品，可以一层仰放一层伏放，两层相扣，使货垛稳定。如果露天存放，要注意一头稍高，以便于排水。

6）通风式。对于需要防潮通风的物资，堆垛时每件之间留有一定的空隙。

7）栽柱式。在货垛两旁栽放钢柱，每层或隔层用铁丝与货物拉紧，以防倒塌。多用于金属的长方材料，如圆钢等，适宜机械堆码。

8）衬垫式。每层或隔层加进衬垫物，使货垛的横断面平整，加强稳固性。适于整齐的裸装物品，如电动机等。

9）"五五化"堆垛。以五为基本计数单位，堆码成各种总数为五的倍数的货垛，便于清点，收发快，适于按件计数的物资。

10）架式堆垛。利用货架存放物资，主要用于存放零星和怕压的物品。可以采用可

移动式货架，这种货架可沿轨道做水平移动，这样可减少货架间的通道，以提高仓库利用率。

11）托盘堆垛。近年来迅速发展的一种堆码方式，特点是物资直接放在托盘上存放。物资从装卸、搬运入库，到出库运输，始终不离开托盘，这样可以大大提高机械化作业的程度，减少搬倒次数。

（3）遮盖和苫垫　物资在储存保管中进行合理的下垫和上盖，是保护物资质量的必要措施。在操作中主要要注意以下问题：

1）苫盖的基本要求。顶面要倾斜，苫盖物不要苫到地面，以免影响通风，苫盖物必须苫盖牢固。

2）苫盖用的物料。应选用经济耐用、防火防水的材料，一般选用铁皮或质地较轻、防火、安全的帆布、塑料、油布等材料。

3）苫盖方法。垛苫盖法，把苫盖物直接苫在货垛上面，适用于屋脊形货垛或大件物品；鱼鳞式苫盖，将苫盖物从货垛下部向上逐次围盖，从外形上看很像鱼鳞状；隔离苫盖法，此方法与垛苫盖法的区别是采用隔离物使苫盖物与货垛之间留有一定空隙，便于通风，隔离物可以采用竹竿、木条、钢筋等；固定棚架苫盖法，是用预制的苫盖骨架与苫叶合装而成的简易棚架，但不需基础工程，可随时拆卸和搬运；活动棚架苫盖法，与固定棚架不同的是棚架四周及顶部铺设玻璃钢瓦和铁皮等物，棚柱底部装有滚轮，整个棚架可以移动。

4. 现代保管技术

对物品的维护保管工作就是根据物资的物理、化学性质及其所处的自然条件，采取措施，如调节仓库温度、湿度来延缓物资变化的技术。控制和调节库房温湿度的一般方法有：

（1）通风　通风是根据空气自然流动规律，有计划地组织库内外的空气交换，以达到室内温、湿度所要求的范围。

1）应尽量在晴天进行通风，风力不要超过 5 级，库外温度高于库内温度一般不能超过 30℃ 。

2）必须注意储存物资本身的温、湿度和空气温、湿度变化的关系，避免造成通风中物资表面结露。

3）通风时要不断观察通风效果和天气的变化。另外，在大风、雾天、雨雪天应尽量不要通风。

（2）密封　密封是采用一定的方法，将储存物资尽可能严密地封闭起来，以防止和减弱外界空气对物品的影响。密封与通风和吸潮结合起来，可以达到防霉、防潮、防锈的作用。

仓库常用的密封方法有以下几种：

1）货架密封。将货架用塑料薄膜等密封起来，防止外界空气的影响和结尘。这种方式适于出入频繁、怕潮易锈、易霉的小件物品。

2）货垛密封。用油毡等密封材料，将货垛上下和四周封闭起来。适于露天货场和仓库内一些保管条件要求高的物品。

3）库内小室密封。在仓库内选择适当的地方，用密闭的材料围成临时的密封小屋，以保管一些贵重、怕潮的物品。

4）整库密封。将库房全部密封起来。对储量大、整进整出的物品可采用此方法。

（3）**吸潮**　用吸湿剂或除湿机去湿是降低仓库内空气湿度的有效方法。吸湿剂去潮是仓库常用的方法，常用吸湿剂有生石灰、氯化钙、硅胶、木炭、炉灰等。

5. 金属的防锈与除锈

防止金属锈蚀以及金属的除锈都是保管技术中一项重要的内容。在金属物品中，最容易被锈蚀的是以钢铁为原料的制品。

（1）**金属的防锈**　金属材料和物品在储存过程中，基本的防锈原理是：防止和破坏产生化学和电化学腐蚀的条件。最经济有效的办法是严格按照其保管要求来进行存储，杜绝使金属锈蚀的一切因素，如空气的相对湿度低于65%，则不管在什么气温下，金属都不会锈蚀。金属防锈的主要方法是涂防锈油，使水汽不能到达金属表面。

1）气相防锈。气相防锈法是利用气相缓蚀剂，在密封的包装和容器内对金属零配件进行防锈的方法。气相缓蚀剂在常温下就具有一定的挥发性能，在很短的时间内，它的气体就能充满包装和容器内的每个角落，对形状和结构复杂的零配件具有良好的防锈效果。使用气相缓蚀剂需要注意：必须弄清气相缓蚀剂的特性及其对金属的适应性；气相缓蚀剂包装内的相对湿度一般不要超过85%，不能与水分长期接触；防止电和光的作用；防止与酸碱接触；使用前必须对金属物品进行清洗处理。

2）金属的清洗。碱的水溶液可以洗去金属表面上的油污，因此是清洗金属常用的方法。单一品种的碱，不容易取得良好的清洗效果，因此在实际应用中经常将各种碱配合使用。

（2）**金属的除锈**　金属的除锈可以分成物理除锈和化学除锈两种。

1）物理除锈。分为人工和机械除锈两种。

人工除锈是只用简单的除锈工具，主要通过手工来去除金属的锈蚀。可以采用的物品主要有刮刀、砂纸、钢丝刷、木屑等。

机械除锈，即抛光法，用软质的棉布、帆布等制成抛光轮，利用电动机带动，在高速旋转下把锈蚀除去，如果在抛光轮上涂抹抛光膏，效果更好；钢丝轮除锈法，用金属制成轮刷，在机械的带动下，高速旋转去锈；喷射法，将沙粒等强力喷射到金属表面，利用其强大的冲击与摩擦力的作用除锈。

2）化学除锈。金属的锈蚀物主要是金属的氧化物，化学除锈就是将酸溶液与这些氧化物发生反应，使其溶解在酸溶液中，达到除锈的目的。化学除锈主要采用硼酸、盐酸和磷酸，多用于齿轮、轴承、量具、刃具以及中小型部件的除锈。

五、物资出库发放

物资出库发放管理是仓库根据出库凭证，将所需物资发放给需用单位所进行的各项业务管理。物资出库作业的开始，标志着物资保管养护业务的结束。物资出库业务管理有两个方面的工作：一是用料单位设有规定的领料凭证，如领料单、提货单、调拨单等，并且所领物资的品种、规格、型号、数量等项目及提取货物的方式等必须书写清楚、准确；二

是仓库方面，必须核查领料凭证的正误，按所列物资的品种、规格、型号、数量等项目组织备料，并保证把物资及时、准确、完好地发放出去。

1. 物资出库发放作业管理的要求

（1）按程序作业　物资发料出库必须按规定程序进行，领料提货单据必须符合要求。对于非正式凭证或白条一律不得发料出库。

（2）坚持"先进先出"原则　在保证物资使用价值不变的前提下，坚持"先进先出"原则。同时要做到保管条件差的先出，包装简易的先出，容易变质的先出，有保管期限的先出，回收复用的先出。

（3）做好发放准备　为使物资得到合理使用、及时投产，必须快速、准确发放。为此，必须做好一起发放的各项准备工作，如化整为零、备好包装、复印资料、组织搬运人力、准备好设备工具等。

（4）及时记账　物资发出后，应随即在物资保管账上核销，并保存好发料凭证，同时调整卡吊牌。

（5）保证安全　物资出库作业，要注意安全操作，防止损坏包装和震坏、压坏、摔坏物品。同时，还要保证运输安全，做到物品包装完整、捆扎牢固、标志正确清楚、性能不互相抵触，避免发生运输差错和损坏物资的事故。同时也要保障物资质量安全。仓库作业人员必须经常注意物品的安全保管期限等，对已变质、已过期失效、已失去原使用价值的物资不允许分发出库。

2. 物资出库作业的内容与程序

（1）物资出库前准备　物资出库前的准备工作分为两方面：一方面是计划工作，就是根据需货方提出的出库计划或要求，事先做好物资出库的安排，包括货场货位、机械搬运设备、工具和作业人员等的计划、组织；另一方面要做好出库物资的包装和涂写标志工作。

（2）核对出库凭证　物资出库凭证，不论是领（发）料单或调拨单均应由主管分配的业务部门签章。仓库接到出库凭证后，由业务部门审核证件上的印签是否齐全相符、有无涂改。审核无误后，按照出库单证上所列的物资品名、规格、数量与仓库料账再做全面核对。无误后，在料账上填写预拨数后，将出库凭证移交给仓库保管人员。保管员复核料卡无误后，即可做物资出库的准备工作，包括准备随货出库的物资技术证件、合格证、使用说明书、质量检验证书等。

凡在证件核对中有物资名称、规格型号不对的，印签不齐全、数量有涂改、手续不符合要求的，均不能发料出库。

（3）备料出库　物资保管人员按照出库凭证上的品名、规格查对实物保管卡，注意规格、批次和数量，规定有发货批次的，按规定批次发货，未规定批次的，按先进先出、推陈出新等原则，确定应发货的垛位。

（4）全面复核查对　货物备好后，为了避免和防止备料过程中可能出现的差错，应再做一次全面的复核查对。要按照出库凭证上所列的内容进行逐项复核。

物资出库的复核查对形式应视具体情况而定，可以由保管员自行复核，也可以由保管员相互复核，还可以设专职出库物资复核员进行复核或由其他人员复核等。

如经反复核对确实不符时，应立即调换，并将原错备物品上刷的标记除掉，退回原库房；复核结余物资数量或重量是否与保管账目、商品保管卡片结余数相符，发现不符应立即查明原因。

（5）**交接清点**　备料出库物资，经过全面复核查对无误后，即可办理清点交接手续。物资点交清楚，出库后，该物资的仓库保管业务即告结束，物资仓库保管人员应做好清理工作，及时注销账目、料卡，调整货位上的吊牌，以保持物资的账、卡、物一致，及时地准确地反映物资的进出、存取状态。

六、退货与废旧物资管理

1. 退货管理

退货是指仓库已办理出库手续并已发货出库的物资，因某种原因未使用，而又退回到仓库的一项业务。

（1）**退货手续**　退货应使用退货单，退货手续可视为"入库"手续，即应视为发料出库的冲减。在登账时，应在发出栏内用红字填写，从而增加库存数量和金额。同样，仓库统计表中，也应作为减少发出量计算，但任何情况下，都不得重新验收入库，因为这样会造成假象。

（2）**退货工作应注意的问题**

1）退回的物资应尽量保持完整无损，主机及附件、工具、技术资料、包装等齐全。

2）材料仓库在接收退货时，应认真检查，经过维护保养后，再存入仓库。凡残损的，应收入"第一料库"，价值由原单位负责；无使用价值的，作为废品处理。

2. 废旧物资管理

当物资失去或部分失去了原有的使用价值以后，为了发挥其潜在使用价值，将其回收，再经加工或完全不加工重新投入使用。废旧物资的这一实物运动过程就形成了废旧物资流。废旧物资的管理应着重于回收计划的编制，建立回收管理组织以及做好废旧物资的加工。

（1）**编制废旧物资回收计划**　要组织好废旧物资流，充分发挥废旧物资在社会再生产中的作用，必须建立废旧物资回收计划，并将其纳入企业经营计划之中。废旧物资回收计划是确定在一定时期内物资回收利用所要达到的目标，以及为目标的实现所采取的措施。

要编制好废旧物资回收计划，必须调查和摸清废旧物资回收的潜力。如果潜力不清，计划目标必然不是脱离客观实际定得过高，就是估计不足定得过低。编制废旧物资回收计划应当突出重点，抓住一般，对那些对企业经营有重大影响作用的紧缺物资的回收项目要首先考虑，采取有力措施。

编制废旧物资回收计划，还必须考虑到生产、技术、经济，考虑到人力、物力、财力的可能性。要成功地组织好废旧物资流，就一定要做到计划目标准确，经济、技术措施有力。有时一些措施客观上有必要，但技术上还欠缺，一般还不能纳入计划，但是，应在技术上加强研究和实施工作。废旧物资回收计划应同生产计划、基本建设计划等一起下达，一起检查，一起考核。只有这样，废旧物资回收工作所需的人力、物力、财力才能得到统

筹安排，从而保证废旧物资回收计划的实现。

（2）建立健全物资回收管理机构　物资回收管理机构是完成废旧物资回收任务的组织形式。没有适当的物资回收管理机构，物资回收便缺乏系统的、全面的组织，因而也就很难把物资回收工作提到更高的程度。应当根据废旧物资回收工作的需要，本着精简、统一、有效的原则，建立健全企业物资回收网。物资回收机构的任务和工作内容，各级不尽相同，但大体应有下述几个方面：

1）宣传物资回收的意义和作用。

2）研究物资回收的技术和经济问题。

3）编制废旧物资回收计划。

4）抓好物资回收计划的执行、检查和分析。

5）组织交流物资回收的经验，推广物资回收的先进方法等。

七、汽车油料、涂料及化学品的仓库管理

汽车油料、涂料及化学品具有易燃性和挥发性，一般装在专用的容器中，按照国家危险品管理的要求进行管理。在仓库管理中，要注意以下几点：

1）存储油料、涂料及化学品的库房必须设置在干燥、阴凉、通风的地方。

2）必须采取必要的措施，使库房内保持适当的温度和湿度。

3）存储油料、涂料及化学品的库房必须悬挂消防及明火管理制度，并在明显地方张贴"严禁吸烟""严禁火种"等标志牌。

4）库房内必须配备充足的与各种油料、涂料及化学品相适应的消防器材。

5）油料、涂料及化学品应分类分项堆放，化学性质或防护、灭火方法相互抵触的化学品，不得在同一库房内存放。

6）油料、涂料及化学品小包装储存时可上货架，大包装储存时可码垛，垛高不得超过2m，垛底应垫高10cm以上，油料、涂料及化学品的商标要一律向外。

7）油料、涂料及化学品应根据汽车服务需求，随用随购，尽量减少库存。

8）对能分解、发热、自燃的化学品要设置专门的储存库，并定期检查。

9）油料、涂料及化学品应定期检查并翻转堆放，以免储存日久，沉淀结块，影响使用。

10）浸有涂料、稀释剂的破布、纱团、手套和工作服等应及时清理，不能随意堆放，防止因化学反应而生热、发生自燃。

11）当日没有用完的油料、涂料及化学品应及时收入库房，严禁随意丢放。

12）库房地面必须防潮、防渗，库房内必须保持清洁。

13）对汽油、苯类、酮类等溶剂进行整理、分装、换桶时，均应在通风良好处进行，操作人员必须戴口罩、手套以防中毒。

14）领取油料、涂料及化学品时，领取人必须填写油料、涂料及化学品发放登记表，相关人员必须签字。

15）油料、涂料及化学品装卸时，必须轻拿轻放，严禁碰撞或在地上滚动。

16）油料、涂料及化学品在装卸过程中，必须检查封闭是否良好，发现问题及时采

取补救措施。

17）碰撞、相互接触容易引起燃烧、爆炸或造成其他危险的物品以及化学性质或防护、灭火方法相抵触的物品，不得混合装运。

18）遇热、遇潮容易引起燃烧、爆炸或产生有毒气体的物品，在装运时应采取隔热、防潮措施。

拓展知识内容可扫码进行观看。

小结

本章主要介绍了汽车服务企业物资管理相关内容，包括物资管理的分类及主要内容，物资定额管理的内容及主要方法，仓储管理的分类、内容及操作要求等。

复习思考题

1. 简述汽车服务企业物资管理的任务和内容。

2. 有、无订单确定汽车及配件物资消耗量的方法分别是什么？

3. 简述汽车及配件物资采购管理的要素。

4. 简述汽车及配件出库作业的要求。

5. 简述汽车及配件出库、入库的操作程序。

6. 如何进行汽车及配件退货与废旧汽车配件管理？

参考答案

第八章 / **Chapter 8**

汽车服务企业质量管理

【学习目标】

1. 掌握质量的概念，了解汽车服务"产品"质量特性。
2. 充分理解汽车服务质量和功能质量的内涵。
3. 掌握、了解全面质量管理的特点和任务、质量保证体系、质量管理步骤。
4. 能够熟练使用全面质量管理常用的几种工具。

【导入案例】

　　魏文王询问名医扁鹊："你们家兄弟三人，均精于医术，那么你们三人中哪一位医术最高明呢？"扁鹊思索后回答："兄弟三人中我大哥医术最好，二哥医术次之，而我的医术算最差。"魏文王听后不禁吃惊地问道："你们兄弟三人中，数你的名气最大，为何反而你说大哥医术最高呢？"扁鹊听后回答魏文王说："我扁鹊治病，是在病人病情严重之时才进行治疗，一般人看到的都是我在病人经脉上穿针管来放血、在病人皮肤上敷药等比较大的治疗行为，因此大家都认为我的医术高明，名气由此响遍各地。而我二哥治病，是治病于病人的病情刚发起的时间，所以一般人以为他只能治轻微的小病，他的名气只能在我们乡里流传。而我大哥治病，是治病于病人有病情征兆迹象之前，即预防性的，所以一般人不知道他是事先能铲除病因，反而觉得他的治疗没什么明显效果，认为他医术水平一般，医学专家却认为他医术水平最高。"

　　企业的质量管理和医院的医生看病一样，尤其是客户对于汽车服务的质量评价涵盖整个服务过程，包括其对服务"技术质量和功能质量"的考量。技术质量指产品或服务的技术性能，功能质量指产品或服务的消费感受，因此汽车服务的质量管理需充分考虑服务行为的"事前、事后、过程"全过程的，而且是企业全员参与的控制与管理。

第一节　概　　述

　　质量关系到企业的生存和发展。在当今社会，服务经济在社会经济生活中占有的比重越来越大，传统质量管理研究的内容侧重于制造业及产品，其理论已不能完全适用于新的领域，因此必须对以提供服务为主的企业做专门的质量管理研究。从汽车的选型、设计、制造、出厂的使用前市场，到汽车的销售、客户对汽车的选择购置、使用、美容、维修、保养、零部件供给等使用后市场，无不充满对汽车服务企业的高水平服务质量的需求。

　　服务质量水平将决定企业的生存。如果企业进入市场不能在服务的质量、范围、价格和售后服务方面取得优势，就难于在日益激烈的市场竞争中求得生存和发展。在市场经济条件下，强化以质量为核心的经营管理，走质量效益型的发展道路，已成为企业管理者的共识。

一、质量的概念

质量是人们熟悉、广泛使用的生活用词。质量指产品或服务满足规定或潜在需要的特征和特性的总和。它既包括有形产品也包括无形产品，既包括产品内在的特性也包括产品外在的特性，即包括了产品的适用性和符合性的全部内涵。

"需要"一般是指用户的需要、社会的需要和第三方的需要。"明确需要"是指在合同环境中，特定用户对实体提出的明确的需要，这种需要常在合同、标准、规范、图样、技术要求和其他文件（如法令、法规等）中做出规定。"隐含需要"是指顾客或社会对实体的期望，或指那些虽然没有通过任何形式给以明确规定，但为人们所普遍认同的、无须事先申明的需要。对隐含需要，供方应当设法（如通过市场调研、技术预测或比照国内外先进标准等）加以识别和确定。

"特性"是实体所特有的性质，反映了实体满足需要的能力。"需要"应转化为特性。特性包括性能、合用性、可信性（可用性、可靠性、维修性）、安全性、环境、经济性和美学等具体要求。

二、汽车服务企业"产品"质量特性

1. 汽车服务企业"产品"组成要素

为了统一对产品质量和服务质量的认识，人们赋予质量以新的内涵。从总体上来说，质量的概念应包含两个方面，即技术质量和功能质量。前者指产品或服务的技术性能，后者指产品或服务的消费感受。对于产品来说，总体质量主要取决于技术质量；就服务而言，功能质量的重要性远远高过技术质量，即服务质量主要取决于顾客的感受和认识。当顾客觉得企业的服务满足了他的需求时，他会对服务质量评价较高，反之则较低。由于服务比有形产品有着更多难以量化、难以标准化的特征，因此服务质量比产品质量更难考核和管理。

对汽车服务企业而言，其产品就是"服务"，对产品质量的评估是在服务传递过程中进行的。顾客对服务质量的满意可以解释为：将对接受服务的感知与对服务的期望值相比较。当感知超出期望值时，服务被认为具有特别质量，顾客表示高兴，对质量评价较高。当没有达到期望值时，服务将不被认可。当期望与感知一致时，质量是满意的。对于汽车服务企业，判断服务质量可归结为可靠性、功能性、经济性、时间性、保证性、移情性、有形性等方面。

(1) **可靠性**　可靠性是指可靠地、准确地履行服务承诺的能力。可靠的服务行动是顾客所希望的，它意味着服务以相同的方式、无差错地准时完成。

(2) **功能性**　功能性是指企业所提供的服务范畴、服务方式、服务方便性等能以人为本，最大限度地满足顾客的服务需求，方便顾客，实现服务的能力。

(3) **经济性**　经济性是指企业所提供服务的价格及为完成服务所需各种相关费用的总和。

(4) **时间性**　时间性是指帮助顾客并能迅速提供服务的可能性。让顾客等待，特别是无原因的等待，会对质量感知造成不必要的消极影响。出现服务失败时，迅速解决问题

会给质量感知带来积极的影响。

（5）**保证性** 保证性是指员工所具有的知识、礼节以及表达出自信与可信的能力。保证性包括如下特征：完成服务的能力，对顾客的礼貌和尊敬，与顾客有效地沟通，将顾客最关心的事放在心上的态度。

（6）**移情性** 移情性是设身处地为顾客着想和对顾客给予特别关注。移情性有下列特点：接近顾客的能力，敏感性和有效地理解顾客需求。例如，服务员为误车的顾客着想并努力找出解决问题的方法。

（7）**有形性** 有形性是指有形的设施、设备、人员和沟通材料的外表。有形的环境条件是服务人员对顾客更细致地照顾和关心的有形表现。对这方面的评价（如洁净）可延伸至包括其他正在接受服务的顾客的行动上。

顾客从这七个方面将预期的服务和接受到的服务相比较，最终形成自己对服务质量的判断。

期望与感知之间的差距是服务质量的量度。从满意度看，既可能是正面的也可能是负面的。

2. 汽车服务企业服务"产品"质量的范围

对于一个汽车服务企业，可以从内容、过程、结构、结果及影响等五个方面考查质量。

（1）**内容** 主要考察服务系统是否遵循了标准化程序。对日常服务而言，标准作业流程已经制定，要求服务者遵守这些既定程序。

（2）**过程** 主要考查服务中的事件顺序是否恰当。基本的原理是要保持活动的逻辑顺序和对服务资源的协调利用。顾客和服务人员间的交互过程应得以监控，也包括服务人员之间的交互作用和沟通。

（3）**结构** 检查服务系统的有形设施和组织设计是否充足。有形设施和辅助设备只是结构的一部分，人员资格和组织设计也是重要的质量因素。

通过与设定的质量标准相比较，可以决定有形设施是否充足。人员雇佣、晋升资格等都要达到标准。反映组织控制质量效果的一个指标是采用主动的自我评估程序和成员对他们同事工作的了解。

（4）**结果** 检查服务会导致哪些状况的改变。服务质量的最终测量要反映最终结果。顾客抱怨是反映质量结果的最有效的指标之一。对公共服务而言，通常的假设是：除非抱怨水平开始上升，否则现状就是可以接受的。通过跟踪一些指标（如抱怨数量），就可以监视服务结果质量的变化。

（5）**影响** 检查服务对顾客的长期影响。值得注意的是，影响必须包括对服务易获性的衡量，迫切需要那些能规划并出色和创新地提供服务的管理者。

3. 服务质量测试

测试服务期望与服务感知之间的差距是那些服务领先的服务企业了解顾客反馈的经常性的过程。测量服务质量是一项挑战，因为顾客满意是由许多无形因素决定的。与具有物理特性的、客观可测的物质产品不同（如装配和完成一辆汽车），服务质量包括许多心理因素。如图 8-1 所示，服务质量差距表现为如下几个方面：

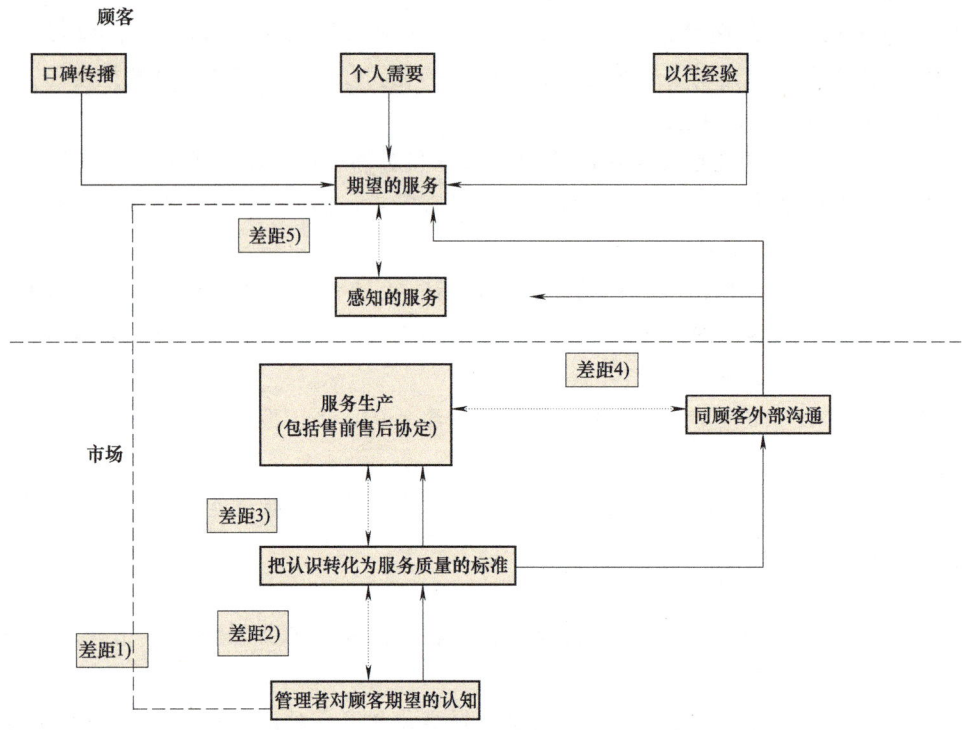

图 8-1　服务质量差距模型

1）顾客期望和管理部门感觉的差距。

2）管理部门感觉和服务质量期望的差距。

3）服务质量的规格和服务交付的差距。

4）服务交付和与顾客的外部沟通的差距。

5）所期望的服务和感觉到的服务的差距。

差距1）~4）是产业内的差距，而差距5）是顾客看到的服务质量的不足。

差距1）是顾客期望和管理部门感觉的差别。研究显示，服务提供部门和管理部门对服务的要求和顾客的期望往往是有差别的。

差距2）是管理部门对顾客期望感觉和服务质量规格之间的差别。管理部门为服务质量设置规格是基于他们所确信的顾客需求，但这并不一定准确。因此，许多服务企业已经把重点放在了技术质量上，而事实上顾客感觉到有关交付服务的质量问题更加重要。

差距3）是服务质量的规格和服务交付的差别。当服务交付体系严重依赖于人员时，这时服务质量就是最重要的。若服务是包含在顾客在场时立即执行和交付，就特别难以保障质量规格，这是许多服务行业的常见情况。

差距4）是服务交付和与顾客的外部沟通的差别。通常这是由于服务提供者沟通不充分造成的。

差距5）代表了实际业绩表现与顾客感觉到服务之间的差别。对服务质量的主观判断受许多因素影响，所有这些都可以改变对已经交付服务的感受。

4. 汽车服务企业"产品"质量的形成

任何产品都是为了满足用户特定的需要而产生的，产品质量体现了产品的使用价值。工业企业最终以产品的适用性来满足用户的使用需求，而汽车服务企业的"产品"质量最终以服务的可靠性、功能性、经济性、时间性、保证性、移情性、有形性等方面来满足用户的需求。

产品质量不是检验出来的，它有一个逐步实现的过程。这一过程可以用美国质量管理学家朱兰（J. M. Juran）提出的螺旋曲线来表示，如图8-2所示。朱兰质量螺旋曲线用一条螺旋式上升的曲线来表达产品质量产生、形成和实现的过程，反映了产品质量形成的客观规律。

从朱兰质量螺旋可以看到：

1）产品质量形成的全过程包括13个环节。市场研究、开发（研制）、设计、制定产品规格、制定工艺、采购、仪器仪表及设备装置、生产、工序控制、检验、测试、销售和售后服务，这13个环节构成了一个系统。

2）产品质量形成和发展是一个循序渐进的过程。13个环节构成一轮循环，每经过一轮循环，产品质量就有所提高。产品质量的提高在一轮又一轮的循环中总是在原有基础上有所改进，有所突破，且连绵不断、永无止境。

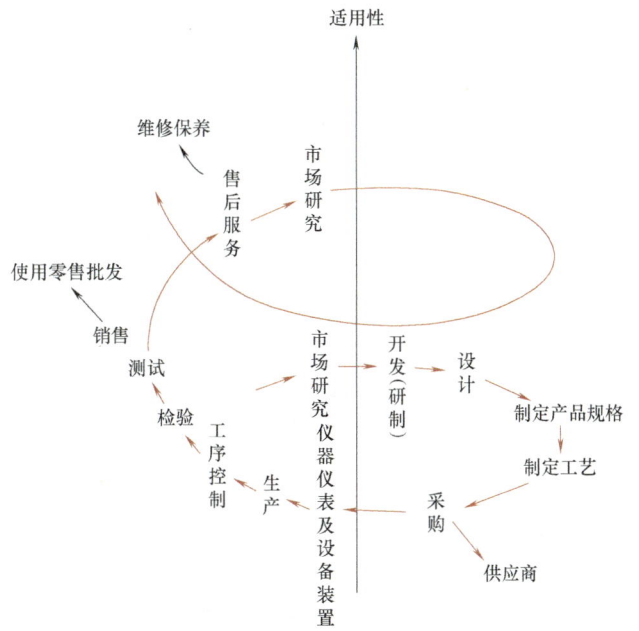

图 8-2　朱兰质量螺旋曲线

3）作为一个质量系统，其目标的实现取决于每个环节质量职能的落实和各环节之间的协调。因此，必须对质量形成全过程进行计划、组织和控制。

4）质量系统是一个开放系统，和外部环境有密切联系。这种联系既有直接的（质量螺旋中箭头所指处），也有间接的。如采购环节和物料供应商有联系，销售环节和用户有联系，市场研究环节和产品市场有联系等。

5）产品质量形成的全过程中每一个环节都要依靠人去完成，人的质量及对人的管理是过程质量及工作质量的基本保证。所以，人是产品质量形成过程中最重要、最具能动性的因素。全面质量管理十分重视人的因素，其理论根源正在于此。朱兰质量螺旋深刻而形象地揭示了产品质量形成的客观规律性，和它有异曲同工之妙的常见表述还有质量循环图和质量环。

质量循环图是瑞典的质量管理专家桑德霍姆（L. Sandholm）提出的，如图8-3所示。质量环（Quality Loop）有较广的应用。所谓质量环是指"从识别需要到评定这些需要是否得到满足的各阶段中，影响质量的相互作用活动的概念模式"（ISO 8402：1994）。服务质量环如图8-4所示。

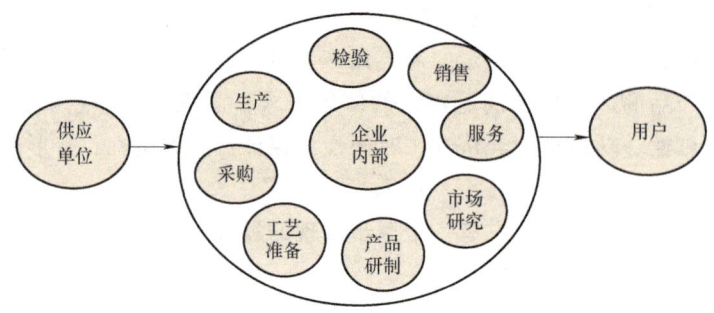

图8-3 产品质量循环图

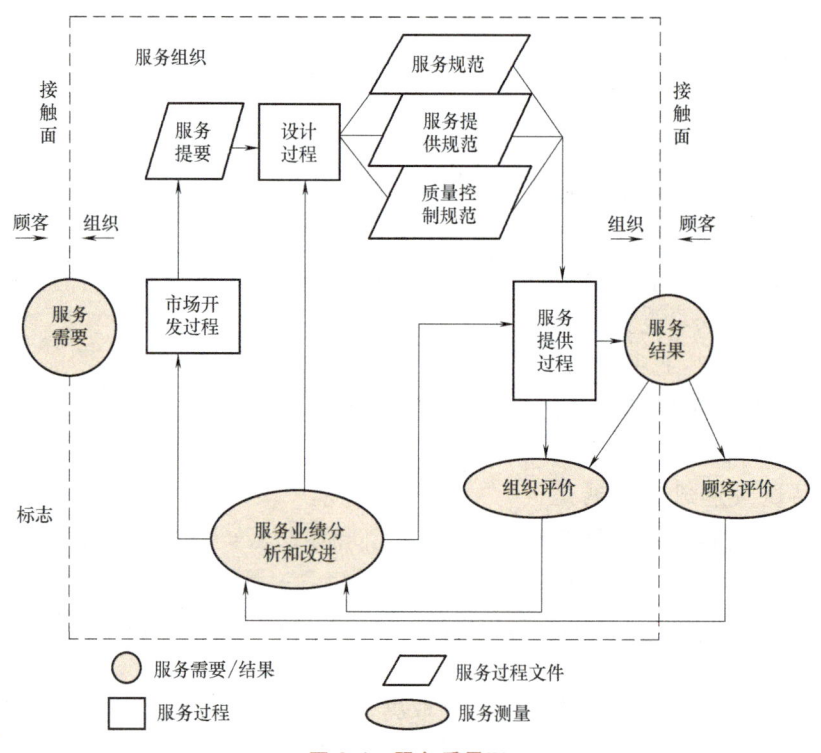

图8-4 服务质量环

　　质量循环图及质量环的内涵和质量螺旋相同，只是对产品质量形成全过程中环节的划分（及环节的数目）略有差别。产品质量形成规律是现代质量管理的理论基础。

三、现代质量管理的发展

　　关于现代质量管理的定义，各国学者有着不同的论述，但基本内容是一致的。美国质量管理专家费根堡姆（A. V. Feigenbaum）认为："质量管理是把一个组织内部各个部门在质量发展、质量保持、质量改进的努力结合起来的一个有效体系，以便使生产和服务达到最经济水平，并使用户满意"。日本著名的质量管理学家石川馨教授对质量管理下的定义是："用最经济的方法，生产适合买方要求质量的产品，是最经济最起作用的，并且为研制买方满意的产品进行设计、生产、销售和服务"。

综上所述，质量管理是指用最经济最有效的手段进行设计、生产和服务，以生产出用户满意的产品。质量管理的发展大致经历了质量检验、统计质量控制和全面质量管理三个阶段。

1. 质量检验（SQI）阶段

19 世纪末 20 世纪初，由于产品相对简单，生产方式以手工操作为主。产品质量基本依靠操作者个人的技艺和经验来保证，称为"操作者的质量管理"。到 20 世纪初，由于生产的发展，生产中分工和协作关系越来越复杂，"操作者的质量管理"容易造成质量标准的不一致和工作效率的低下，越来越不适应生产力的发展。泰罗提出了在生产中应将计划和执行、生产和检验分开的主张。在随后开展的"科学管理运动"中，首先是强调工长在保证质量方面的作用，把执行质量检验的责任从操作者转移到工长，即所谓的"工长的质量管理"。后来，在一些工厂中开始设立专职的检验部门，对生产出来的产品进行质量检验，鉴别合格品或废次品，从而形成所谓的"检验员（部门）的质量管理"，现代意义上的质量管理从此诞生。

这一阶段的质量管理工作是单纯依靠检验，剔出废品，以保证产品质量。其方法是全数检验或抽样检验，其作用是事后把关，不让不合格品出厂或转到下道工序，是一种被动性的质量管理，无法对产品设计生产等环节的质量进行管理。

2. 统计质量控制（SQC）阶段

20 世纪 40 年代至 50 年代，欧美一些国家开始运用概率论与数理统计方法，控制生产过程，预防不合格品的产生。数理统计方法是在生产过程中进行系统的抽样检查，而不是事后全检。它的具体做法是将测得的数据记录在管理图上，可及时观察和分析生产过程中的质量情况。当发现生产过程中质量不稳定时，能及时找出原因，采取措施，消除隐患，防止废品再发生，以达到保证产品质量的目的。

统计质量管理理论把以前质量管理中的"事后把关"变成事先控制、预防为主、防检结合，并开创了把数理统计方法应用于质量管理的新局面。

3. 全面质量管理（TQC）阶段

统计质量管理单纯强调数理统计方法的应用，只是关注生产过程及最终产品的质量控制，对于正在出现的新形势和新问题常常显得难以应付。其实，人们已逐渐认识到，产品质量的形成不仅与生产制造过程有关，还与涉及的其他许多过程、环节和因素有关。只有将影响质量的所有因素统统纳入质量管理的轨道，并保持系统、协调的运作，才能确保产品的质量。20 世纪 50 年代末和 60 年代初，美国通用电气公司的费根堡姆和质量管理专家朱兰提出了全面质量管理的概念，简称 TQC。

第二节　汽车服务企业全面质量管理

一、全面质量管理的特点和任务

1. 全面质量管理的定义

全面质量管理（Total Quality Control，TQC）源于美国，自 1994 年以来，国际标准化

组织（ISO）把全面质量管理定义为："一个组织以质量为中心，以全员参与为基础，目的在于通过让顾客满意和本组织成员及社会受益而达到长期成功的管理途径。"现在国际标准化组织把全面质量管理统一称为 TQM，即 Total Quality Management。

2. 全面质量管理的特点

全面质量管理最基本的特点就是以系统的观点和方法，实施全面的、全过程的、全员的质量管理。

(1) 提高工作质量，保证"产品"质量　全面质量管理中的"质量"的含义很广泛，它既包括了"产品"质量，又包含了工作质量。所谓工作质量是指企业全面的组织管理工作和技术工作对达到产品技术标准和提高产品质量的保证程度。它包括产品的市场调查、研究、设计、试制、工艺、制造与设备、原材料供应、计划、生产、劳动、销售、财务以及用户服务等各个环节的质量管理工作，是一项综合性的管理工作。

汽车服务企业"产品"的质量是对企业全面工作质量的综合反映。工作质量是形成"产品"质量的原因，"产品"质量则是工作质量的结果。全面质量管理要求努力提高工作质量，藉以保证"产品"质量。

(2) 全过程的质量管理　对于汽车服务企业实现全面质量管理，要做好汽车服务全过程的质量管理工作。

(3) 全员的质量管理　全面质量管理涉及企业各部门、各环节的工作，它们在企业中占有不同的地位，发挥不同的作用，相互联系，相互促进。因此，汽车服务企业提高其"产品"质量要依靠广大职工的共同努力，其"产品"质量是企业职工文化素质、技术素质、管理素质、领导素质以及思想品德的综合反映。

(4) 以预防为主，防检结合　"产品"质量的好坏，有一个逐步产生和形成的过程，实行以预防为主，防检结合，则可以把不合格的产品消除在它的形成过程中。这就要求事先采取有效措施控制影响"产品"质量的因素，使"产品"质量处于最佳的稳定状态。以预防为主，并不排斥事后的检验总结，而是把预防与检验总结结合起来。

(5) 把数理统计方法作为全面质量管理的重要手段　现代化大工业生产的发展，要求企业在生产中更加自觉地应用高新技术。全面质量管理运用数理统计方法，可以把质量问题数量化，用数据反映质量状况，可以做到"胸中有数"；同时，还可以从数据的分析中，找出反映质量运动和变异特征的规律，掌握质量动态和发展趋势，以便采取有效的措施解决质量中存在的问题，提高产品质量。

3. 全面质量管理的基本任务

全面质量管理的任务是确定企业的质量目标、质量方针和质量策划，建立和健全质量保证体系，组织协调企业各个部门和全体职工运用先进技术和科学方法，贯彻执行产品（服务）质量标准，实施质量控制，根据顾客需求不断改善产品（服务）质量。其基本任务概括为三方面：

(1) 确定企业的质量目标　在市场经济的条件下，企业要在竞争中求生存和发展，不仅要有企业近期的质量目标，而且要确定长远的战略目标。在确定质量战略目标时，要充分考虑企业内外条件，如国家建设规划和要求，国际、国内市场的需求及发展趋势，企业的经营方向、技术基础和生产条件等。当质量目标确定以后，还要制定质量方针和实现

质量目标的具体措施。

（2）**制定企业质量规划**　在规划中，围绕着所要达到的质量目标，落实可靠的技术、组织措施，其中包括资金来源、设备的改造和更新、人员的培训、研究开发计划以及先进的质量管理方法的推广和应用等。同时，还要把目标与任务通过指标分解的形式落实到各个部门、各个环节和各个工作岗位上，建立权责利统一的质量责任制度。

（3）**建立和健全企业的质量保证体系**　质量保证体系的根本任务，就是通过对企业的质量控制，实现对用户的质量保证。全面质量管理要求由被动的"三包"，即包修、包退、包换，发展为主动的"三保"，即保证提供优质的产品、保证提供优质配件、保证提供优质服务。由此可见，一个企业建立一个有效的质量保证体系是实现质量目标和落实质量规划的关键。

二、建立和健全质量保证体系

1. 质量保证体系（Quality Assurance System）**的概念**

质量保证体系是指企业以提高产品质量为目标，用系统的观点和方法，把质量管理的各个过程、各个阶段、各个环节、各个岗位的质量管理活动合理地组织起来，形成一个有共同目标、责权利明确、互相协调、互相促进的有机整体。

2. 质量保证体系的类型

（1）**按管理层次和工作范围建立质量保证体系**　如全厂的质量保证体系、车间和科室的质量保证体系、工段或小组的质量保证体系等。

（2）**按产品对象建立质量保证体系**　如产品的质量保证体系、部件的质量保证体系、零件的质量保证体系等。

（3）**按业务系统建立质量保证体系**　如标准化工作质量保证体系、计量鉴定保证体系等。

3. 建立和健全质量保证体系工作

质量保证体系的主要工作有以下几项：

（1）**制定质量计划体系**　制定服务质量的综合计划，按分项目、分时期、分部门设定具体计划，做到有进度、有检查、有分析，以保证实现质量改进措施，达到预期目标。

（2）**建立质量信息反馈系统**　分为内部反馈和外部反馈，内部反馈来自企业各相关单位的反应与合理化建议；外部反馈来自客户、国内、国际的同行业等。

（3）**建立质量检验工作体系**　设置专门的质量仲裁机构，形成严密的质量检验工作体系。

（4）**实行质量管理标准化、管理程序流程化**　为企业各部门、各环节以及各工作岗位制定管理业务标准，明确其责任、权限和利益；并使管理程序规范化，通过绘制质量保证体系图把各单位之间的关系，在全企业范围内联结起来。

（5）**组织全面质量管理小组活动**　组织全体职工参加质量管理活动，实现本单位的质量计划，运用质量管理的科学方法和专业技术，主动从事质量管理活动。组织全面质量管理小组把实现企业质量计划建立在可靠的群众基础之上，同时，也是提高职工技术素质和管理素质的途径。

（6）建立综合质量管理机构 综合质量管理机构的职责在于统一组织、计划、协调、综合质量保证体系的活动，检查、督促各部门履行质量管理职责，开展质量管理教育和组织群众性质量管理活动。

三、全面质量管理的阶段与基本步骤

开展全面质量管理工作，应遵循严密的科学程序，才能取得有效的结果。一般可分为四个阶段，八个基本步骤。每一个阶段和步骤要解决的主要问题和常用的方法都有明确的规定。

1. 全面质量管理工作的四个阶段（PDCA 循环）

全面质量管理工作包括计划（P）、实施（D）、检查（C）、处理（A）四个阶段，主要工作如下：

第一阶段计划（规划 Plan）：包括确定质量目标、方针，制定质量活动计划和管理项目等。

第二阶段实施（Do）：根据第一阶段的计划，通过培训和推广，组织大家付诸行动。

第三阶段检查（Check）：对实施的情况进行检查、总结，肯定成绩和经验，找出存在的问题和原因。

第四阶段处理（Action）：根据检查的结果，采取相应的措施。总结成功的经验，制成标准；对于存在的问题，寻找措施加以解决；不能解决的问题，找出原因，为下一期计划提供资料。

计划、实施、检查、处理四个阶段，简称 PDCA，按照先后顺序，相互联系，头尾衔接，不断循环，如图 8-5 所示。

PDCA 循环有三个特点：

第一个特点：计划、实施、检查、处理四个阶段，缺一不可。在一个循环内，各阶段的工作应按先后依次进行，不可颠倒。

第二个特点：大圈套小圈循环。对于整个质量管理工作，要按照计划、实施、检查、处理四个阶段，一段接一段地工作，一个循环接着一个循环，周而复始，不断前进。对于质量管理中的每个阶段、每一项具体工作，

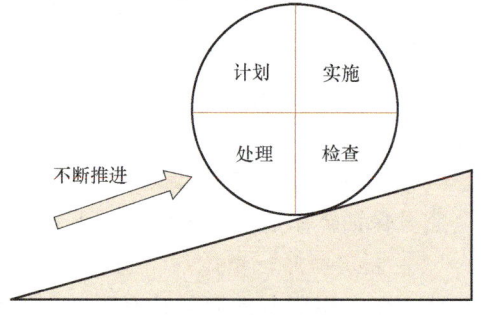

图 8-5　PDCA 循环示意图

也都应当按照四个阶段来做。如果每个循环都用一个圆圈表示，就如图 8-5 所示，形成了一个大圈套小圈的形式，而且每个圈都在不停地循环。

第三个特点：PDCA 循环不是在一个水平线上不停地循环，而是每循环一次，就提高一步，工作不停顿地前进，循环也随之不断地上升。

2. 全面质量管理工作的基本步骤

全面质量管理按照计划、实施、检查、处理四个阶段开展工作，为保证每一阶段的工作方向，明确任务，对于每一个阶段，制定其基本步骤。

（1）计划阶段

1）找出质量问题。

2）找出存在问题的原因。

3）分析各项原因，找出其中的主要原因。

4）研究改进工作的措施。

（2）实施阶段 实施改进措施。

（3）检查阶段 检查实施的效果。

（4）处理阶段

1）把有效措施纳入各种标准中加以巩固，无效的不再实施。

2）将遗留问题转入下一个循环继续解决。

第三节　全面质量管理的常用方法

一、排列图法

排列图法又称为主次因素排列法或巴累托曲线法，目的是在影响质量的众多因素中寻找主要因素，具有直观、鲜明和简洁的特点。现举例说明其原理与作图步骤。

例 8-1 某运输企业对汽车晚点原因进行了调查，调查结果见表 8-1，分析主要影响因素。

表 8-1　质量事件分类表

事件	分项说明	频数（辆）	频率（%）	累计频率（%）
A	车辆技术状况	10	33.3	33.3
B	调度原因	8	26.7	60
C	驾驶员未到	5	16.7	76.7
D	乘务员未到	4	13.3	90
E	其他	3	10	100
合计		30	100	

该表将各类原因按照频率依次排列，并计算出频率和累计频率。所谓频率，就是单项事件在总事件中所占的百分比；所谓累计频率就是事件因素由多至少排列到该因素之前各项频率之和。

完成上述步骤后，即可作图。作图时将各类事件按照频数依次作长方形图形，其高为该事件频数，宽可取相等间距，并以频数为左纵坐标，累计频率为右纵坐标，如图 8-6 所示。依次连接该图上的累计频率曲线，即为巴累托曲线。

依据巴累托曲线可将事件分为三类：

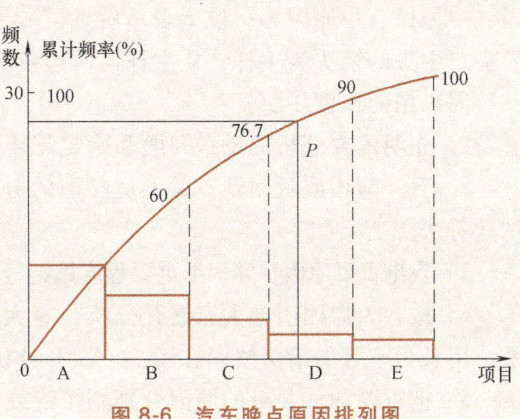

图 8-6　汽车晚点原因排列图

累计频率从 0~80% 的事件为主要因素事件，亦即所谓 A 类事件；累计频率在 80%~90% 之间的事件为次要因素事件，亦即所谓 B 类事件；累计频率在 90%~100% 之间的事件是一般因素事件，称之为 C 类事件，在频率为 80% 处作一平行线平行于横坐标，与巴累托曲线相交于 P 点。从 P 点引垂线与横坐标也相交，该垂线即为主次分界线，其左侧为影响事件的主要因素。

排列图可以用来明确地表示出质量问题的关键所在。对每一个 PDCA 循环均作出排列图并进行比较，可以确认并检查工作效果与质量改进的程度，以及确定由于内外条件变化所产生的新的主要因素，提交下一循环加以解决。

二、因果分析图

因果分析图的形状像鱼刺或树枝，因而又称为鱼刺图或树枝图。它是日本质量管理专家石川馨教授于 1962 年所创。在生产过程中出现的质量问题，往往是多种因素综合影响的结果。用此方法可以对有影响的一些较重要因素加以分析和分类，搞清因果关系。

在汽车服务企业出现的质量问题都有它产生和形成的种种原因。比如在交通运输生产中出现的问题，操作者、车辆设备、道路条件、运行环境和方法等因素的变化都会影响运输质量。运输质量是多种复杂因素综合影响的结果，要解决质量问题，就必须找出影响质量的原因，只有通过科学方法层层深入分析研究，才能达到目的。因果分析图就是分析和寻找影响

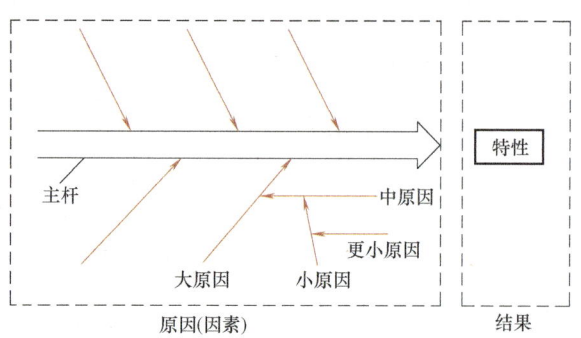

图 8-7 因果分析图的基本结构和形态

质量的原因的有效方法。其基本结构和形态如图 8-7 所示。

图 8-7 中，特性是指生产过程或工作过程中出现的结果，即与质量有关的特性，如缺陷、事故次数、不合格品率和货损件数等；原因是指影响特性的一些因素，又分为大原因、中原因、小原因等；枝干表示特性（结果）与原因关系或原因与原因间关系的各种箭头。中央的箭头为主杆，从主杆向两边依次展开大、中、小、更小原因。

因果图的作图步骤：

1）先明确要分析的质量问题和确定需要解决的质量特性。

2）召开与该质量问题有关人员参加的分析会，对造成质量问题的原因要充分发表意见和看法。

3）找出重要原因，并根据重要程度用记号或顺序号表示。对重要原因要到现场调查核实。

4）按各大原因引导大家展开分析，将大家提出的看法按中、小原因及相互之间的关系，用长短不等的箭头线画在图上，展开分析直到再也无法分解原因为止。

5）把重要的、关键的原因分别用粗线或其他颜色的线标记出来，这类原因只能有 2~3 项，可用表决的方法确定。

　　用因果分析图法，可以同时很方便地把所有可能的原因都找出来，对原因与结果加以条理化，分清不同原因之间的关系。图 8-8 所示为针对产生交通事故的原因所作的因果分析图。

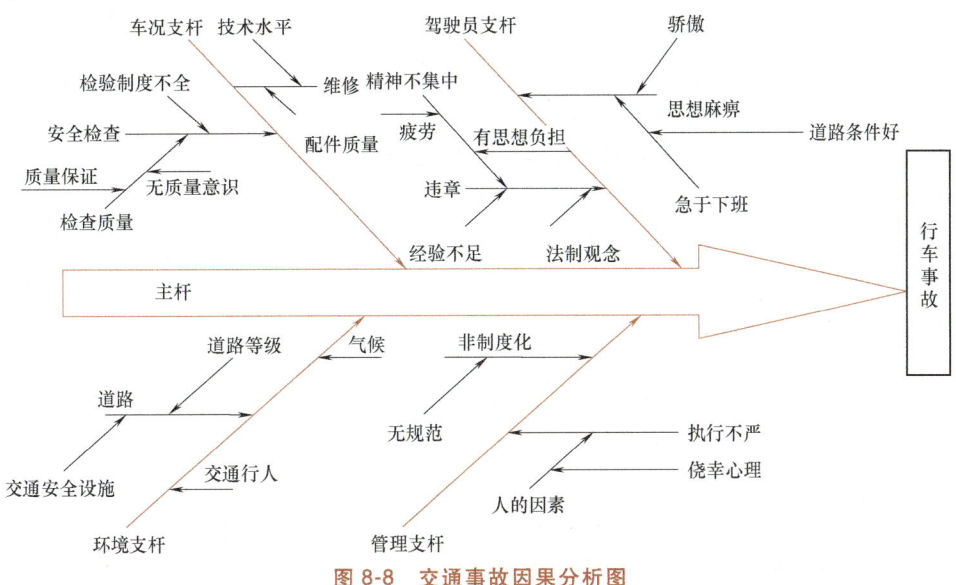

图 8-8　交通事故因果分析图

作因果分析图的注意事项：

1）确定的质量问题应尽可能具体，必须是一个问题，不能是一个工序。

2）要发扬民主，尽可能将与问题有关的人员召集在一起开会研讨，让与会者充分发表意见，把各种意见记下来，包括相反的意见。

3）原因的分析要扣紧主题，针对性强，原因分析要细到能采取措施的程度。

4）主要原因一定要标出，原因的确定经过共同分析后，可采用排列图法，或表决得出。

5）为了图形的美观，线段之间的倾斜度一般为 45°~60°。

6）因果分析图画好后要现场落实原因项目，制定出防范改进措施。

三、直方图

　　产品质量和工作质量是否符合要求，是指相应的质量数据是否落在规定的质量标准范围内。直方图就是据此检验质量实测数据，从中寻找质量数据的规律，进而对质量进行评定的一种常用方法。直方图法具有形象、直观和鲜明的特点。直方图作图步骤如下：

1）先寻找质量数据的最大值和最小值，并确定级差 R。

$$R = n_{max} - n_{min}$$

2）确定分组数目 i。一般而言，组数 i 应取 10 左右，且质量数据总数越大，i 取值亦越大。大致可参考表 8-2：

表 8-2　分组表

N（数据总线）	50~100	100~250	250~
i（组数）	6~10	7~12	10~15

3）定组间距 δ。也就是决定分组后每一区间的长度，一般说来，尽可能将间距取值定为整数，便于计算，也便于作图，同时还要求

$$\delta \geqslant \frac{R}{i}$$

以便将 n_{max} 和 n_{min} 包括进去。

4）确定边界值。所谓边界值，即为每个区间的边界数值，通过边界值可以确定数据落于哪一个组内。为避免数据样本恰好落于边界线上，可取边界值位数较实测数据大 1/2 或小 1/2 个测定单位。

5）统计数据子样落在各个组内的个数。每个区间的间距是 δ，其上下边界值已经确定。设 ϕ_i 个数据落在第 i 组中，则称 ϕ_i 为第 i 组的频数，并相应定义 ϕ_i/N_i 为频率，据此计算频率分布表，见表8-3。

表8-3 频率分布表

组别	区间上边界~下边界	中心值	频数	频率（%）
i	$n_i \sim n_{i+1}$	$\dfrac{n_i+n_{i+1}}{2}$	ϕ_i	ϕ_i/N_i

表中每组范围为上一组边界值加上间距再加上半个计量单位，区间中心值为

$$X_i = \frac{1}{2}X \text{（区间下界+区间上界）}$$

完成上述步骤后，即可进行作图。取横坐标为组距 δ，纵坐标为频率 ϕ_i/N_i，其直方图如图8-9所示。

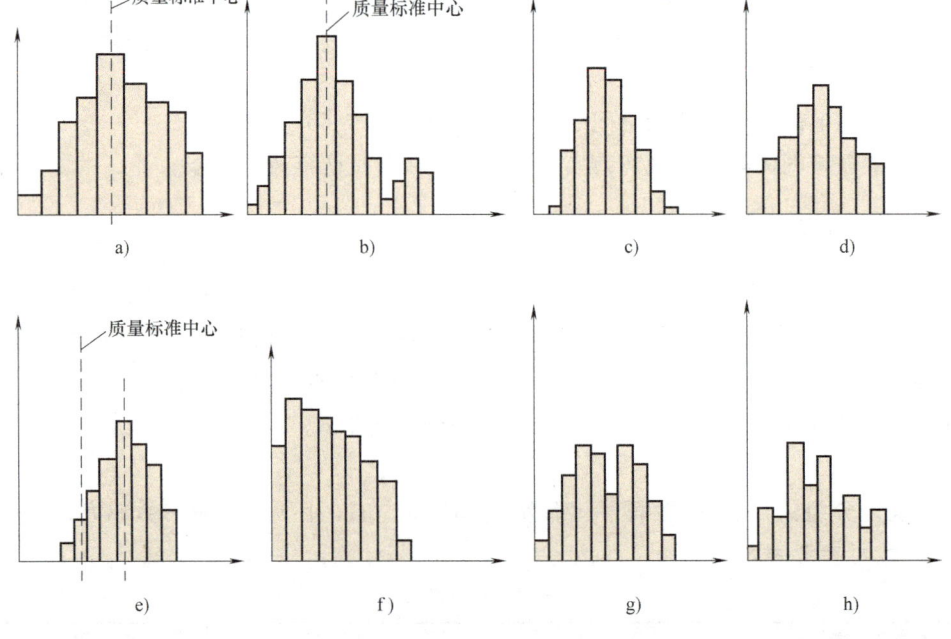

图8-9 直方图

图中数据子样的平均值为 $\overline{X} = \dfrac{\sum\limits_{i=1}^{N}(X_i)}{N}$，标准偏差为 $S = \sqrt{\dfrac{\sum\limits_{i=1}^{N}(X_i - \overline{X})^2}{N}}$。

$\overline{X}$ 和 S 为直方图的数字特征，$\overline{X}$ 表示子样中心位置，S 表示子样数据的离散程度。直方图是根据有限样本抽样做出的，若样本数 N 越大，则区间划分越小，纵坐标采用相对频数表示时，在正常情况下直方图的外包线最后将趋近于一条光滑的正态分布曲线，即所谓钟形曲线，其分布中心就是质量控制标准，分布范围则由质量控制界限来确定。

根据划出的直方图观察其分布形状，可以分别判断质量事件的类型和原因。现就常见直方图形状做如下分析，如图8-9所示。

（1）**正常分布**　直方图都有一峰值，为质量控制标准或中心数据，左右两侧大体对称，且不超过质量数据允许范围，这种类似于正态分布的形状表明了质量过程正常时的标准数据分布，如图8-9a所示。

（2）**不正常分布**　大致分以下七种常见形式：

1）孤岛形。在距分布中心一定距离处出现另一小峰值，表明过程中有异常因素在短时间内起作用，如图8-9b所示。对于这种形式应查明原因，予以排除。

2）瘦形。分布集中，分布范围大大小于规定范围，说明该过程质量较为均匀和稳定。虽然这种情况有利于质量控制，但过于严格的标准将增加质量控制的困难和成本，如图8-9c所示。

3）胖形。即分布的离散性较大，但仍在规定范围内，如图8-9d所示。该图形说明在过程中有异常因素在长期缓慢地起作用，如车辆技术状况下降引起的轮胎行驶里程变化等。

4）偏心形。分布中心偏离规定范围中心，应采取有效措施改变其分布平均值，否则易出现较大的质量问题。该图形如图8-9e所示，一般表现为重大质量事故出现前的征兆，如采用不合格的配件导致车辆某一部分异常磨损等现象。

5）陡壁形。亦称偏向形，一般是由某过程中某种操作习惯等原因造成，如某零件加工时尺寸偏小等，其形状如图8-9f所示。

6）双峰形。一般是由两个不同分布混在一起，如图8-9g所示。该图形往往表示过程中有两种不同类型的集合因素在起作用，如生产工人按不同的操作水平和操作方法生产出来的产品，其几何公差分布则可形成此种状态，应彻底查明原因予以纠正。

7）折齿形。一般可能是由于作图过程中出现的某种误差形成，如图8-9h所示，应从数据采集、抽样方法和作用过程开始进行全面检查。

直方图数据是从"母体"中抽取"子样"，通过对"子样"的调查分析和特性研究来判断"母体"的特性，从而揭示质量管理过程中的规律性内在因素。

四、相关图法

这是观察两种因素关系的图表方法。将两种有关的数据列出，绘制相关图，一般把因素标在横坐标上，把质量特性结果标在纵坐标上，将测得的数据点标在坐标图上，从相关

图上，可以直观地看出两个因素之间的关系，这种图叫相关图或散布图。对它进行的分析就叫相关分析或回归分析。

在质量原因分析工作中，常常有这种情况，一些因素（变量）共处于一个统一体中，它们相互关联，互相制约，在一定条件下又相互转化。如人员素质与运行安全、驾驶员水平与作业事故、货物成组比重与货物完好率的关系等都可用相关图分析。当数据点近似一条直线时称为线性相关，并且可用直线方程 $y=a+bx$ 表示两因素之间的相互关系。当数据点不成直线关系时，称为非线性相关。常见的相关图形式如图 8-10 所示。

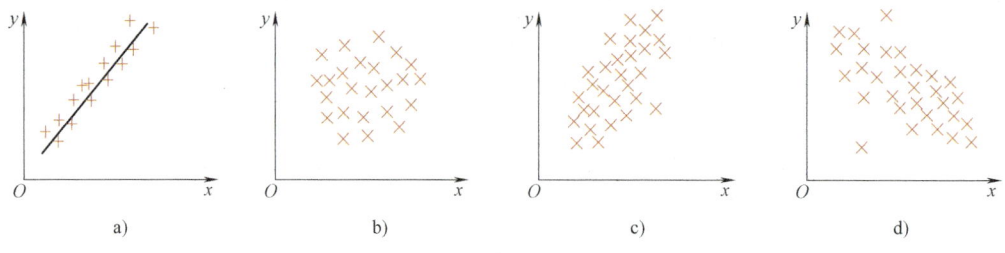

图 8-10　常见的相关图形式

由图 8-10a 可明显看出因素 x 和 y 存在线性相关关系，像这样存在着 x 值大，y 值也大的关系时，叫作正相关。当 x 值大而 y 值小，或当 x 值小 y 值变大的关系时，叫作负相关。

由图 8-10b 看不出相关关系，即非线性相关；图 8-10c 数据分散，但仍可看出是正相关；图 8-10d 是负相关。

为进一步掌握相关状况，还需求出相关系数 r，计算公式为

$$r = \frac{\sum_{i=1}^{n}(x_i - \overline{x})(y_i - \overline{y})}{\sqrt{\sum_{i=1}^{n}(x_i - \overline{x})^2 \sum_{i=1}^{n}(y_i - \overline{y})^2}}$$

计算的结果在表 8-4 中列出，并可判断相关程度。

表 8-4　相关程度

相关系数 r	相关程度
$r=1$	完全正相关
$r=0$	不相关
$0>r>-1$	负相关。越近于-1,越强;越近于0,越弱
$r=-1$	完全负相关

拓展知识　•••••••••••••••••••••••••••••••••••••••

拓展知识内容可扫码进行观看。

 **小结** ·

　　本章主要介绍了质量的概念，汽车服务"产品"质量特性，现代质量管理的发展，汽车服务企业全面质量管理的特点、任务，质量保证体系的概念、类型、工作，全面质量管理的基本步骤，全质量管理的几个常用方法等内容。

复习思考题 ·

　　1. 试述全面质量管理的特点。

　　2. 试述 PDCA 循环及其特点和作用。

　　3. 怎样运用排列图和因果分析图进行质量管理？

　　4. 直方图的作用有哪些？

　　5. 怎样运用相关图控制产品质量？

　　6. 质量保证体系有什么作用？

　　7. 什么是质量？什么是汽车服务企业产品质量？汽车服务企业产品质量是如何形成的？

　　8. 质量管理的发展大体分为哪几个阶段？

参考答案

第九章 / Chapter 9

汽车服务企业财务管理

【学习目标】

1. 了解汽车服务企业财务管理的特点。
2. 掌握财务管理的基本概念和原理。
3. 学习资本结构理论及其在企业的投资和融资业务中的作用。
4. 能够掌握企业进行投、融资抉择的基本方法。

【导入案例】

双林股份始创于 1987 年，产业涉及制造、旅游、教育等多个领域，于 2010 年在深交所成功上市。在汽车零部件领域覆盖多个产业板块，下设汽车饰件事业部、汽车机电事业部、动力总成事业部、新火炬科技公司，产品涉足汽车饰件、机电电子、轮毂轴承、自动变速器、新能源汽车动力系统，并涉足汽车智能驾驶领域。其主要合作客户包括福特、丰田、大众、东风、长安、上汽通用五菱、吉利等国内外知名汽车厂商，同时配套佛吉亚、博泽、奥拓立夫、天合、法雷奥、李尔、博世、麦格纳、博格华纳等百强汽车零部件巨头。

双林股份有限公司是一家致力于以自主创新、产品研发、模具开发为基础，实现汽车零部件模块化、平台化供应的国家级高新技术企业，主营汽车零部件的生产与销售。公司依托模具和产品的开发实力，通过与整车厂的同步开发，提高一级配套业务的比例，提升发行人在汽车产业链中的地位。公司通过自主研发，提高产品的标准化程度，支持客户的平台化战略，提升发行人在国际知名零部件供应商全球采购体系的市场份额。

公司的发展历程可以划分为三个阶段。1987 年—1999 年是创立初期，公司处于积累沉淀的阶段。2000 年—2009 年公司处于改革探索的阶段，依次在宁波、重庆、荆州、柳州、苏州、天津、武汉、青岛建立汽车零部件子公司。自 2010 年在深交所上市成功后，公司处于快速发展的阶段。通过多轮并购，公司已经将产品线延伸至汽车轮毂轴承产业、汽车自动变速器行业以及新能源汽车动力系统行业。

那么，在它成功的背后，这些并购具体是怎么展开的呢？在考虑到资本结构不断调整的状态下，并购融资方式是如何选择的呢？实施选定的融资方式对其资本结构又有何影响呢？要回答这些问题需要结合汽车服务企业的财务管理做基本的学习。

第一节　概　述

财务管理是基于企业再生产过程中客观存在的财务活动和财务关系而产生的，是组织企业资金活动、处理企业同各方面的财务关系的一项经济管理工作，是企业管理的重要组成部分。

一、汽车服务企业的资金运动

汽车服务企业的生产经营过程，从价值形态来看表现为资金运动。这种资金运动包括资金的筹集、使用、耗费、收入和分配等内容。资金筹集是资金运动的起点。资金的使用是把筹集的资金，通过购买、建造等过程形成各种生产资料。资金耗费即在生产经营过程中所耗费的各种材料、燃料、固定资产损耗、支付工资和其他费用等。

资金的收入是指通过销售产品和提供服务所取得的收入。

资金分配是指对所取得收入的分配，一部分用以弥补生产经营耗费，其余为企业纯收入。企业纯收入首先以税金形式按规定的税率上缴国家，其余为企业留利。企业资金的筹集和使用以价值形式反映企业对生产资料的取得和占用；企业资金的耗费以价值形式反映企业的物化劳动和劳动力的消耗；企业资金的收入和分配则以价值形式反映企业生产成果的实现和分配。企业财务即企业的资金运动，它是企业再生过程的价值体现。

二、企业财务关系

企业在资金运动中与有关方面发生的经济关系即为财务关系。企业资金的筹集、使用、耗费、收入和分配，与企业上下左右各方面都有着广泛联系。概括起来有六方面的财务关系。

1）企业与国家之间的财务关系，即企业应按照国家税法和规定交纳各种税款，在应交税款的计算和缴纳等方面体现国家与企业的分配关系。

2）企业与投资者和受资者之间的财务关系，即投资同分享投资收益的关系。

3）企业与债权人、债务人及往来客户之间的财务关系，这主要是指企业和债权人的资金借入和归还及利息支付等方面的财务关系、企业之间的资金结算关系和资金融通关系，包括债权关系和合同义务关系。

4）企业与其他企业之间的财务关系，在市场经济中，各企业之间存在着分工协作的关系，因此，它们之间存在着由于相互提供产品或劳务而形成的资金结算关系。

5）企业内部各单位之间的财务关系，这主要是指企业财务部门同企业内各部门、各单位之间发生的资金结算关系。

6）企业与职工之间的财务关系，这主要是指企业与职工之间的结算关系，体现着职工个人和集体在劳动成果上的分配关系。

三、汽车服务企业财务管理的内容、特点

财务管理通过财务预测、财务计划、财务控制及财务分析等环节的相互配合、紧密联系，形成周而复始的财务管理循环过程，构成完整的财务管理工作体系。以最经济的方式筹措资金，以最合理的标准运用资金，以最快的速度回收资金，以最佳的比例分配资金，以严格的制度进行财务监督，从而促进企业提高经营管理水平，以期获得最佳经济效益。

财务管理的内容包括筹资管理、投资管理、成本费用管理、营运资金管理、收益和利润分配等财务管理。汽车服务企业财务管理的内容主要包括：筹资管理、投资管理和资产

管理、收入管理和分配管理。此外，还包括企业设立、合并、分立、改组、解散、破产的财务处理。它们构成了企业财务管理不可分割的统一体。

企业财务管理区别于其他管理的特点在于它是一种价值管理，即对企业再生产过程中价值运动所进行的管理。财务管理利用资金、成本、收入等价值指标来组织企业中价值的形成、实现和分配，并处理这种价值运动中的经济关系。其目的是千方百计使资金释放出最大的能量，实现价值增值，提高资金效益。

财务管理是企业管理中的一个独立方面，又是一项综合性的管理工作。企业各方面生产经营活动的质量和效果大都可从资金活动中综合地反映出来，通过合理组织资金活动可有效地促进企业的生产经营活动。财务管理的各项价值指标是企业经营决策的重要依据。及时组织资金供应、节约使用资金、控制消耗、大力增加收入以及适时合理分配收益，将会促使企业增产节约、增收节支、提高经济效益。

四、财务管理的目标

明确财务管理的目标，是有效组织财务管理工作的前提，同时也是合理评价财务管理工作质量的客观标准。财务管理的目标不会脱离企业的目标而独立存在。

企业的目标是生存、发展、获利。为永久存续，企业必须创造利润、掌握现金流量和保持偿债能力。

要达到这些财务目标，有赖于其他的管理功能都能维持良好的状态。企业付薪给管理者，便是希望他们能创造新产品和服务、扩大市场、改善生产力、预测变迁；运用新科技提供明确的战略、雇用及激励员工、处理困难的抉择，解决问题，协调业务上的各种利益冲突（如顾客要求低价，而员工要求高薪）；而且大众也期待管理者要依道德行事，要遵守各项法律，对社会大众负责，同时还要能创造利润，活用现金，避免财务危机。

企业的基本财务信息可由财务报表发现。财务报表是依据会计资料及业务记录做成的，这些资料来自会计系统。会计资料必须完备、正确并且及时，要有良好的会计系统支持。

除每天的例行作业、准备薪资、准时付款、寄账单给顾客等之外，必须注意另外两个会计系统的主要内部功能：准备内控管理报表及内部财务报表。内控管理需注意许多细节，许多地方都有可能出错。相反，管理决策却只注重少数的关键因素，它是见林不见树的，所以为了规划和决策的目的，管理者需要既精简又完备且呈现大方向的财务报表。

会计信息无法包括所有决策及控制所需的信息，管理者可利用许多其他信息来源，如竞争对手的售价、供货厂商的运送问题、员工士气等。取得非会计资料有许多不同的渠道，如购买竞争者商品、业绩报告、市场研究报告、人事部记录等。

企业财务管理的目标是企业价值最大化，企业在追求自身的目标时，不仅要看企业未来收益的大小，还要看收益取得的时间；同时还要看收益与风险的配合情况，一般来说，收益越高，风险也越大。因此财务管理在追求企业价值最大化目标的过程中，要综合考虑收益的资金时间价值和风险价值。

第二节　资金筹集

　　资金是企业进行生产经营活动的必要条件。企业创建、开展日常生产经营活动，购置设备、原材料等生产要素，不能没有生产经营资金；扩大生产规模，开发新产品，提高技术水平，更要追加投资。筹集资金是企业资金运动的起点，是决定资金运动规模和生产经营发展程度的重要环节。企业通过一定的筹资渠道和资金市场，运用一定的筹资方式，经济有效地筹措和集中资金，保证企业生产经营活动的需要，是企业财务管理的一项重要内容。

一、企业筹资的动机

　　企业筹资的基本目的，是为了自身的生存与发展。企业具体的筹资活动通常受特定目的的驱使。例如，为了重置设备、引进新技术和开发新产品而筹资；为了对外投资、兼并其他企业而筹资；为了资金周转和临时需要而筹资；为了偿付债务和调整资本结构而筹资等。在实际工作中，这些筹资目的有时是单一的，有时是相互结合的，归纳起来主要有三类，即扩张动机、偿债动机和混合动机等。筹资动机对筹资行为和结果产生直接影响。

　　(1) 扩张筹资动机　扩张筹资动机是企业因扩大生产经营规模或追加对外投资的需要而产生的筹资动机。例如，企业生产经营的产品供不应求，为提高产品的市场占有率，需扩大产品生产规模；开发生产适销对路的新产品；追加对外投资规模资金；开拓前景广阔的对外投资领域等，往往都需要筹集资金。扩张筹资动机所产生的直接结果，导致企业资产总额和筹资总额的增加。

　　(2) 偿债筹资动机　偿债筹资动机是企业为了偿债而形成的借款动机，即借新债还旧债。通常，偿债筹资有两种情形：一是调整性偿债筹资，即企业虽有偿还到期旧债的能力，但为了调整原有的资本结构，使企业资本结构更趋合理，仍然举债；二是恶化性偿债筹资，即企业财务状况已有恶化，其现有的支付能力已不足以偿付到期债务，而被迫举新债还旧债，偿债筹资动机只改变企业的债务结构。

　　(3) 混合筹资动机　企业因同时需要扩张筹资和偿债筹资而形成的筹资动机，即为混合筹资动机。通过混合筹资，企业既扩大资产规模，又可偿还部分旧债。筹资动机直接影响筹资行为，并产生不同的筹资结果。

二、企业筹资渠道和筹资方式

1. 企业筹资渠道

　　(1) 国家财政资金　国家对企业的投资，历来是国有企业、国有独资企业的主要资金来源。现有国有企业的资金来源大部分是过去由国家以拨款方式投资形成的。国家财政资金具有广阔的源泉和稳固的基础，在企业各种资金来源中占有重要地位。

　　(2) 银行信贷资金　银行对企业的贷款也是企业重要的资金来源。银行一般分为商业性银行和政策性银行。商业性银行为各类企业提供商业性贷款，政策性银行主要为特定

企业提供政策性贷款。银行信贷资金有居民储蓄、单位存款等经常性的资金源泉，财力雄厚，贷款方式多种多样，可以适应各类企业的多种资金需要。

(3) 非银行金融机构资金 非银行金融机构主要有依托投资公司、租赁公司、保险公司、证券公司、企业集团的财务公司等。非银行金融机构除了专门经营存贷款业务、承担证券的推销或包销工作以外，有些机构为了一定的目的而聚集资金，可以为一些企业直接提供部分资金或为企业筹资提供服务。这种渠道的筹资力量比商业银行要小，但这些金融机构的资金供应比较灵活方便，因而具有广阔的发展前景。

(4) 其他企业资金 企业在生产经营过程中，往往有部分暂时闲置的资金，甚至可以在较长时期内腾出资金，为企业所用。如已提取而尚未使用的折旧、未动用的企业公积金等，可在企业间相互调剂使用。随着横向经济联合的开展，企业同企业之间的经济联合和资金融通日益广泛，既有长期稳定的资金联合，又有短期临时的资金融通。这种企业间资金的联合和融通已经成为企业筹集资金的一个渠道并得到广泛利用。

(5) 职工和民间的资金 职工和民间资金，是指本企业职工和城乡居民手中暂时或较长时期内闲置的资金通过投资的渠道成为企业资金的一项来源。这种筹资渠道已逐渐为企业利用，并使个人和企业的资金得以充分融通，利国利民。

(6) 企业自留资金 即企业内部形成的资金，主要是指企业盈利所形成的资本积累，如提取公积金、未分配利润等，此外还有企业内部形成的折旧准备金。企业自留资金是生产经营资金的重要的补充来源。

(7) 外商资金 外商资金通常是指外国投资者投入的资金，是外商投资企业的重要资金来源。吸收外资，不仅可以满足我国建设资金的需要，而且能够引进先进技术和管理经验，促进我国技术的进步和产品水平的提高。

2. 企业筹资方式

认识筹资方式的种类以及每种筹资方式的属性，有利于企业选择适宜的筹资方式和如何进行筹资组合。目前，企业的筹资方式一般有下列七种：

(1) 吸收直接投资 吸收直接投资（简称吸收投资）是指企业按照共同投资、共同经营、共担风险、共享利润的原则吸收国家、企业、单位、个人、外商投入资金的一种筹资方式，可以直接形成生产能力。在吸收投资中的出资者，是企业的所有者，可通过一定方式参与企业经营决策，有关各方按出资额的比例分享利润、承担损失。

(2) 发行股票 股票是股份公司为筹集自有资金而发行的有价证券，是持股人拥有公司股份的入股凭证。股票持有者为企业的股东，股票证明持股人在股份公司中拥有的所有权。发行股票使大量社会游资得到集中和运用，并把一部分消费基金转化为生产资金，它是企业筹集长期资金的一个重要途径。

(3) 银行借款 银行借款是指企业根据借款合同向银行（以及其他金融机构）借入的需要还本付息的款项。利用银行的长期和短期借款是企业筹集资金的一种重要方式。

(4) 商业信用 商业信用是指商品交易中以延期付款或预收货款方式进行购销活动而形成的借贷关系，是企业之间的直接信用行为。随着市场经济的发展，我国商业信用正日益广泛推行，成为企业筹集短期资金的一种重要方式。

(5) 发行债券 债券是企业依照法定程序发行的，约定在一定期限内还本付息的有

价证券，是持券人拥有公司债权的债权证书。发行债券是企业筹集负债资金的一个重要途径。

（6）发行短期融资券 短期融资券又称商业票据、短期债券，是由大型企业所发行的短期无担保本票，它是西方各类公司融通短期资金的重要方式。

（7）租赁筹资 租赁是出租人以收取租金为条件，在契约或合同规定的期限将资产租让给承租人使用的一种交易行为。租赁活动由来已久，现代租赁已成为解决企业资金来源的一种筹资方式。

3. 筹资方式与筹资渠道的配合

一定的筹资方式可能只适用于某一特定的筹资渠道，但是同一渠道的资金可以采取不同的方式取得，而同一筹资方式又往往适用于不同的筹资渠道。筹资方式和筹资渠道有着密切的关系，必须实现两者的合理配合。筹资方式与筹资渠道的配合情况，见表9-1。

表 9-1 筹资方式与筹资渠道的配合情况

渠道	方式						
	吸收直接投资	发行股票	银行借款	商业信用	发行债券	发行短期融资券	租赁筹资
国家财政资金	√	√					
银行信贷资金	√	√	√		√	√	
非银行金融机构资金	√	√	√		√	√	√
其他企业资金	√	√		√	√	√	
职工和民间资金	√	√			√	√	
企业自留资金	√	√					
外商资金	√	√					

三、企业筹资方式评价

资本筹集是资本经营的起点，是实现资本扩张的主要方式。企业要进行资本经营活动，必须从一定的资本市场取得足够数量的货币资本，以满足经营需要。企业筹资方式包括权益资本（自有资本）和负债资本（借入资本）。

1. 权益资本筹资方式评价

权益资本是投资者投入企业的法定资本以及企业生产经营中所形成的资本积累，它反映所有者权益，又称为主权资金。权益资本的筹资方式主要有吸收直接投资、发行普通股股票、发行优先股股票和利用留存收益等。

企业可以通过吸收直接投资、发行优先股和普通股等方式筹集权益资金，各种权益筹资方式各有利弊，企业应结合自身特点，灵活运用。

（1）吸收直接投资的评价 吸收直接投资的优点：

1）有利于增强企业信誉。吸收直接投资所筹集的资金属于主权资金，能增强企业的信誉和借款能力。

2）有利于直接形成生产能力。吸收投资可直接获得现金、先进设备和先进技术，可以直接形成生产能力，尽快开拓市场。

3）有利于降低财务风险。企业可根据其经营状况向投资者支付报酬，支付的多少完

全视企业盈利能力的好坏而定，比较灵活，所以财务风险较小。

吸收直接投资的缺点：

1）资金成本较高。一般吸收直接投资筹资方式，向投资者支付的报酬是根据其出资额的比例和企业实现利润的多少来计算的，因而资本成本较高，尤其是当企业经营状况较好和盈利能力较强时，更是如此。

2）企业控制权容易分散。在市场经济中，企业与企业之间相互参股的现象比较普遍，如果外部投资者较多，则原有投资者对企业的控制权就会分散。

（2）**普通股筹资的评价**　普通股筹资的优点：

1）普通股不构成固定费用。股份公司普通股股利的支付与否和支付多少，视公司有无盈利和经营需要而定。如果公司盈利，它可支付普通股股息。但与债券利息相比，公司并无支付股息的法律义务。

2）没有固定到期日，无须偿还。发行普通股筹集的资本是企业永久性资本，除公司清算外，无须偿还。这对保证公司对资金的最低要求具有重要意义。

3）筹资风险小。普通股筹资无固定的到期日，无固定的股利负担，因而不存在不能偿付的风险，筹资风险小。

4）能增强公司的举债能力。普通股可作为债权人损失的缓冲，发行普通股可增加公司信用保障，尤其可为债权人提供保障。

普通股筹资的缺点：

1）资金成本较高。一般地，普通股筹资的成本要大于债务资金成本。这主要是因为股利要从净利润中支付，而且普通股的发行费用也较高。

2）容易分散控制权。利用普通股筹资，由于新的投资者加入，易于导致公司控制权的进一步分散。

此外，新的投资者分享公司未发行新股前积累的盈余，会降低普通股的每股净收益，从而可能导致公司股价下跌。

（3）**优先股筹资的评价**　优先股股票兼具权益资本和债务的特征，因而，发行优先股是一种灵活机动的筹资方式。这里，分别从发行公司和投资者的角度来评价其利弊。

从发行公司的角度来看有如下优点：

1）股利支付既固定，又有一定弹性。一般地，优先股都采用固定股利，但固定股利的支付并不构成公司的法定义务。同时，盈利能力较高的公司若想扩充，发行优先股筹资能够发挥优先股的财务杠杆作用，可使原有股东得到更高的报酬，即通过出售报酬有限的优先股而不出售普通股以提高原有股东的盈利。

2）能使公司避免投资者参与投资而享有控制权。一般地，优先股股东没有投票权，可避免公司股价稀释，原有股东不必担心他们分散公司控制权。

3）没有固定到期日，不用偿还本金。优先股实质上是一种永久性借款，股利的支付和优先股的回收都有很大的机动性，从而使公司的财务安排更富有弹性。

4）能增强公司未来的偿债能力。从债权人来看，优先股股本是公司的权益资本，可以保护债权人的利益。因此，发行优先股可增强公司未来的偿债能力。

优先股筹资的不足之处是：优先股资本成本较债券资本成本高。优先股股利是在公司

净利润中支付，不能抵免税收；优先股股利高于债券的利息。这主要由于投资优先股的风险较债券大的缘故。

从投资者的角度来看，优先股有下列优点：优先股可以为投资者提供相当稳定的收入；在企业清算时，优先股股东比普通股股东拥有优先权，因而在风险方面居于较为有利的地位。

但也存在以下不足之处：虽然优先股股本作为公司的权益资本承担了很大一部分所有权风险，但其报酬却很有限。一般优先股获得的是固定股利，而且不能参与对剩余利润的分配；虽然优先股对公司的资产和利润的要求权次于债券，但公司支付的股利率未必会高于债券的利率；在现金足以清偿债务时仍不一定能付清所积欠的股息。因为当公司积欠过多的优先股股利时，往往会采用普通股股票等来清算积欠的股利，从而使优先股股东实际得到的现金股利少于应计的现金股利。

2. 负债资本筹资方式评价

负债资本是指企业向银行、其他金融机构、其他企业单位等吸收的资金，它反映债权人权益，又称负债资金。负债资本的出资者是企业的债权人，对企业拥有债权，有权要求企业按期还本付息。负债资本的筹资方式，又称债权性筹资，主要包括银行借款、发行债券、融资租赁、商业信用等。与权益筹资相比，负债筹资具有如下特点：

一是负债资本筹集的资金具有使用上的时间性，到期需要偿还；二是不论企业经营好坏，负债资本需固定支付利息，从而形成企业固定的负担；三是负债资本筹资的资本成本比股票筹资的成本低；四是负债筹资不会分散投资者对企业的控制权。

（1）短期借款与短期信用筹资方式评价　在短期负债筹资中，短期借款的重要性仅次于商业信用。短期借款可以随企业的需要安排，便于灵活使用，且取得亦较简便。但突出的缺点是成本较高，特别是在带有诸多附加条件的情况下更使风险加剧。而短期信用筹资的优点是筹资便利，利用商业信用筹资非常方便。因为商业信用与商品买卖同时进行，属于一种自然性融资，不用作非常正规的安排。筹资成本低，如果没有现金折扣，或不放弃现金折扣，则利用商业信用筹资没有实际成本。限制条件少，如果企业利用银行借款筹资，银行往往对贷款的使用规定一些限制条件，而商业信用则限制较少。但是商业信用的不足之处是期限较短，如果企业取得现金折扣，则时间会更短，如果放弃现金折扣，则要付出较高的资金成本。

（2）长期借款筹资方式评价　长期借款的优点：

1）筹资速度快。利用长期借款筹资，一般所需时间较短，借款程序较为简单，可以快速获得资金。而发行股票、债券筹集长期资金，需做好发行前的准备工作，如印制证券申请批准以及证券的发行等，一般耗时较长。

2）借款成本较低。利用长期借款筹资，其利息可在税前列支，可减少企业实际负担的成本，因此比股票筹资的成本要低得多；与债券比，借款利率也低于债券利率；由于借款属于间接筹资，筹资费用也极少。

3）借款弹性大。企业和银行可以直接接触，可通过直接商谈来确定贷款时间、数量和利率等；在用款期间，如企业财务状况发生某些变化，亦可与银行再行协商，变更借款数量及还款期限等。

4）企业利用长期借款筹资，还可以发挥财务杠杆的作用。

长期借款的缺点：

1）筹资风险较高。企业长期借款，必须定期还本付息，在经营不利的情况下，可能会发生到期不能偿付的风险，甚至会导致破产。

2）限制条款多。这可能会影响到企业以后的筹资和投资活动。

3）筹资数量有限。银行一般不愿借出巨额的长期借款。因此，利用银行借款筹资一般不如股票、债券那样可以一次筹集到大笔资金。

（3）发行长期债券筹资方式评价　发行债券筹集资金，对发行公司有利也有弊，应加以权衡，从中抉择。

债券筹资的优点：

1）资本成本较低。同长期借款利息一样，债券利息允许在税前支付，所以公司实际负担的债券成本一般低于股票成本。

2）具有财务杠杆作用。无论发行公司的盈利多少，债券持有人一般只收取固定的利息，而更多的收益可用于分配给股东或公司留用，从而增加股东和公司的财力。

3）保障股东控制权。持有人无权参与发行公司的经营决策，因此，公司发行债券不会像增发新股那样可能会分散股东对公司的控制权。

4）便于调整资本结构。公司发行可转换债券以及可提前赎回债券便于公司主动合理地调整资本结构。

债券筹资的缺点：

1）筹资数量有限。利用债券筹资一般受一定额度的限制。《中华人民共和国公司法》规定，发行公司流通在外的债券累计总额不得超过公司净资产的40%。

2）财务风险较高。债券有固定的到期日，并需支付一定的利息，也即公司要承担还本付息义务。如公司经营不善，会给公司带来更大的财务困难，有时甚至导致破产。

3）限制条款较多。债券的限制条款一般要比长期借款、融资租赁筹资的限制条件多而且严格，从而限制了公司对债券筹资方式的使用，甚至会影响公司以后的筹资能力。

（4）融资租赁筹资方式评价　对承租企业而言，企业可不必预先筹措一笔相当于设备价款的现金即可获得所需设备。因此，与其他筹资方式比较颇具特点。

融资租赁优点：

1）融资速度快。融资租赁集融资与"融物"于一身，比先筹措现金再购置设备来得快，可使企业尽快形成生产能力。

2）限制条款少。如前所述，股票、债券和长期借款等的限制条款相当多，与此相比，融资租赁一般限制较少。

3）设备淘汰风险小。随着科学技术的不断进步，设备陈旧过时的风险很高，承租企业可免遭这种风险，这是因为多数租赁协议规定这种风险由出租人承担。

4）到期还本负担轻。全部租金通常在整个租期内分期偿付，不用到期归还大量本金，可适当减少不能偿付的风险。

5）税收负担轻。租金费用可在税前支付，具有抵免所得税的效用。

6）租赁可提供一种新的资金来源。有些企业，由于种种原因，如负债比率过高，不

能向外界筹集大量资金，这时，就可考虑融资租赁筹资方式。

融资租赁筹资的主要缺点：资本成本较高。一般其租金要比其他长期筹资方式所负担的利息高得多。承租企业在财务困难时期，固定的租金构成企业一项沉重的负担。资本成本是企业筹资管理的主要依据，也是投资管理的重要标准。企业在筹资决策和投资决策时，必须正确估算自己的资本成本。企业理财的目的是实现企业价值最大化，也即资本成本最小化。

第三节　资本成本的计算

一、资本成本

1. 资本成本的含义

在市场经济条件下，企业无论采用何种方式筹资都要付出一定的代价。资本成本就是指企业为筹集资金和使用资金而付出的代价，有时也称资金成本（率）。从广义上讲，企业不论筹集和使用短期还是长期的资金，都要付出代价；狭义的资本成本仅指筹集和使用长期资金，包括自有资金和借入长期资金。

资本成本包括资金占用费和资金筹集费两部分。资金占用费是指企业在生产经营、投资过程中因使用资金而支付的费用，如股票的股息、银行借款和债券利息等。资金筹集费是指企业在筹措资金过程中为获取资金而支付的费用，如向银行支付的借款手续费，因发行股票、债券而支付发行费用等。资金占用费同筹集资金数额、资金占用期有直接联系，可看作资本成本的变动费用。资金筹集费同筹集资金数额、资金占用期一般无直接联系，可看作资本成本的一项固定费用，通常在筹集资金时一次性发生，因而可看作筹资总金额的一项扣除。

资本成本既可以绝对数表示，也可以相对数表示，但是为了比较不同融资规模的资本成本，常以相对数表示，即以资本成本率表示，其计算公式为

$$K = \frac{D}{P(1-f)}$$

式中　K——资本成本，以百分率表示；

　　　D——资金占用费；

　　　P——筹资资本总额；

　　　f——筹资费率。

所要指出的是资本成本只是一个估计数，而不是一个精确的计算值。因为用来计算资本成本的各个项目的数值都不是按过去实际的数字确定的，而是根据过去和将来的情况预测的，并且今后可能发生变动。

2. 资本成本的性质

1）资本成本是市场经济条件下资金所有权和使用权分离的必然结果。资本成本是资金使用者向资金所有者和中介人支付的占用费和筹资费。在市场经济条件下，资金作为一

种特殊的商品也有其使用价值，企业筹集资金后，暂时地取得了这些资金的使用价值，同时要为资金所有者暂时丧失其使用价值而付出代价，因此，企业要承担资本成本。

2）资本成本具有一般产品成本的基本属性，即同为企业资金的耗费，但又不同于产品账面成本。产品成本是资金耗费，需要从营业收入中得到补偿。而资本成本是根据各种因素预测确定的，其中一部分计入产品成本，一部分则仅作为利润的分配额，因而不能全部从企业营业收入中得到补偿。

3）资本成本同资金时间价值既有联系，又有区别。资本成本的基础是资金的时间价值，但通常还包括投资风险价值、物价变动因素等。资金时间价值，除用以确定资本成本外，还广泛用于其他方面。

3. 资本成本的作用

资本成本是企业筹资、投资决策的主要依据。只有当投资项目的投资报酬率高于资本成本时，该投资项目才有利于提高企业价值。资本成本的应用范围非常广泛，但主要用于筹资决策和投资决策。

1）资本成本是选择资金来源、拟定筹资方案的依据。企业筹集长期资金一般可以通过股票、债券、贷款、融资租赁、留用利润（留存收益）等方式进行。不同来源取得的资金其成本是不相同的，因而资本成本高低可以作为比较各种筹资方式优劣的一个依据。当然，资本成本并不是选择筹资方式的唯一依据，各种筹资方式使用期的长短、取得的难易程度、偿还的条件等也应加以考虑。企业的全部长期资金通常可以采用多种方式的筹资组合构成，这种长期筹资组合有多个方案可供选择，综合资本成本的高低就是比较不同筹资组合方案，做出资本结构决策的基本依据。企业为了扩大生产经营规模、增加生产经营所需资金或追加对外投资，需要追加筹资，边际资本成本是比较选择追加筹资方案的重要依据。

2）资本成本是评价投资项目可行性的主要经济标准。一般地，一个投资项目只有其投资收益率高于其资本成本，经济上才是合算的。否则，该投资项目将无利可图，甚至会发生亏损。

3）资本成本是评价企业经营业绩的最低尺度。将企业实际的资本成本与相应的利润率相比较，如果利润率高于资本成本，可以认为经营有利；反之，则可认为企业经营不利，需要改善管理，提高利润率和降低资本成本。

二、个别资本成本

个别资本成本是指各种长期资本的成本。企业的长期资本一般有长期借款、债券、优先股、普通股、留用利润等，其中前两项可统称债务资本或简称债务，后三项可统称权益资本或简称权益。个别资本成本相应有长期借款成本、债券成本、优先股成本、普通股成本、留用利润成本等，前两者统称债务成本，后三者统称权益成本。

1. 债务成本

债务成本主要有长期借款成本和债券成本。

（1）**长期借款成本**　长期借款成本是指借款利息和筹资费用。借款利息计入税前成本费用，可以起到抵税的作用，这样企业实际上就少缴一部分所得税。企业实际负担的借

款利息应为

$$借款利息×(1-所得税税率)$$

另外，企业向银行长期借款要发生一部分筹资费，筹资费的发生使企业实际取得的资金可少于长期借款总额。企业实得资金应为

$$长期借款总额×(1-筹资费率)$$

因此，长期借款成本计算公式为

$$K_1 = \frac{I_1(1-T)}{L(1-F_1)}$$

式中　K_1——长期借款成本；

　　　I_1——长期借款年利息；

　　　T——企业所得税税率；

　　　L——长期借款额；

　　　F_1——长期借款筹资费率。

在银行长期借款附加补偿性余额的情况下，长期借款筹资额应扣除补偿性余额，从而长期借款成本将会提高。

（2）**债券成本**　发行债券的成本主要指债券利息和筹资费用。债券利息费用处理同长期借款利息处理一样，可以从税前利润支付。债券的筹资费用一般较高，应予以考虑。债券筹资费用包括申请发行债券的手续费、债券注册费、印刷费、上市费以及推销费用等。其中有些费用按一定的标准（定额或定率）支付，有的则并无固定的标准。按一次还本、分期付息的方式，债券资本成本的计算公式为

$$K_b = \frac{I_b(1-T)}{B(1-F_b)}$$

式中　K_b——债券资本成本；

　　　I_b——债券年利息；

　　　B——债券筹资额；

　　　F_b——债券筹资费用率。

在实际工作中，由于债券利率水平通常高于长期借款，同时债券发行费用较多。因此，债券成本一般高于长期借款成本。

2. 权益成本

权益成本主要有吸收直接投资的成本、优先股成本、普通股成本、留用利润成本等。各种权益形式的权利责任不同，计算方法也不同。

股利是从所得税后的净利润中支付的，不会减少企业应缴的所得税。因此，权益成本的计算方法不同于债务成本。

（1）**优先股成本**　公司发行优行股筹资需支付发行费用，优先股股利通常是固定的。因此，优先股成本计算公式为

$$K_p = \frac{D_p}{P_p(1-F_p)}$$

式中　K_p——优先股成本；

D_{p}——优先股年股利；

P_{p}——优先股筹资额，按优先股发行价格确定；

F_{p}——优先股筹资费用率。

由于优先股股利在税后支付，而债券利息在税前支付。当公司破产清算时，优先股持有人的求偿权在债券持有人之后，故其风险大于债券。因此，优先股成本明显高于债券成本。

（2）普通股成本 普通股成本的计算有多种方法，其主要方法有股利增长模型法，这是一种常用的方法。除此之外，还有资本资产定价模型法、风险溢价法等。

利用股利增长模型法计算普通股成本与优先股成本基本原理相同。但是，普通股的股利一般不是固定的，通常股利表现为逐年增长。因此，股利增长模型法是依照股票投资的收益率不断提高的思路计算普通股成本的。普通股成本按下列公式计算

$$K_{\text{c}} = \frac{D_{\text{c}}}{P_{\text{c}}(1-F_{\text{c}})} + G$$

式中　K_{c}——普通股成本；

D_{c}——预期年股利额；

P_{c}——普通股筹资额；

F_{c}——普通股筹资费用率；

G——普通股年股利增长率。

企业资不抵债时，普通股股票持有人的索赔权不仅在债券持有人之后，而且后于优先股股票持有人，其投资风险最大，因而其资本成本比债务成本更高；另外，由于普通股股利还随着企业经营状况的改善而逐年增加，因此，普通股成本最高。

（3）留用利润成本 留用利润，或称留存收益，是企业内部形成的资金来源。从表面上看，使用留用利润似乎不花费什么成本，其实不然。因为留用利润是投资者留在企业内的资金，投资者之所以愿意把资金留在企业中进行再投资，而没有把资金投资于别处去获取利润，总是要求有适当的报酬。因此，留用利润的成本，是投资者放弃其他投资机会而应得的报酬，是一种机会成本。留用利润成本的确定方法与普通股基本相同，只是不考虑筹资费用。其计算公式为

$$K_{\text{r}} = \frac{D_{\text{c}}}{P_{\text{c}}} + G$$

式中　K_{r}——留用利润成本；其他符号含义同前。

由于留用利润筹资不需支付筹资费，所以其资本成本略低于普通股成本。优先股、普通股和留用利润都属于企业所有者权益，与其他投资者相比，企业所有者承担的风险最大，要求的报酬也最高。

以上是对股份公司权益成本的确定，对于非股份公司，其权益资本主要是由吸收直接投资和留用利润构成。它们的成本确定方法与股份公司的股票成本和留用利润成本相比，具有明显的不同：

1）吸收投资的协议或合同有的约定有固定的分利比率，这类似于公司优先股，而不同于普通股。

2）吸收投资及留用利润不能在证券市场上交易，无法形成公平的交易价格。

3）在未约定固定分利比率情况下，吸收直接投资要求的报酬难以预计，其成本的确定方法还有待于研究。

三、综合资本成本

企业从不同来源筹集的资金，其成本各不相同。由于种种条件的制约，企业不可能只从某种资金成本较低的来源筹集资金，而从多种来源取得资金以形成各种筹资方式的组合可能更为有利。为了进行筹资决策和投资决策，就需要计算综合资本成本。综合资本成本是指全部长期资本的总成本，通常以各种资本占全部资本的比重为权数，对个别资本成本进行加权平均确定，故亦叫加权平均资本成本。其计算公式为

$$K_W = \sum_{j=1}^{n} K_j W_j$$

式中　K_W——综合资本成本，即加权平均资本成本；

　　　K_j——第 j 种个别资本成本；

　　　W_j——第 j 种个别资本占全部资本的比重，即权数，$\sum_{j=1}^{n} W_j = 1$。

在已确定个别资本成本的情况下，取得企业各种资本占全部资本的比重后，即可计算企业的综合资本成本。上述加权平均资本成本计算中的权数是按账面价值确定的。这种账面价值权数的资料易于从资产负债表中取得，但如果债券和股票的市场价值已脱离账面价值许多，就会误估加权平均资本成本，不利于筹资等决策。

在实践中，加权平均资本成本的权数还有两种选择，即市场价值权数和目标价值权数。

市场价值权数，是指债券、股票等以现行市场价格确定权数，从而计算综合资本成本。这样计算的加权平均资本成本能反映企业目前的实际情况。同时，为弥补证券市场价格变动频繁的不便，也可选用平均价格。目标价值权数，是指债券、股票等以未来预计的目标市场价值确定权数，从而估计加权平均资本成本。账面价值权数和市场价值权数只反映企业过去的和现在的资本结构，而目标价值权数能体现期望的资本结构，按目标价值权数计算的加权平均资本成本更适用于企业筹措新资金。但是，企业很难客观合理地确定证券的目标价值，使得该方法的使用受到限制。

四、边际资本成本

加权平均资本成本是企业过去筹集的或目前使用的资本成本。但是，企业各种资本的成本随时间的推移或筹资条件的变化而不断变化，个别资本成本会随之变化，综合资本成本也不是一成不变的。企业在未来追加筹资时，不能仅仅考虑目前所使用的资本成本，还要考虑新筹集资本的成本，需要知道筹资额在什么数额上便会引起资本成本怎样的变化，这就需要计算边际资金成本。

边际资本成本是指资本每增加一个单位而增加的成本。边际资本成本也是按加权平均法计算的，是企业追加筹资时所使用的加权平均成本。

有关资本结构的决策，国际上并无通行的规范方法，实际中，应结合企业具体情况做出正确的抉择。

第四节 筹资的风险分析

由于企业吸收债务资本时要支付的债务利息通常是固定的，此时若企业经营得好，息税前利润较大幅上升，每一元利润所负担的固定支出就会减少许多，这将使每一股普通股分摊的利润大幅度增加。这样，利用债务资本就发挥出了财务杠杆作用，从而给企业所有者带来财务杠杆利益。但是，财务杠杆是一把"双刃剑"，当企业息税前利润下降时，普通股每股的收益将会以更大的幅度下降，甚至导致企业无法如期还本付息，这就是财务风险。

一、财务杠杆原理

杠杆价值或杠杆利益是企业资本结构决策必须考虑的一个重要因素。进行资本结构决策时，一定要在杠杆价值与其相关的风险之间进行权衡，以达到充分利用杠杆价值而又不使企业承担太大的风险。本节将介绍杠杆价值及相关风险问题。

1. 营业风险

营业风险（Operating Risk）又称经营风险，是指企业因经营原因而导致的利润变动的风险，即由于营业杠杆的作用，当销售额下降时，企业息税前利润将下降得更快，从而给企业带来的风险。影响经营风险的因素较多，主要有以下几个方面：

1）市场对公司产品的需求情况。当市场对公司产品的需求越稳定时，实现目标利润的可能性越大，该类公司的经营风险越小；反之，市场对公司产品的需求越不稳定，实现目标利润的可能性越小，公司的经营风险越大。

2）产品售价因素。当公司产品售价波动幅度越小，实现目标利润的可能性越大，公司的经营风险越小；反之，产品售价波动幅度越大，实现目标利润的可能性越小，公司的经营风险越大。

3）公司调整产品价格的能力。若公司生产经营成本增大时，公司能将产品价格相应调高，则公司实现目标利润的可能性较大，经营风险较小；反之，若生产经营成本增大时，公司无法将产品价格相应调高，则公司实现目标利润的可能性较小，经营风险较大。

4）产品成本变动情况。若公司产品成本变动较小，利润较稳定，公司的经营风险较小；反之，若产品成本变动较大，利润不稳定，公司的经营风险较大。

5）固定成本在产品成本中所占比重情况。在产品成本中，固定成本所占比重越大，单位产品摊到的固定成本越高。这种情况下，公司的利润波动越大，经营风险越大；反之，公司利润波动越小，经营风险越小。

营业杠杆对营业风险的影响最为综合，公司要获得营业杠杆利益，就需要承担由此引起的营业风险，因此企业必须在杠杆利益与其风险中进行权衡。

2. 营业杠杆利益

营业杠杆利益（Benefit on Operating Leverge，BOL）是指在扩大营业额条件下，由于经营成本中固定成本不变所带来的增长幅度更大的息税前利润。在一定产销规模内，由于固定成本并不随产品产销量（或产销额）的增加而增加，而随着产销量的增加，单位销量所负担的固定成本将会相对减少，从而给企业带来额外的收益。

如果公司销售量（或销售额）的增加使公司的息税前利润较大幅度上升，说明公司的经营杠杆使用得好；如果公司销售量（销售额）的减少导致公司息税前利润较大幅度下降，说明公司经营杠杆使用得不好。因此经营杠杆使用好坏是衡量公司经营好坏和经营风险大小的重要指标，下面将对营业杠杆系数进行进一步分析。

3. 营业杠杆系数及其计算

营业杠杆系数（Degree of Operating Leverage，DOL）也称经营杠杆程度，它是息税前利润变动率相当于销售额变动率的倍数。利用这个指标，可以反映营业杠杆的作用程度，估计营业杠杆利益的大小，评价经营风险的高低。其计算公式为

$$DOL = \frac{\Delta EBIT/EBIT}{\Delta S/S} 或 \frac{\Delta EBIT/EBIT}{\Delta Q/Q}$$

式中　EBIT——息税前利润（Earnings Before Interest and Taxes）；

S——销售收入（Sales）；

Q——销售量（Quantity）；

$\Delta EBIT$——息税前利润变动额；

ΔS——销售收入变动额；

ΔQ——销售的变动量；

为计算方便，对上述公式还可做如下推导：

因为　　　　　　　　　$EBIT = Q(P-V) - F$

式中　P——单位产品售价；

V——单位产品变动成本；

F——固定成本总额。

又因为　　　　　　　　$\Delta EBIT = \Delta Q(P-V)$

所以 $DOL = \dfrac{\Delta Q(P-V)}{Q(P-V) - F} \times \dfrac{Q}{\Delta Q} = \dfrac{Q(P-V)}{Q(P-V) - F} = \dfrac{S-VC}{S-VC-F}$

式中　VC——变动成本总额。

$DOL = \dfrac{S-VC}{S-VC-F}$是以销售额表示的营业杠杆系数。

营业杠杆系数越大，营业杠杆利益的影响也越大，经营风险也就越高。

二、财务风险及财务杠杆利益

1. 财务风险及影响因素

财务风险（Financial Risk）又称筹资风险，它是指与企业筹资相关的风险，尤其指由于财务杠杆作用导致企业所有者权益变动的风险，甚至可能导致企业破产的风险。财务风

险可用长期负债与股东权益之比、长期负债与资产总额之比来衡量。若这两者之比不恰当，超过了相应的偿债能力，企业面临的财务风险会增大，企业的实际收益会下降。反之，若两者之比低于相应的偿债能力，企业的财务风险较小，但偿债能力未能充分发挥，也未能充分利用负债抵税带来的好处，因此也无法实现收益和资产价值的最大化。可见，如何把握财务风险，也即如何合理安排长期负债和股东权益的比例或长期负债在资产总额中的比例是资本结构决策中的重要内容。实际情况是当投资效益较好情况下负债，由于企业偿债能力较强，财务风险较小；而投资效益不好的情况下负债，企业偿债能力较弱，财务风险较大。由此可以看出，企业财务风险的大小，不仅仅取决于资本结构的安排，还受其他因素的影响。影响财务风险的主要因素有：

（1）**资本供求情况**　如果筹资时资本的供给大于对资本的需求，此时获取资本的成本较低，企业面临的财务风险较小；如果此时资本的供给小于对资本的需求，获取资本的成本较高，企业面临的财务风险就大。

（2）**企业的获利能力情况**　由于企业能否按期还本付息，归根到底要看企业的获利状况。即如果企业的获利能力强，偿债能力肯定也强，财务风险就小；而如果企业的获利能力差，则偿债资金就无法得到保障，偿债能力就弱，企业面临的财务风险就大。

（3）**市场利率水平**　若筹资时市场利率水平低，则获取资本的成本较低，财务风险就小；如果筹资时市场利率水平较高，此时获取资本的成本较高，企业面临的财务风险就大。

（4）**财务杠杆的利用情况**　在偿债能力相对稳定情况下，如果企业对财务杠杆利用得较多，即在资本结构中负债比例较高，则企业面临的财务风险就大。反之，在一定偿债能力下，公司对财务杠杆利用得较少，即在资本结构中负债比例较低，则企业面临的财务风险就较低。但此时企业享受利息免税的金额也会较少。

其中，财务杠杆对财务风险的影响最为综合。企业所有者欲获得财务杠杆利益，就需要承担由此引起的财务风险，因此，必须在财务杠杆利益与财务风险之间做出合理的权衡。

由于财务杠杆作用，当息税前利润下降时，税后利润下降得更快，从而给企业带来的财务风险更大。

2. 财务杠杆利益

财务杠杆利益是指利用债务筹资这个杠杆而给企业所有者带来的额外收益。在企业资本结构一定的条件下，企业从息税前利润中支付的债务利息是固定的，但当息税前利润增加时，每一元息税前利润所负担的债务利息就会相应地降低，扣除所得税后可分配给企业所有者的利润就会增加，从而给企业所有者带来额外的收益。

3. 财务杠杆系数及其计算

财务杠杆系数（Degree of Financial Leverage，DFL）也称为财务杠杆作用度，它反映了企业息税前利润变动是怎样影响公司的每股收益的。

计算公式为

$$DFL = \frac{\Delta EPS/EPS}{\Delta EBIT/EBIT}$$

式中　EPS——每股收益；

　　ΔEPS——每股收益变动额；

　　EBIT——息税前利润；

　　ΔEBIT——息税前利润变动额。

为便于计算，还可将上式变换如下：

因为
$$EPS=(EBIT-I)(1-T)/N$$
$$\Delta EPS=\Delta EBIT(1-T)/N$$

式中　T——所得税率；

　　I——利息；

　　N——流通在外普通股股数。

所以
$$DFL=\frac{EBIT}{EBIT-I}$$

若存在优先股的情况下，由于优先股股利通常是固定的，并以税后利润支付。因此上式可改写成下列形式

$$DFL=\frac{EBIT}{EBIT-I-\left(\dfrac{P}{1-T}\right)}$$

式中　P——优先股股利。

下面，举例说明财务杠杆作用度的计算。

例 9-1　某公司资本总额为 600 万元，其中债务资本比例为 40%，债务利率为 10%，所得税率为 33%，销售额为 400 万元，该公司的息税前利润为 80 万元。此时，该公司的财务杠杆系数为

$$DFL=\frac{EBIT}{EBIT-I}=\frac{80\ 万元}{80\ 万元-600\ 万元\times40\%\times10\%}\approx1.43$$

1.43 倍的含义是，如果息税前利润增加 1 倍，则该公司每股收益就增加 1.43 倍。财务杠杆系数越大，对财务杠杆利益的影响就越强，财务风险也就越高。同时必须注意，如果公司不负债，则财务杠杆作用度为

$$DFL=\frac{EBIT}{EBIT-I}=\frac{EBIT}{EBIT-0}=1$$

1 倍的含义是每股收益的多少主要取决于息税前收益的高低，此时无财务杠杆作用。

4. 联合杠杆系数

通过上述分析可知，营业杠杆通过扩大销售影响息税前利润，而财务杠杆则通过扩大税息前利润影响每股收益。这两者最终均会影响到普通股收益。若企业同时利用营业杠杆和财务杠杆，这种影响会更大，但同时总的风险也更高。

联合杠杆系数（Degree of Combined Leverage，DCL）也称总杠杆作用度，它反映销售额变动或销售量变动是如何影响每股收益的。其计算公式为

$$DCL=DOL\cdot DFL=\frac{\Delta EPS/EPS}{\Delta Q/Q}=\frac{\Delta EBIT/EBIT}{\Delta Q/Q}\times\frac{EBIT}{EBIT-I}$$

$$= \frac{\Delta \text{EBIT}}{(\Delta Q/Q)(\text{EBIT}-I)} = \frac{Q \times (P-V)}{Q \times (P-V)-I-F}$$

下面举例说明，总杠杆作用度是如何计算的。

例 9-2　　如果某汽车配件的年产品销售量为 30000 件，单位产品售价为 4 元，单位产品变动成本为 1.6 元，如果生产该产品的固定成本为 30000 元，需支付的借款利息为 15000 元，则该公司总杠杆作用度为

$$\text{DCL} = \frac{Q(P-V)}{Q \times (P-V)-I-F} = 2.7$$

2.7 倍的含义是，如果销售量增加 1 倍，则该公司的每股收益就可增加 2.7 倍。

在实际工作中，企业对营业杠杆和财务杠杆的运用，可以有各种不同的组合。有时即使两者组合不同，但却能产生相同的联合杠杆系数，这就需要综合考虑有关因素后，做出具体的选择，即若企业要保持一定的总风险程度，在财务风险较高情况下，就可通过降低经营风险来调整；而在较高经营风险情况下，可适当少举债来降低财务风险。

第五节　汽车服务企业资产的管理

资产是企业所拥有或控制，能用货币计量，并能为企业提供经济效益的经济资源，包括各种财产、债权和其他权利。资产的计价着重以货币作为计量单位，反映企业在生产经营的某一个时间点上所实际控制资产存量的真实状况，以及在生产经营的某一个期间，企业资产流量的真实状况。

资产按其流动性通常可以分为流动资产、固定资产、长期投资、无形资产、递延资产和其他资产。这里仅介绍流动资产和固定资产。

一、流动资产管理

流动资产是指可以在一年内或者超过一年的一个营业周期内变现或者运用的资产。按资产的占用形态，流动资产可分为现金、短期投资、应收及预付款和存货。这里仅介绍现金、应收账款及存货的管理。

1. 现金管理

现金是指可以立即用来购买物品、支付各项费用或用来偿还债务的交换媒介或支付手段，主要包括库存现金和银行活期存款，有时也将即期或到期的票据看作现金。现金是流动性最强的资产，拥有足够的现金对降低企业财务风险、增强企业资金的流动性具有十分重要的意义。

现金管理的目的是在保证企业生产经营所需现金的同时，节约使用资金，并从暂时闲置的现金中获得最多的利息收入。企业库存现金没有收益，银行存款的利息率也远远低于企业的资金利润率。现金结余过多，会降低企业的收益，但现金太少，又可能会出现现金短缺，影响生产经营活动。现金管理应力求做到既保证企业日常所需资金，降低风险，又避免企业有过多的闲置现金，以增加收益。现金管理的内容主要包括：编制现金收支计

划，以便合理地估算未来的现金需求；对日常的现金收支进行控制，力求加速收款，延缓付款；用特定方法确定理想的现金余额，即当企业实际的现金余额与最佳的现金余额不一致时，采用短期融资或归还借款和投资于有价证券等策略来达到比较理想的状况。

现金收支计划是在预定时期内，企业针对现金的收支状况，对现金进行平衡的一种打算，它是企业财务管理的一个重要内容。企业可通过现金周转模式、存货模式和因素分析模式等方法确定最佳现金余额，作为企业实际应持有现金的标准，并进行现金的日常控制。其主要内容是：一要加速收款，尽可能地加快现金的收回；二要控制支出，尽量延缓现金支出的时间；三要进行现金收支的综合控制。因此，要实施现金流入与流出同步管理；实行内部牵制制度，即在现金管理中，要实行管钱的不管账，管账的不管钱，使出纳人员和会计人员相互牵制，相互监督；要及时进行现金的清理，库存现金的收支应做到日清月结，确保库存现金的账面额与银行对账单余额相互符合；现金、银行存款日记账款额分别与现金、银行存款总账款额相互符合，做好银行存款的管理，对超过库存限额的现金应存入银行统一管理，并按期进行清查，保证存款完全完整。当企业有较多闲置不用的现金时，可投资于国库券、企业股票等，以获得较多的利息收入；当企业现金短缺时，再出售各种有价证券获取现金。这样，既保证企业有较多的利息收入，又能增强企业的变现能力。

2. 应收账款管理

应收及预付款是一个企业对其他单位或个人有关支付货币、销售产品或提供劳务而引起的索款权。它主要包括应收账款、应收票据、其他应收款、预付货款等。汽车服务企业所涉及有关应收及预付款的业务主要是：企业提供汽车服务的劳务性作业而发生的非商品交易的应收款项、企业向外地购买设备或材料配件等而发生的预付款项、其他业务往来及费用的发生涉及的其他应收款项。应收账款是企业因销售产品、材料，提供劳务等业务，应向购货单位或接受劳务单位收取的款项。汽车服务企业因销售产品、提供汽车服务劳务等发生的收入，在款项尚未收到时属于应收账款。近年来，由于市场竞争日益激烈，汽车服务企业应收账款数额明显增多，已成为流动资产管理中的一个日益重要的问题。应收账款的功能在于增加销售、减少存货。同时，也要付出管理成本，甚至发生坏账。为此，要加强对应收账款的日常控制，做好企业的信用调查和信用评价，以确定是否同意顾客赊欠款。当顾客违反信用条件时，还要做好账款催收工作，确定合理的收账程序和讨债方法，使应收账款政策在企业经营中发挥积极作用。

3. 存货管理

存货是指企业在生产经营过程中，为销售或耗用而储存的各种物资。对于汽车服务企业来说，库存主要是为耗用而储备的物资，如汽车维修的材料、配件等。由于它们经常处于不断耗用与不断补充之中，具有鲜明的流动性，且通常是企业数额较大的流动资产项目。库存管理的主要目的是控制库存水平，在充分发挥库存功能的基础上，尽可能减少存货，降低库存成本。为此，企业要首先制定库存规划，即在确定企业存货占用资金数额的基础上，编制存货资金计划，以便合理确定存货资金的占用数量，节约实用资金，并且要在存货的日常控制方面进行严格管理，在企业日常生产经营过程中，按照库存计划的要求，对存货的使用和周转情况进行组织、调节和监督。常用存货控制的方法是分级分口控制，其主要包括三项内容：

1）在厂长经理的领导下，财务部门对存货资金实行统一管理，包括制定资金管理的各种制度，编制存货资金计划，并将计划指标分解落实到基层单位和个人，对各单位的资金运用情况进行检查和分析，统一考核资金的使用情况。

2）实行资金的归口管理，按照资金的使用与管理相结合、物资管理与资金管理相结合的原则，每项资金由哪个部门使用，就归哪个部门管理。

3）实行资金的分级管理，即企业内部各管理部门要根据具体情况将资金计划指标进行分解，分配给所属单位或个人，层层落实，实行分级管理。

二、固定资产管理

固定资产是使用年限在一年以上，单位价值在规定的标准以上，并且在使用过程中保持原来物质形态的资产。固定资产是汽车服务企业中资产的主要种类，是资产管理的重点。

1. 固定资产的种类及固定资产投资的特点

汽车服务企业的固定资产按经济用途可分为生产用固定资产、销售用固定资产、科研开发用固定资产和生活福利用固定资产四种。按使用情况不同，将固定资产分为使用中的固定资产、未使用的固定资产和不需用的固定资产三种。按所属关系不同，将固定资产分为自有固定资产和融资租入的固定资产。

固定资产投资一般具有如下特点：回收时间较长，变现能力差，资金占用数量相对稳定，实物形态和价值形态可以分离。

2. 固定资产的日常控制

为了提高固定资产的使用效率，保护固定资产的安全完整，做好固定资产的日常管理工作至关重要。其主要包括以下几个方面：

（1）**实行固定资产的分级分口管理** 企业固定资产种类和数量较多，其使用涉及企业内部各部门及各单位。为此，应在企业内部建立各职能部门，如各单位在固定资产管理方面的责任制。实行固定资产的分级分口管理，即在企业财务部门的统一协商下，按固定资产的类别由厂部各职能部门负责归口管理，按各类固定资产的使用地点，由各级使用单位负责具体管理，并进一步落实到班组和个人。这样，便可做到层层负责，物物有人管，使固定资产的安全保管和有效利用得到可靠保证。

（2）**建立固定资产卡片和固定资产登记簿制度** 为了详细反映和监督企业各项固定资产的使用及增减变动情况，管好用好固定资产，需要设置固定资产卡片和固定资产登记簿，以进行固定资产的明细核算。

固定资产卡片由财会部门填制，一份留存作为固定资产明细核算之用，一份交管理部门保存作为管理的依据。固定资产在使用过程中，由于改建、扩建、技术改良等原因引起原值折旧额的变动，应根据有关凭证及时登记入卡。固定资产在企业内部各使用部门之间转移时，应由固定资产管理部门填制必要的凭证，通知移交、接收的部门和财会部门，据此办理固定资产转移手续。

为了按使用部门分类反映固定资产的增减变动和存在情况，财会部门应设置固定资产登记簿，每一类固定资产开设账页，并按使用保管部门将固定资产的年初余额汇总入登记簿内。固定资产发生增减变动时，应根据经过核签的增减凭证，逐笔或汇总记入登记簿

内，并结出月末金额。

通过建卡和登记办法，有利于促进使用单位加强对设备的维修，提高设备的完好程度，做到账实相符，为管好用好固定资产打下良好基础。

(3) 按财务规定计提固定资产折旧　固定资产折旧是指固定资产因磨损而转移到产品中去的那部分价值。管好用好固定资产折旧，认真计提固定资产折旧是固定资产日常管理的重要内容。现行规定的固定资产折旧的计提范围为：房屋和建筑物，在用的机器设备、仪器仪表，运输车辆、工具器具，季节性停用和修理的设备，以经营租赁方式租出的固定资产及以融资租赁方式租入的固定资产。

不计提折旧的固定资产包括：房屋建筑物以外的未使用、不需用的固定资产，以经营租赁方式租入的固定资产及已提足折旧仍继续使用的固定资产等。对于计提折旧的起止时间的计算：固定资产从投入使用开始，即发生价值损耗，应开始计提折旧，分摊资产的成本；固定资产报废或停止使用应停止计提折旧。按现行制度规定：折旧按足月原价计提，月份内开始使用的从下月起计提折旧，月份内减少或停止使用的从下月起停止计提折旧。折旧计算方法的选择：按现行制度规定，企业计提固定资产折旧时一般用平均年限法；经审批同意，对机器设备也可采用双倍余额递减法或者年数总和计提折旧法。后两种方法属于加速折旧法，其有利于加速资金的回收和周转，改善企业财务状况。

(4) 合理安排固定资产的维修　固定资产在使用过程中，由于受机械磨损、化学腐蚀等而发生损耗，但各个部件的磨损程度并不相同。为了保证其正常使用，并发挥应有的功能和维持良好的状态，必须经常对其进行维护和修理。在进行固定资产修理时所发生的修理费可直接计入有关费用，但若企业的修理费用发生不均衡且数额较大时，为了均衡企业的成本或费用负担，可采用待摊或者预提的办法。采用预提的办法，实际发生的修理支出冲减预提费用。当实际支出大于预提费用的差额，计入有关费用，小于预提费用的差额则冲减有关费用。

(5) 科学地进行固定资产的更新　固定资产的更新是指对固定资产的整体补偿，也就是以新的固定资产来更换需要报废的固定资产。固定资产更新有两种形式：一种是完全按原样进行更新，即按原来的技术基础、原来的规模、原来的结构和原来的用途进行更新，以实现固定资产的实物再生产；另一种是在先进技术基础上的更新，也就是以先进的、效率和性能更好的、能产生更大经济效益的设备更新陈旧落后的设备，不断提高企业的技术水平。特别是近年来随着汽车工业的迅速发展，对汽车维修行业的技术进步要求越来越高，更需要企业以这种内涵式扩大再生产的更新途径，加速企业上规模、上水平，有重点、有步骤地进行固定资产更新。

第六节　汽车服务企业投资管理

一、概述

汽车服务企业为了扩大生产和经营范围，增强企业实力（如运输企业，为开发新的

运输线路等），投入大量人力、物力无疑是投资活动；汽车服务企业买其他企业发行的股票和债券，或和其他企业共同创办联营企业，也是一种投资活动。

投资是一门有趣的学问，掌握投资理论和知识，会增加投资成功的可能性。聪明的企业家应从别人的经验中获益，这就是先理论后实践的目的。"凡事预则立，不预则废"。凡投资，都应预先做好充分准备，掌握投资决策方法，进行投资分析和可行性研究，制定投资计划，大大提高投资成功的可能性。

从历史上看，市场经济有一定的周期性，而经济周期和投资与否又息息相关。在经济周期的早期（复苏期），市场总规模较小，企业营业额低，有多余的生产能力闲置，投资很少。当市场规模增大时，汽车服务企业营业额与利润开始上升，企业开始扩大投资，更新生产设备等，从而又进一步促进了经济发展。这样，一个行业的复苏，导致另一个或几个行业的复苏，创造了一连串的就业机会。结果成长又造成再成长，于是经济进入了扩张期。

在扩张期，生产力可能无法跟上需要，企业扩大设备投资也需要时间，于是物价上涨。由于企业借贷增加，促使利率提高，企业对机器、原料、人力的大量需要也促使其价格的提高，经济进入繁荣期。

生产成本的上涨超过物价上涨，反过来使利润下降。这时投资的扩大也可能超过营业额的增长，因此，汽车服务企业转而减少对固定资产的投资，减少负债额，经济活动进入收缩期，需求降低，物价下降，存货过剩，企业减少生产和人员，经济降温。这样，一个行业的衰退波及另一个行业，最后影响整个经济，造成经济衰退。

以上就是一个经济周期。一个经济周期大约是 4~5 年，有一定的规律性。因此，投资也具有周期性和规律性。对汽车服务企业而言，也存在着周期性规律。企业初创期投资风险最大，因为企业尚未完全站住脚，各种问题尚未解决。在汽车服务企业发展期，产品或服务市场迅速发展，此时投资风险最小，投资收益最大。到了市场饱和期，企业迅速发展已不容易，投资风险加大，投资范围缩小，投资收益减少，并容易出现投资损失。

投资一方面要选择好的时机，另一方面也要选择好的投资对象和目标，要认真进行投资决策分析，使投资获得成功。而要正确进行投资决策，必须考虑货币的时间价值和投资的风险价值。

二、货币的时间价值

货币的时间价值又称时间价值，它是指随着时间的推移，货币所发生的增值，时间越长，增值越多。例如，今天你将 1000 元钱存入银行，假设利率为 5%，那么一年后的今天，你将得到 1050 元。其中的 1000 元是本金，50 元是利息，这个利息就是货币的时间价值。所以，在不考虑风险因素和通货膨胀的条件下，只要将货币有目的地进行投资，货币在不同时间的价值就不相等，它会随着时间的推移而发生增值。

货币要具有时间价值需要条件，就是必须将货币有目的地进行投资，即将货币直接或者间接地作为资本投入生产过程，因为时间价值是在生产经营过程中产生的。货币时间价值是由于将货币有目的地投入生产过程产生的，那么，其真正的来源是什么呢？是纯粹时间的恩赐？还是推迟消费的结果？都不是。它实质上是工人创造的剩余价值的一部分。按

照马克思的劳动价值理论，在商品经济条件下，资本流通的公式是：$G-W-G'$（货币-商品-货币'），处于两端的都是同一性质的货币，如果两个货币量完全相等，投资行为就没有实际意义。因此，资本流通的结果不仅要保持原有的价值，而且还要取得更多的价值即价值增值。资本流通的这个基本性质，决定了以价值增值为特征的资本运动是永无止境的。所以，准确的资本流通公式是 $G-W-G'$，其中，$G'=G+\Delta G$，即原来预付的货币额 G 再加上一个增值的货币额 ΔG。所以货币时间价值的真正来源是工人创造的剩余价值的一部分。

任何企业的财务管理都是在特定的时空中进行的。离开了时间价值因素，就无法正确计算不同时期的财务收支，也无法正确评价企业盈亏。时间价值原理正确揭示了不同时点上资本之间的换算关系，是财务决策的基本依据。货币时间价值有两种表现形式：一种是绝对数，即时间价值额；另一种是相对数，即时间价值率。

1. 时间价值的计算

（1）单利的计算　单利是指不论时间长短，只按本金计算利息，其所生利息不加入本金重复计算利息，即本能生利，利不能生利。

1）单利终值的计算。单利终值是指现在的一笔资本按单利计算的未来价值。其计算公式是

$$F=P+I=P+Pin=P(1+in)$$

式中　F——终值，即本利和；

$\quad\quad P$——现值，即本金；

$\quad\quad i$——利率；

$\quad\quad n$——计息期；

$\quad\quad I$——利息。

> **例9-3**　某人于1999年1月1日存入银行1000元，年利率为12%，则2004年1月1日到期时的本利和是多少元？
>
> $$F=1000 \text{元}\times(1+12\%\times5)=1600\text{元}$$

2）单利现值的计算。单利现值是指若干年后收入或支出一笔资本按单利计算的现在价值。其计算公式是

$$P=\frac{F}{1+in}$$

> **例9-4**　某人打算在2年后用10000元购置家具，银行年利率为10%，则他现在应存入银行多少元？
>
> $$P=\frac{10000\text{元}}{1+10\%\times2}\approx8333.3\text{元}$$

（2）复利的计算　复利是指不仅本金计算利息，而且需将本金所生的利息在下期转为本金，再计算利息，即本能生利，利也能生利，俗称"利滚利"。在财务管理中，时间价值一般都按复利计算。

1）复利终值的计算。复利终值是指现在的一笔资本按复利计算的未来价值。

复利终值的计算公式是　$F=P\times(1+i)^{n}$；$I=P\times[(1+i)^{n}-1]$

其中，$(1+i)^n$称为"1元的复利终值系数"，记为$(F/P, i, n)$，可查"1元的复利终值系数表"求得。

例 9-5 某公司现有资本 100 万元，欲使它在 5 年后达到原来的 2 倍，则可选择投资的最低报酬率是多少？

$$F = 100 \text{万元} \times 2 = 200 \text{万元}$$

$$F = 100 \text{万元} \times (1+i)^n = 200 \text{万元}$$

可求得

$$i = 14.87\%$$

当投资机会的最低报酬率为 14.87% 时，才可能使现有的资本在 5 年后达到 2 倍。

2）复利现值的计算。复利现值是指未来一定时间的特定资本按复利计算的现在价值。其计算公式是

$$P = \frac{F}{(1+i)^n} = F(1+i)^{-n}$$

其中，$(1+i)^{-n}$称为"1元的复利现值系数"，记为$(P/F, i, n)$，可查表求得。

例 9-6 某公司欲在 3 年后获得本利和 100 万元，假设投资报酬率为 12%，现在应投入多少？

$$P = 100 \times (P/F, 12\%, 3) = 100 \text{万元} \times 0.7118 = 71.18 \text{万元}$$

2. 名义利率与实际利率

上面讨论的有关计算是假定利率为年利率，每年复利一次。但实际上，复利的计算期不一定是一年，有可能是季度、月份或日。例如，有些债券半年计息一次，有的抵押贷款每月计息一次，银行之间拆借资本每天计息一次。当每年复利次数超过一次时，给定的年利率叫作名义利率，而每年只复利一次的利率才是实际利率。

计算一年内多次复利的时间价值，有两种方法。

第一种方法：将名义利率调整为实际利率，然后按实际利率计算时间价值。调整的公式是

$$i = \left(1 + \frac{r}{m}\right)^m - 1$$

式中 i——实际利率；

r——名义利率；

m——每年复利次数。

例 9-7 某企业于年初存入银行 100 万元，在利率为 10%、半年复利一次的情况下，到第 10 年末，该企业可得到的本利和是多少？

依题意 $P = 100$，$r = 10\%$，$m = 2$，$n = 10$

则

$$i = \left(1 + \frac{r}{m}\right)^m - 1 = \left(1 + \frac{10\%}{2}\right)^2 - 1 = 10.25\%$$

$$F = P(1+i)^n = 265.3 \text{万元}$$

这种方法的缺点是调整后的利率往往带有小数点，不利于查表。

第二种方法：计算实际利率，直接调整有关指标，即利率为 r/m，期数为 mn。

例 9-8 利用上例中的有关数据，用第二种方法计算本利和。

$$F = \left(1 + \frac{r}{m}\right)^{mn} = 265.3 \text{ 万元}$$

3. 普通年金终值和现值

在现实经济生活中，还存在一定时期内多次收付的款项，即系列收付的款项。如果每次收付的金额相等，这样的系列收付款项便称为年金。换言之，年金是指一定时期每次等额收付的系列款项，通常记为 A。

年金的形式多种多样，如保险费、折旧费、税金、等额分期收款或付款、零存整取或整存零取储蓄等，都可以是年金形式。按其每次收付发生的时点不同，可分为普通年金、预付年金、递延年金等。

（1）**普通年金终值的计算** 普通年金是指一定时期内每期期末等额收付的系列款项，又称后付年金。普通年金终值是一定时期内每期期末收付款项的复利终值之和。年金终值的计算公式如下

$$F = A \frac{(1+i)^n - 1}{i}$$

其中，$[(1+i)^n - 1]/i$ 称为"1元的年金终值系数"，记为 $(F/A, i, n)$。

（2）**年偿债基金计算** 偿债基金是指为使年金终值达到既定金额，每年年末应该收付的年金数额。其计算公式为

$$A = F \frac{i}{(1+i)^n - 1}$$

（3）**普通年金现值的计算** 普通年金现值是指一定时期内每期期末收付款项的复利现值之和。计算公式为

$$P = A \frac{1 - (1+i)^{-n}}{i}$$

（4）**年资本回收额的计算** 资本回收额是指为使年金现值达到既定金额，每年年末应收付的年金数额。计算公式为

$$A = P \frac{i}{1 - (1+i)^{-n}}$$

其中，$\dfrac{i}{1 - (1+i)^{-n}}$ 称为资本回收系数。

例 9-9 某汽车美容企业，预投资 100 万元购置生产设备，预计可使用 3 年，平均利润为 8%，问该设备每年应至少给企业带来多少利益才是可行的方案？

$$A = 100 \text{ 万元} \times \frac{8\%}{1 - (1+8\%)^{-3}} \approx 38.8 \text{ 万元}$$

（5）**预付年金的计算** 预付年金是指一定时期内每期期初等额收付的系列款项，又称即付年金或先付年金。

1）预付年金终值的计算。预付年金终值是其最后一期期末的本利和，是各期收付款项的复利终值之和。计算公式为

$$F = A \frac{(1+i)^{n+1} - 1}{i}$$

其中，$\dfrac{(1+i)^{n+1} - 1}{i}$ 称为预付年金终值系数。

2）预付年金现值的计算。计算公式为

$$P = A\left[\frac{1-(1+i)^{-(n-1)}}{i} + 1\right]$$

例 9-10 某运输公司租用一台吊车，在 5 年中每年年初支付租金 150 万元，利息率为 8%，问这些租金的现值是多少？

$$P = A\left[\frac{1-(1+i)^{-(n-1)}}{i} + 1\right]$$
$$= 6468190 \, 元$$

（6）**递延年金** 递延年金是指第一次收付发生在第二期或以后各期的年金。递延年金是普通年金的特殊形式。凡不是从第一期开始的普通年金都是递延年金。显然，递延年金终值与递延期数无关，其计算方法与普通年金终值相同。

三、投资决策

1. 投资的分类

企业投资按不同标准划分，可以有多种分类。

（1）**直接投资和间接投资** 直接投资是指企业将资金投放于生产经营性资产以获取利润的投资。企业开展正常的生产经营活动，在经过一定时间的生产经营后，则要对已经到达寿命期的固定资产进行更新改造项目投资，更新是为了满足企业的简单再生产，改造则包括内涵扩大再生产的意义；同时，汽车服务企业也要适时进行基本建设项目投资，以满足企业外延式扩大再生产的需要。直接投资是结合上述特定项目进行的投资，所以也经常将之称为项目投资。

间接投资又称证券投资，是指汽车服务企业将资金投放于有价证券等金融性资产，以获取利息收入或股利的投资。随着我国金融市场的逐步完善以及多渠道多形式筹资格局的形成，证券投资将日益广泛地成为汽车服务企业投资的一个重要组成部分。

以上两种投资在决策方法上有较大的差异。直接投资要根据投资目的设计一个或几个备选方案，并在分析评价的基础上进行决策。间接投资则是根据投资目的，对证券市场上已有的股票、债券进行分析评价，选择其中合适的证券组成投资组合。

（2）**长期投资和短期投资** 长期投资是指一年以上才能收回的投资。它包括企业在固定资产、无形资产和递延资产以及不准备在一年内变现的长期有价证券上的投资。由于

汽车服务企业长期投资中固定资产所占的比重较大，而且固定资产相对于其他长期投资项目来说，变现更为困难，所以，长期投资有时专指固定资产投资。

短期投资又称流动资产投资。它是指能够并且准备在一年以内收回的投资，主要包括对现金、应收账款、存货、短期有价证券等的投资。

长期投资和短期投资在决策方法上也有较大的差别，由于长期投资经历的时间长、风险大，因此，在进行长期投资的决策分析中，一般都要考虑资金的时间价值和投资的风险价值。

(3) 对内投资和对外投资　对内投资又称内部投资，它是将资金投放在企业内部以购置各种生产经营用资产的投资。对外投资是指汽车服务企业以货币资金、实物资产、无形资产等方式或者以购买股票、债券等有价证券方式向其他企业进行投资。

从风险角度看，由于对外投资的不可控因素多于内部投资，因此对外投资的风险一般要大于内部投资；从收益角度看，对外投资的收益通常要大于内部投资，否则不会吸引企业去冒更大的风险。内部投资都是直接投资，对外投资既可以是直接投资，也可以是间接投资。

在明确企业投资的意义和分类的基础上，本章重点介绍汽车服务企业内部长期投资即生产性固定资产投资的决策分析方法。

2. 固定资产投资的特点

固定资产投资是汽车服务企业将资金投放在固定资产上，为企业的生产经营创造必要条件并在以后相当长时期内获取收益的经济活动。例如，企业设备、厂房的新建和扩建，固定资产的更新与技术改造、技术引进等。固定资产投资一般具有如下特点：

(1) 固定资产投资数额大、回收期长　固定资产投资额一般在汽车服务企业的全部资产中都要占到较高的比例，而且由于固定资产在物质上全部参加生产过程，但在价值上是随着磨损程度部分地参加产品价值的形成过程，并随着产品的出售而逐渐收回。因此，固定资产投资决策一旦实施，它将在很长时间内影响企业的资金周转，一般都要在几年甚至十几年后才能收回固定资产的全部投资。

(2) 固定资产投资的专用性强、变现能力差　固定资产投资一旦完成，要想再改变原有设备、厂房等的用途，不是技术上无法实现，就是代价太大，经济上得不偿失。由于固定资产专用性强、金额大，出售也非常困难，有时即便能出售也往往会伴随着很大的价值损失，因此其变现能力很差。

(3) 固定资产投资影响企业的长期经济效益和发展方向　固定资产投资对于企业的规模效益、劳动生产率、发展方向以及长期的经济效益具有决定性、战略性的影响。

固定资产投资的特点表明：固定资产投资决策对于汽车服务企业的未来经济效益和可持续发展具有重要意义，同时具有很大的风险。一个正确的固定资产投资决策可以促使汽车服务企业持续、稳定、健康地发展并获取长期的经济效益，而一个错误的决策，则很可能使汽车服务企业毁于一旦。因此，固定资产投资决策在企业财务管理中占有十分重要的地位，汽车服务企业必须慎重对待固定资产投资决策。

3. 固定资产投资决策程序

认真执行固定资产投资的决策程序，运用科学方法进行固定资产投资方案的可行性研

究，是保证正确决策的有效措施。固定资产投资决策程序一般包括如下几个步骤：

（1）**投资项目的提出**　汽车服务企业领导人应组织由企业生产、技术、营销和财务等部门的专业人员参加的专门工作小组，在调查研究、广泛收集信息的基础上，根据投资环境、市场状况、企业的发展方向和生产经营的需要提出投资方向，拟定投资项目建议书。在该建议书中应明确投资项目的作用和依据、投资概算以及经济效益的初步测算。

（2）**投资项目的方案设计和分析评价**　第一，根据投资项目的要求进行多种可能的投资方案的设计，汽车服务企业要对调查研究所获得的大量数据资料进行加工整理和分析，对未来各种情况做出假设，预测各种投资方案的收益和成本费用，预测方案的现金流量，为分析评价做准备；第二，组织有关专家对投资项目进行技术、经济的可行性论证；第三，运用各种投资决策评价指标进行分析，把各项投资方案按可行性的顺序进行排队；第四，以定性与定量相结合的方式，全面客观地写出分析评价报告，报有关领导批准。

（3）**投资项目的决策**　投资项目评价报告完成后，按汽车服务企业投资决策管理权限，在不同层面上（部门经理、总经理、董事会乃至股东大会）进行决策。决策者应根据汽车服务企业的经济技术实力和风险承受能力以及决策者自身对未来形势的判断来对投资方案进行选择。决策者应着重检验各种方案的可行性，特别是各种假设的合理性和可靠性。决策中既要考虑方案的自身效益，还要考虑企业的整体效益和战略选择；既要考虑方案的短期投资效益，又要重视企业的长远发展需要。决策中，方案的各种评价指标固然重要，但它不是投资决策的全部依据。决策实质上是对未来的判断，因此，它在很大程度上取决于决策者或决策者集体自身的经验和判断能力，取决于他们的综合素质。决策的结果通常有三种：一是接受项目，进行投资；二是拒绝该项目，不予投资；三是将项目退还提出部门，重新调查研究后，择日再做抉择。

（4）**投资项目的执行**　投资项目经决策批准投资后，应按筹资方案积极筹措项目投资所需的资金，并着手实施投资。同时应根据被批准的投资方案编制具体的实施计划，并严格按计划行事。在计划执行过程中，应对工程进度、质量和成本进行严格控制，以确保投资项目按计划高质量地完成。

（5）**投资项目的再评价**　在投资项目的执行过程中，一方面强调要严格按计划办事；另一方面也要强调应考虑原有决策的信息基础是否可靠、预测是否准确、客观情况是否发生了没有预见到的变化等。一旦发现这些方面存在问题而使原计划难以执行甚至无法执行时，应及时做出新的分析评价和决策，并对计划进行必要的调整。如果原有决策依据发生了根本性变化，原有投资项目已失去继续投资的意义，为了避免更大损失，则应做出投资项目调整下马的决策。

投资项目建设完工并投入实际运行后，并不意味着投资过程和投资决策分析过程的结束。投资过程包括该投资项目的建设期和该项目实际发挥作用的整个寿命期，完整的投资决策分析过程应从投资项目建设前就开始，一直到该项目发挥作用的寿命期末为止。因此，投资者应在项目建设完工后，对项目的运行状况和效果进行分析评价，并与原决策分析进行对比，找出差异、分析原因、总结经验教训，以便改进以后的投资决策。同时，这种事后分析评价也为考核项目提出者、决策者和执行者的业绩提供了基础。

四、投资决策的评价方法

投资决策评价有两类指标：一是考虑资金时间价值的贴现指标，又称动态指标，主要包括净现值、现值指数和内含报酬率等；二是不考虑资金时间价值的非贴现指标，又称静态指标，主要包括回收期、会计收益率等。贴现指标是现在投资决策评价分析中应用的主要指标，非贴现指标则成为辅助指标。

1. 贴现指标

(1) 净现值 净现值（Net Present Value，NPV）是指投资项目未来现金流入的现值与未来现金流出的现值之差。其计算公式为

$$NPV = \sum_{i=0}^{n} \frac{I_t}{(1+i)^t} - \sum_{i=0}^{n} \frac{O_t}{(1+i)^t}$$

式中　n——投资项目整个寿命周期；

　　　I_t——第 t 年的现金流入量；

　　　O_t——第 t 年的现金流出量；

　　　i——贴现率。

计算净现值必须设定一个合适的贴现率。可以采用企业的资本成本率，也可以采用企业愿意接受的最低的报酬率作为贴现率。如果计算结果净现值为正数，即贴现后现金流入大于贴现后现金流出，说明该投资项目的报酬率高于原先设定的贴现率。假定该项目投资所需的资金都是以一定的资本成本率借入的，并以这个资本成本率作为计算净现值的贴现率，当净现值为正数时，说明该投资项目在偿还本息后有剩余收益。

如果净现值为零，即贴现后现金流入等于贴现后现金流出，说明该投资项目的报酬率等于原先设定的贴现率。如果投资所需的资金是借入的，则该投资项目的现金流入只够偿还本息，没有剩余收益。

如果净现值为负数，即贴现后现金流入小于贴现后现金流出，说明该投资项目报酬率低于原先设定的贴现率。如果投资所需的资金是借入的，则该投资项目的现金流入连偿还本息也不够。

因此，如果孤立地分析一个投资项目，其净现值大于或等于零，该投资项目在经济上是可行的。如果同时在几个方案中进行分析比较，则应在所有净现值大于或等于零的方案中，选择净现值最大的一个作为最优方案。

> **例 9-11** 某公司计划扩大生产能力，现有三个方案可供选（见表9-2）。假设该企业的资本成本率为10%，并以此作为贴现率，固定资产采用直线折旧，期末无残值。请对这三个方案进行对比分析。

表9-2　可供选方案　　　　　　（单位：元）

期间		A方案		B方案		C方案	
		净利	现金净流量	净利	现金净流量	净利	现金净流量
0		-31500		-36000		-51000	
1	5000	3500	-7800	4200	3000		20000
2	9200	39200	11000	23000	3000		20000
3			11000	23000	3000		20000
合计	14200	11200	14200	14200	9000		9000

计算可得：NPV（A）= 4078.51；NPV（B）= 4106.68；NPV（C）= -1262.98。

C 方案的净现值都是负数，说明它的报酬率都要低于资本成本率，C 方案不可取。A、B 方案的净现值都为正，取净现值更大的方案，则 B 方案比 A 方案更有利。

（2）**现值指数**　现值指数（Present Index，PI）又称获利指数（Profitability Index），是指投资项目未来现金流入的现值与未来现金流出的现值之比。其计算公式为

$$PI = \sum_{t=0}^{n} \frac{I_t}{(1+i)^t} \bigg/ \sum_{t=0}^{n} \frac{O_t}{(1+i)^t}$$

现值指数的计算也必须先预设一个贴现率。现值指数的分界点是大于 1、等于 1 和小于 1。它们与净现值的分界点正数、零和负数是相对应的，其基本经济意义也是一致的。

由于现值指数是相对数形式，所以它反映项目的投资效率；而净现值是绝对数形式，它反映项目的投资效益。因此，现值指数更适用于独立投资方案获利能力的比较，净现值适用于互斥投资方案的效益比较。

根据上述例 9-11 资料，该公司三个方案的现值指数计算如下：

$$PI(A) = 35560.7/31500 \approx 1.129$$
$$PI(B) = 40088.8/36000 \approx 1.114$$
$$PI(C) = 49720/51000 \approx 0.975$$

可见，A、B 方案的现值指数都大于 1，说明贴现后现金流入大于贴现后现金流出，投资项目的报酬率大于资本成本率，方案可行。C 方案的现值指数小于 1，说明贴现后的现金流入小于现金流出，该项目的报酬率小于资本成本率，经济上不可取。所以，本例以 PI 为判定依据，取 PI 较大者，故 A 方案为优。

对于 A、B 两个方案，从净现值的角度，B 方案优于 A 方案；从现值指数的角度，A 方案优于 B 方案。换句话说，投资效益是 B 方案最优，投资效率是 A 方案最优。当 A、B 方案是互斥方案时，应根据净现值指标选择 B 方案。因为净现值指标的基本原理是假定投资所需资金是借入的，用资本成本率作为贴现率计算得到的净现值为正数时，说明投资项目还本付息之后还有剩余收益。应选剩余收益大的方案。

当 A、B 方案是独立方案时，即选择其中一个方案后不排斥还可以选择其他方案，则应根据现值指数优先选择 A 方案，以求得较高投资效率。在资金总量允许的情况下，还可以继续选择 B 方案进行投资。在实践中，一般不单独使用现值指数的评价方法，因为高现值指数的背后也可能是收益绝对量水平很低的一个投项目。

（3）**内含报酬率**　内含报酬率（Internal Rate of Return，IRR）是指能使投资项的净现值等于零的贴现率，也就是能使投资项目未来现金流入现值等于现金流出现值的贴现率。它是投资项目本身所具有的真实报酬率，与计算净现值和现值指数之前都需要设定一个贴现率不同，计算内含报酬率不需要做这样的设定，因为现在贴现率本身成为求解的对象。计算净现值和现值指数时，贴现率的设定是否合理，会影响投资方案的优劣顺序；而计算内含报酬率时就不存在这个问题，它最后只需要有一个合理的资本成本率或投资者愿意接受的最低报酬率作为项目是否可行的判断标准。即内含报酬率大于和等于资本成本

率，项目可行；内含报酬率小于资本成本率，项目则不可行。如果是不同方案之间的比较，则应在内含报酬率大于和等于资本成本率的各个方案中，选择内含报酬率最高的方案作为最优方案。

内含报酬率的计算公式为

$$\sum_{t=0}^{n} \frac{I_t}{(1+r)^t} - \sum_{t=0}^{n} \frac{O_t}{(1+r)^t} = 0$$

式中　r——内含报酬率。

内含报酬率的计算一般需要采用逐步测试的方法。即首先估计一个贴现率，用它来计算方案的净现值。如果净现值为正数，说明方案本身的报酬率超过估计的贴现率，应提高贴现率进一步测试；如果净现值为负数，说明方案本身的报酬率低于估计的贴现率，应降低贴现率进一步测试。经过多次测试，寻找出净现值接近于零的贴现率，这就是方案本身所具有的真实报酬率。如果对测试结果的精确度要求较高，可找出净现值由正到负并且比较接近于零的两个对应的贴现率，通过插值的方法计算出比较精确的内含报酬率。

例 9-12　中三个方案的内含报酬率（见表 9-3、表 9-4）。

表 9-3　A 方案内含报酬率的测试

期间	现金净流量/元	贴现率 10%		贴现率 20%	
		贴现系数	现值/元	贴现系数	现值/元
0	-31500	1	-31500	1	-31500
1	3500	0.909	3181.5	0.833	2915.5
2	39200	0.826	32379.2	0.694	27204.8
合计			4060.7		-1379.7

A 方案的内含报酬率介于 10%~20% 之间，如果需要比较精确的内含报酬率，可采用插值法来求。

$$\frac{-20\%-10\%}{20\%-x} = \frac{-1379.7-4060.7}{-1379.7-0}$$

A 方案的内含报酬率 = 17.46%。

表 9-4　B 方案内含报酬率的测试

期间	现金净流量/元	贴现率 10%		贴现率 20%	
		贴现系数	现值/元	贴现系数	现值/元
0	-36000	1	-36000	1	-36000
1	4200	0.909	3817.8	0.833	3498.6
2	23000	0.826	18998	0.694	15962
3	23000	0.751	17232	0.579	13317
合计			4047.8		-3222.4

同理可求得：

B 方案的内含报酬率 = 15.59%。

C 方案各期现金流入量相等，符合年金形式，内含报酬率可直接利用年金现值来计

算，不需要经过逐步测试，即

$$51000 = 20000(P/A, i, 3)$$
$$(P/A, i, 3) = 2.550$$

查 "年金现值系数表"，用插值法可得：C 方案的内含报酬率 = 8.63%。

三个方案中，A 方案的内含报酬率最高，其次是 B 方案，最低的是 C 方案。如果该企业的资本成本率为 10%，则 C 方案就不可取，这与前两个评价指标得出的结论一致。但是 A、B 两个方案，如果是互斥方案，应主要根据净现值指标进行选择，即优先选择净现值最大的 B 方案；如果是独立方案，则应主要根据内含报酬率或现值指数指标进行选择，即优先选择内含报酬率和投资效率高的 A 方案，等企业有足够的资金后还可以安排 B 方案。

内含报酬率指标在考虑货币时间价值的同时，反映了投资方案本身所具有的真实报酬率，利用该指标可以为独立方案进行优劣排序，在计算时也不需要像现值指数那样设定贴现率，因此它已经越来越多地应用到企业投资项目的分析评价中。该指标的缺点是当投资项目每年的现金净流量不相等时，其计算或测试过程比较复杂。

2. 非贴现指标

（1）投资回收期 投资回收期（Payback Period，PP）是指投资项目收回初始投资所需要的时间，一般以年为单位。过去该指标曾经长期作为投资项目评价的主要指标，在其他条件相同的情况下，一般选择投资回收期短的项目。

投资回收期的计算，因每年营业现金净流量是否相等而有所差异。当每年的营业现金净流量相等时，投资回收期可按下列公式计算：

投资回收期 = 原始投资额 ÷ 每年的营业现金净流量

例 9-13 资料中 C 方案每年的营业现金净流量相等，则 C 方案的投资回收期为 2.55 年。

当每年的营业现金净流量不相等时，应先计算各年尚未回收投资额，然后计算投资回收期。例 9-11 中 A、B 方案每年的营业现金净流量都不相等，现以 B 方案为例列表计算（见表 9-5）。

表 9-5 B 方案投资回收期分析表

年度	每年营业现金净流量/元	年末尚未收回的投资额/元
0	−36000	
1	4200	31800
2	23000	8800
3	23000	—

B 方案投资回收期 = 2 + 8800/23000 − 2.38（年）

投资回收期概念简单、计算简便；但是由于它不考虑资金时间价值以及回收期后的收益，因此，它现在仅仅作为贴现指标的辅助指标，主要用于评价项目的流动性大小。

（2）**平均报酬率** 平均报酬率（Average Rate of Return，ARR）是投资项目寿命周期内平均的年投资报酬率，也称平均投资报酬率。常用的平均报酬率的计算公式为

平均报酬率 = 年平均现金净流量 ÷ 原始投资额 × 100%

根据例 9-11 资料（见表 9-2）：

$$A\ 方案的平均报酬率 = \frac{(3500+39200)\div 2}{60000} \times 100\% \approx 35.58\%$$

$$B\ 方案的平均报酬率 = \frac{(4200+23000+23000)\div 3}{36000} \times 100\% \approx 46.48\%$$

$$C\ 方案的平均报酬率 = \frac{20000}{51000} \times 100\% \approx 39.22\%$$

经测算，B方案的平均报酬率最高，采用平均报酬率对投资项目进行分析评价时，需要事先确定一个企业期望的平均报酬率，以便与项目的平均报酬率进行比较，并决定取舍。

平均报酬率方法从概念到计算都很简单，它的缺点也是不考虑资金的时间价值，对时间跨度大的投资项目，这类非贴现的评价指标不能准确反映项目的优劣。因此，现在一般把它作为贴现指标的辅助指标用于投资决策评价。

 拓展知识

拓展知识内容可扫码进行观看。

小结

本章介绍了汽车服务企业财务管理的主要内容，包括资金运动、资金成本的计算、财务杠杆的应用、投资与融资的方案选择等，结合汽车服务企业如何在资金的筹措和使用中能够更大地发挥资金的价值，为企业的发展提供更加有力的资本运作支持。

复习思考题

1. 什么是汽车服务企业财务管理？它包括哪些内容？
2. 汽车服务企业财务管理的任务是什么？
3. 什么是固定资产？如何对固定资产进行计价？
4. 固定资产的折旧计算方法有哪几种？如何进行计算？
5. 什么是流动资金？流动资金怎样分类？如何计价？
6. 如何考核流动资金的利用效果？
7. 什么是利润？汽车服务企业的利润如何分配？
8. 什么是财务报告？它包括哪些内容？

参考答案

第十章 / Chapter 10

汽车服务企业成本管理

 【学习目标】

1. 了解成本与费用的区别与联系。
2. 掌握经营成本的内容，理解成本否决制度。
3. 了解汽车服务企业的目标成本管理以及在大数据赋能下的业财融合对成本管理的意义。

 【导入案例】

2019 年 7 月 20 日，在长沙市岳麓区麓谷大厦，尽管时近正午，窗外依旧人声鼎沸，工地施工如火如荼，室内会议却陷入凝滞，与会者都愁眉不展，气氛沉重。计划财务部雷部长汇报的 2019 年上半年公司财务情况，收入持续下滑，业绩连续亏损，成本次第上升，让参会的公司管理层在长沙的盛夏如入冰室；而业务安全部张部长汇报上半年多起运营调度失效，乘客投诉率高企，更是雪上加霜。人力资源部报告了几条通往城郊的线路因为线路长，地段相对偏远，票据低造成线路亏损，线路驾驶员薪酬低，怨气大，服务质量差，离职率高，下半年可能马上会面临这些线路上驾驶员严重不足的困境。作为巴士公交公司的董事长，肖总很清楚，窗外如火如荼兴建的城市地铁，是公交运输最大的竞争对手，近 5 年来长沙市各线路地铁前后通车，是诱发公司收入锐减、业绩亏损的主因。与地面拥堵、事故频发等形成的运营调度困难相比，地铁的运营调度高效、车次运行信息及时可达等特点带给了乘客更好的体验，公交汽车作为城市唯一公共交通工具的地位不保，公司运营收入递减。但另一方面，作为承载公共运输服务社会责任的国有企业，为保障市民出行便捷，公司前年在明知公交业将呈萎缩之势的情况下，仍然购入了大批公交车辆，而这成了公司目前沉重的成本负担。此外，用工成本持续增加，司机流失严重，公交公司间恶性竞争等问题也让公司业绩雪上加霜。肖总明白，在目前形势下，公司一方面需要提高运营效率以降低成本，提高毛利率，另一方面则需要提升乘客满意度，拓展巩固市场。此外，滞后的管理体制也是制约公司对市场竞争与运营环境做出迅速反应的重要内因。变革已经成了公司的必然选择。只是，如何进行变革，以何种方式变革，肖总想起了方才会议上众人争论不休的情景，望向窗外陷入了沉思……

该巴士公司成立于 2005 年，是湖南公共交通集团下属的子公司，主要从事城市公共客运，曾获得"全国城市公交优秀企业""群众工作先进单位"等表彰。公司现有员工2747 名，拥有营运线路 64 条，营运车辆 1542 台。公司营业收入由票价收入和小部分广告收入构成，此外，政府补助也是公司重要的经济流入之一。

目前公司的困境在财务上主要体现为收入与成本不成比例的变动上，从公司近年的利润表中可以明显看出，其营业利润和净利润一直呈下降的颓势，公司正处于不断亏损的危机中。

第一节　概　述

所谓成本，就是生产产品所消耗或转移的生产资料的价值和劳动力报酬的支出。成本在企业财务活动中占有十分重要的地位，它是补偿企业生产耗费的最低尺度，是衡量企业工作业绩与效率的基础，是制定和修订产品价格的主要参数，因此，企业必须加强成本管理。本章将主要以汽车运输企业为例进行阐述。

一、成本、费用及其分类

汽车服务企业在实现服务的过程中，必然伴随着一系列人、财、物的消耗，构成汽车服务企业经营活动的成本与费用。对此，分析成本、费用的含义、关系，明确各类费用的经济内容、消耗特性与开销方式，对强化成本费用的控制、考核与管理具有十分重要的意义。

1. 成本、费用的含义

汽车服务企业的成本、费用即经营费用，是指企业进行服务所进行的一系列经营活动发生的各种费用消耗，是企业在获取收入过程中付出的经济代价。在成本管理活动中，我国目前实行的成本管理制度是制造成本法，把汽车服务企业在经营活动中耗费的费用分为经营成本和期间费用两个部分，使"成本"与"费用"相互区分开来。

（1）**成本**　成本亦即经营成本，是指企业在经营过程中实际发生的，与运输、装卸和其他业务等生产活动直接有关的各项支出，包括在此过程中支出的人工费、材料费和其他费用。成本的支出具有明确的针对性，以特定的产品或劳务为归集基础和核算对象，能较好地体现企业在经营活动中所支出的物质消耗、劳动报酬及有关费用支出。成本的各项费用要素均直接或按一定标准分配计入经营成本。

（2）**费用**　费用亦即期间费用，是指企业（不含企业基层生产组织管理部门）为组织管理运输生产活动而发生的管理费用和财务费用。此类费用的发生是间接为经营生产活动服务的，也有用于非生产方面的耗费，只能以费用发生的时间即相应的会计期间为归集基础。各种期间的费用不能计入经营成本，只能直接计入当期损益，是当期损益的抵减项目。

（3）**不得列入成本、费用的支出**　下列支出是既不能列入营运成本，也不能列入当期费用的：为购建和建造固定资产、无形资产和其他资产的支出；对外投资的支出；被没收财物的损失；支付的滞纳金、罚款、违约金、赔偿金；企业赞助和捐赠支出；国家法律、法规规定以外的各种付费；国家规定不得列入成本、费用的其他支出。

2. 成本、费用的分类

汽车服务企业的成本、费用即经营成本、费用，按照不同的分类目的及标准，有如下分类：

（1）**按经济内容分**　汽车服务企业的生产经营过程也是物化劳动与活化劳动消耗的过程，故经营费用按其经济内容的不同，可以分为物化劳动费用和活化劳动费用两大类，

在此基础上可进一步划分出若干费用要素。如此分类可以较明确地反映汽车服务经营活动所耗资源的种类、数量，分析各个时期营运费用的支出水平。

（2）**按经济用途分**　按各类营运费用在汽车运转生产活动中的不同用途，可以分为经营成本和期间费用两大类，前者又可分为人工费、材料费及其他费用三部分；后者又可分为管理费用和财务费用两部分。经营成本按经济用途还可进一步划分出若干成本项目。如此分类有利于划清成本与费用的界限，便于计算经营成本。

（3）**按计入成本对象的方法分**　经营费用依其计入成本的方法不同，可分为直接费用和间接费用两类。直接费用是指在运输、装卸、维修、销售等或其他业务活动中发生的能直接计入某成本计算对象的费用，如燃料、轮胎费等；间接费用则是指无法根据其原始凭证确认成本计算对象的费用，如车队经费、车站经费等，只能通过分配计入成本。如此分类有利于正确、准确计算营运成本。

（4）**按营运费用与运输生产过程的关系分**　经营费用按其与运输生产过程的相关关系不同，可分为基本费用和一般费用两类。基本费用是由各种服务过程本身引起的各项费用，如车辆经费；一般费用则是由组织与管理好服务过程而引起的费用，如企业管理部门的办公费等。如此分类有利于分析企业管理水平的高低。

（5）**按营运费用与运输工作量的关系分**　经营费用按其与服务工作量的变化关系，可分为固定费用与变动费用。随着服务工作量的变化而变动的费用为变动费用，如燃料费等，否则为固定费用，如管理人员的工资等。如此分类有利于分析成本习性，寻求降低成本的途径。

二、经营成本

1. 经营成本的内容

经营成本是指企业在服务过程中实际发生的，与运输、装卸、维修、销售和其他业务等营运生产直接有关的各项支出，包括人工费、材料费和其他费用。

1）人工费。企业直接从事汽车服务营运生产活动的人员工资、福利费、奖金、津贴和补贴等。

2）材料费。企业在汽车服务生产经营活动中实际消耗的各种材料、备品、备件、垫隔材料、轮胎、专有工器具、动力照明、低值易耗品等支出。

3）其他费用。除人工费和材料费以外的应直接或间接计入经营成本的各项费用。对于汽车运输企业，它主要包括企业在汽车服务经营生产活动中发生的这样一系列费用：固定资产折旧费、修理费、租赁费（不含融资租赁的固定资产）、乘客紧急救护费、集装箱费用（含空箱保管费、清洁费、熏箱费）、行车杂费、车辆牌照检验费、车辆清洗费、车辆冬季预热费、养路费、公路运输管理费、过路过桥费、过隧道费、过渡费、驾驶员途中住宿费、取暖费、水电费、办公费、差旅费、保险费、劳动保护费、职工福利费、季节性和修理期间的停工损失费、事故净损失等。

2. 服务成本的费用要素

汽车服务企业经营费用在按其经济内容进行分类的基础上，可进一步划分出若干费用要素。

1）工资。支付给职工的基本工资、工资性津贴。

2）职工福利。按规定的工资总额和标准计提的职工福利费。

3）外购材料。外购的汽车服务生产活动需要的各种材料，含轮胎、垫带、各种消耗性材料、修理用备件等。

4）外购低值易耗品。外购的各种用具物品，如工具、包装容器等不在固定资产范围的有关劳动资料。

5）折旧。按规定提取的营运车辆等固定资产折旧。

6）修理费。企业修理固定资产而发生的修理费用。

7）其他费用。根据其使用特性不能明确地归类到上述各项费用要素之中的一系列费用。

3. 成本项目

将各费用要素按其经济用途分别归入到特定的成本核算对象上去，便构成成本项目，如汽车运输企业的成本可分为车辆费用和站、队经费两类。

（1）车辆费用　企业营运车辆（汽车和挂车，挂车不单独计）从事运输生产活动所发生的各项费用，包括：

1）工资。按规定支付给营运车辆司助人员的标准工资、行车津贴等各工资性津贴。

2）职工福利费。按规定的工资总额与计提标准提取的职工福利费用。

3）燃料。营运车辆行车用汽油或柴油等燃料费用，自卸车含其卸车时所耗燃料费用。

4）轮胎。营运车辆耗用的外轮胎费用。

5）材料。营运车辆耗用的轮胎内胎、垫带及其他各种消耗性材料费用。

6）修理费。营运车辆进行各级维护、修理所发生的工料费、旧件修复费、车用机油费等，修理时若采用总成互换法，则领用周转总成和卸下总成的修理费也归入此类。

7）折旧费。

8）运管费。养路费及按规定向公路运输管理部门缴纳的运输管理费。

9）行车事故损失。营运车辆行车肇事所造成的事故损失，其中不含旅客伤亡事故损失、车站责任的货运商务事故损失及其他不可抗力造成的非常损失。

10）其他费用。营运车辆行车过程中发生的杂费等。

（2）站、队经费　站、队经费属营运间接费用，是作为基层管理部门的车队、车站为管理和组织运输生产活动而发生的各项管理费、业务费等。站、队经费包括：

1）车队经费。按规定的分配办法，应由汽车运输成本负担的车队经费。

2）车站经费。按规定的分配办法，应由汽车运输成本负担的车站经费。

三、期间费用

汽车服务企业的期间费用是指企业为组织生产经营活动而发生在会计期间的管理费用和财务费用。期间费用不能计入成本，而应直接计入当期损益，以利于及时结算各期损益。

（1）管理费用　管理费用是指企业行政管理部门为管理和组织生产活动而发生的下

列各项费用。

1）公司经费。公司管理机关发生的管理费，含企业管理人员的工资、职工福利、差旅费、办公费、折旧费、修理费、物料消耗费、低值易耗品推销及其他公司经费。

2）工会经费。按职工工资总额2%计提的，拨给工会的经费。

3）职工教育经费。按职工工资总额1.5%计提的，用于支付职工因学习、提高文化水平与技术水平所支出的费用。

4）劳动保险费。含企业支付给离退休职工的退休金（包括按规定交纳的离退休统筹金），价格补贴、医药费、异地安家补助费、六个月以上病假人员工资、职工死亡丧葬补助费、抚恤金，以及按规定支付给离退休干部的各项经费。

5）失业保险费。按国家规定交纳的失业保险基金。

6）董事会费。企业董事会及其成员为执行职能而发生的差旅费、会议费等各项费用。

7）咨询费。企业向有关咨询机构进行管理、技术等咨询而支付的费用，含聘请经济、技术、法律顾问等支付的费用。

8）审计费。企业聘请注册会计师进行查账验资、资产评估等发生的各项费用。

9）诉讼费。企业因起诉或应诉而发生的各项费用。

10）排污费。企业按规定交纳的排污费。

11）绿化费。企业对站、场区域进行绿化而发生的零星绿化费。

12）税金。企业按规定交纳的房产税、车辆使用税、城镇土地使用税、印花税等。

13）土地使用费。企业使用土地而支付的费用。

14）土地损失补偿费。企业在汽车运输生产经营过程中破坏的国家不征用的土地使用支付的土地损失补偿费。

15）技术转让费。企业为使用非专利技术而支付的费用。

16）技术开发费。企业在研究开发新的营运方式、技术设备等技术开发活动中所支出的下列费用：设计费、规程制定费、设备调试费、试验费、技术图书资料费、未纳入国家计划的中间试验费、研究人员工资、研究设备折旧、技术研究有关的其他费用、委托其他单位进行的科研试制费及其失败损失。

17）无形资产摊销。专利权、商标权、著作权、土地使用权、非专利技术等无形资产的摊销费用。

18）开办费摊销。企业筹建期间所发生费用的摊销。

19）业务招待费。企业为运输业务经营的合理需要而支付的费用，在一定限额之内据实列入管理费用。

20）广告费。企业通过传播媒介进行广告宣传而支付的费用。

21）展览费。企业进行展览活动而支付的费用。

22）坏账损失。企业无法收回的应收账款而造成的损失。

23）存货盘亏（减盘盈）、毁损和报废损失。企业存货发生盘亏、毁损和报废而造成的损失，盘盈的存货冲减管理费用。

24）其他管理费用。不在以上范围的管理费用。

（2）**财务费用**　财务费用是企业为筹集资金而发生的各项费用，包括汽车服务企业在经营期间发生的下列各项费用：

1）借款利息。企业流动负债的利息支出和经营期间长期负债的利息支出，筹建期间的长期负债计入开办费，清算期间长期负债的利息支出计入清算损益；与购建固定资产和无形资产有关的、在资产尚未交付使用或虽交付但未办竣工决算之前的长期负债的利息支出，计入购建资产的价值。

2）汇兑损益。企业在经营期间由于汇率变动以及不同货币兑换中发生的汇兑损益，依汇兑损益发生的具体情况不同，可参照借款利息支出的处理办法分别计入开办费、清算损益及资产购建价值。

3）金融机构手续费。企业在筹集运输生产经营活动所得资金时，支付给金融机构的各种手续费。

4）筹集资金发生的其他财务费用。

四、成本、费用管理

汽车服务企业对其生产经营活动中所发生的成本、费用，进行有组织的、系统性的预测、计划、控制等工作的总和，即为成本、费用管理。汽车服务企业加强成本、费用管理，应以提高企业经济效益为中心，建立健全成本、费用管理责任制，认真做好各项原始记录，积极开展全员性、全面性、预防性的成本、费用管理工作。

1. 成本、费用预测

所谓成本、费用预测，就是根据成本、费用的特性及有关信息资料，运用科学的分析方法对未来的成本、费用水平及变动趋势做出测算与推断的过程。进行成本、费用预测，主要是为了掌握市场变化趋势及各成本、费用影响因素，预测出计划期内成本降低率、成本影响因素变动对营运成本的影响以及目标成本等，以便编制成本计划与费用预算。

2. 成本计划与费用预算

成本计划及费用预算是企业生产经营活动计划的重要组成部分，是进行成本控制、考核及分析的依据。成本计划与费用预算的内容一般包括如下几个方面：

（1）**成本项目的计划耗费额**　即企业计划期内各种费用耗费目标，这是进行其他各方面成本计划工作及分析成本变化情况的基础。

（2）**计划单位成本和计划总成本**　计划总成本就是各成本项目计划耗费额之和，亦即计划期内经营成本应达到的水平。计划单位成本为

$$C_t' = \frac{C_t}{Q_t}$$

式中　C_t'——计划单位成本；

C_t——计划总成本；

Q_t——计划工作总量。

（3）**成本降低额与成本降低率**　成本降低额是由于计划单位成本较之基期实际单位成本节约而导致的经营总成本节约额；成本降低率则是这种单位成本节约的百分比，即

$$\Delta C = (C_0' - C_t')Q_t = C_0'Q_t - C_t$$

$$\gamma = \frac{C'_0 - C_t}{C'_0}$$

式中　C'_t——基期（上年）实际单位成本；

　　　C'_0——基期实际成本；

　　　γ——成本降低率；

　　　ΔC——成本降低额。

（4）期间费用预算　期间费用是汽车服务企业生产经营过程消耗费用中重要的一个部分，必须本着节省开支、提高效率的原则，科学合理地编制期间费用预算，以便加强管理与控制。编制期间费用预算，可参照上年度各费用项目的实际耗费，考虑计划年度内生产经营情况变化对费用开支的影响，逐项列出计划耗费额。

3. 成本、费用的控制

成本、费用控制是指企业生产经营活动中，用一定的标准对成本、费用的形成进行监测、调整，保证企业达到成本、费用目标的过程。汽车服务企业进行成本、费用控制，其基本任务是通过建立健全成本、费用控制系统，运用各种控制手段与方法，对成本、费用的形成进行适时、全面、有效的控制，防止运输生产经营活动中的损失浪费，避免成本偏差的发生，保证企业成本、费用目标的实现。成本、费用控制的一般程序是：确定成本费用控制标准；监督成本、费用形成，检测、搜集成本、费用信息，衡量成本、费用绩效；寻找偏差，分析原因，采取措施，纠正偏差。

（1）反馈控制　反馈控制是指以既定的成本、费用目标为依据（控制标准），对成本、费用的实际结果进行对比分析，即肯定成绩，找出差距，严格奖惩，又要从中总结经验供下一次控制活动进行参考。反馈控制是一种事后控制。

（2）现场控制　现场控制是指汽车服务企业生产经营过程中，对各成本、费用的形成及差异纠正等进行的控制。这种控制又叫日常控制、过程控制或事中控制，主要包括：劳动资料使用的控制，对基层管理人员工资、津贴等人工费的控制，以及对各种期间费用开支的控制等。

（3）事前控制　事前控制是指在生产经营活动开始之前，通过对成本、费用进行、计划、预测等所进行的控制，又叫超前控制。事前控制就其控制活动实施的具体情况而言，包括成本制定阶段和实施阶段这两个阶段的事前控制。制定阶段事前控制的内容主要包括：预测成本趋势，确定目标成本，制定成本计划，编制费用预算，规定成本、费用限额，制定各种成本控制制度，建立健全经济责任制，实行成本归口分级管理。

第二节　建立并实行成本否决制度

一、模拟市场核算，实行成本否决

"模拟市场核算，实行成本否决"的管理制度是企业的一项十分重要的制度。企业在激烈的市场竞争环境下，要求得生存和发展，必须从市场调查入手，以"产品"的最终

售价倒推给各个经营生产环节，拆掉企业与市场隔离的"墙"，使全体职工都感受到市场的压力，都能按市场的价格推算目标成本。这样，就能给企业全体职工既带来了压力，又带来了动力，起到牵一发而动全身的作用。企业一旦实行成本否决制，就能为企业经济效益稳步增长提供财务保证。

二、制定和核算目标成本

企业在市场经济中要加强成本管理，就要树立成本观念，把成本指标放在重要位置，制定和核算目标成本。为此，企业一般要做到以下六条：

（1）**要切实转变观念**　企业领导班子要切实转变传统的计划经济观念和粗放经营观念，树立社会主义市场经济观念和集约型经营观念，克服"等、靠、要"思想，确立深挖企业内部潜力，依靠苦练内功、降低消耗、增加效益的指导思想。

企业领导班子面对严峻的市场挑战，一不要幻想市场恩赐，二不能等靠国家扶持，要眼睛向内，主动、充分调动全体职工积极性，深挖企业内部潜力，依靠练内功来降成本、增效益。

（2）**要使企业内部经济活动与市场接轨**　通过模拟市场核算，改变过去企业内部经济活动与市场严重脱节的状态，建立起适应市场经济要求的经营机制。模拟市场核算能把企业内部的价格转为市场价格，生产的产品或提供的服务也要以市场能够接受的价格为依据，核算出企业内部产品或服务的目标成本。这样，市场信息就能够及时有效地传递到企业内部，使职工的市场观念、竞争观念、成本观念、效益观念大大增强，从而形成人人讲成本、个个求效益的局面。

（3）**要抓住降成本、增效益这个关键环节**　要紧紧抓住降低成本、提高效益这个关键环节，全面改进和加强企业各项管理工作。

成本是企业管理的综合性指标，它的高低反映出企业各项管理工作水平，包括生产管理、材料管理、设备管理、人事管理、质量管理、技术管理、资金管理、成本管理和市场营销管理等水平的高低。

企业经济效益不高，有设备问题、技术问题、市场问题，但更重要的是管理落后，物耗高、效率低、浪费大、成本高。企业要抓住这个症结，坚决实行成本否决，使模拟市场核算具有内在的动力，形成自我管理、自我约束的新机制，从而带动生产、经营全过程各项管理工作水平的提高。

（4）**要确立目标成本指标，实行成本否决制**　企业要按照"先进""合理"原则，确立本企业目标成本指标，坚决实行成本否决制。企业在确定构成经营成本的各项消耗、费用指标时，要与历史最高水平比，与同行业、同类型企业的先进水平比，与国内国际的先进水平比，将目标成本定在先进合理的水平上，既具有挑战性，又具有可实现性。

为了保证目标成本的实现，企业要采取过硬的措施，广泛开展学、比、赶、超等活动，在主要技术经济指标上开展"上台阶、创一流"活动，向同类型、同行业企业的先进水平看齐，不断找差距、定措施、挖潜力，特别要实行严格的成本否决制度，绝不心慈手软。因此，凡是完不成目标成本的，都要一票否决，形成企业内部竞争机制。

（5）**要加大科技投入，增加降低成本的技术含量**　企业应将加快技术进步与加强企

业管理结合起来，加大科技投入，提高生产技术水平，增加降低成本的技术含量。

企业应将降成本、增效益的途径由堵塞漏洞、捞浮财向革新技术、挖潜降耗的深层次推进，把有限的积累用到技术改造上，把各方面加快发展的积极性引导到优化资产存量结构上，以推动企业的技术进步。

企业应千方百计投入更多的资金，完成"短、平、快"项目的技术改造和自主开发，使现有装备水平大大提高。这样，企业就可通过降低成本为企业的技术改造积累资金，而不断地抓技术改造又能促进企业降低成本，使企业步入良性循环。

(6) 要实行全员、全过程的成本管理 企业应全心全意依靠职工群众，实行全员、全过程的成本管理，使企业的每个环节都有成本指标，所有部门都有成本任务。通过严格考核，做到奖赏分明，最大限度地调动全体职工个个当家做主、人人当家理财的积极性和创造性。

第三节　汽车服务企业目标成本管理

目标成本管理是现代企业财务管理的一项重要内容。在激烈的市场竞争中，不仅要求企业在成本形成过程中进行事中管理，而且要求企业以预防为主，在成本形成过程前进行事前管理，预先采取措施，千方百计降低成本，严格控制成本，从而达到预期的目标，即采用目标成本管理。

目标成本是企业为实现目标利润应达到的成本水平，它反映了企业成本管理工作的奋斗目标。目标成本是实现目标利润、提高企业经济效益的基础。

通过目标成本管理，可以使企业成本工作的重点由被动的事后核算，转向主动的事前控制；由单一的生产经营核算，转向全面经济核算；由单一的费用管理转变为对整个企业各种经济指标的控制。从而显示了目标成本管理的预见性和全面性。

目标成本管理的具体内容包括目标成本预测、分解、计划和控制：

一、目标成本的预测步骤

目标成本预测需要做好大量工作，预测一般有以下步骤：

1）进行市场调查。调查市场同类企业在服务过程中实际发生的，与运输、装卸、维修、销售和其他业务等生产经营直接有关的各项支出（包括人工费、材料费和其他费用）的需求数量、占营业额的比例、市场营业总额、本企业所占份额等资料。

2）对调查资料进行整理，选择某一先进成本作为目标成本。可选国内外同行业的先进成本水平，也可选本企业历史上的最好成本水平，还可以根据定额成本的降低率来进行确定。或者先确定目标利润，在运输收入（扣除税金）中减除目标利润即为初步目标成本。

3）根据企业内外部各种资料和市场发展趋势，预测在目标生产情况下，初步预测成本可能达到的水平，并找出与初步目标成本的差距。其目的是找出现有成本与目标成本之间的差距，从而以现有成本为基础，采用加权平均法，对过去成本进行必要调整或根据成

本构成进行初步成本预测。

4）根据企业经营目标，测算达到目标利润、营业额所需目标成本。

5）对比各种可能降低成本方案的经济效果，确定最佳目标成本。选择成本最佳方案，做出目标成本决策。经过各种降低成本方案的经济效果比较、综合平衡，选出最优成本预测方案，计算确定成本预测值，此值即为目标成本，也是企业在预测期内的既定目标。目标成本在预测期内的内外条件发生变化时，要及时调整和修订，使之获得好的经济效益。

目标成本计算公式如下：

$$目标成本 = 预计收入 - 预计增值税 - 目标利润$$
$$= 预计收入 \times (1 - 增值税) - 目标利润$$

二、目标成本的分解

1. 目标成本的分解方式

目标成本的分解可以按以下方式进行：

1）按费用的经济内容。分解为经营所用材料、工资及各项费用的目标成本，作为工资和费用控制的标准。

2）按成本对象。分解为运输成本、装卸成本和经营成本等。

3）按费用发生的地点和责任单位。分解为各部门的目标成本和费用标准，作为各基层单位的成本控制目标，并进一步分解到各个岗位，实行全面经济核算和全员目标成本管理。

4）按费用与营业额的关系。分解为相对固定成本和可变成本，前者与时间成正比，后者与运输工作量成正比。

在进行分解时，可参照历史成本资料和同行业相同企业先进成本资料进行测算和试算平衡。目标成本管理的一项主要工作是按费用的经济内容分解目标成本。为此，要将各项目的成本，根据历史成本资料和已有定额资料进行计算分析，并反复进行试算平衡，测算所采取的各项降低成本的措施能否保证目标成本的实现。在测算到能确保目标成本实现后，编制出成本计划，作为进行成本控制的依据。如果测算后尚不能达到目标，则要进行研究，在技术和管理的某些方面采取措施进一步降低成本，重新进行测算。如此反复测算，最终使其达到降低成本的总目标，称之为试算平衡。

目标成本不同于计划成本，前者是指企业要达到的成本目标，后者则是成本计划中确定的成本水平，计划成本一般应低于目标成本，以便当计划成本发生弹性变化时，目标成本不会被突破，即在制定成本计划时要留有一定的余地。

目标总成本可按各成本项目的历史成本比例分解，也可按定额成本的比例分解，然后进行试算平衡，并加以分析调整。

2. 各成本费用项目的定额费用计算

1）人员工资。在实行计时工资的企业，如计划期不增加人员，定员定编不变，则人员工资总额不变，可按工资计划中的职工人数和平均工资水平计算。公式如下：

$$人员工资 = 人员人数 \times 每人平均工作小时 \times 标准小时工资$$

在实行计件工资的企业，公式如下：

人员工资＝目标营业额×单位营业额的人员工资含量

2）职工福利费、奖金、津贴和补贴。由于职工福利费是随工资总额按一定比例计算，所以，福利费随工资的变化而变化。奖金、津贴和补贴要按有关标准确定。

3）其他费用。依据以往资料计算。

4）材料费。按定额计算。

5）折旧费。按企业折旧方法按期计算提取。

计算出以上项目的定额成本后，加上按标准确定的营运间接费（指企业营运过程中所发生的不能直接计入成本核算对象的各种间接费用），汇总计算出预计工作量的总成本，要求其达到目标成本的水平。如果高于目标成本，可进行分析，抓住重点，对某些项目采取措施降低成本，重新进行调整和试算，直至达到目标成本或低于目标成本水平为止。

3. 目标成本计划

目标成本分解应自下而上逐级进行计算，再自上而下平衡，并反复进行试算和调整，最后编制出目标成本计划。目标成本计划编制后，要进一步落实，采取切实可行的具体措施，确保目标成本的实现，并定期进行考核。实行成本否决，对完成好的员工奖励和晋级，未完成的不能得奖，不给晋级，长期不能完成的，采取断然组织措施，该下岗的下岗，使能者竞争上岗。

三、目标成本控制

目标成本控制要求在实际发生费用时，要以目标成本来控制支出，随时揭示节约或超支差异，并分析成本差异形成的原因和责任，以便迅速采取措施，及时消除不利差异，发展有利差异，及时有效地控制成本，达到不断降低成本的目标。

要搞好目标成本控制，必须正确处理企业内部各方面的关系，充分调动广大职工降低成本的积极性，实行成本归口分级管理制度。一方面要以公司为主导，正确处理公司、基层、个人在成本管理中的上下关系，明确各级管理组织和人员的责任和权限；另一方面要以财务部门为中心，正确处理财务部门和其他职能部门在成本管理中的左右关系，明确各职能部门的责任和权限，把财务部门与其他职能部门的成本管理结合起来。

目标成本控制的程序包括：制定目标成本控制标准；随时掌握情况，发现问题，及时查明原因，采取措施。制定目标成本控制标准是一项十分重要的工作，它一方面要服从于企业的经营目标，另一方面要根据企业的具体情况，选择适当的制定方法。企业制定目标成本控制标准的方法可采用目标成本指标分解法。企业可将目标成本分解，将大指标化为小指标，分别下达到各有关职能部门和基层经营单位，从而使各级管理部门和有关人员明确自己控制成本的任务，增强成本观念，促进各级、各部门讲求经济效果，节约人、财、物消耗，使成本控制纳入岗位责任制，将目标成本的实现建立在全面经济核算的基础之上。

目标成本控制根据运输成本的内容，可分为材料控制、工资控制和经营间接费用控制三大部分。

（1）**材料控制**　材料控制包括材料消耗数量的控制和价格的控制，它以材料消耗量控制为主。要控制材料消耗量，就应以材料消耗定额为依据，严格实行限额发料制度。经

营基层单位只能在规定限额之内分期、分批领用材料，需要超过限额领用时，必须先查明原因，经过批准后，采用超额领料单进行补料。

由于限额领料单通常只反映限额以内或超限额的实际领料数量，为了确切反映材料的合理利用程度，还应对材料的数量差异进行核算和控制。

材料费用控制还要对其价格进行控制。材料价格是由买价、外地运杂费、运输途中的合理损耗等组成，因此，材料价格控制要从这几方面入手。

（2）**工资福利费的控制**　工资福利费的控制要从有效利用工时、提高劳动生产率等几方面入手。汽车服务企业如果能合理利用工时，不断提高劳动生产率，就能达到降低成本中工资福利费的要求。

（3）**经营间接费用的控制**　汽车服务企业经营间接费用的控制应有效利用服务能力，提高工作效率，降低费用。控制经营间接费用一般采取实行费用指标归口分级管理，制定费用定额，按月确定费用指标，及时反映和检查费用支出，严格控制费用的日常支出，采取有效措施，不断降低费用。

在上述成本控制基础上，还应从下而上编制目标成本控制报告，报送有关部门。目标成本控制报告是反映每一成本责任单位在一定时期内按成本责任进行工作情况的报告。有关责任单位和上级部门根据这种报告，能及时掌握目标成本完成情况，分析产生问题的原因，实行成本否决和奖罚。

目标成本控制报告的编制时间应根据不同情况进行不同处理，如基层可每旬定期编制，而对公司的成本控制报告，一般应按月编制。

第四节　大数据赋能下的业财融合之成本管理

一、成本管理理论

成本管理理论是运用管理学的理论和方法，对企业资源的耗费和使用进行预算和控制的理论、程序和方法的总称。有代表性的成本管理理论是标准成本法，该理论要求预先制定规范的标准数值，将生产经营过程之中实际耗费与标准成本值相比较，分析差异并及时采取相应的措施进行调整。随着企业规模扩大和市场竞争加剧，成本管理的内容扩展到了技术领域，把技术与经济结合起来，有效地促使成本降低。

二、价值链分析

1985 年，哈佛大学教授迈克尔·波特在著作《竞争优势》中首次提出"价值链"概念，据其定义，价值链指的就是每一个企业在设计、生产、销售、物流以及辅助这一系列流程所进行的各项活动的总集合。按照迈克尔·波特的划分，企业价值链被区分为基本活动和辅助活动。其中，基本活动是指与企业主营业务直接相关的、直接产生效益的活动，包括设计、开发、生产、营销、进货、出货、物流、维修等；辅助活动是指辅助主营业务不直接产生效益的一系列活动，包括人力、财力、方案、探究和发展等。

企业通过价值链的分析，一方面可以识别出关键增值部分以及非增值性部分，为降本增效提供依据；另一方面可以站在战略成本顶层设计的角度，进行价值链重构或再造，从而以更优的模式实现总体成本下降的目的。所以，价值链优化就是指企业对基础活动和辅助活动一系列动态过程的优化，包括如何提升效率，如何降低成本、如何激发人力资源、如何优化制度、如何构建组织架构等。

三、大数据赋能

新的商业竞争环境下，通过大数据赋能于组织管理，需构建独特的大数据分析架构和路线图，支撑现代组织和经营战略的复杂性。其具体应用原则为：①构建并持续改进大数据分析以实现高价值业务影响力；②注意最后一公里，从结果开始反向逆推，通过与一线员工交流，了解从战略到执行的每一个环节，熟悉组织中每个层级每天面临的挑战；③持续改进，从细处入手，不断改进；④加速学习能力与执行力，通过剧增的数据、预测性的分析工具、可视化的展示，直接提升企业各层级预知业务态势、实施掌控变化的能力，更深刻地实施未来改进对策；⑤差异化分析，大数据分析可以通过简单的比较分析洞察每项独立的竞争举措；⑥嵌入分析，大数据分析把分析模式、算法组合内置于价值链全流程中，实现可重复性和可扩展性，避免定期的人机交互作业；⑦基于简明性和开放的标准，建立多维度的分析架构，构建可拓展的大数据平台；⑧构建交互平台，在大数据的环境里越来越需要多重角色或身份，依赖于团队作业、多方合作与上下实时沟通。

四、业财融合

"业财融合"是指以业务活动为管理对象，以实现企业目标为宗旨，运用信息化手段将业务部门和财务部门深度融合，将业务流、财务流、物资流、信息流有机统一，实现数据共享，围绕价值链做出计划、决策、控制、考核，是一种全方位管理活动。

在传统财务管理中，财务是企业信息数据管理仓库，只是无论是会计核算还是财务管理，由于种种因素限制都倾向事后信息数据管理，实时信息共享、事前事中监控的作用发挥得较少。在云计算、大数据、物联网时代，企业面临的竞争环境更加复杂和不确定，行业细分导致用户需求多样化，企业面临挑战与机遇共存的竞争压力。企业面临的压力要求财务管理能够更为及时、全面地提供有效信息，参与到企业价值提升中来。

通常来说，公交集团的主营业务毋庸置疑首先应是公交服务；其次，若有如物流业务、旅游业务等能形成企业经济效益新增长极的业务，应予以鼓励和支持；再次，对于无法产生效益、已资不抵债严重亏损的业务，应当予以整合，采取关停、出售、外包等方式，更好地提升公司整体效益。所有业务应该依照既定的流程顺利进行，在每一个孤立的环节中都通过信息将其一个个地连接起来形成有序的活动，业务流程也可以表述为每一个主体不断接收信息和传递信息的过程，如此循环往复，形成整个体系的有机联系和运动。最后，公交集团应该利用好现行政策与技术支持进行数据的智能整合，砍掉不必要的信息流转过程，打通业务流、资金流和信息流三者的联系，形成一个完整高效的大数据系统，将零乱的、片面的信息经过处理，按照目的和需求分类后导入数据库，再进行分析、判断并形成决策需要的结果，最大化提升公司的运营效率并降低财务成本。

业务与财务的融合，可以使它们的流程及机制互相切入、相互融合，运用信息化手段将财务工作和业务工作结合起来，将财务管理的起点前置到业务工作的起点，在业务流程中切入财务管理流程，在生产经营过程中实现财务与业务的有效协同，形成业务财务一体化的科学管理体系。

拓展知识

拓展知识内容可扫码进行观看。

小结

本章主要介绍了成本与费用的关系，梳理了目标成本管理的相关步骤，并结合"互联网+汽车"的时代背景，拓展了业财融合下的成本管理理念，为当下汽车服务企业的成本管理赋予了新的内容。

复习思考题

1. 什么是成本和运输成本？
2. 什么是固定成本和变动成本？各自有何特点？
3. 什么是运输企业成本管理？它包括哪几方面的内容？
4. 什么是成本费用控制？运输成本费用控制的内容包括哪些？
5. 成本控制的方法有哪几种？
6. 什么是大数据赋能？大数据赋能与业财融合的关系是什么？

参考答案

第十一章 / **Chapter 11**

汽车服务企业的企业形象与公关礼仪

【学习目标】

1. 了解企业形象与公关礼仪的重要意义。
2. 了解汽车服务企业的企业形象内涵和外延。
3. 掌握企业形象建设的方法和路径。
4. 理解汽车服务企业公关礼仪的主要策略。

【导入案例】

2019 年，一段发布在某平台上的"X 女车主哭诉维权"的视频引起网友关注，一女子哭诉自己的遭遇，讲述自己花 66 万元买的一辆汽车，提车后开出去不到 1km 便出现了故障，要求 4S 店提供解决方案。4S 店大小经理悉数到场却手足无措，无言以对，所有店员、客户袖手围观，聚拢的人越来越多。

这一切被当场录成视频，很快发布在某平台上，即刻引发了网友们广泛的讨论。随后经由网友转发、转载、编辑，延伸到其他具有视频共享功能的社交平台上，视觉化的呈现配以个性化的解读，促使该视频迅速在网络上获得巨大的点击量和关注度，形成巨大的舆论风波，人民日报等官方媒体也关注和报道了此事件。

近年来，已有十多个各类品牌 4S 店不断上演被维权的新闻，4S 店经理似乎很无助，看着事态朝着不利于汽车品牌和汽车服务企业形象的方向发展。假如你是 4S 店的负责人，你将如何进行危机公关并将类似问题防患于未然呢？雪崩时，没有一片雪花是无辜的，从困难客户沟通、危机处理到 4S 店形象管理等方方面面，几乎每一项工作都落后于消费者维权意识的不断增强和自媒体的快速发展，全面系统地掌握汽车服务企业的形象与公关礼仪管理的理论与方法，是当前汽车服务企业的一项重要而紧迫的任务。

第一节　概　述

Web2.0 时代，自媒体发展迅猛，人工智能大数据技术赋能兴起，汽车服务业面临新的挑战。创建优秀的企业文化，构建独特的经销商品牌，是许多汽车服务企业多年来的追求，也是企业迎接新挑战的必然选择。

一、汽车服务企业形象特点

汽车服务企业必须树立具有独特个性的、为自身和社会大众认同的企业形象，才能给企业带来稳定的经济效益和社会效益。因此，建立和维护优良形象的系统工程是汽车服务企业的一项重要课题。

企业形象是社会大众对企业综合认识后所形成的总印象或总的评价，因此它带有以下几个特点：

第一，企业的形象是社会公众对企业综合认识的结果，它既涉及企业硬件方面的状况，如企业的经济实力、技术力量、服务环境、产品质量，又涉及软件方面的状况，如销售方式、服务质量、社会公益等。一个企业形象的优良与否，不仅要看其产品或服务的质量如何，还得衡量它的人力、财力、技术能力、创新能力等诸方面的因素，这些诸多的因素无时不对企业形象产生深刻的影响。

第二，企业形象是主、客观因素相互作用的产物。企业形象是人们对企业各种具体的客观状态感知和认识后所形成的总印象，并不是某人主观臆造出来的东西，是企业各方面活动和外在表现等一系列客观状况的反映，具有鲜明的客观性。而客观状况的结果在很大程度上影响了企业形象的形成。但是企业形象作为人们对企业的综合性认识，是一种总的主观印象，即企业的客观现实是通过人的主观认识综合形成的。社会大众的思维方式、价值观、利益观、审美观的不同，便带来他们观察记忆企业的时空条件、审视企业的角度、标准和环境的差异。必然使得他们对同一企业所产生的感知和认同不尽相同。

第三，企业形象具有相对稳定性。一个企业的形象一旦在公众的心目中形成，相对而言，这形象就不会轻易地或很快地改变，企业形象是企业综合行为的结果。企业的行为可能发生这样或那样的变化，但是，这种变化却不会马上改变企业已存在的形象模式。这是因为公众是倾向于原有企业已存在的形象，他们不会因为企业行为的某种变化而马上改变对企业的看法，这是公众心理定势作用的结果。因此相对稳定的、良好的企业形象有利于企业利用其稳定特点开展经营管理活动，可以借助已存在的有利条件为企业创造更多的经济效益和社会效益。相对稳定的不良的企业形象则会使得企业一时难以摆脱不良影响的阴影，这就需要企业通过较长时间的不懈努力，才能挽回局面。当然，企业形象并非一成不变，它完全有可能由于企业主动的努力和被动因素的作用而发生变化，所谓稳定性是相对的。

第四，企业形象塑造的传播性。企业要在公众心目中树立良好的形象，必须借助各种传播手段。企业形象的塑造过程，离不开传播媒介。传播是一种连接企业与社会大众的桥梁，企业的信息如果不通过大众的或非大众的媒介传播是不能到达社会大众的。企业的客观事实无法使公众感知和认识，也就不能在公众的主观印象中建立良好的形象。可以说，离开利用传播媒介进行有效的、广泛的传播，企业对树立形象的过程就会失去引导和控制。

二、汽车服务企业文化与形象战略

1. 汽车服务企业文化建设

几乎在每个企业的官网上，都可以看到一个栏目——企业文化，它作为企业的软实力，是企业发展壮大的根基，越来越多的企业开始系统地构建企业文化体系。

所谓企业文化，是指企业在长期的生产经营活动中逐步形成的被绝大多数职工认可、遵循，并带有本企业特点的哲学、行为方式、经营作风、企业精神、价值取向、道德规范、发展目标和思想意识等因素的总和。它具有鲜明的个性，优秀的企业必然会有优秀的文化基因。美国学者狄尔和肯尼迪认为，"企业文化是指企业成员共享的价值观念以及大家共同遵守，并不用写在纸上的行为准则，而且有各种各样用来宣传、强化这些观念的

仪式"。

如何构建企业文化，是一个复杂的系统工程。汽车服务企业的企业文化建设，由于其形象的规范性，一般从企业形象战略入手。

2. 企业形象战略

建立企业形象是一个完整的、科学的、可操作和可控制的系统化战略体系。企业的形象战略是在企业总体战略和总体目标的指导下，以提高企业整体形象为目标，通过规范员工的动态行为和静态的企业视觉系统，从而构筑使社会和员工共同认可的、个性鲜明的企业整体形象，以此来提高企业内部员工的凝聚力和市场竞争力，推动企业发展。

企业的形象战略分为三个部分：理念识别、行为识别和视觉识别。理念识别包括企业理念、企业精神、企业价值观、道德观等；行为识别包括企业岗位规范、行为规范和仪表着装等；视觉识别包括以企业标识、标准色为基础派生出的一系列企业外部包装。

企业理念系统的形象化设计包括经营宗旨、经营方针、经营哲学、企业价值观的设计以及企业精神的表达与提炼，用以确定企业的战略发展追求，以及为实现这一战略追求所规定的指导思想、精神规范、道德准则和价值取向。行为系统的形象设计包括内部行为系统设计和外部行为系统设计。内部行为系统是指企业内部的组织制度和员工的行为规范，外部行为系统是指企业的营销活动和公共关系活动。环境形象系统设计包括企业员工群体形象设计、内外环境形象设计和技术形象设计。

企业形象设计完成后，就要通过静态的、动态的、具体化的视觉传播形式，有组织、有计划地传达给社会，树立企业统一的视觉形象。企业要全方位、全媒体地以各种方式传播企业的信息，社会大众不仅可以从商品和服务信息中，还可以从企业的社会性行为中，在不同场合得到各种不同内容、不同角度、不同形式的企业信息，而且各种企业信息的共同性和互补性起到树立形象的效果。

三、企业形象的认知——职场形象与礼仪

对于汽车服务企业而言，它将直接面对各种消费者，而企业的形象就是通过企业职场的形象和员工工作的礼仪传达给消费者。因此汽车服务企业要更加重视企业形象建设的系统工程，在消费者心目中建立起产品质量好、商业信誉高、环境整洁温馨、员工亲切热情、服务细致周到的企业形象，才能取得长期的、稳定的客户群。

企业的职场形象是通过企业的理念规划、员工的行为规范、企业的视觉识别表达出来的。企业的职场礼仪则包括企业各种经营活动的礼仪规范。

第二节　汽车服务企业的企业文化与形象战略

一、汽车服务企业的企业文化建设

1. 汽车服务企业文化建设的意义

（1）企业文化的价值　没有独特文化的企业尽管可以红火一时，却很难成为百年老

店。美国通用电气公司总裁杰克韦尔奇说："资金、技术决定企业的下限，文化决定企业的上限"。不只是通用电气公司是这样，优秀的企业都有着优秀的文化。有大量案例证明，在企业发展的不同阶段，企业文化再造是推动企业前进的原动力，企业的核心竞争力是企业文化中的企业理念和核心价值观。随着全球经济一体化，特别是互联网的高速发展，企业不仅要面对国内的竞争，而且还要提防国际同类产品的进入。通过企业文化的变革来增强对新兴消费群体的吸引力，是建立圈层文化、构建竞争壁垒的重要抓手。

汽车技术已进入到智能化、电动化、网联化发展阶段，汽车服务行业特别是汽车维修业本应随之而成为高科技服务企业，但是现在人们提起维修行业，在许多人的心目中仍然是低水平作业的行业，提起汽车修理工，在许多人心目中仍然是"浑身黑乎乎、油乎乎"的机械修理工，维修行业管理能力、技师水平参差不齐，很多维修企业已经实现了连锁化，但大多还停留在加盟状态，企业文化普遍存在空壳现象。汽车服务企业传承汽车生产企业的产品文化，具有优秀文化基因种子，在厂家的指导和帮助下，构建优秀的企业文化，树立良好的企业形象有着得天独厚的优势。

但汽车服务行业，特别是维修企业的经营管理者，许多是从维修基层成长起来的，对企业文化与企业的经济效益的关联的理解有局限性。

国内外许多专家学者对此做过大量的实证研究，认为企业文化通过个体文化的引导、规范，达到群体意识的和谐统一；通过思想的共鸣，达到行为的同步；通过精神的内化，达到物质的扩张；它导致企业社会的一致性，使企业管理由过去的主要依靠强制行为特征的制度管理，升华到把人放在核心位置，精神引导和制度约束相结合的现代管理。优秀的企业文化，良好的企业形象，不仅可以激发员工的创造能力，挖掘员工的潜能，还可以产生可持续的经济效益。

（2）企业文化的功能 企业文化具有以下四种功能。

1）导向功能。汽车服务企业的各个部分和企业整体既有相同的目标，也存在各自不同的诉求。企业文化就是用一面旗帜统一全员的行动方向，深化共同的利益和目标。

2）约束功能。通过建立共同的价值体系，形成统一的思想和行为，约束和规范每个人的行为，使企业的员工达到协调一致，实现自我控制。

3）凝聚功能。把企业各方面的力量凝聚起来，同舟共济，企业的成员既有共同利益，又有不同的诉求，企业文化使大家认识到共同的利益大于一己之利，企业利益是共荣共存的根本利益。

4）统一语言功能。有没有共同语言是人与人能否一起共事的关键因素之一，企业文化所形成的共同语言为全体职工创造了和谐的工作环境，许多人就是为了这个共同语言放弃了其他不熟悉的企业更高的位置和机会。

2. 如何进行汽车服务企业的文化建设

当前汽车服务行业的企业文化还没有形成社会文化之势，是一个具有广阔前景的全新领域，迫切需要创造汽车服务行业的企业文化，一般企业文化建设可以从以下几个方面入手。

（1）全体员工树立正确的价值观 作为汽车服务企业管理者，最重要的是为企业建立一整套成功的价值观念，并且让每个员工都知道企业把维修、服务、为社会创造价值看

成最有价值的。例如，某汽车技术服务中心是一家私营企业，有 74 名员工，其中 90% 为青年员工，而且青年员工绝大部分为刚走出校门的大中专学生，利用这种条件，该中心成立了共青团支部，作为工作、学习的先锋队组织，活跃了全厂的技术学习气氛，全体员工树立了"刻苦学习，为提高汽车服务行业的素质而奋斗"的思想观念，在私企建立团支部，这种富有生机的群体动力，在客户中、在社会上产生了良好的效果，为企业的进一步发展和经济效益的提高奠定了坚实的基础。

(2) **引入全新的经营理念**　文化其本身就具有交叉性、渗透性与广泛性，如果能将其他行业的理念、特色、运作方式等以恰当的方式引入到汽车服务行业中来，必将带来汽车服务行业的崛起。有一家汽车维修公司，投资 2000 万元成立了一家一类汽车维修企业，刚开始经营时车源屈指可数，该公司将全新的营销理念融入车源的开发中，成立了业务开发部，组织了一批大学生开发车源业务，在企业处于最困难的时候，企业不仅没有裁减一个员工，还将业务人员的数量从最初的 12 人增加到 40 人，找准投资重点，加大开发力度，不到 3 个月，该企业的车源迅速增加，经济效益很快好转。经营管理者在企业文化建设过程中，一定要注重多方吸纳各行各业的文化风格，并且行之有效地与自身企业实情有机结合。

(3) **塑造代表人物风格**　一般指企业的楷模人物风格，如总经理、骨干技术人员、劳动模范、各类工匠等，他们的个人风格融入企业之后成为企业文化的一部分，如雷厉风行、稳重谨慎、技术过硬等。

(4) **树立集体意识和共同理想**　企业可以通过一些集体活动、工作流程和文化礼仪来培养员工的群体意识，让员工明白，只有通过集体中每一个人的协作努力才能取得成就。强调凝聚力的企业必定重视企业内部的干部教育、员工教育，全体员工的个人感情、命运与企业的命运紧密地联系在一起，使他们感到个人的工作、学习、生活等任何事情都离不开企业这个集体，从而与企业同甘苦共命运，使流动性较大的汽车服务企业员工有一种归属感、集体荣誉感。

国内汽车服务行业大多由个人发起创立，私人企业占的比例较大，不局限赚取最大利润，建立超出赚钱目的的价值观非常有必要。举一个行业之外的例子，闻名于世的日本京都制陶公司，初期业务发展很快，老板稻盛和夫经常要求员工加班，不但每天干到深夜，连星期天也不休息，对员工的工资、福利待遇、工作环境的改善等根本不去考虑，渐渐地员工各种不满情绪滋生出来，最后酿成大规模的罢工，结果把企业推向极其困难的局面，后来稻盛和夫先生经过深刻的反省，终于认识到企业的生存与发展离不开全体员工，任何对员工的忽视、怠慢与漠不关心都会给企业带来不可估量的损失，稻盛和夫明白了一个公理，公司经营的目的应是为全体员工谋求物质和精神方面的幸福，为人类社会的进步贡献力量，这一条成了公司价值目标，从此公司走向兴旺发达。

(5) **树立企业精神和职业道德**　企业精神是企业宗旨、观念、目标和行为的总和。企业精神的培养有很多路径和方法，近年来很多汽车服务企业非常重视以培养"大国工匠"为抓手的各类技能竞赛、工匠推选活动，不仅可以增加人才的归属感、自豪感，还可以培养员工的职业道德规范。

(6) **塑造服务特色**　服务特色是客户和社会对企业独特的、社会化的理念印象。员

工在为客户的服务过程中同时也会不自觉地传递这种印象，久而久之，形成了服务特色。

（7）提高流量意识 大数据时代，面对新生代消费的兴起，传统的广告、展览效应逐步被弱化，对于传统汽车服务企业来讲，要想求得新的发展，开拓更多的客户，借助互联网进行获客引流势在必行。

（8）加强感情投入 人是有思想、有感情的，企业管理者的人文情怀，是具有极大的感召力、凝聚力的。

汽车服务行业企业文化建设对于一个汽车服务企业来说越来越重要，在创立初期，经营管理者凭借社会关系往往可以带来暂时相对稳定的业务，但是汽车服务企业进入到后期建设的时候，如果忽视文化的建设，就无法树立自己的品牌与形象以吸引客户，没有企业文化作为黏合剂，必定无法吸引新客户、稳定老客户。

汽车服务企业属于服务性的传统企业，只有不断更新观念，迭代技术与装备，不断深挖新生代消费者的情感诉求，才能得到新的发展。

3. 汽车服务企业文化建设案例

东风汽车贸易有限公司（简称东贸公司）成立于1985年，是东风汽车集团股份有限公司全资子公司。截至2020年，公司已有员工近2000人，在北京、上海、广东、江苏、湖北、湖南、河北、河南、山东、山西、江西、安徽、福建、辽宁、新疆、重庆、贵州17个省（自治区、直辖市）设有60余家直营店，拥有战略合作大客户近百家。2010年以来，尽管外部环境不断变化，东风商用车面临竞争异常激烈，但东贸公司始终保持较高的增长速度。2020年实现销售收入101.87亿元，同比增长35%。

东贸公司逆势上扬的不俗业绩，和他们长期重视企业管理的变革和企业文化的革新息息相关。近10年来，公司先后推行了"营销特种部队""明星墙""特权管理""员工吐槽箱"等系列文化建设项目，目前正在推行的"师徒制"也大大激发了优秀员工帮扶新员工的热情，推进了企业文化建设的良性发展。

东贸公司"师徒制"的主要做法包括以下四个方面。

（1）公海学徒 公司对千挑万选招聘来的新人，先是放在公司的公海内训池内进行文化、业务、工具、制度和流程等基本常识的培训。

（2）海选淘汰 完成入职培训后，进入入职考察环节；对有品行问题、对企业文化不认同的新人，坚决淘汰掉，对能力无法胜任的进行调岗。

（3）"结对" 经历过前两个环节，新人入职一个月以后，师徒配对摸底，师傅是否愿意收这个徒弟、这个徒弟是否愿意拜这位师傅，如果双方满意，结对成功。

（4）拜师 拜师强调仪式感，是文化传承的重要环节，东贸公司设计了一套符合企业文化要求的拜师流程：

1）见证。举办高层领导参加的全体销售部人员拜师会，师徒双方在隆重的氛围见证下签订协议，按上手印，公司背书加盖公章认定，协议一式三份，师徒各一份，公司一份留档。

2）敬茶。在专门独特的音乐背景烘托下，徒弟给师傅敬茶，更具仪式感。

3）印章。拜师礼上，师傅和徒弟接受公司领导颁发的水晶杯，接受公司领导和同事为新晋师徒送上浓浓的祝福。

汽车服务"师徒制"践行者，东贸公司副总经理史东风对"师徒制"的意义和作用做了系统的总结：

1）培育新人。随着东贸公司直营事业的蓬勃发展，60多家东风商用车4S店不断扩招新人，在新人培训制度不完善和属地化市场拓新阶段，选派有属地化销售经验、责任心较强的且有传帮带奉献精神的成熟销售业代，为公司培育新人。

2）共同成长。师徒结对组成"三好家庭"，在拜师仪式的感召下，师徒分别获得水晶杯，不仅给师徒二人满满的幸福感、自豪感，也把使命、责任和义务交到了师徒二人手里，同时勉励对方一定要师徒同心，相互激励，共同成长。

3）资源共享。师傅对目标总负责，徒弟在师傅的帮带下进行一系列的营销活动，能够有效把控公司的政策资源、网络资源、客户资源等，保持资源共享、客情稳定、网络健康发展。

4）选拔用人。为扩大东贸公司直营店属地化经营和市场触角的延伸，下设多个直营团队，推行店长制管理团队，店长首先从师傅中选拔，若师傅已晋升为店长，可以由师傅推荐自己优秀的徒弟参与竞选，徒弟脱颖而出成为店长，师徒关系依然保持，徒弟对师傅时刻怀有感恩的心。

5）模式传承。集团化管理需要探索师带徒模式，从而形成一套完善的育人、用人、留人管理制度，实现东贸公司各直营店的模式传承。

东贸公司在山东区域实行"师徒制"一年多，已孵化出30余名合格的销售业代，培养出9名店长级销售精英，3位师傅分别培养出2名以上店长，现已直接进入到集团销售总监序列。

二、汽车服务CIS战略

CIS战略就是要建立一套独特的企业形象识别系统，以区分竞争对手，规范经营管理。

1. 汽车服务企业实施CIS战略的必要性

CIS（Corporate Identity System）起源于欧洲，其含义是企业形象识别系统，企业实施CIS战略，就是要综合艺术学、管理学、心理学、新闻与传播学等各学科领域知识，为企业塑造独特形象的创造性活动，汽车4S店和汽车服务社会连锁店，都需要建立特色鲜明的CIS。

CIS战略最早起源于第一次世界大战前的德国AEG公司。他们在系列电器产品上采用了彼得·贝汉斯所设计的商标，使这一商标此后成为该企业统一视觉形象的CIS雏形。1933年—1934年，由英国工业协会会长弗兰克·毕克负责规划的伦敦地铁，在设计政策与识别上也称得上是世界经典之作，第二次世界大战以后，欧美各大企业纷纷导入CIS战略。20世纪中期，可口可乐醒目的红色与波动的条纹所构成的"COCA—COLA"标志为他树立起了风行全球的品牌形象。1970年，日本东洋工业马自达（MAZDA）汽车第一个在日本推行CIS，掀起了推行企业识别系统的风潮。1985年以后，在中国广东神州燃气具联合实业公司率先引入CIS战略。1993年以后，中国各地企业开始对CIS战略有了全面的认识和理解并取得企业经营管理成效。

汽车服务企业实施 CIS 战略，是汽车服务企业高质量发展的迫切要求，是大变局时代，汽车服务企业应对来自顾客（Customer）、竞争（Competition）、"变局"（Change）挑战的必然选择。

2. CIS 的内涵

(1) CIS 概念 CIS（Corporate Identity System），即企业形象识别系统，是指将企业的文化理念通过统一的行为识别、视觉识别设计，予以系统化、规范化、个性化、可视化，并借助整合营销传播，在公众中树立良好的组织形象的一整套标准体系。

(2) CIS 三要素 CIS 三要素是指：理念识别（Mind Identity，MI）、行为识别（Behavior Identity，BI）、视觉识别（Visual Identity，VI）。理念是大脑，行为是四肢，视觉是眼睛，三者是一个整体，不可或缺。

1）MI 的核心是指企业的经营理念，是企业最高层的思想系统和战略系统。它包括企业的使命、远景和企业精神、经营哲学、发展战略和方针策略等。它对内可以形成凝聚力，对外形成吸引力。MI 是企业的灵魂和统帅，决定 BI 和 VI 的方向。在市场经济竞争中，任何企业没有优秀的思想灵魂，就不可能有优秀的企业行为，就创造不出理想的经营成果。企业理念必须是可以践行的，同时，又要有特色，切忌雷同。一个具有独特个性的优秀理念，不是哪一个人能随便设计出来的，应该是在借鉴中外著名企业的经营思想和管理经验的基础上，融合本企业的特点，经长期实践而形成的。

2）BI 是企业运行的所有规章制度、行为规范，是企业实践经营理念的具体行为。它将经营理念渗透到日常工作管理之中，渗透到员工的心中，通过企业各部门的彼此协调、整合，产生整体性的创新活动，塑造企业的完美形象。它包括准则、行为方式、管理方法、营销手段、机构设置、员工的培养方式、公益性与文化性活动等。BI 规范着企业的经营、生产以及一切社会活动。对内是建立完善的组织制度，管理、经营、生产制度，职工的福利制度与行为规范，各种奖惩制度；对外则是通过企业的社会公益文化活动，经营、生产水平、人才质量等产生一种识别，即人们通过企业的行为特征及其成果去识别、认知这一企业。

3）VI 是企业理念的视觉表达。它将企业的经营理念、文化特质、专业特点、规范等抽象语言转换为具体符号概念，以有形的方式展示出来，通过组织化、统一化、标准化、系统化的视觉方案，体现企业的经营理念和精神文化，以形成独特的企业形象。VI 是 CIS 中最外在、最直观的部分，是传递企业整体信息的可视化手段。同时，又可艺术地提升企业形象，其内容包括企业名、企业旗、企业徽、企业歌、标准字、标准色、公务用品、传播媒介、交通工具、公共指示系统以及富有特色的景点、建筑等，其所形成的独特的视觉识别系统，有助于顾客在众多的企业中把目标企业分辨出来。

(3) CI 设计的特点 现代企业的 CI 设计工程具有以下几个特点：

1）系统性。CI 设计是一个涉及美学、新闻学与传播学、管理学、计算机科学、经济学、心理学、语言学等一系列学科的系统化设计工程。一个完整的 CI 设计是由 MI、BI、VI 构成的相互联系的复杂系统，具有整体性、结构性、层次性、历史性。通过三个子系统的协调与统一，功能的彼此耦合，从不同侧面准确地反映企业文化、组织、管理、人才、经营、社会责任等深层次的要素。

2）统一性。尽管 CI 设计有层次性，但在内容上各层次之间应具有广泛的统一性，具体表现为企业理念与视听传达的协调性；企业的经营宗旨与其精神文化的和谐性；经营、生产水平、员工形象与企业整体形象的一致性。无论 CI 设计中的哪个部分或要素发生变化，都可用基本形象加以包装，从而较快得到社会认同，不会因变化导致整体企业形象的调整。

3）差异性。表现为不同企业的 CI 设计应坚持自己的特色，与其他企业相比，表现为较大的差异性。这种差异，既表现为内容上的差异性，也表现为形式上的特殊性，千篇一律的企业形象是不能唤起人们对这个企业的记忆和关注的。现代企业应是一个不断推陈出新的孵化器，企业形象的差异性正是展示一个企业创新能力和创新精神最好的象征。同时 CIS 战略的三个部分从内容和其侧重点上也存在着差异性，如不同的企业形象应体现出不同的历史、文化、艺术的特质和不同的专业特色和管理模式，通过这种差异性产生独具魅力的企业形象。

4）操作性。CI 设计是实实在在可以具体操作的。这种操作性表现为三个方面：①较为完整的企业经营理念体系；②必须有一套可具体执行的行为规范；③能直观体现经营理念的视觉传达方案。

5）动态性。CI 设计中各部分的内容随着时间的变化都会相应地变化。

（4）CIS 战略的作用

1）改善企业的"体质"。巨变时代，企业必须全面反省和调整自己的经营思想、组织行为。CIS 战略通过周密策划、严谨有序的系统工程，对企业的各方面进行全面彻底的检讨，并根据发现的问题，设计出解决问题的模式、程序和标准，以帮助企业更新观念、转变机制，重塑形象，使企业具有自我适应、自我调整和自我更新的能力，充分挖掘企业内的各种经营资源，提高生产、销售、服务的水平，从而推动企业高质量发展。

2）统一和提升企业的形象。企业形象是一个包容面非常广泛的综合体，它既包括企业名、企业徽等有形要素，又包括信誉、经营思想、生产水平、创新精神、人才质量、行为规范等无形要素。CIS 战略通过对以经营理念为核心的所有形象要素进行整合，以形成一个统一、独特的企业形象。它或者以一个简单的视觉符号，或者以一句高度精练的口号，使人一看到或听到它就能马上识别出各个企业，从而形成对"顾客"的"说服力"和"感染力"。

3）凝聚功能。CIS 战略能起到增加内部凝聚力的作用，表现为两个方面：其一，通过对员工价值观和行为观的规划与设计，使人们超脱低层次的狭隘眼光，动员其为共同的企业发展理念、发展战略而主动调节个人与集体之间的关系，培养全体员工的归属意识、群体意识和参与意识，从整体上提升员工的创新精神；其二，标准化、规范化的视觉综合设计，可以达到为企业美容的目的。如一句响亮的口号，能给人以耳目一新、朝气蓬勃的感觉，激发员工的士气。

4）形成良好的外部经营环境。良好的企业形象，犹如一个磁场，吸引着"顾客"、人才和合作伙伴，保持企业持久的、旺盛的创新活力。

5）推动企业的文化建设。现代企业的文化包括三个方面的内容：精神文化、制度文化和物质文化。CI 设计是企业文化建设的重要内容，两者在内容上有着同质的吻合性：

MI 属于精神文化的范畴，BI 属于制度文化的范畴，VI 与企业的物质文化层面相连。现代企业的文化建设着眼于人才培养素质的全面发展、内部管理的科学与规范、科学与技术的创新、社会责任感的建立与提高。而企业形象设计着眼于企业文化的表达与传播，促进企业高质量发展。因此，现代企业文化建设与形象设计相得益彰。企业要塑造良好形象，必须依靠企业文化建设的直接成果，而良好的企业形象的树立又必然推动企业文化建设向新的、更高层次的整体发展。

3. CI 设计的要求

（1）群策群力　CI 设计需要诸如美学、艺术、营销、广告、计算机、组织、心理、经济、管理等方面人才的协作才可以实现，绝不是仅仅凭企业家的思想和喜好就可产生的。在 CI 设计过程中，切忌以企业家个人偏好来代替 CI 设计人员和其他专家的意见和创意，需要协调好企业决策人与 CI 主创者及专家、顾问集团之间的关系，以谋求共识。在此过程中，不同的参与者对 CI 的各组成部分内容可能存在着不同的看法，任何固执己见都可能破坏 CI 设计整体的和谐性。因此，在 CI 形成的过程中，只有经过上述人员之间各种意见的多次协调和反复修改、提炼，才能形成最能体现企业精神和形象的 CI 系统。

（2）广泛调研　CI 设计在具体的实施过程中，需要时间和经费的支持，其中包括企业、人才、市场的调查与分析，同行业与整个现代企业的调查与分析，国外现代企业状况的调查与分析，内部员工情况的调查与分析。闭门造车不可能产生卓越的企业形象工程。这些工作需要时间、一定的经费和人员的支持，尽管 CI 设计人员的创意是重要的，但这些创意是否符合企业的实际，都需建立在上述调查与分析的基础之上。

（3）专题化研究　CI 设计中，需要研究的专题有：企业发展理念的提炼，产业结构及经营结构的科学性探究，日常管理的规范性、机构设置运行机制的合理性研究，企业歌、企业徽、企业旗、企业标志性符号的制作，基础设施的建设，企业景点的协调性设计，以及在体现美的同时，更要体现文化的厚度和如何实现经营环境的文化艺术性等。

4. 如何进行 CI 设计

（1）汽车服务企业的理念规划

1）理念规划原则。

① 实践性原则：企业最高目标、哲学、精神、道德、作风、宗旨等不是从天上掉下来的，也不是企业领导者脑海中凭空臆造出来的，而是对企业长期经营发展过程中不断总结提炼并积极吸收外部先进因素的结果。企业理念作为对企业过去丰富实践活动的经验总结和理论概括，又必须用来指导今后的企业实践，并在实践中经受检验。

② 差异性原则：CI 设计强调独特鲜明的个性，既要不同于企业外的经营者，又要不同于行业内的竞争者。在 CI 设计中，无论是企业战略形象、文化形象、员工形象还是行为形象、视觉形象、品牌形象、媒介形象，均强调自己的特色，忌讳雷同或相似，突出个性化，以便公众在琳琅满目的企业、商品中迅速识别出该企业及其商品，力求以个性赢得公众、赢得市场。

为了突出差异性色彩，实施 CIS 战略时可以从以下几个方面入手：一是开辟独特的事业领域，经营唯一化的商品与服务项目；二是抢先特色化的经营项目与服务制度，如百货商店大家经营的商品或提供的服务都基本相似，但是某家百货公司持久地开设"残疾人

日用商品专柜"，这不仅可以强化公司的个性特色，而且能够有效地展示企业乐于服务、富有爱心的良好形象；三是推行风格化、一贯化的经营业务，如某服饰公司一年四季都开展"让利"营销，推行系列化的降价促销策略，这样，公司便以"让利"促销的特色经营方式吸引公众的注意力；四是宣传企业个性化的经营理念与标语、口号，以独特的符号系统建立起企业的特色形象。值得注意的是，企业形象战略强调差异性，期盼与众不同，但并不是主张"稀奇""离谱"或背离常规、违背社会文化常识，它主张的是基于科学知识与文明规范的"差异性思维"。也就是说，企业形象战略的差异性、个性化，有其特殊的前提，即符合行业形象和产品形象，符合公众的常规心态，符合社会文化的要求。如果背离这些前提而盲目追求"新奇"，违反了社会的正常思维，那么公众是不可能接受或认同的，企业形象战略也就不可能产生实际效果。

③ 一致性原则：企业形象战略相对于外部竞争者，强调显著化的差异性，而相对于企业内部系统，则运用标准化规划、设计模式，谋求一致性。企业形象战略要求企业整个系统（包括各个分支机构）的所有方面，都采用同一理念、同一模式，同一基调，创造出强大的整体感，通过战略上、目标上、文化上、行为上、视觉上的有机整合和科研、生产、营销、服务、管理各个环节上一致化规定，强化企业的整体形象，并以此协调企业内部部门关系、员工人际关系以及企业与外部公众的公众关系。为了强化企业形象战略的一致性，企业常常在 CI 手册中以制度的形式规定了标准化的操作要求，不容许任何程序上的变动。

为了强化 CIS 战略的一致性特色，设计企业视觉形象时，可采取策略标准化策略，即把企业形象战略的研究结论和设计作品，如标志、标准字、标准色等，制作出具体的指标或参数形式，以便于在企业各个方面全面推广、应用，以量化的形式提高企业形象塑造工程的一致化程度；CIS 战略要求企业理念、企业名称、字体书写款式、字体布局、图案色彩、员工言行举止诸方面，都要严格按照 CI 手册的技术参数、标准和样本进行操作，按章办事，不容许随意篡改，从而提高了企业形象的一致性。

2）汽车服务企业理念（MI）规划内容。汽车服务企业理念（MI）规划，首先要对汽车服务企业发展战略定位进行准确把握，进而提炼出能够推进这一战略实施的企业文化的核心，理念的规划要揭示本质、抓住规律、产生效果，既要体现汽车服务企业发展的传统，又要体现现代企业的经营观念。

创立于 1999 年的中国正通汽车服务控股有限公司是中国领先的汽车经销商集团，经销保时捷、奔驰、宝马、奥迪、捷豹路虎、红旗、沃尔沃、英菲尼迪、凯迪拉克等豪华及超豪华品牌汽车和一汽大众、别克、雪佛兰、日产、丰田、本田、现代等中档市场品牌。2010 年正通汽车香港主板市场成功上市。

正通秉承微笑正通的运营理念，其 MI 体系如下：

愿景：成为世界级汽车服务品牌。

使命：使客户享受高品质的汽车生活。

价值观：创新、诚信、坚毅、关爱、高效、分享。

正通的 MI 体系，是经过 10 多年来不断实践提炼出来的。

企业理念的概括可以自下而上、自上而下、由内而外、由外而内地进行广泛征集，然

后请专家进行诊断。也有些企业开展内外征集活动，通过征集，激励了汽车厂商、客户、员工、经销商投身企业文化建设的热情，保证了企业理念的群众性及可执行性。征集后，企业开展理念方案深度研讨，邀请专家对公司企业理念方案进行咨询和论证，保证了企业理念的前瞻性和科学性。

这些年4S店频繁发生消费者维权事件，就是因为企业理念没有有效建立起来。正通汽车服务公司，长期以来奉行"创新、诚信、坚毅、关爱、高效、分享"的价值观，使它能够长期稳定在"福布斯亚太最佳上市公司50强"榜单并有底气提出"打造世界级汽车服务品牌"的口号。

（2）汽车服务企业的行为规范　企业理念要通过一定的形式加以体现，企业行为规范就是企业理念的外化和表现。如果说企业的理念是"想法"，那么企业的行为则是"做法"，它通过各种行为或活动将企业理念进行贯彻、执行、实施。

企业的行为包括的范围很广，它们是企业理念得到贯彻执行的重要体现，包括企业内部行为和企业外部行为两个方面。企业各种行为只有在企业理念的指导下规范、统一，并有特色，才能被公众识别认知、接受认可。

1）对内部的行为规范。汽车服务企业的员工直接面对消费者和各种用户，并通过他们的实际工作传播企业的理念，创造汽车服务企业的形象和名誉，因此，员工的形象也是企业形象的重要因素之一。企业内部的行为规范首先要建立一套组织机构和管理制度，然后使之贯穿到员工们的每项工作行为之中。

① 管理规范：管理规范体现在企业设置、人才管理、质量管理、技术管理、计划与财务管理、信息管理等方面的规范管理，而具体是通过一系列全体员工必须遵守的规范和准则得以体现。企业规章制度包括生产技术规程、管理工作制度和责任制度等。大体上有以下几类：

（a）基本制度：如企业领导制度、民主管理制度、民主监督制度、职工培训制度等。

（b）工作制度：包括计划、生产、技术、劳动、物资、销售、人事、财务等方面的制度。

（c）责任制度：是依据企业的生产、劳动分工和协作的要求制定的，规定每个成员在自己岗位上应承担的任务、责任和权力的制度。

② 行为规范的培养：行为规范的培养需要有效的沟通和教育培训才能得以实现。

（a）有效的沟通：一套科学的制度要由员工来遵守，如何使制度成为员工的行动，有效的沟通是至关重要的。定期召开员工大会宣讲、小型会议讨论，通过公告牌、员工手册宣传，举行展示活动、庆典活动、演出活动等形式都是贯彻企业理念，促进企业与员工之间沟通的有效形式。

（b）教育与培训：优秀的企业是培养人才的摇篮，企业通过培训，统一全员思想，规范员工的行为，传达企业的精神，激发员工的工作热情。汽车服务企业，应重点培养员工的职业道德、工作作风、技术和管理水平、服务态度、应接技巧、电话礼貌等方面，通过员工的规范行为表现出企业的经营理念。

2）对外部的行为识别。企业对外的行为识别，是指企业通过市场营销、公共关系活动、社会公益活动等，向消费大众、销售通路、金融界、政府主管部门、社区公众

的信息传播行为，使传播对象了解企业的经营理念、价值观念、经营方针、产品和服务信息、企业现状和发展规划，以求得到社会大众的认同，为企业的经营创造理想的外部环境。

① 企业的市场营销活动：企业的市场营销，是指企业按消费者的需要将其产品信息通过有力的销售渠道、有效的广告促销手段、合理的销售策略、完善的服务传递到广大消费者手中的整个活动过程。市场营销是一个战略计划体系，包括了从市场调查、产品开发计划到广告、促销、售后服务整个过程的活动。企业通过促销措施、广告宣传和销售服务，以各个不同传播角度传播企业的信息，在争取良好的市场销售成果的同时，建立企业良好的形象，有了良好的企业形象，通过多种大众传媒的广告宣传，传播和建立企业的市场形象。

② 企业的公共关系活动：企业的外部公共关系活动主要是针对消费者、社区公众、政府和新闻媒介部门的。旨在通过全面的、长期的、一贯的信息传播活动，塑造良好的企业形象。

（a）针对消费大众的信息传播活动：企业与消费者的良好关系是以满足消费者的需求、维护消费者的合法利益为基础，以树立真心诚意为消费者谋福利的思想为前提。良好的服务质量、公平的价格、可靠的信誉是企业与消费者关系的物质基础。汽车服务企业针对消费者的传播手段可分为直接沟通和间接沟通。

直接沟通：通常通过销售渠道、展览和展示与消费者直接接触和交流。企业要加强与代销商的联系，全心全意提供产品的资料，如提供 POP 广告和有关销售设备，争取代销商的配合，向消费者介绍企业的商品。企业通过良好的售后服务，征询消费者的意见，认真处理消费者的投诉，征得消费者的信任，提高信誉，加强与消费者的感情联系，如送货上门、实行三包、代客安装等。

间接沟通：通过大众传媒发布新闻、刊登广告、提供专题片或专文介绍企业的产品和服务，或通过出版自己的消费者刊物，邮寄信函与消费者取得联系，传播商品知识；企业通过技术培训、产品试用、介绍示范或通过新闻媒介宣传商品信息，出版商品说明书、小册子等，向消费者推广。

（b）针对社区公众的信息传播活动：企业的社区公众是指企业所在地的居民、社会组织与社会团体。良好的社区关系是企业生存和发展不可缺少的基本条件。社区公众是最靠近企业的公众，他们对企业的看法和意见具有广泛意义与代表性。

汽车服务企业针对社区公众的传播活动常采用的手段有：通过社区的报纸、杂志、广播、电视等大众传媒，及时地把企业的信息传达给社区公众。邀请社区公众到企业参观，让社区公众了解企业，通过直观的感觉和印象，建立起相互信任的感情基础。

举办各类展览和展示活动，向社区公众介绍企业的成果、业绩，加深社区大众对企业的了解。积极参与、协助和赞助社区的文化、体育、教育等公益事业，以扩大企业的影响。

由企业有关领导与社区公众的代表座谈，建立起相互沟通的桥梁。走访社区的机构，如学校、社团、文化、研究、福利、政府等机构。对这些团体公众示以关心和重视。

（c）针对媒介公众的传播活动。良好的媒介关系是企业建立良好公众舆论关系的主

要环节。媒介公众是指编辑、记者等工作人员。企业应与媒介建立起相互支持的关系，向媒介提供具有新闻价值的企业信息，借助媒介去营造气氛、扩大影响。

汽车服务企业针对媒介公众传播活动的常用手法有：访问新闻媒介，举行新闻发布会、记者招待会，邀请记者到企业参观、访问，与媒介联合举办各种具有社会影响的活动，加强与媒介的合作关系。

（3）汽车服务企业的视觉识别　企业视觉识别系统由体现企业理念和业务性质、行为特点的各种视觉设计符号及其各种应用因素所构成，是企业理念系统和行为识别系统在视觉上的具体化、形象化。企业通过形象系统的视觉识别符号将企业经营信息传达给社会公众，从而树立良好的企业形象。

根据心理学理论，人们日常接受外界刺激所获得的信息量中，以视觉感官所占的比例最高，达到83%左右，而且视觉传播最为直观具体，感染力最强。对于汽车服务企业而言，它主要面对广大的消费者，采取某种一贯的、统一的视觉符号，并通过各种传播媒体加以推广，形成一种持久的、深刻的视觉效果，使消费者能够一目了然识别企业，从而对宣传企业的基本精神及独特性，树立企业的公众形象起到了很好的效果。

企业视觉识别系统涉及的项目最多、层面最广、效果最直接，与社会公众的联系最为广泛、密切。归纳起来，可分为基本要素和应用要素两部分。

1）视觉识别系统的基本要素。视觉识别系统的基本要素主要包括：企业名称、企业、品牌标志、企业品牌标准字体、企业标准印刷字体、企业标准色、企业造型、象征图案、企业标志和企业标准字组合系统及其使用规范、企业精神标语及口号、企业精神标志、标准字与企业形象象征图案的组合系统及使用规范。这些内容归结起来为企业标志、企业标准字、企业标准色、辅助性视觉要素四方面。

① 企业标志：企业标志是企业形象视觉特征中应用最广泛，出现频率最高的，是统一所有视觉设计要素的核心，它在消费者的心中集中体现了企业特征和品牌形象。

企业标志应具备的特点有：识别性、领导性、同一性、造型性、延展性、系统性、时代性。新经济背景下，还必须考虑易于互联网传播特征。

企业标志设计的要求有：构思深刻，构图简洁；形象生动，易于识别；新鲜别致，独具一格；符合美的效果，运用世界通用的形态语言。

企业标志的设计步骤如下：

第一步，明确设计目的，提出设计预案。

第二步，拟定设计要求，落实设计任务。

第三步，进行方案评价，确定中选标志。

第四步，企业标志定稿，进行辅助设计。

② 企业标准字：企业标准字是将企业的规模、性质、经营理念、精神，通过文字的可读性、说明性等明确化特征，创造独特风格的字体，以达到企业识别的目的，并进而据此塑造企业形象，增进社会大众对企业的认知和美誉。标准字的设计是根据企业的名称、品牌名称、活动主题、广告口号等精心设计创作的。

企业标准字应具备的特征有：识别性、易读性、造型性、延展性、系统性。

企业标准字主要分为以下种类：

（a）企业标准字，它是企业统一设计的名称，是其他标准字的基础。

（b）字体标志，是将企业或品牌名称设计成具有独特性格，完整意义的标志。

（c）品牌名称标准字，将品牌的标准字与商标组成完整的信息单位，来强化企业的个性特点。

（d）产品名称标准字，是企业为推出新产品或系列化产品，为表现产品的个性化特征而取的产品名称。

（e）活动标准字，是企业为了某些大型活动，如庆典活动、纪念活动等而设计的标准字。

（f）标题标准字，主要用于广告文案、专栏报道、连载小说等的开头。

标准字设计步骤如下：

第一步，调查研究。目的是避免与其他企业的标准字雷同，以确定本企业标准字的一些基本特色。

第二步，提出或征集不同的设计方案。

第三步，方案评估。

③ 企业标准色：企业标准色是指企业制定某一特定色彩或一组色彩系统，统一运用在所有视觉传达设计的媒体上，通过色彩的知觉传达刺激与心理反应，以表现企业的经营理念或品牌的内容特质。标准色即所谓的"公司色"，象征着独特的企业形象，具有强烈的识别效应。

企业标准色的特征为：

（a）科学化，色彩要符合企业的特点，符合市场需求，符合消费者偏好。

（b）差别化，色彩要表达企业理念特点和经营特色，要与竞争对手的色彩有明显差异。

（c）系统化，要将抽象的语言形象与色彩形象统一起来，具有较强的逻辑关系和实用性。

标准色设计的主要原则为：

（a）充分反映企业理念。

（b）具有显著的个性特色。既要考虑企业个性特点，又要避免与同行业雷同。

（c）符合社会公众心理。首先避免禁忌色，其次尽量采用公众喜爱色。特别是汽车服务业，因为经营的产品许多具有国际性，更应该注意色彩的使用，以下是部分国家对色彩的态度，可供参考。

表 11-1　部分国家对色彩的态度

国家	喜爱	禁忌
德国	南部喜爱鲜艳的色彩	茶色、深蓝色、黑色衬衫、红色领带
西班牙	黑色	
意大利	绿色、黄色、红砖色	
瑞士	彩色相间、浓淡相间色组	黑色
荷兰	橙色、蓝色	

（续）

国家	喜爱	禁忌
法国		墨绿色
土耳其	绯红、白色、绿色等	
巴基斯坦	鲜明色、翠绿色	黄色
伊拉克	红色、蓝色	黑色、橄榄绿色
缅甸	鲜明色彩	
泰国	鲜明色彩	黑色
日本	红色、绿色	
埃及	绿色	蓝色
巴西		紫色、黄色、暗茶色
古巴	鲜明色彩	

④ 辅助性视觉要素。

（a）企业的象征物：企业的象征物是企业为了强化企业的个性，表达企业与产品（服务）特征而设计的漫画式的人物、动物、植物、非生命物及风景等。其亲切、可爱、生动的形象，通过反复在各种媒体上的使用，产生强烈的印象，是塑造企业形象的造型符号。

企业的象征物的特点有：说明性、亲切感、统一性、传达中的灵活性。

企业的象征物主要应用在两个方面：印刷媒介，包括报纸、刊物、书籍、宣传招贴、说明书、产品目录、宣传品、商业往来信函等；影视媒介，可以在企业象征物的基础上加以发挥，利用动画的形式、时间维度的变化编成故事，并辅以背景语言、音乐等，使之更加生动形象。

（b）企业的专用图案：亦称装饰图案，作为平面的设计要素具有附属要素的功能和作用，与其他基本要素形成主辅关系，增强平面设计应用的统一化和多样性。

企业的专用图案的特点有：其一，强化了企业视觉识别系统的诉求力；其二，增加了设计要素的适应性；其三，增加了视觉上的美感。

2）企业视觉识别系统的应用要素。企业在确立了理念和形象要素后，就必须考虑如何将信息传达出去，企业在传播各种信息项目上，要坚持标准化、统一化、实用性、程序化的原则，并通过各种形式和渠道来准确地传达企业的信息。主要体现在以下几个方面：

① 产品设计：包括产品的概念、原理、外观、附属品设计。

② 包装设计：包括封套、包装盒、包装箱、胶带、包装纸、手提袋等。

③ 员工制服设计：包括各种岗位人员的制服。

④ 交通工具应用设计：主要指乘用车、载货车车身外观设计。

⑤ 办公事务用品：包括名片、各种文具用品、信封、信纸、请柬、贺卡、明信片、证书、奖牌、赠品等。

⑥ 业务用品：包括各种表格、发票、单据等。

⑦ 室内环境与设备：包括室内造型设计、办公室布置、橱窗布置、标示牌、部门牌、

公告栏。

⑧ 招牌、旗帜、标志牌设计。

⑨ 陈列展示：包括展会设计、展板等。

⑩ 建筑外观：包括建筑物外装修、装饰、环境设计等。

第三节　汽车服务企业的礼仪

　　礼仪是为维系和发展人际关系而产生的，是人类文明和社会进步的重要标志，它既是交往活动的重要内容，又是道德文化的外在表现形式，有着丰富的内涵。我国素有礼仪之邦的美誉，礼仪文化源远流长，并有着完备的礼仪体系。如今，随着社会的进步，市场经济的发展，人们交往的日益频繁，礼仪成为人们社会生活中不可缺少的内容。礼仪修养，不仅是现代文明人必备的基本素质，还是社会交往、商务活动和其他各项事业成功的一个重要条件。汽车服务企业每天要面对形形色色的顾客，完善的礼仪设计和规范有助于树立企业的良好形象，对于汽车服务工作人员全面地了解、熟悉和正确使用商务礼仪，是十分必要的。

一、公关与礼仪

1. 公关与礼仪的概念

　　凡是把人内心待人接物的尊敬之情，通过美好的仪表、仪式表达出来，就是礼仪。可见礼仪就是指人们在各种社会交往中，为了互相尊重而约定俗成、共同认可的行为规范和程序，它是礼节和仪式的总称。礼是指由一定的道德观念和风俗习惯形成的礼节及表示尊敬的态度或动作；仪，是指人的外表、动作及按程序进行的礼节。简言之，"礼"，即礼貌、礼节；"仪"，即仪表、仪态、仪式。遵行礼仪就必须在思想上对交往的对方有尊敬之意，有乐贤之荣；谈吐举止上懂得礼仪规矩，外表上注重仪容、仪态、风度和服饰，在一些正式的礼仪场合，还须遵循一定的典礼程序等。

　　公共关系是指一个组织为改善与社会公众的联系状况，增进公众对组织的认识、理解与支持，树立良好的组织形象而进行的一系列活动。企业公共关系是指企业与其相关的社会公众的相互关系。这些社会公众主要包括：供应商、中间商、消费者、竞争者、信贷机构、保险机构、政府部门、新闻传媒等。企业公关的目的就是要同这些社会公众建立良好的关系。

　　企业在公关中的礼仪，即商务礼仪，就是公司或企业的商务人员在商务活动中，为了塑造个人和组织的良好形象而应当遵循的对交往对象表示尊敬与友好的规范或程序，是一般礼仪在商务活动中的运用和体现，包括商务礼节和仪式两方面的内容。商务礼节就是人们在商务交往活动中为表示尊重对方而采取的人们共同约定并形成习惯的规范形式。仪式即按程序进行的礼节形式。一般来讲，在商务活动中言行合情合理、优美、大方、得体、符合要求，按约定俗成的规矩办事、礼貌待人，按约定俗成的、大家都可以接受的礼节程序接待客户等都属于商务礼仪的范畴。

2. 公关礼仪的基本原则

孔融让梨、程门立雪，要学会把传统美德应用到汽车服务的公关礼仪中。礼仪名目众多，细则纷繁，在从事各种商业活动、具体遵行商务礼仪时，应把握好以下基本原则。

(1)"**尊敬**"**原则**　尊敬是公关礼仪的情感基础。要做到入乡随俗，尊重他人的喜好与禁忌。

(2)"**真诚**"**原则**　商务礼仪主要是为了树立良好的组织形象，所以礼仪对于商务活动的目的来说，不仅仅在于其形式和手段上的意义。同时商务活动注重其长远效益，讲求礼仪，只有恪守真诚原则，着眼于将来，通过长期潜移默化的影响，才能获得最终的利益。也就是说商务礼仪不应仅追求礼仪外在形式的完美，更应将其视为与客户真诚的情感交流。

(3)"**谦和**"**原则**　谦和，在社交场上即表现为平易近人、热情大方、善于与人相处、乐于听取他人的意见，显示出虚怀若谷的胸襟，因而对周围的人具有很强的吸引力，有着较强的调整人际关系的能力。但过分的谦虚却是社交的障碍，尤其是在和西方人的商务交往中，不自信的表现会让对方怀疑你的能力。

(4)"**宽容**"**原则**　宽容，就是心胸坦荡、豁达大度，能设身处地地为他人着想，谅解他人的过失，不计较个人得失，有很强的容纳意识和自控能力。在商务活动中，出于各自的立场和利益，难免出现冲突和误解。遵循宽容原则，凡事想开一点，眼光看远一点，保持豁达大度的品格或态度，善解人意、体谅别人，才能正确对待和处理好各种关系与纷争，争取到更长远的利益。

(5)"**适度**"**原则**　人际交往中要注意各种不同情况下的社交距离，也就是要善于把握住沟通时的感情尺度。在人际交往中，沟通和理解是建立良好人际关系的重要条件，但如果不善于把握沟通时的尺度结果会适得其反。例如在一般交往中，既要彬彬有礼，又不能低三下四；既要热情大方，又不能轻浮谄谀。所谓适度，就是要注意感情适度、谈吐适度、举止适度。只有这样才能真正赢得对方的尊重，达到沟通的目的。

3. 几种公关活动的礼仪

(1) 商务交往活动礼仪

1）名片的递送与接受。我国大多数名片的大小，为9cm×5.5cm，其印刷以横排最为普遍。采用横排的名片，第一行顶格书写持片人的单位名称；第二行是持片人的姓名，用较大字号写在片正中，有职务、职称或学衔的，通常用小字标在姓名下右侧；第三行是持片人的详细地址、电话号码、邮政编码以及 E-mail 地址或网址等。如若需要，一面印中文，另一面印英文。名片应置于专用的名片盒或名片夹之中。

名片主要用于自我介绍和建立联系之用，在交际中，经介绍与他人认识之后，如带有名片，应立即取出，双手捧交给对方；收取名片的一方若备有名片，亦应迅速递上自己的名片，若没有，则应道歉。

接受他人的名片，应当恭恭敬敬，双手捧接，并道感谢，这样能使对方感受到对他的尊重。接过别人当面递上的名片后，一定要仔细地看一遍，不明白之处当即请教。有时可以有意识地重复一下名片上所列的对方的姓名与职务，以示仰慕。忌讳一只手去接别人递上的名片。倘若一次同许多人交换名片，最好依照座次来交换，以防出错。

此外，名片还有代替便条、礼单、拜访通报等用途。

2）寒暄与交谈。语言交流随时间、场合、对象的不同，表达出各种各样的信息和丰富多彩的思想感情。了解交谈礼仪的各项原则和重点，对人们顺利进行人际交往有莫大的帮助。交谈的礼仪要注意以下几点：

① 交谈的仪态：谈话时若伴以各种面部表情、神态和手势，往往会更直接地交流感情，更好地表达思想，使人印象深刻，从而使谈话的效果更好。但须注意，世界各民族的语言多种多样，内涵也不尽相同，最起码要掌握对方忌讳的语言。

② 交谈的话题：与人谈话最困难的，就是不知道该引入哪个话题，最好的办法就是说话真诚明了，明智地选择双方容易沟通的话题，或用请教、赞美的方式开始交谈。

③ 交谈的技巧：交谈关键在于进行感情交流和思想火花的碰撞。可以通过掌握一些谈话的技巧，来清晰准确地表达思想感情。交谈要有自信，要先想后说，留心观察对方的表情，认真倾听对方的谈话。多用礼貌用语，不要各啬恭维话。

3）赠礼与受礼：馈赠礼品要选择恰当的时机，可以使馈赠礼品显得亲切自然，如节假日、个人喜庆日子、感谢帮助等。礼品的选择要根据受礼者的兴趣、爱好、性别、教养等，选择工艺品、食品、鲜花、书画等。赠送的礼品一定要带有包装，送礼时要附上赠送者的卡片或名片，并写上简短祝贺或祝福语言。

接受别人赠送的礼品时，应双手捧接，并诚恳地表示感谢。假如准备退还礼品，应在24h 内付诸行动，并说明理由。

（2）商务谈判的礼仪

1）谈判准备。商务谈判之前首先要确定谈判人员，与对方谈判代表的身份、职务要相当。

谈判代表要有良好的综合素质，谈判前应整理好自己的仪容仪表，穿着要整洁、正式、庄重。男士应刮净胡须，穿西服必须打领带。女士穿着要庄重、大方，不宜太性感，应化淡妆。

布置好谈判会场，采用长方形或椭圆形的谈判桌，门右手座位或对面座位为尊，应让给客方。

谈判前应对谈判主题、内容、议程做好充分准备，制定好计划、目标及谈判策略，要进行充分的市场资讯调查，准备好谈判所需的各种材料。

2）谈判之初。开始前先相互交换名片，相互介绍参加谈判人员。谈判双方接触的第一印象十分重要，言谈举止要尽可能创造出友好、轻松的良好谈判气氛。自我介绍时要自然大方，不可露傲慢之意。被介绍到的人应起立一下微笑示意，可以礼貌地道"幸会""请多关照"之类。询问对方要客气，如"请教尊姓大名"等。交换名片时，要双手接递，稍作寒暄。

如何开局往往会使经验不多的谈判者感到棘手。实际上，开局的关键不在于如何切入正题，而是创造一个和谐的气氛和基调。因此，介绍完毕，可选择双方共同感兴趣的话题进行交谈，以沟通感情，创造温和气氛。在开局阶段，为了创造友好合作的基调，谈判者应注意自己的行为和态度。在态度上要坦诚友好，富于合作精神，在行为上要热情，注意倾听对方意见，给对方以均等的发言机会，不要随便插话，打断别人的发言。谈判者的姿

态动作也对掌控谈判气氛起着重大作用，一般注视对方时，目光应停留于对方双眼至前额的三角区域正方，这样使对方感到被关注，觉得你诚恳严肃。手心朝上比朝下好，手势自然，不宜乱打手势，以免造成轻浮之感。切忌双臂在胸前交叉，那样会显得十分傲慢无礼。

谈判之初的重要任务是摸清对方的底细，因此要认真听对方谈话，细心观察对方举止表情，并适当给予回应，这样既可了解对方意图，又可表现出尊重与礼貌。

3）谈判之中。在一系列的探询之后，双方的谈判意图、交易条件已完全摆到了桌面上，这是谈判的实质性阶段，主要是报价、查询、磋商、解决矛盾、处理冷场。

报价：即提出交易条件，一般由卖方首先报价，先报价可以根据自己的意图划定谈判的基本框架，有利于谈判向着自己设定的方向发展，对于探测性的提问，最好避免直接回答。注意报价要明确无误，恪守信用，不欺蒙对方。在谈判中报价不得变换不定，对方一旦接受价格，即不再更改。因此，报价要客观留有余地，一项成功的报价应该是在精心测算，反复比较的基础上提出的，特别是要考虑竞争者的存在，给对方一种可信的感觉

查询：事先要准备好有关问题，选择气氛和谐时提出，态度要开诚布公。切忌气氛比较冷淡或紧张时查询，言辞不可过激或追问不休，以免引起对方反感甚至恼怒。但对原则性问题应当力争不让。对方回答提问时不宜随意打断，答完时要向解答者表示谢意。

磋商：讨价还价事关双方利益，容易因情急而失礼，因此更要注意保持风度，应心平气和，求大同，存小异，发言措辞应文明礼貌。在讨价还价中，让步是不可避免的。让步是一种策略上的转变，除非到了不让步谈判就无法取得进展，或让步会获得更大利益的情况下，一般是决不轻易让步，而是寻找其他解决途径。

解决矛盾：要就事论事，保持耐心、冷静，不可因发生矛盾就怒气冲冲，甚至进行人身攻击或侮辱对方。一般来说，谈判开始时双方的目标期望值普遍较高，对另一方要求过多。这是因为所有的谈判者都希望在谈判桌上得到更多的利益，随着谈判的展开和对对手谈判意图、利益目标的不断掌握，需要对自己的目标做出修订或具体化的论证，找到双方合作的接近点，寻找双方都能接受的利益目标，从而为成功谈判奠定牢固的基础。任何一方想取得谈判的成功，就必须不断地调整自己的目标，寻找谈判双方都能接受的切合点，各自做出利益上的让步。在谈判中，任何一方都是抱着解决冲突和纠纷、改善彼此之间的关系和增强彼此之间了解、合作的诚意坐到一起的，这是双方产生信任的基础，因此，应当在谈判过程中尊重对方，不能一味地自我标榜，贬低或无视对方的人格利益。要相信对方的诚意，要尊重对方的人格和权利，这是谈判过程中最起码的行为礼仪。

处理冷场：在谈判中，如果双方在某一点上坚持不下，互不相让，出现僵局，此时主方要灵活处理，应把注意力从某一具体问题转移到共同利益上，积极寻找解决问题的方法和机会，并在可能的限度内做出一些让步，给对方台阶下。如果确实已无话可说，则应当机立断，暂时中止谈判，稍作休息后再重新进行。主方要主动提出话题，不要让冷场持续过长，使双方失去谈判信心，影响谈判的继续进行。

4）谈后签约。签约仪式上，双方参加谈判的全体人员都要出席，共同进入会场，相互致意握手，一起入座。双方都应设有助签人员，分立在各自一方代表签约人外侧，其余

人排列站立在各自一方代表身后。

助签人员要协助签字人员打开文本，用手指明签字位置。双方代表各在己方的文本上签字，然后由助签人员互相交换，代表再在对方文本上签字。

签字完毕后，双方应同时起立，交换文本，并相互握手，祝贺合作成功。其他随行人员则应该以热烈的掌声表示喜悦和祝贺。

5）谈判中的谈话技巧。

① 尊重对方，谅解对方：在交谈活动中，只有尊重对方，理解对方，才能赢得对方感情上的接近，从而获得对方的尊重和信任。因此，在交谈之前，应当调查研究对方的心理状态，考虑和选择令对方容易接受的方法和态度；了解对方讲话的习惯、文化程度、生活阅历等因素对谈判可能造成的种种影响，做到多手准备，有的放矢。交谈时应当意识到，说和听是相互的、平等的，双方发言时都要掌握各自所占有的时间，不能出现一方独霸的局面。在谈判中主谈人应思维敏捷，说话有逻辑性，驳斥对方时应有理有据，不夸大其词，不制造戏剧性场面，也不要没有事实支持而做出某种断言或结论。

② 及时肯定对方：在谈判过程中，当双方的观点出现类似或基本一致的情况时，谈判者应当迅速抓住时机，用溢美的言辞，中肯地肯定这些共同点。赞同、肯定的语言在交谈中常常会产生异乎寻常的积极作用。当交谈一方适时中肯地确认另一方的观点之后，会使整个交谈气氛变得活跃、和谐起来，陌生的双方从众多差异中开始产生了一致感，进而十分微妙地将心理距离拉近。当对方赞同或肯定我方的意见和观点时，我方应以动作、语言进行反馈交流。这种有来有往的双向交流，易于双方谈判人员感情融洽，从而为达成一致协议奠定良好基础。

③ 态度和气，语言得体：交谈时要自然，要充满自信。态度要和气，语言表达要得体。手势不要过多，谈话距离要适当，内容一般不要涉及不愉快的事情。总体来说，谈判语言应以协调性、征询性语气为主，发问前先取得对方的同意，提敏感性问题时应说明一下发问理由，以示对对方的尊重；应答时，要考虑到保持谈判的融洽和愉快的氛围，要先弄清楚对方的真正含义，要有礼貌地使用拒绝性的语言，说服别人时应考虑到对方的自尊。此外，要学会遣词造句，充分运用修辞和逻辑的力量，幽默而不失其严谨，诙谐而不离开主题，既坦诚相见，又善于倾听。尤其是对方言辞比较激烈时更应耐心听取其意见，绝不能当即反驳和批评。对方使用了不礼貌的语言，应宽大为怀，一般不予计较。宁肯他方负我，我决不负他方。

④ 注意语速、语调和音量：在交谈中语速、语调和音量对意思的表达有比较大的影响。交谈中陈述意见要尽量做到平稳中速。在特定的场合下，可以通过改变语速来引起对方的注意，加强表达的效果。一般问题的阐述应使用正常的语调，保持能让对方清晰听见而不引起反感的高低适中的音量。声调和口气也很重要，说话要坚定而有控制。

（3）宴会、就餐礼仪　所谓宴会，就是请人赴宴的聚会，它是商务交往中比较常见的礼仪活动的形式之一。

1）宴会的种类。宴会种类复杂，名目繁多，从规格上分，有国宴、正式宴会、便餐、家宴；按时间分，有早宴、午宴和晚宴；按礼仪分，有欢迎宴会、答谢宴会；按性质分，有鸡尾酒会、冷餐酒会、茶会、招待会、工作餐等。汽车服务企业通常有正式宴会以

及招待会、茶会、工作餐三种非正式宴会。

① 宴会：正式宴会的菜单一般根据主宾的偏好，对菜单和酒水进行事先精心策划设计，正式宴会有严格的座位安排，单桌宴会主人根据当地风俗安排座位，有多桌大型宴会需要放置座位牌。

② 招待会：招待会是指各种业务正餐，一般备有仪器和酒水饮料。招待会期间一般不排座位，宾客自由活动，常见的有冷餐会、酒会两种形式，冷餐会，即自助餐；酒会，又称鸡尾酒会。

③ 茶会：这是一种简单的招待形式。举行的时间多在下午 4 时左右。茶会通常设在客厅，厅内设茶几、座椅，不排座次。

④ 工作餐：这是现代交往中经常采用的一种非正式宴请形式，利用进餐时间，边吃边谈问题。这类活动一般只请与工作相关的人员。

2）宴会的礼仪。

① 宴会的筹备：首先要明确宴会的目的，是为欢迎还是欢送，是为答谢还是庆贺。然后确定宴请范围，一般宾主双方的身份和地位要对等，主人身份低容易使客人感到被冷落，而身份过高亦无必要。宴会的时间应定在双方都比较方便的时候，避免选择在重大的节假日期间。宴会的地点则按宴请人员的级别、宴会的性质、规模的大小而定，要注意环境要幽静、雅致、整洁、卫生。宴请人员确定后，较正式的宴会，应发请柬，一般的宴会，也可口头邀请，请柬一般应提前一周至两周发出，以便被邀请者及早安排。订菜应充分考虑客人的习惯和爱好，同时应突出民族特色和地方特色，尤其是本地久负盛名的菜肴，酒水一般以选择本地酒为宜；席位的安排要在入席前通知出席者，桌次较多时，以离主桌位置远近而定，右高而左低；同一桌上，座次的安排主要有"面门为主""右高左低""各桌同向"等三个基本的礼仪惯例。

② 餐桌上的礼仪：就餐过程中同样要遵守一定的礼仪规范。身体与餐桌之间要保持适当距离，仪态自然；进餐前用餐巾纸擦拭餐具是极不礼貌的陋习；餐巾须等主人先摊开使用；中餐宴请外国人时，既要摆碗筷，也要放刀叉，以中餐西吃为宜；将送到面前的食物多少都用一点，在用西餐时，如果吃不完盛在盘中的食物是失礼行为；吃西餐中的肉类，要边切边吃，切一次吃一口；吃鸡、龙虾等食物时，经主人示意后，可用手撕开吃。喝汤时，宜先试温，待凉后再用，忌用口吹。嘴内有食物时，切勿说话。正餐中不宜当众用牙签剔牙。忌用餐时口中或体内发出巨大的声响；不宜在用餐时整理自己的衣饰，或是化妆、补妆；在用餐期间吸烟必须征得主人或女士的允许；用自己的餐具为别人夹菜、舀汤或选取其他食物是一种不卫生的习惯；用餐具对着别人指指点点或者把餐具相互敲打是很不礼貌的行为。

3）赴宴的礼仪。赴宴即参加宴请，和宴请宾客一样，在大型谈判交际活动中具有同等机会。因而有必要了解参加宴请的一些礼仪。

① 应邀：接到宴会的邀请，能否出席要根据邀请方的具体要求，尽早地答复对方，以便主人安排。

② 掌握出席时间：出席宴请活动，抵达时间的迟早，逗留时间长短，在某种程度上反映对主人的尊重，一般客人应略早抵达。

③ 抵达：抵达宴请地点，主动向主人问好。如果是喜庆活动，应表示祝贺。

④ 入座：应邀出席宴请活动，应听从主人安排。

⑤ 进餐：入座后，主人招呼，便开始进餐。

⑥ 交谈：无论是做主人、陪客或宾客，都应与同桌人交谈。

⑦ 祝酒：宴会上互相敬酒，表示友好，活跃气氛。

⑧ 致谢：有时在出席私人宴请活动之后，以便函或名片示谢。

二、服务与礼仪

1. 基本服务礼仪

（1）仪表仪容　仪表仪容是人的外表，是一个人精神面貌的外在体现，也是给宾客的第一印象。良好的仪表仪容是对顾客的一种欢迎与尊重。

1）仪表整洁。汽车服务企业的工作人员在仪表上要给顾客以庄重、大方、美观、整洁的感觉。职业服装应保持整齐、清洁、挺括、美观大方。同时，将工号和标志牌要佩戴在左胸的正上方，维修人员还要按岗位要求戴好必要的劳动保护用品。

2）仪容端庄。仪容即指人的容貌，包括面部、发型等。服务人员适当修饰外貌，会使自己容光焕发，既能表示对宾客的尊重，又能体现自尊自爱。但这种修饰应淡雅自然，不能浓妆艳抹。

头发要适时梳理，不能有头皮屑。发型要朴实大方，不能留怪发型。女员工不留披肩发（最长齐肩胛骨）。男员工鬓发不盖过耳部，发长以齐发际为限。

面部要注意清洁和适当修饰，以显示活力。男子要修边幅，不留胡须，不留长鬓角。女子可适当化淡妆。

对于饰物，除手表外，别的饰物在上班时原则上不戴。

（2）礼貌语言　语言是衡量一个人知识、教养水平的重要标志，是工作人员向顾客表示意愿、交流思想、沟通信息的交际工具。工作人员要讲究语言艺术，按不同对象、不同环境恰当使用礼貌服务语言，不说服务忌语，做到接待服务时有"五声"，即宾客到来有欢迎声，宾客离开有道别声，宾客表扬有致谢声，宾客欠安有问候声，服务不周有道歉声。与此同时还要杜绝使用"四语"，即杜绝不尊重宾客的蔑视语，缺乏耐心的烦躁语，自以为是的否定语和刁难他人的斗气语。

服务用语的基本要求：①简练、准确、完整，合乎语法；②声音优美，表情自然；③注重语言的礼貌性。

（3）文明举止　举止是指人的动作和表情，日常生活中人的举手投足一颦一笑都可概言为举止。服务人员的礼仪修养在仪态举止方面的要求，概括起来就是：仪态自然，手势适当，动作优美，微笑真诚。

1）仪态自然。站立、坐姿、行走，是举止的三个基本环节，应做到"站有站相，坐有坐相，走有走相"。

① 端正的立姿：优美的立姿不仅能表现员工的形体美，还能给来宾留下舒展俊美、精神饱满的好印象。其要领是：上身正直，头正目平，嘴唇微闭，面带微笑，下颌微收，肩平挺胸，收腹立腰，两臂自然下垂，身体立直，双腿自然并拢，脚跟靠紧，脚掌分开呈

"V"字形。

但无论哪种立姿，都切忌双手抱胸或叉腰，也不可将手插在衣袋内，更不可东倒西歪，倚靠在桌、椅或门、墙上。

② 稳重的坐姿：坐相也是反映礼仪的一面镜子，工作人员要坐得端正、稳重、自然、亲切，给人一种安详庄重感。

③ 优雅的步态：步态美属于动态美。行走时，身体重心应稍向前倾，挺胸收腹，头正眼平，面带微笑，肩部放松，双臂自然摆动，两腿直而不僵，步幅适中均匀，两脚落地成一线。切忌摇头晃脑，上颠下跛或扭捏作态。

为宾客引路时，应走在客人的左前方，保持两三步距离；送别宾客时，则应走在宾客的左后方，距离约半步；若与宾客边走边谈，应让宾客走在自己的右边；路遇宾客，应让其先行；若遇开门、关门、按铃等，则应先行到宾客前为之服务。

2）手势适当。手势是有声语言的延伸，是富有表现力的一种"体态语言"。得体适度的手势，可增强感情的表达。工作人员的手势运用要自然优雅，规范适度，给人一种含蓄、彬彬有礼的感觉。

3）微笑真诚。微笑是人们最重要、最需要的一种表情，它能传递友善、亲切、欢迎、高兴、愉悦等多种信息，是"打动顾客心弦的最美好的语言"。因此，不仅销售商品需要微笑服务，向宾客提供特殊商品——服务或劳务更需要微笑。

微笑服务是优质服务不可缺少的重要内容，微笑可使宾客的需求得到最大限度的满足。微笑能融洽主顾双方的感情，营造轻松友好的气氛，是密切主顾关系的良方。

微笑要发自内心，真诚、甜美，这样才能感染对方，才能使顾客产生良好的心境。

2. 各岗位工作人员行为规范

（1）企业领导行为规范 企业领导是企业形象的倡导者、维护者和代言人，企业领导自身杰出的表现和出色的社会影响力，将极大地影响企业在社会公众中的知名度和美誉度。企业领导作为企业的一员，其行为有符合企业视觉识别系统的规范的一面，又要根据其自身的特长和优势，彰显其个人魅力，实现领导形象和企业形象的共同提升。

企业领导的仪容仪表应考究而稳健，应精通大型活动的礼仪、礼节，做到游刃有余，必要时，可请专家进行形象设计，以树立良好的公众形象。

企业领导的行为对内潜移默化地影响职工，对外是企业形象的代表。因此，领导者对待部属应关心支持，以亲切的笑容和语言与下属交流，可以强化领导的亲和力，增强职工的信心；在面对部属的优秀工作成绩，领导者要给予充分的赞许和鼓励，以提高员工的工作积极性；领导者在安排工作时则应及时而明确，这会加强领导的威信。领导的对外言语应显得稳重、礼貌、谦逊而有涵养，声音要低调、沉稳、圆润，举止得体、稳重、规范，这样有助于增强公众对企业领导的信任，有效传达企业文化。

（2）接待人员行为规范 接待人员的一言一行是企业留给顾客的第一印象，客户接待是吸引顾客、争取顾客的重要环节。

顾客进门：接待人员主动上前打招呼、问候，动作自然，面带微笑口齿清晰。规范用语："您好，欢迎光临××店"。

顾客就座：接待人员引导顾客入座的规范如下所述。

选择走在顾客的左侧，略靠前身体向顾客微侧，以"左手"为顾客引导方向，邀请顾客入座。为顾客提供茶水，言语礼貌、温和、清晰。

了解顾客的目的：询问顾客的需求，倾听和记录顾客的看法和要求，判断顾客是购车者、修车者还是潜在购买者，针对顾客要求，提供对应信息，联系相应的工作人员为顾客提供进一步服务。

每个接待人员必须深刻理解企业理念和经营哲学，并了解各类产品的技术特点。

（3）**销售人员行为规范**　销售人员是促成顾客购买行为的关键环节。销售人员要针对顾客需求，全面介绍汽车产品知识及本企业产品特点，赢得顾客的认可和信任，从而导致购买行为的产生。

首先了解顾客的需求，掌握顾客的购买心理，并介绍其感兴趣的产品知识和性能特点。

然后，向其推荐本企业的相关车型，引导顾客到样车前，介绍该款车的背景和卖点，打开样车，仔细介绍样车各部分的特点，包括外观、车头、车厢、车尾、内饰等，并让顾客坐在车内亲身感受，如果顾客持有驾驶执照，可陪同顾客试驾，并有针对性地介绍行驶中的性能。

最后，将顾客请入洽谈室，围绕顾客需求，针对性地回顾样车的功能特性，提供针对性的服务信息，消除顾客的疑虑。可适当地介绍本企业的概况，介绍产品的服务信息和信誉保证，以取得顾客的信任。同时介绍本公司近期的促销政策，促成顾客的购买决定。

对于没有购买产品的顾客，离开时恳请顾客留下联系方法，送别顾客，并在一定的时间内与之联系，了解其购买意图，并及时告知本企业新产品的上市情况和新出台的促销政策。

对于决定购买产品的顾客，要帮助顾客办理各种购车手续，讲解新车使用的注意事项，新车的保养知识，配送礼品，送别顾客。在车辆售出后，按规定时间进行售后回访，询问产品使用的意见，帮助顾客解决问题。还要提醒顾客在规定里程数进行保养，并告知本公司的服务站地址。

（4）**维修保养人员行为规范**　首先要了解并记录顾客对车辆维修和保养的要求，若用户没有明确要求时，可针对用户车况提出一些建议，征得用户认可。

其次要认真验车。仔细检验用户的车辆档案资料、车辆维修保养记录，通知维修部门带领客户验车，验车时，检视车身状况，记录下车辆行驶里程，出具车辆检查报告。请维修师根据维修或保养要求，列出维修或保养项目、完工时间，请财务人员预算维修费用，将维修时间和所需费用告知用户，并认真做好解释工作。得到用户的认可后，拟定并签署"车辆委托修理保养协议书"。

最后进行车身登记，检查并记录是否有毁损，请用户取出车内贵重物品，接受用户车辆资料。

车辆维修保养完成后，请用户验车，确认维修单核算的费用，确认无误后，到财务部付款。将各种检查、维修资料及用户车辆资料交还用户。同时服务站要做好用户维修或保养资料的归档，并进行跟踪回访。

（5）**保安人员行为规范** 保安人员不仅肩负着企业的保卫工作，同时也体现着企业的形象。

保安人员的仪容仪表要注意制服穿戴整齐、规范，装备佩戴齐全，面部表情严肃，保持旺盛的精神状态。行走姿势在交接岗位时，以正步为标准，在巡逻、行走时，以自然步为标准，敬礼以军礼为标准。

客人来访时保安人员应主动上前询问来访事由，为客人联系要约见的人员，发放出入证，为客人引路；保安人员在巡逻时，应保持标准的走姿，遇到特殊情况应及时通知上级领导。保安人员还要协助前台做好接待工作。

（6）**电话服务规范** 正确规范地处理企业内外的电话访问、咨询、洽谈，能更好地传递企业理念，树立企业形象。

1）基本电话服务规范。电话一般响过两遍要立即接听，接电话时要首先向对方问好并通报自己的单位，询问来电者是否需要帮助，并及时予以处理，同时要做好来电登记。电话语言要简单明了，语气温和热情，声音自然甜美。

2）购买咨询电话的服务规范。明确询问意图，了解其购买意愿强弱，耐心解答来咨询者所提出的各种问题，主动介绍本公司的产品及其主要性能特点，热情邀请咨询者到本店面谈，尽可能留下咨询者的联系方式，以便今后作为潜在消费者进行回访。

3）面对维修保养咨询电话的服务规范。认真询问用户的基本情况，从资料库中调出用户资料，询问用户购车日期、车型、行驶里程，并与资料库中的信息核对，核对无误后，耐心细致地解答用户的疑难问题，分析故障产生的原因，做出基本的维修指导，提出相应的车辆保养建议，提供服务站的具体地址及服务项目，并询问是否需要预订维修保养时间。

4）电话回访服务规范。根据用户资料对购车用户进行定期的电话回访。回访前要做好各种准备工作，包括用户及车辆资料、维修保养记录等。电话回访要选择合适的时间，做好相应的记录，对用户提出的问题要及时处理，尽快答复。

5）处理投诉电话规范。给企业提意见的客户往往是更看中企业的产品和服务，或者出于关心企业的发展，应当把提意见的客户看成是企业的朋友。对待这种客户应语气温和，态度诚恳地了解具体情形，耐心听完对方叙述后，再根据不同情况分别处理：属于顾客本身的原因，应在坚持原则、阐明道理的前提下，宽以待人，感化顾客；属于企业自身的责任，应诚恳检讨，并本着对客户负责的精神，维护客户利益，转化客户对企业的认识；一时无法判断责任所在，应找有关部门调查原因，再行处理。

 拓展知识 ·

拓展知识内容可扫码进行观看。

小结

时代巨变给汽车服务业带来了全新的挑战，创建相适应的品牌文化是迎接新挑战的必然选择。企业形象与公关礼仪，是一个相互关联的系统。企业形象可以通过精心的设计，形成企业先进的理念、良好行为和高品质的视觉感受。企业所有的行为规范和视觉传达，都必须服从文化理念的统帅。自媒体时代，品牌形象和行为规范成为了企业的标签，个性鲜明、公众认同的企业形象，不仅能得到用户青睐、员工的理解，还能得到社会的广泛认同，也成为企业赢得新生代市场的软实力。

复习思考题

1. 企业 CIS 战略的内容。包括哪几个方面？
2. 企业理念中的使命和远景有什么区别？
3. 简述公关礼仪的基本原则？
4. 比较接待人员与销售人员行为规范的异同。
5. 【案例思索】

杭州和诚之宝树立了个性鲜明、契合品牌的绅士文化，坚守八年，获得了良好的业绩和全球影响力。透过它的一个宣传视频，我们可以领略到企业形象塑造的魅力。8 周年店庆之际，和诚之宝在 B 站上发布了一个主题为"致每一位拥有绅士品格的 BMW 车主"的视频：只因有你，未来无限可能。

这个视频是这样的：

镜头 1　白底黑字，字幕：在过去的 100 多年里，BMW 始终坚持自己的独到理念……

镜头 2　设计师伏案工作的背影，字幕：时光流转，有这样一群人，他们西装革履，风度翩翩。

镜头 3　摄影师的大长炮对准给三位 BMW 车主，字幕：绅士的品格，摄影师说"我们一起合个影吧。"

接下来的场景是访谈这三个 BMW 车主："如何理解绅士这个词？"

镜头 n1　BMW 车主 1（酒店品牌创始人）：回答："绅士就像宝马 3 系，经典又怀旧，前卫又动感。"

镜头 n2　BMW 车主 2（汽车行业创业者）回答："宝马不止于制造，更是一个制造驾驶乐趣的品牌。"

镜头 n3　BMW 车主 3（设计师）："我坚信一个品牌会吸引一群人，买车不仅仅是代步而已，更是灵魂上的契合，BMW5 系不仅仅是一个代步工具，更是一辆让我寻找生活灵感的承载者。"

最后镜头　咔嚓一声，三位西装革履的 BMW 车主定格成照片，字幕：致每一位拥有独特品格的 BMW 车主。

这个专题片，通过对三个 BMW 车主关于如何理解"绅士"这个词的专访，从另一个角度展现了 BMW 及 4S 店的绅士服务理念，树立了专业、优雅的企业形象，同时宣扬了 BMW 品牌形象。正是杭州和诚之宝 4S 店全员对绅士精神的追求和 BMW 品牌理念的坚守，才使它始终如一地遵循 BMW 全球统一的高标准和可持续发展理念，取得了 2015 年、2016 年、2017 年连续三年蝉联 BMW 卓越排名全国第二名的优良业绩，同时在全球 85 个国家的 3100 名经销商参加了比赛的赛场上，征服了 BMW 全球总部高规格的评审团，于 2017 年 3 月迎来了它的高光时刻：德国慕尼黑，全球最佳经销商颁奖典礼，宝马集团董事 Pieter Nota 宣布："全球最佳经销商（Excellence in Sales Award）总冠军：杭州和诚之宝！"

通过以上案例，启发我们去思考，4S 店如何建立与品牌厂商一致的企业形象和共同的品牌理念。

参考答案

第十二章 / **Chapter 12**

汽车服务企业沟通技巧

【学习目标】

1. 理解沟通在工作、生活中的作用。
2. 掌握沟通三要素、沟通技巧。
3. 能够在不同场合进行沟通实践。

【导入案例】

  1990 年 1 月 25 日纽约肯尼迪机场由于航空交通管理员与飞行员之间的沟通障碍导致了一场空难。在事故调查过程中，调查员发现飞行员一直说他们"燃料不足"而没有表述为"燃料危机"，结果机场管理员认为这是飞行员常用的一句话，航空交通管理员也并没有去认真捕捉飞行员声音中极细微的语调变化，而飞行员又不愿表达情况紧急，因为他们担心其驾驶执照被吊销，担心他们的荣誉遭受损失，空难就这样因为沟通障碍发生了，一切都无法挽回。

  在与汽车打交道的过程中，如果因为某种原因在信息的接受者和发布者之间产生类似的沟通障碍，也可能会给企业、个人、客户带来巨大的损失。有较强的沟通技能，是赢得客户、领导、属下支持，消除误会甚至避免危机的关键技能。因此，掌握必要的沟通技巧，提高自己的沟通能力，对汽车服务企业每一位员工来说是非常必要的。本章以客户沟通为重点，从沟通的基本概念、程序和技巧三个方面来把握沟通。

第一节 概　述

一、沟通的意义

  沟通是工作、生活的一种技能，良好的沟通是赢得支持、达成共识、消除误会、避免危机的关键。作为汽车服务企业的员工，为达成共同的目标，需要与同事和上下级沟通；为赢得市场，需要与广大的客户沟通。特别是汽车服务业面临的客户，其流动性比较大，如果沟通能力不能适应这种变化，就会给工作带来许多不便，甚至无意中制造许多障碍。

二、沟通的基本概念

1. 沟通的定义

  每个人对沟通的理解是不一样的，在实际工作过程中对沟通的不同理解决定着工作效率的高低。美国学者曾对沟通统计出 100 多种定义，早在 1948 年，美国政治学家、传播学先驱哈罗德 D. 拉斯韦尔（Harold D. Lasswell）给沟通下了一个定义：沟通是"由某人，以某种渠道向他人表达某些内容，并产生了某种效果"。

  现代传播学的观点认为：沟通是指人与人之间通过语言、文字、姿势、动作和表情

等，把知觉观感、意图、意念或意见，互相分享交流，达到心意与行动共鸣的过程。

更具有操作性的定义是：沟通是为了设定的目标，把信息、思想和情感在个人或群体间传递，并达成共同协议的过程。

2. 沟通的三要素

要深入理解沟通的定义，需要明确沟通的三要素。

第一要素：目标。

沟通是具有明确目标的交流，这是沟通的首要要素，没有目的的交谈只能算闲聊。在沟通时，一开始就要表达出目的是什么，这是沟通技巧在行为上的一个表现。

第二要素：共识。

沟通结束以后要达成一个双方或者多方的共识，只有达成共识才叫作完成了一次沟通。沟通结束的标志就是达成共识。在沟通结束的时候一定要有人来做总结，否则就会前功尽弃。

第三要素：内容。

沟通的内容不仅仅是信息，还包括更加重要的思想和情感。信息是非常容易沟通的，而思想和情感的沟通却需要费尽心机。事实上在沟通过程中，传递更多的是彼此之间的思想，而信息的内容并不是主要的内容。汽车推销大王乔·吉拉得与客户沟通时，许多情况下他从不谈汽车本身，但他的汽车销售业绩却创造了吉尼斯世界纪录。

3. 沟通方式

在工作和生活中，一般采用三种不同的沟通模式：口语沟通、体语沟通、媒介沟通。通过这三种不同方式的沟通，可以把沟通的三个内容，即信息、思想和情感传递给对方，并达成协议。

（1）口头语言沟通　　口头语言又称口语，指人们在口头交际中使用的语言。它是书面语言产生的基础。口头语言简短灵活，但不及书面语言精确、严谨、完整，二者互相影响，互相转化，促进人类语言的发展和进步。人民群众在实践中创造和使用的口语，丰富多彩，新鲜活泼，富有生活气息和表现力。口头语言沟通除一对一面谈外，还包括打电话和一对多的会议，其最大特点是不仅反馈及时，而且可以迅速传递思想和情感。

与客户打交道，口头语言是一个使用频率最高的沟通方式。在与客户打交道过程中，使用口头语言沟通要注意以下几点：

1）主动礼貌地招呼。礼貌地打招呼是建立良好人际关系不可或缺的因素，就像平时讲的，在亲密的人与人之间也须维持礼貌，即使是亲人之间亦然，更何况对于客户，礼节更是不容忽视的。打招呼中应注意的原则是：礼貌、主动、尊重，有一定的兴奋度。

2）有热情、有诚意地交谈。在沟通中，有诚意有热情地交谈是非常重要的。在交谈过程中，能够充满真情与热情，对方的回应才会强烈，所说的每一句话才能注入对方的心田，不会令人反感或当作耳旁风，才能启动对方的话匣子。要做到有感情又有诚意，就应把握几点：表现浓厚的兴趣和感情，站在客户立场上说话。

3）把握说话节奏气氛。受过专业训练的人（如演员、演说家、节目主持人），说话注意抑扬顿挫，有快有慢，有高有低，对话间的停顿、间隔会恰到好处，谈话时如行云流水，轻重缓急自然流畅，给人一种想听下去的欲望。客户服务人员如果具备这种能力，对

赢得客户是大有帮助的。

（2）**肢体语言沟通**　口语沟通是人们用得最多的，但同时人们还会用眼神、面部表情和手势去沟通，这就是我们所说的肢体语言。

肢体语言丰富多彩，包括人的动作、表情、眼神。实际上，在人的声音里也包含着非常丰富的肢体语言。人们在说每一句话的时候，用什么样的语音语调，这都可以看作肢体语言的范畴。肢体语言更善于沟通的是人与人之间的思想和情感。所谓"眉目传情"说的就是这个道理。肢体语言表述行为含义：柔和的手势表示友好、商量，强硬的手势则意味着支配；微笑表示友善礼貌，皱眉表示怀疑和不满意；盯着看意味着不礼貌，但也可能表示兴趣，寻求支持；双臂环抱表示防御；开会时独坐一隅意味着傲慢或不感兴趣。只要稍微观察一下，就可以看到，肢体语言无时无刻不在发挥它的重要作用。

肢体语言的表现方式很多，肢体语言有时起的作用是用语言难以表达的，职业人员要善于使用肢体语言来表达思想感情。

（3）**媒介沟通**　媒介沟通形式是多种多样的，主要有个人信函、留言、写纸条，内部媒介（企业报刊杂志、简报、广播电视、海报、产品服务宣传册、联络函、介绍信、局域网、传真等）和公众媒体（报纸、杂志、广播电视、互联网等），相对口头语言沟通来说，媒介沟通具有精确、多对多、范围广等特点，信息发布前可以做充分的调查，可以字斟句酌，反复修改。

要掌握媒介沟通，需要系统地学习传播学、广告学、公共关系学、公文与写作等方面的知识。

第二节　沟通技巧在汽车服务企业中的应用

一、企业内部沟通

企业内部无时无刻不需要沟通。公司制定方针目标要与员工进行沟通，布置任务、汇报工作、解决矛盾、奖勤罚懒等也需要沟通，其目的是形成一个团结有力、积极向上的团队，确保组织目标的顺利完成。

企业内部沟通根据传播的方向可分为下行沟通、上行沟通、平行沟通，根据传播媒介可分为语言沟通和非语言沟通。但在具体工作中不少人只把"沟通"理解为有声的语言沟通。其实在企业的运作中，无时无刻不进行着各种形式的信息交流，这种交流就是沟通。对汽车服务企业内部来说，可以采取以下几种方式进行沟通：

（1）**面谈**　面谈是最常见的沟通交流方式，上下级之间布置、报告工作，同事之间沟通协调问题，都采用此方式。面谈要注意仪表仪容和肢体语言的使用，需要提示的是，企业内部的面谈非常讲究交流双方的心理安全距离，当然这一距离根据不同文化背景下的人、不同角色、不同谈话内容而有些差异。西方"距离学"提出人与人之间免于物理、心理上的威胁侵犯：一般距离要保持在45～120cm，同事朋友之间一般保持这个距离；亲密距离在0～45cm内，限于恋人及家人之间；社会距离要保持在1～3m之间，即座谈、面

谈的距离；公众距离是3m以上，即演讲、上课等的活动距离。西方的观点可以参考，一般人都喜欢与自己行为习惯相似的交谈，正如俗话所说的"人以群分，物以类聚"。因此，面谈过程中，最简单的方法是模仿对方。

（2）**电话** 电话是上下级之间、同事之间使用非常频繁的交流方式。电话沟通的优点是可以事先演练。特别要注意的是通话之前要注意调整自己的情绪和状态，人在情绪不佳时，电信号是无法帮你掩饰的。给对方打电话，有时间调整自己的情绪，接电话之前时间紧，但也可做个深呼吸，调整情绪和状态。一些销售培训课中就有这样的要求：打电话之前，即使在家里也要把睡衣换成西装才能打电话。其道理很简单，让自己进入职业状态。当然，电话和面谈一样要考虑对方的文化背景和行为习惯，模仿对方的语音语调、情绪状态有时可以收到意想不到的良好效果。

（3）**命令** 命令主要是指上级对下级布置任务的过程，命令是组织内部不可缺少的一种沟通方式，命令多为口头方式。下命令要注意的是明确性，即明确的任务、明确的要求，下命令应注意简洁严肃，不要阐述得太多而落入过分沟通的陷阱，更不能有祈求的语调。命令体现的是一种组织行为，否则只会浪费时间，打乱工作部署，也使下级的情绪复杂化。

（4）**文件** 公司下发有关文件是典型的下行沟通。对于与员工利益密切相关的或者需要员工共同遵守的文件，必须与员工进行彻底沟通。公司的文件一般情况下下发到各个部门，各部门必须认真组织学习，并对其效果进行测评，以确保文件内容沟通、执行到位。

（5）**会议** 会议这种沟通方式，根据需要可分为董事会、经理层会议、部门会议、全体员工大会等，根据开会周期可分为日例会、周例会、月例会等，还有各种各样的专项会议，如财务会议、销售会议、安全会议、表彰会议等。无论何种会议，都要求讲究会议效率，开会要有结果，不能议而不决，随后还要抓好执行、跟踪、检查、评估、反馈等环节。

（6）**业务"报告"** 报告分为口头报告和书面报告两类，类似于报告的沟通方式还有请示、向公司上一级主管提出意见或建议等。无论是口头上的还是书面上形成的文字，都是上行沟通，一般需要批复或口头上给予反馈，从而形成上下信息交流上的互动。

（7）**意见箱** 意见箱是很好的上行沟通方式，企业员工对公司有什么意见和建议都可以通过这种方式与企业及领导进行沟通。作为服务企业要对此给予高度重视，对员工的意见或建议及时反馈。

（8）**传统内部媒介** 内部媒介包括报刊、广播、电视、宣传栏、黑板报等可公之于众的媒体，这些媒体可以增进企业与员工之间的沟通，发挥着很好的沟通与交流作用。

（9）**内部局域网** 随着网络技术的发展，很多企业都建立了自己的内部局域网，根据不同的职位设置了信息阅读权限，同时建立了"员工论坛""学习园地"等栏目，通过这一媒体，员工与公司进行互动交流，效果非一般媒体所能比。

（10）**举办活动** 企业通过举办各类竞赛、游戏、晚会、会议等活动，可以有效地促进公司与员工、员工与员工之间的沟通，无论举办何种形式的活动，热点、兴趣、创新是它的关键，同时它还要符合潮流，具有一定的互动性。深圳华为公司就擅长通过文艺晚会

传递企业文化、激发员工的自豪感，起到了良好的沟通作用。而简单地举办大合唱、拔河比赛、各种宴会之类的活动，往往达不到预期的沟通目的。这方面可以借用电视节目的策划方法，如"焦点访谈""实话实说""开心辞典""名家论坛"等许多节目都值得借鉴。

上述沟通基本上是语言沟通，其实对于非语言沟通也应引起重视，比如面对面交流中双方的穿着、举止及其相关礼仪也非常重要，它会直接影响沟通效果。员工对办公环境、办公气氛的感受，其实也是一种沟通。对无声沟通的重视，有时会起到"无声胜有声"的效果。

二、客户沟通

客户满意是企业运营成败的关键所在。要使客户满意，与客户的有效沟通就显得尤为重要。与客户的沟通从沟通的程序、技巧、系统化及困难客户沟通几个方面来认识。

1. 与客户沟通的步骤

（1）事先的准备　与客户沟通之前，应做好以下的准备工作：

1）对产品（服务）进行深入的了解，能回答客户可能提出的任何有关产品（服务）的问题。树立产品（服务）的绝对信心，"己所不欲，勿施于人"。一定要让顾客感觉到，不来是他的遗憾。树立对企业的信心，以公司为荣。

2）调整自己的情绪，即精神状态的准备。与顾客见面前一定要暗示自己：我一定会让他感到满意，我有这个能力。

3）与顾客建立信赖感。一般由客户带来的客户是最容易沟通的，因为他事先已通过老客户对企业建立了一定的信赖感，没有老客户在场，提及第三者也能增加客户对企业的信任。

同情客户，认同客户的感受，让客户多说，80%的时间应由顾客讲话。员工要做的工作是听、答、问，决不能自己喋喋不休。问的原则是：先从简单、容易回答的问题开始。要问客户回答"是"的概率大的问题，尽量不要问可能回答"否"的问题。要针对顾客的需求设计问题，这些事前都要进行多次演练。

有的专家提出要永远坐在顾客的左边，适度地看着顾客，保持适度的提问方式，做记录。不要发出声音，不要插嘴，要认真听，等客户全部讲完之后，把有利于营销服务的内容复述一遍给对方听。

信赖感源于相互喜欢对方，顾客喜欢跟他一样的人，或喜欢他希望见到的人，要做到这一点，简单的做法就是模仿客户。在沟通过程中，模仿他的语音语调，动作、思想观念，在这三个方面尽量与顾客保持一致，引起共鸣。在公共关系领域，心理学家做过的测试表明，决定传播效率的因素中文字占7%，声音占38%，肢体语言占55%。

（2）了解顾客的问题、需求　在服务性企业中，与生产过程比较，企业更强调服务过程的沟通，其中最重要的是了解顾客的问题、需求。那么，如何做到这一点呢？

1）了解客户现状。客户现在的状况是怎样的呢？客户有哪些不满？过去的痛苦（损失）是什么？以同情的心态让客户说个够，客户倾诉得越多，企业就知道得越多，客户得到的同情和安慰越多，对企业的信任就越大。

2）了解客户的期望值。客户的期望值有多大？对产品质量、价格、服务的理想是什

么？客户希望改变的时间表和欲望强烈程度以及谁是决策者，谁是影响者，这些问题都要在与客户谈判前搞清楚。

（3）阐述观点 了解顾客的问题、需求后，有针对性地陈述产品服务特点，陈述时注意客户的表情，客户感兴趣的要说清楚，不感兴趣的要一笔带过。陈述时间以客户八分的忍耐为限。

（4）解除反对意见

1）把客户的反对意见消灭在萌芽状态。有些反对意见如果让客户说出来了，要改变他的观点就难多了，因为人的逆反心理、自尊心在主宰客户的理智，此时的解释无异于训斥顾客："你们错了！"。因此未等顾客提出反对意见之前（如价太贵），就加以"解除"（一流的产品服务才会卖一流的价格，也只有一流的人会买）。一般顾客的反对意见不会超过六个，所以预先列出如：A 时间、B 钱、C 有效、D 决策人（成功者自己决定）、E 不了解、F 不需要。

2）求同存异。列举客户认可点，降低客户决策难度（用减法，让客户感觉到沟通不难，鼓舞双方的谈判信心。）

3）所有的障碍，都通过"发问"进行沟通。你们觉得价格高吗？（用除法回答：平均每天、每件的对比）你们觉得质量不够好吗？（用性能价格比分析）你们觉得竞争对手的更好吗？（列举竞争对手的弱点）

（5）提出解决方案，达成协议 当所有的问题都解决时，马上进行总结，提出可行方案。要趁热打铁，在客户没有受外界影响之前达成协议，制造客户反悔难度。

（6）共同实施 实施方案过程中，一方面让客户反悔之前帮客户把购买的柠檬做成柠檬汁；另一方面，与客户形成利益联盟体，不断给顾客意外惊喜，让受外界影响的客户得到补偿，让忠诚的客户传诵口碑。

2. 与客户沟通的技巧

沟通方法技巧很多，对于汽车服务企业员工来说，掌握一些沟通的基本方法、技巧是开展业务的前提。

（1）与客户沟通的语言表达技巧 不管与客户面对面交谈，还是坐在办公室接听客户来电，语言都应该从"生活随意型"转到"专业型"。在工作环境中就必须注意养成适合的修辞、择语与发音的习惯表达的逻辑性，咬词的清晰与用词的准确应该媲美于播音员。作为公司代表，员工面对的是每一个各不相同的客户，个性、心境、期望值各不相同，因此，员工既要有个性化的表达沟通，又必须掌握许多有共性的表达方式与技巧。

1）选择积极的用词与方式。在保持一个积极的态度时，沟通用语也应当尽量选择体现正面意思的词。比如说，要感谢客户的等候时，常用的说法是"很抱歉让你们久等了"，这"抱歉久等"实际上在潜意识中强化了对方"久等"这个感觉。比较正面的表达可以是"非常感谢您的耐心等待"。

下面是更多的例子。

习惯用语："问题是在规定期限没有把握交货。"

积极表达："由于这几天客户太多，我们的计划已经排到下个月了，不过我会想办法让公司提前安排您的计划。"

习惯用语："你怎么老是有问题！"

积极表达："看起来这个问题和上次很相似，我有办法帮您。"

习惯用语："这个问题我还不清楚，我也不能瞎说。"

积极表达："我想找专业技术人员帮您解决这个问题。"

习惯用语："您没有必要担心这次修后又坏。"

积极表达："这次修后您尽管放心使用。"

2）善用"我""我们"代替"你"。

习惯用语："你的方法不正确，你必须……"

积极表达："我们这样做，就会避免类似的问题。"

习惯用语："你错了，不是那样的！"

积极表达："对不起我没说清楚，但我想我们的使用方法还需要改进。"

习惯用语："如果你需要我的帮助，你必须……"

积极表达："我愿意帮助你，但首先我需要……"

习惯用语："听着，以后可不能这样搞。"

积极表达："其他都是正常的。我们一起来看看到底哪儿存在问题。"

习惯用语"当然你会收到，但你必须把名字和地址给我。"

专业表达："当然我会立即发给您一个，请告诉我您的名字和地址好吗？"

习惯用语："你没有弄明白，这次听好了。"

积极表达："也许我说得不够清楚，请让我再解释一遍。"

3）使用"魔力句式"。

①"如果……那么您……"

"如果将来要买车的话，您看定价多少合适？"

②"是这……还是那……"

"您看这两种车型，是蓝色的好还是红色的好？"

③ 如约时间：

不使用"魔力句式"："你现在买不买？"——不买。

使用"魔力句式"："你现在买，还是过两天买？"——过两天。

4）有效倾听。有效的倾听并不是不能说话，而是要保持说、听、问三者之间的合理比例，让对方尽兴即可。一家著名的公司在面试员工的过程中，经常会让10个应聘者在一个空荡的会议室里一起做一个小游戏。在一起做游戏的时候主考官就在旁边看，他不在乎你说的是什么，也不在乎你说的是否正确，他是看你这三种行为是否都出现，并且这三种行为出现的比例是否合适。如果一个人要表现自己，他的话会非常得多，始终在喋喋不休地说，这个人将是第一个被请出考场或者淘汰的一个人。如果你坐在那儿只是听，不说也不问，那么，你也将很快被淘汰。只有在游戏的过程中会说、会听，同时会问的人，才会得到主考官的欣赏，因为这样意味着你具备一个良好的沟通技巧。

有效的倾听一般要注意以下几点：

① 不要打断顾客的话。

② 不要让自己的思想偏离主题。

③ 不要假装注意。

④ 听话要听音。

⑤ 要表现出感兴趣。

⑥ 要表明你在认真地听。

⑦ 了解回应反馈。

⑧ 努力理解讲话的真正内涵。

5）在客户面前维护企业的形象。如果有客户一个电话转到一个部门，抱怨他在前一个部门所受的待遇，为了表示对客户的理解，员工应当说什么呢？"你说得不错，这个部门表现很差劲"，可以这样说吗？适当的表达方式是"我完全理解您的难处，不过也许他们还没明白您的意思，看看我能不能帮您"。

另一类客户的要求公司没法满足，可以这样表达："对不起，我们暂时还没有一个更好的解决方案"。尽量避免不很客气地手一摊（当然对方看不见）："那我们就没办法了。"当员工有可能替客户想一些办法时，与其说"我试试看吧"，不如更积极些说："我一定尽力而为"。

如果有人要求减价，员工可以说："如果您买 10 台，我就能帮您"。而避免说"我不能，除非……"。

客户的要求是公司政策不允许的，与其直说"这是公司的政策"，不如这样表达："根据多数人的情况，我们公司目前是这样规定的……"。如果客户找错了人，不要说"对不起，这事我不管。"换一种方式："有专人负责，我帮您转过去。"

另外，方言中有一些表达方式应用在普通话中间时，就会不妥当。比如"不会啦""哇噻"等表达，不应带到普通话的规范表达中。

语言表达技巧是一门大学问，有些用语可以由公司统一规范，但更多的是自己对表达技巧的熟练掌握和娴熟运用，从而使整个通话过程带来最佳的客户体验，维护企业形象。

（2）**与客户沟通的肢体语言表达技巧**　前面提到，肢体语言多种多样，包括人们的动作、表情、眼神。丘吉尔常打出 V 手势表示"胜利的代号"，现在已成为世界通用的手势了。在商业活动或日常的人际交往中要想增强说服力或得到对方肯定时，肢体语言是十分重要的。

例如在向客户介绍某种产品时，一边向对方出示产品介绍，一边说："这些都是该产品以往所没有的重要优点，来，请仔细看一下。"同时用手加以指点或用红笔划线、画图。语言上的提示可能不大会引起注意，很多人都会左耳进右耳出，但是手的动作会造成视觉上的刺激，有时会给对方留下深刻印象。这种积极的态度会使对方认为"肯定是有充分的自信，才会如此认真"，从而被轻易说服。

类似的情况还很多，肢体语言可以说是一门十分有用的学问，需要系统地去学习、总结。

（3）**与客户沟通使用工具技巧**　在与客户交流的过程中，记住带必要的工具，因为如果没有把握住客户的意图和内容细节，就会忽视一些最重要信息。这里列举一些平时必备的器材和材料，以供参考。可以根据个人的情况适当取舍，真正做到有备无患。

1）笔和笔记本（白纸）。这是最为普通和普遍的工具，虽然谁都会使会用，但并不

意味着将客户的谈话全部记录下来，而是记下有重点的关键细节。另外使用草稿纸当场绘制草图等，也可以更容易与客户进行沟通。视觉上的说明往往比用嘴更易理解。

2）小型录音机。即使是对自己的记忆力有信心的人，也不能保证完全记住客户的所有言语。收录两用的小型录音机可以成为很好的帮手，事后就会发现，记忆的内容和记录的内容会有不小的出入。利用小型录音机可以避免再去打电话确认。

3）笔记本计算机。并不是所有的客户都随时随地拥有计算机，商谈的场所不一定是固定的，因此便携式笔记本计算机无疑是演示新产品的最好工具，动态演示在沟通过程中，会大大激发客户兴趣，加深对企业、产品的印象，增加成功的机会。

4）产品图册。一般的公司都会有自己的公司简介、产品图册，没有合适的印刷品则可以用打印的彩稿，这样比较直观，容易激发客户的兴趣，赢得客户的信赖。

不管是使用什么工具和方法，关键是增强与客户交流的机会，交流才能增加理解，在理解之上的创意设计才容易被接受。反之为了更快地增加理解，就必须研究增强理解的方法和手段。

3. 系统化方法沟通

系统化沟通就是建立一定的由软、硬件构成的系统与客户进行智能化、全方位的沟通，如建立客户服务中心，可与客户进行面对面、电话、传真、电子邮件、信函等多种方式的沟通，实现咨询、查询、投诉受理、报案登记、客户回访等基本客户服务功能。同时搜集和分析客户反馈的信息，为公司产品（服务）项目提供快速高效的决策依据，对公司的营运进行监督。

系统通过认证和等级划分，为一般用户、主要用户、代理商设计了不同的服务沟通内容。一般来说，等级越高得到的服务沟通越全面、反应速度越及时。

作为一个完整的服务沟通系统，客户服务中心为系统管理员、话务员、组长提供的管理功能，包括系统配置管理、系统监控、语音留言管理、录音管理，以及为有效进行客户服务，评估营销人员工作质量，正确配置服务中心的资源，调整客户服务策略提供的报表统计功能。值得一提的是，越来越多的企业开始在客户服务系统中重视因特网的沟通方式，主要有以下方式：

（1）网上客户服务 网上客户服务是基于因特网使用网络方式的客户服务软件，其主要服务对象为在网站上注册的公司用户，无论他们与本企业有无业务关系，包括一般用户、主要用户、代理商、潜在一般用户、潜在主要用户、潜在代理商等。

（2）短信客户服务 利用系统的消息队列和时间计划功能完成对客户全方位的沟通，通过移动短信来实现，沟通内容包括产品信息、客户服务调查、客户投诉、（新）产品介绍、服务卡回执、理赔报案、生日及节假日的祝贺等。

4. 困难客户沟通

大多数客户都是愉快的、平和的、易于沟通和善解人意的。但有时候客户也会变得愤怒、不耐烦、不讲道理，某些用户甚至表现出不可理喻。这样的客户，是员工工作压力的一个重要来源。有调查显示，47%的客户服务代表认为困难客户的电话是他们面临的最大的压力。而困难客户又可以细分为这样三种：①投诉的客户；②脾气、性格特别的客户；③骚扰客户（或非客户）。

与客户打交道，员工不能控制客户的行为，但可以控制自己的反应，并不断加强自己的沟通技能与技巧去处理困难甚至是最困难的客户。

在处理困难客户的时候，最重要的一点就是所谓移情于客户。这就意味着员工必须积极地倾听客户，并努力去了解客户失望或发怒的真正原因。然后，必须在着手解决问题之前先走入客户的真实世界。同时必须控制好自己的情绪，保持平静并懂得缓解压力。

如果一个投诉没有得到很好的处理，客户会转向竞争对手，同时他会将他不愉快的经历转告亲朋与同事。没有客户投诉时会是高兴、热情的，但当有投诉时，员工有责任认真对待，并让客户感到他是受欢迎的，并且他对企业来讲是非常重要的客户。要解决这个问题，可以从以下几个方面来努力：

(1) 从倾听开始　正如前面提到的，倾听是解决问题的前提。在倾听投诉客户的时候，不但要听他表达的内容还要注意他的语调与音量，这有助于了解客户语言背后的内在情绪。同时，要通过解释与澄清，确保真正了解了客户的问题。例如，听了客户反映的情况后，根据理解向客户解释一遍：

"王先生，来看一下我理解的对不对。您是说你们已试装了我们的产品，但发现有时会运转不正常。我们的工程技术人员已做了测试，测试结果没有问题。今天，此现象再次发生，您很不满意，要求我们更换产品。"向客户澄清："我理解了您的意思吗？"

认真倾听客户，向客户解释他所表达的意思并请教客户我们的理解是否正确，这一切都向客户显示对他的尊重以及员工真诚地想了解问题。这也给客户一个机会去重申他没有表达清晰的地方。

倾听是有效沟通的重要基础。这个看似简单的话题值得仔细推敲一下，在做以客户呼入为主的销售或服务时，客户作为一个主动求助方，会主动倾诉他的需求，而员工需要以帮助客户的积极态度真正"听懂"客户，了解客户在"话里"和"话外"表达的问题与期望，同时让客户感到企业的重视与关怀，为解决问题奠定良好的基础。

1) 抱着热情与负责的态度来倾听。正确的倾听态度是达到有效倾听的前提。每一次沟通都是一个全新服务的开始，对公司都是展现价值的机会，沟通之前，问问自己：我是否心平气和？我找到甜甜的微笑了吗？

如果是电话投诉，微笑着接起电话，听到里面的声音，不论对方是男高音或女低音，年轻或老人，吐字清晰与否，带着口音与否，都要积极地去倾听，而不是皱起眉头，在心里抱怨：他胡搅蛮缠，一点都不讲道理！

如果电话里是一个发怒的客户，请宽容地去倾听他们，因为他们不知道员工是谁，这怒火不是针对个人的。当员工成功地了解了他的问题，积极地给予解决，也许他还是不知道员工是谁，但顾客会牢记他在员工所服务的企业所受到的理解、尊重与礼遇。

每个从事客户服务的人可能都有过这样的经历：一次答非所问的沟通，让客户失去耐性，让回答者深感懊悔。所以请全神贯注地去倾听每一次投诉，不要分心，不要被身边的人或事干扰。若手头同时在做别的事，请停下来。

如同演说和写作，倾听通常需要付出艰苦的努力。倾听能力对很多人来说并非与生俱来，需要通过不断实践与培训来加以提高。

2) 倾听时要避免的干扰。一般来说，如果是投诉电话，有40%~80%的时间会在听

客户叙述，也就是说，员工的工资中有 40%～80% 是公司付报酬来听别人说话的。仅从这点讲，员工也没有理由不重视倾听。研究表明，通常人真正完整倾听到的只有 1/4 左右的内容，而在其他 3/4 的时间里，会忽视、遗忘、误解、歪曲。要学会如何"聚精会神"，注意不受下列干扰影响：

① 环境干扰和打断：每天的环境中有大量的输入信号，周边的铃声、谈话声、电子显示屏的闪动、周围人的走动以至窗外的风声、雨声等都会干扰倾听。

②"第三只耳朵"现象：通常周围的谈话会不断地让人听到，有的则引起人们的注意。如果是与当前业务有关的，员工可要求客户在线上稍候，然后起身弄清楚。但更多的时候，员工要学会关闭"第三只耳朵"，不让周边与为目前这个客户的服务无关的声音带走自己的任何注意力。

③"迫不及待"：在倾听过程中克制抢话的冲动并不是一件容易做到的事情，要克服想说服人的念头，避免自认是专家。根据老经验或为了控制通话时长而打断客户，这样会给人以没有受到尊重的感觉。

④ 情感过滤：有的时候人们不喜欢某一类人——说话不够婉转，带有特别口音，或有些结巴，人的情感定位会使员工对客户的倾听带上过滤筛，选择性地摄取信息。应试图让自己不要"以音取人"，时刻避免这种倾向。

⑤ 心不在焉：在倾听客户时，员工日常生活中还在处理的事会涌上思绪：和朋友、同事争执后下一步如何处理？下班后请刚来访的亲友到哪家餐馆就餐更有意思等。稍不留神注意力就会转移，员工必须训练自己在倾听时的高度注意力。把其他的思考活动放到班间休息或下班后的时间去做。

3）做一个主动的倾听者。要做一个主动的倾听者，那不仅仅是"听着"，还同时应当考虑到下列各方面。

① 澄清问题，掌握更多信息：当在倾听过程中捕捉到一些有用信息时，为了更多地了解有用细节，应当在客户讲完后，请客户有针对性地多介绍一些情况，如：

"您能再多谈谈有关这方面的情况吗？""您刚才提到的那个是指……"

特别是做客户服务或技术支持，通常都会有清单来诊断问题和识别解决方法，需要引导客户提供相关更多信息。

在适当的时候问适当的问题是十分重要的。当客户描述了出现的问题后，想知道先前的情况，可以说"您能告诉我出现这个问题之前我们采取了哪些步骤？"而不应该说"我们到底做了些什么才导致这个问题发生？"

② 确认理解一致以避免误解：通常在倾听的过程中会就客户反映的问题进行总结陈述，或就不清楚部分请求客户解释，以此来避免沟通过程中的误解。通常在沟通中会用到下面的表达：

"刚才听我们说的应当是……吗？""看看我是否理解得对，您刚才提到的是……对吗？"

用提炼过的语言概括复述一些要点，以确认双方的理解是否一致。

③ 体贴客户，认同客户：倾听的过程中，积极认同客户，并对客户的回答表示感谢，都会让客户感到被尊重，而使整个销售或服务过程更顺利。可以这样去认同客户：

"这很有意思！""我了解。""我知道了。""这真是个好主意！""我非常理解您现在的感受！"

千万不要客户说了半天，才来一句："是这样啦？"或"这不可能吧？"

④ 注意客户如何表达：在从事客户服务或销售活动时，如果客户经常用一些比较专业的术语，我们就不应当从问其太简单的问题开始。在某些时候不发问也是倾听的一个技巧。如果某个客户处在非常愤怒的状态，最好让其发泄完后再发问，在其间不时应声一下以表示正在倾听。

⑤ 记录相关信息：在倾听的过程中还要积极地做笔记。如果公司有系统则选择性记录，否则可以记录在自己的本子上。在记录过程的同时，尽可能捕捉客户表达中的有用信息放入客户信息系统，有些基本情况原本专门收集可能都不容易得到。

倾听不仅对工作还对日常生活中的为人处世都至关重要。很多人无法留下良好印象，就是从不会或不愿倾听开始的。每个客户服务人员或营销代表都应该练好这个基本功。

（2）认同客户的感受 客户在投诉时会表现出烦恼、失望、泄气、发怒等各种情感。不应当把这些表现当作是对个人的不满。特别当客户发怒时，员工可能心里会想："凭什么对着我发火？我的态度这么好。"要知道愤怒的情感通常都会潜意识中通过一个载体来发泄。人们一脚踩在石头上会对石头发火——当然，这不是石头的错——可还是飞起一脚又踢远之。有时人们找不到发泄的对象，只好骂自己。因此，对于愤怒，员工可以理解为客户仅是把员工当成了倾听对象。

客户的情绪是完全有理由的，是理应得到极大的重视和最迅速、合理的解决的。所以让客户知道员工非常理解他的心情，关心他的问题，如："王先生，对不起让您感到不愉快了，我非常理解您此时的感受。"

无论客户是否永远是对的，至少在客户的世界里，他的情绪与要求是真实的，客户服务人员、营销代表只有与客户的世界同步，才有可能真正了解他的问题，找到最合适的方式与他沟通，从而为成功的投诉处理奠定基础。

人们有时候会在说道歉时很不舒服，因为这似乎老是在承认自己有错。说声"对不起""很抱歉"并不一定表明员工或公司犯了错误，这主要表明对客户不愉快经历的遗憾与同情。不用担心客户会因得到认可而越发强硬，表示认同的话会将客户的思绪引向关注问题的解决。所以接下来，客户服务人员、营销代表会表示愿意提供帮助。

（3）表示愿意提供帮助 "我很愿意为您解决问题。"正如前面所说，当客户正在关注问题的解决时，客户服务人员、营销代表体贴地表示乐于提供帮助，自然会让客户感到安全、有保障，从而进一步消除对立情绪，取而代之的是依赖感。

问题澄清了，客户的对立情绪减低了，接下来要做的就是为客户提供解决方案。

（4）解决问题 针对客户投诉，每个公司都应有各种预案或解决方案。在提供解决方案时要注意以下几点：

1）给客户提供选择。通常一个问题的解决方案都不是唯一的，给客户提供选择会让客户感到受尊重，同时，客户选择的解决方案在实施的时候也会得到来自客户方的更多认可和配合。

2）诚实地向客户承诺。能够及时地解决客户的问题当然最好，但有些问题可能比较

复杂或特殊，无法确信该如何为客户解决。如果无法确信，不要向客户做任何承诺，而是诚实地告诉客户情况有点特别，会尽力帮客户寻找解决的方法，但需要一点时间。然后约定给客户回话的时间，一定要确保准时给客户回话。即使到时仍不能帮客户解决，也要准时打电话向客户解释问题进展，表明自己所做的努力，并再次约定给客户答复的时间。同向客户承诺做不到的事相比，诚实会更容易得到客户的尊重。

3）适当地给客户一些补偿。为了弥补公司操作中的一些失误，可以在解决客户问题之外给一些额外补偿。很多企业都会给客户服务人员、营销代表一定范围的授权以灵活处理。但要注意的是，一要先将问题解决，二要改进工作，要避免今后发生类似的问题。现在有些处理投诉的部门，一有投诉首先想到的是用小恩小惠去息事宁人，或是一定要靠投诉才给客户正常途径下应该得到的利益，这样不仅不能从根本上减少问题的发生，反而造成了错误的期望。

沟通是人们工作、生活与生俱来的一部分，能够有效地与同事、客户进行良好的沟通，可以为实现目标扫清障碍，使日常工作得以圆满完成，使工作变得卓有成效。许多高校已经认识到沟通的重要意义，开始将其作为一门公共课来认真对待。沟通是一种可以不断发展的技巧，它需要有意识地去实践，通过实践，沟通的技巧将得到发展，一切都将变得更加容易。

 拓展知识 ······································

拓展知识内容可扫码进行观看。

 小结 ······································

本章主要介绍了沟通的意义和概念、沟通的三要素、沟通方式；介绍了在企业内部与同事、工作中与不同客户等交往中沟通的技巧等内容。

复习思考题 ······································

1. 良好的沟通能力对人们的工作、生活有何意义？
2. 简述沟通的三大要素。
3. 人们在工作和生活中，沟通的主要内容是信息还是思想和情感？人们采用了哪些沟通方式？
4. 简述与客户沟通的步骤。
5. 与客户沟通的技巧有哪些？
6. 如何与困难客户沟通？

参考答案

参 考 文 献

[1]　科尔. 沟通的技巧 ［M］. 刘永军，李钧洋，译. 北京：中央编译出版社，1998.

[2]　冯丽云，程化光. 服务营销 ［M］. 北京：经济管理出版社，2002.

[3]　威文，邢何明，杨利强. 第一流的汽车营销 ［M］. 北京：机械工业出版社，2002.

[4]　李娜. 汽车销售服务企业财务内部控制研究 ［D］. 青岛：青岛科技大学，2017.

[5]　华希. 汽车销售服务企业内部控制研究——以 F 企业为例 ［D］. 北京：首都经济贸易大学，2019.

[6]　柘鸿. 给予风险管理的 A 公司整车销售内部控制优化研究 ［D］. 重庆：重庆理工大学，2020.

[7]　宋丹妮. 汽车服务企业管理课程思政教学改革研究 ［J］. 时代农机，2019 (9)：117-120.

[8]　栾昌慧. 汽车服务企业财务管理浅析 ［J］. 财经界，2015 (6)：120，136.

[9]　王生昌. 汽车服务企业管理 ［M］. 北京：人民交通出版社股份有限公司. 2018.

[10]　马天山. 现代汽车运输企业管理 ［M］. 北京：人民交通出版社，2009.

[11]　陈国生，魏勇，赵立平，等. 工商企业经营与管理概论 ［M］. 北京：对外经济贸易大学出版社，2018.

[12]　杨新桦，胡志远，徐哲. 汽车服务企业管理 ［M］. 北京：清华大学出版社，2017.

[13]　李美丽. 汽车服务企业管理：理实一体化教程 ［M］. 上海：上海交通大学出版社，2012.

[14]　朱刚，王海林. 汽车服务企业管理 ［M］. 2 版. 北京：北京理工大学出版社，2013.

[15]　陈荣群. 企业经营与管理 ［M］. 西安：西北大学出版社，2014.

[16]　刘晓林. 长城"狂奔"魏建军再设五年"压力值" ［M］. 经济观察报，2021-7-5 (26).

[17]　彭勇行. 管理决策分析 ［M］. 北京：科学出版社，2000.

[18]　张蕊. 企业战略经营业绩评价指标体系研究 ［M］. 北京：中国财政经济出版社，2002.

[19]　张德，吴剑平. 企业文化与 CI 战略 ［M］. 北京：清华大学出版社，2000.

[20]　熊经浴. 企业现代礼仪商务 ［M］. 北京：金盾出版社，1997.

[21]　黄世平. 现代礼仪学 ［M］. 北京：清华大学出版社，1995.

[22]　周宁. CI 操作指南 ［M］. 北京：中国经济出版社，1996.

[23]　朱建强. 企业 CI 战略 ［M］. 厦门：厦门大学出版社，2001.

[24]　布伦南. 21 世纪商务礼仪 ［M］. 朱晔，应莱，孙显辉，译. 北京：中国计划出版社，2004.

[25]　阮志孝，雷晓明. CI 与企业形象策划 ［M］. 成都：成都科技大学出版社，1995.